城市与区域空间研究前沿丛书

国家自然科学基金项目(51178097,50708017)

江苏省"六大人才高峰"资助项目(2010-JZ-005)

江苏省"333高层次人才培养工程"培养对象资助项目(江苏省人才领导小组[2013-11-13]文)

江苏省普通高校研究生科研创新计划(KYLX_0192)

江苏高校优势学科建设工程资助项目(城乡规划学,第二期)

我国大城市流动人口就业空间解析

——面向农民工的实证研究

吴 晓 王 慧 等著

东南大学出版社

SOUTHEAST UNIVERSITY PRESS

南京·2015

内 容 提 要

　　改革开放以来,农村剩余劳动力向非农产业和城市的大规模聚集,给我国城镇空间带来了全方位冲击。相比于备受关注的居住空间,进城农民的就业空间无疑更有必要成为城市化背景下解析城镇空间的又一关键路径和核心变量。本研究以南京市为例,以大量一手资料和 SPSS、GIS 等数字技术为依托,在研究对象、研究思路和研究方法有所创新的同时,希望能从城市层面上建构流动人口就业空间的研究框架。

　　本书主要研究内容包括:基于"总体—分职业"视角,比较和解析流动人口就业空间的集聚特征及其影响因素;基于社会区域分析和因子生态分析手段,发掘和图解流动人口就业空间的分异特征;基于土地利用视角,量化和揭示流动人口就业可达性同其居住—就业用地的内在关联及其影响因素;基于职住分离的测度和分区,探讨和完成流动人口职住空间的网络关联、错位特征以及各类通勤关系的空间图解;基于"特殊群体—城市人口"的"局部—整体"视角,宏观把握和剖析流动人口就业空间集聚特征与城市空间的结构关联性等等。

　　本研究对于城市空间格局调控、产业结构优化、和谐小康社会的建设来说,有着显著的研究价值和现实意义,可供城市规划学科、地理学科、社会学科和经济学科的教学、研究和管理人员阅读参考。

图书在版编目(CIP)数据

我国大城市流动人口就业空间解析:面向农民工的
实证研究/吴晓等著. —南京:东南大学出版社,2015.3
(城市与区域空间研究前沿丛书)
ISBN　978－7－5641－5539－1

Ⅰ. ①我…　Ⅱ. ①吴…　Ⅲ. ①大城市—城市人
口—流动人口—就业—研究—中国　Ⅳ. ①D669.2

中国版本图书馆 CIP 数据核字(2015)第 034780 号

我国大城市流动人口就业空间解析:面向农民工的实证研究

著　　者	吴　晓　王　慧　等
责任编辑	宋华莉
编辑邮箱	52145104@qq.com
出版发行	东南大学出版社
出 版 人	江建中
社　　址	南京市四牌楼 2 号(邮编:210096)
网　　址	http://www.seupress.com
电子邮箱	press@seupress.com
印　　刷	南京玉河印刷厂
开　　本	787mm×1 092mm　1/16
印　　张	15.75
字　　数	376 千字
版　　次	2015 年 3 月第 1 版　2015 年 3 月第 1 次印刷
书　　号	ISBN　978－7－5641－5539—1
定　　价	48.00 元
经　　销	全国各地新华书店
发行热线	025－83790519　83791830

(本社图书若有印装质量问题,请直接与营销部联系,电话:025－83791830)

参与研究人员

【第一章】 吴　晓　王　慧

【第二章】 吴　晓　王　慧　黄潇仪

【第三章】 王　慧　吴　晓

【第四章】 徐卞融　吴　晓　左　为

【第五章】 郑　浩　吴　晓　左　为

【第六章】 黄潇仪　吴　晓

【第七章】 王　慧　吴　晓

前　言

在历经 30 多年的改革开放之后,我国经济体制和社会结构开始步入转型发展的关键期,与之相伴的则是中国城镇也开始面临城市化加速发展与城乡空间剧烈重组的历史性转型。当前中国的城市化进程不仅在自身的发展历史上前所未有,同时也是当今世界最为关键的推动力之一,这就使中国城市规划学科面临着城市化达到中、高级阶段后所呈现出的一种以内涵提升为主的新规划设计理论和研究技术方法的挑战。

本书所关注的"流动人口空间"作为我国城市化背景下自然萌生的一类新型空间,不但在演化规律和空间机理的系统发掘方面具有显著的样本意义与典型价值,其合理引导和有效整合也成为目前备受关注、亟待解决的一项理论与实践难题,是我国推进和谐社会建设、探讨转型期城市规划理论与实践、体现社会公正与人本内涵的重要领域之一。

在此背景下,就业和居住作为流动人口城市生活图景中关联互动的两种常态,便逐渐成为了深度解析和交互影响城市空间结构的重要路径和内生变量。如果说本项目组 2010 年所出版的《我国大城市流动人口居住空间解析》一书,是围绕着"居住空间"议题而展开的话,如今时隔 5 年而撰写的《我国大城市流动人口就业空间解析》则可视为前者必不可少的一种关联性补充,属于共同建构"流动人口空间"(居住空间+就业空间)研究框架的姊妹篇;而且相比于历来备受关注的居住空间而言,流动人口的"就业空间"显然更有理由和必要成为城市化背景下"城镇空间解析"的典型样本和研究对象。

本书实质上是延续和追踪了项目组对于弱势群体空间的长期研究,但同时又希望借助于"就业—居住"双线共轭的新视角和科学方法的组合运用,实现既往研究重点("居住空间"研究)在新方向下的跨越和转型。全书共设 7 章,大体思路如下——在对流动人口、就业空间、可达性等基本概念加以界定,对流动人口及其就业空间总体情况加以概述的基础上,以南京市为例,以 SPSS、GIS 等数字技术为依托,依循"先本体特征、后关联规律"的研究序列,分别从空间集聚性、空间分异性、就业可达性、职住关联性等方面入手,多层次、多角度地解析和探讨流动人口就业空间的本体特征和基本规律,进而更宏观地揭示和把握流动人口就业空间与流入城市空间的总体关联性——尽管这次研究地域锁定的是南京市,但还是希望能在方法和结论方面提供更具普遍意义的启示和参考,从而在一定程度上拓展和填补现有的"就业空间"研究体系,建构一个更为完整系统的且兼顾普适性与特殊性的"流动人口空间"实证研究的框架。

从最初的筹划架构到最终的统稿完成，结合多届研究生的学位论文开题和撰写指导工作，整本书经历了数载的摸索、探寻、优化和增补，最终形成了目前这一稿相对系统的内容框架；而各章节从资料采集到基础研究再到分工撰写，均由项目组成员合作完成，其中本人的博士研究生和硕士研究生为本书贡献了主体内容和核心思考。

此外需要一提的是，本书汇集和梳理了项目组近年来的主要研究成果和阶段性进展，并得到国家自然科学基金项目(51178097,50708017)、江苏省"六大人才高峰"资助项目(2010-JZ-005)、江苏省"333 高层次人才培养工程"培养对象资助项目(江苏省人才领导小组[2013-11-13]文)、江苏省普通高校研究生科研创新计划项目(KYLX_0192)、江苏高校优势学科建设工程资助项目(城乡规划学,第二期)等的大力支持与资助。

著 者
撰于东南大学文昌桥

目　　录

1 绪 论

1.1 研究背景

在历经 30 年的改革开放之后,我国经济体制和社会结构开始步入转型发展的关键期;与之相伴的则是中国城市也开始面临城市化加速发展与城乡空间剧烈重组的历史性转型。可以说,当前中国的城市化进程不仅在自身的发展历史上前所未有,同时也是当今世界最为关键的推动力之一[①]。

1) 快速城市化给经济发达地区带来了规模浩大的流动人口

改革开放之后,曾在城乡分治政策下长期受到管控与压制的农村剩余劳动力,伴随着农村体制的改革、乡镇企业的转型、农民观念的变化和城乡壁垒的逐步打破,汇成了规模宏大的进城大军和势不可挡的"民工潮";而城乡之间在社会经济条件方面存在的明显比较差距(如就业机会、城乡收入、地区经济等),则为推拉之下的农民进城行为提供了现实动力和基础,并在全国形成了京津连、沪宁杭和广深厦三大流动人口圈。根据历次全国人口普查的数据,1982—2011 年的 30 年时间,我国以进城农民为主体的流动人口数量已从 0.07 亿迅速扩张至 2.61 亿(图 1.1),达到全国总人口的 17%[②];其中,粤、浙、沪、京、苏、闽 6 省(市)的流入人口占全国总数的 86% 以上,而皖、川、豫、湘、赣、黔 6 省的流出人口则占全国总数的 72% 以上[③]。同时呈现出数量持续上升、跨省流动减弱、举家迁移和长期居留趋势明显、希望融入当地社会等新动态[④]。

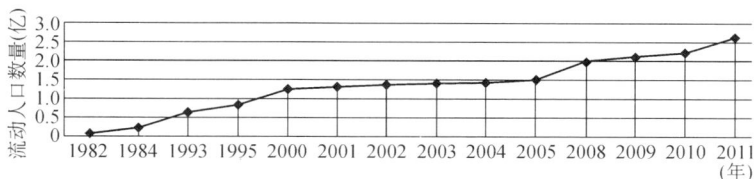

图 1.1 我国流动人口数量变化图

＊资料来源:笔者根据相关统计数据绘制。

2) 大量流动人口的进城就业给流入城市带来了多方面的影响

以进城农民为主体的流动人口通过向城市的大规模集聚来寻求非农化就业岗位,一方

---

① 诺贝尔经济学奖得主、美国经济学家斯蒂格利茨曾断言——21 世纪对世界影响最大的事件有二:其一是美国高科技产业,其二则是中国特色的城市化。

② 数据来源:历次全国人口普查数据,历年统计年鉴。

③ http://money. 163. com/12/0416/09/7V6VM38K00253BOH. html.

④ 雅虎资讯(2011 年 3 月 2 日):国家人口计生委党组书记、主任李斌在"加强和创新流动人口服务管理暨全国流动人口服务管理'一盘棋'机制建设会议"中提到:我国流动人口的分布已呈多元聚集态势,内陆中心城市成为新的聚集区;流动人口就业分布集中;有六成子女是随父母一起流动,并对基本公共服务均等化要求迫切,而新生代(占 42.8%)对融入城市生活的愿望尤为迫切等等。

面可以为城市提供大量的廉价劳动力,使城市的产业结构和劳动力结构得到相应的改善和缓解,进而促进城市的经济发展;但另一方面也在一定程度上冲击着传统的城市就业制度和用工制度,加剧了流入地的负担,并给城市的住房、交通、环境、治安甚至就业带来多重压力,进而使其在经济、社会、文化、空间形态等方面呈现出相应的特征和明显的变化。与此同时,户籍制度及其所带来的各种差异化待遇、相关部门职能和法律的缺失、劳动力市场的供大于求、劳资双方力量的不均衡、针对流动人口的排斥和歧视等现象,也为进城农民融入城市生活带来了种种现实门槛。

3)流动人口的就业空间普遍呈现出聚集和分异特征

目前城市第二、第三产业已成为承接农民进城就业的重要渠道,而建筑业、制造业和商业服务业更是吸纳流动人口的三大主流方向[1];而且不同行业的流动人口,对于就业地点和场所的选择也不尽相同,这就使就业空间在城市层面上普遍地呈现出聚集与分异并存的总体结构(表1.1)。其中,就业的聚集除了流动人口的行业性聚集趋势外,更主要的还表现为宏观层面上的空间性聚集,这往往可以通过规模、密度、比重、聚集度、就业中心等的测度和识别来表征;而就业的分异则主要表现为流动人口的就业空间在不同指标因子、不同空间单元上的分布差异及其所带来的就业可达性问题,涉及深层的社会、经济、居住空间等诸多因素。可以说,就业空间的生产与消费已成为引发城市空间演进与重构的一大动因,并对城市的就业空间优化、产业结构升级、基础设施建设等产生重大影响。

表 1.1 2008—2011 年我国各行业吸纳的流动人口统计

行业	流向各行业的流动人口比例(%)			
	2008 年	2009 年	2010 年	2011 年
制造业	37.2	36.1	36.7	36.0
建筑业	13.8	15.2	16.1	17.7
批发零售业	9.0	10.0	10.0	10.1
住宿餐饮业	5.5	6.0	6.0	5.3
居民服务和其他服务业	12.2	12.7	12.7	12.2
交通运输、仓储和邮政业	6.4	6.8	6.9	6.6
其他	15.9	13.2	11.6	12.1

* 资料整理于国家统计局的相关数据。

4)流动人口就业空间成为城市化背景下解析城市空间的典型变量与关键路径

我国正处于社会经济转型和各项政策制度重构的关键期,以往城乡二元结构的桎梏与影响也依然存在。在此背景下,流动人口作为城市弱势群体的一支,数量庞大却占据资源有限,成就城市经济却在社会生活方面遭遇排斥与疏离……由此而生成的各类空间(以居住空间＋就业空间为代表)不仅仅是进城农民社会身份与城市生活的重要载体,更代表了我国城市化进程中的一类特殊产物,呈现出其他城市群体和社会空间无法比拟的必然性、普遍性与边缘化特征。因此,相比于历来备受关注的居住空间,流动人口的就业空间显然

---

[1] 根据国家人口计生委 2009 年城市流动人口监测试点调查结果,制造业、批发零售业和社会服务业吸纳了近七成流动人口就业,私营、民营和个体经营企业中集中了八成多的流动人口就业(国家人口和计划生育委员会流动人口服务管理司,2010)。

更有理由和必要成为城市化背景下"城市空间解析"的典型变量与关键路径。

而本书的成型正是基于如下两点认识：

（1）研究主体：流动人口就业空间

"流动人口就业空间"作为我国城市化背景下自然萌生的一类新型社会空间，不但在系统发掘本体空间的特征规律方面具有显著的样本意义与典型价值，同时也是影响所在城市空间结构的核心变量之一，因此其合理引导和有效优化是目前备受关注、亟待解决的一项理论与实践难题。作为以往流动人口居住空间研究的一项拓展和突破，本研究亟须建构"就业空间"实证研究的整体框架。

（2）研究层面：宏观（城市）层面

本研究以 GIS、SPSS 等数字技术为平台，以地理学和城市规划学科为依托，着重从城市层面上探讨流动人口聚集和分异并存的就业结构和特征机理。围绕着南京市主城区这一实证案例，从就业空间的聚集结构、中心体系、分异结构、可达程度等方面入手，展开定性与定量相结合的宏观性研究。

1.2 研究意义

有鉴于此，本研究内容作为我国推进和谐社会建设、探讨转型期城市规划理论与实践、体现社会公正与人本内涵的重要领域之一，有望带来多方面的现实意义与学术价值。

1）有助于城市空间格局的规划调控

南京市暂住人口从 1995 年起开始进入爆发式增长期，截至 2010 年其总数已达到274.27 万，占全市总人口的 34.27%[①]。这表明，流动人口作为城市的一类异质性群体已成为南京人口重要的组成部分，他们虽然在社会文化方面表现出自我封闭和隔离的一面，但其就业空间却已成为流入城市不可分割的一部分，进而在深层次影响着城市空间格局的形成和演化轨迹。从这层意义上讲，对流动人口的就业空间展开深入研究，并结合地方实践加以应用和转化，可以为城市空间格局的规划调控、人居环境的可持续发展以及新型城乡体系的建设提供必要的依据。

2）有助于产业结构布局的优化调整

改革开放以来，大规模农民进城的原动力在于城市产业结构与产业布局发展所带来的城乡之间的"推拉"效应，而从某种角度来讲，人口的就业空间就是城市产业结构在地域空间上的投影和布局。流动人口作为城市劳动力大军不可或缺的组成部分，虽然在就业流向上有其特定的导向型和制约性，但其就业空间仍然在一定程度上折射出城市产业的总体结构布局。因此通过发掘流动人口就业空间的深层规律与特征，可望为城市产业结构的调整和产业布局的优化提供独特的人文视角下的路径参照和方向引领，成为推动社会经济环境目标实现的有效手段之一。

---

① 资料来源：南京市统计局，2010 南京市人口普查资料。

3）有助于农业人口的健康城市化

南京市的流动人口数量呈逐年递增之势，其中大多数是以进城农民为代表的"经济型"流动人口，且多通过传统纽带、亲友介绍或是市场途径实现就业。但同时，也有相当一部分的进城农民由于种种原因而找不到相对稳定的工作，为流入城市带来一系列的问题：空间景观的杂乱无章、休闲娱乐与社会生活的单一封闭、文化教育程度的普遍低下、地区治安状况的恶化……所以直接锁定"进城农民"这一弱势群体的乐业诉求，不但有助于引导其就业与流向，缓解流动人口带来的负面影响，还有助于农业人口的健康城市化和社会文化生活水准的提升，更是当前城市构筑和谐社会、建设全面小康所不可忽视的边缘领域。

1.3　研究现状

本书的研究对象实质上由"流动人口"和"就业空间"两大关键词组合而成。

其中，"流动人口"作为本研究的背景性限定，国内外已积累了大批有影响、成体系的学术成果，且涉及社会学、经济学、地理学、建筑与城市规划等诸多学科领域。国外自列文斯坦（Ravenstein，1885）的《人口迁移规律》奠定人口流迁研究的理论基础以来，主要围绕着人口流动规律、人口流动动因、国际移民等方向展开，用以解释完全市场经济条件下的自发性或自由自愿的迁移流动行为，在研究内容和方法上都已趋于成熟（如 Herberle，1938；Lewis，1954；Todaro，1969；Doeringer&Piore，1971；Clark，1986；Stark&Taylor，1991）；而国内对流动人口的研究同样广泛和多元，胡兆量（1994）对国内人口迁移特征的总结，王章辉、黄柯可对欧美农村劳动力转移的回顾（1999），贾德裕等对农民城市化的思考（1998），冯健（2001）和赵渺希（2006）对流动人口居住空间的发掘等等，凡此种种，均为本研究的主体研究提供了特定的宏观背景。

而"就业空间"作为本研究的实质性主体，国际学术界同样为此提供了较为系统的研究，且已涵盖空间结构、空间影响、空间关联等方面；而国内的就业空间研究则要相对滞后，尤其是将"流动人口"与"就业空间"有机结合起来、针对特定人群而展开的跨学科研究，更是处于一种不完善和非均衡状态。

1.3.1　国外就业空间相关研究

1）就业空间结构研究

这类研究早期与产业空间的分布研究关系密切［杜能，1986（1826）①；韦伯，1997（1909）②］，随后沿用人口空间结构的研究方法和识别就业中心及次中心陆续成为其阶段性的研究主流。

---

① 1826 为原英文版著作出版年份。
② 1909 为原英文版著作出版年份。

基于城市就业空间结构与城市人口空间结构的相似性和可比性,很多国外学者沿用了城市人口空间结构的传统研究方法,例如借用密度研究的方法来测度城市就业空间分布(Griffith,1981;Hess,Sorensen&Parizeau,2007)以及就业空间的分布变化(Slater,1961;Thurston&Yezer,1994)。

1990年代以来,随着新郊区化的推进,城市就业的离心化趋向加剧,并逐步形成多核心的就业结构特征。这时就业空间的研究开始关注城市就业中心及次中心分析,用以更为精确地描述城市中就业的分布特征——就业中心的识别,包括图形分析(Gordon,Richardson&Wong,1986)、门槛划定(Giuliano&Small,1991)、非参数统计(Redfearn,2009)等多类方法,也有学者在前者基础上,对所识别的高值区域进行了回归检验(McDonald,1987;McDonald&McMillen,1990;McMillen,1998)。

2) 就业空间影响研究

这类研究主要包括就业空间作为因变量的影响因素分析和就业空间作为自变量对城市的影响分析两部分。

就业空间作为因变量,其形成与演变必然受到城市经济社会等一系列条件的影响与制约,不同学科分别从不同的角度剖析了就业空间的相关影响因素——在经济学领域内,Fujita等(1997)认为多中心城市的就业次中心形成取决于劳动力、土地市场和附近城市中心外部性之间的互动,Giuliano&Samll(1999)认为工业引导了就业次中心的蔓延和增长,Redfearn(2009)证明了企业聚集、价格调整等因素与洛杉矶就业空间分布方面的显著相关性,而McDonald&McMillen(2000)则研究了芝加哥郊区的就业次中心和房地产发展之间的关联;在社会学领域内,就业空间的研究则较多地关注就业人口的阶层、家庭、种族等社会因素给城市空间格局所带来的影响,以及内外环境因素给少数民族、外来移民等社区的经济及其就业模式所带来的影响(Portes,1987)。

而就业空间作为自变量又会反过来影响城市的发展,国外学者主要从不同的角度剖析了就业空间的相关影响。在经济学领域内,大量的理论研究(MARs外部性理论、Porter理论以及Jacob外部性理论)和实证研究(Ciccone&Hall,1996;Black&Henderson,1999;Gabe,2004)着重从就业空间分布与经济活动构成关系的角度,探讨了聚集经济的动态外部性中明显显露的城市人口规模和密度的效益。在社会学领域内,学者则关注的是就业空间与其他空间错位所引发的社会问题,Kain(1968)提出了空间错位(Spatial Mismatch)假设,认为黑人聚居区居住与就业的不平衡增加了黑人的失业率,就业机会的郊区化则使"空间错位"进一步加剧。而1980年代后有不少学者以Kain的推论为依托,试图定量地给出黑人就业率和"空间错位"及其代理变量(Surrogate Variables)之间的关系(Straszheim,1980;Wilson,1987;Kasarda,1989;Jencks&Mayer,1990);还有一些学者提出了就业可达性(Job Accessibility,JA)的概念,研究JA对不同社会人群城市就业的影响(Hutchinson,1974;Ihlanfeldt&Sjoquist,1998)等等。

3) 就业空间与城市其他空间关系研究

这类研究的重点在于衡量就业空间与其他活动空间的组织模式,如居住空间、通勤空间等,主要包括"职住平衡"和"就业可达性"两方面的内容。

前者重点关注就业和居住的空间关联及其通勤关系。自 Hall 等在 1973 年首次提出职住平衡的概念并对其进行初步研究以来,其后许多学者均针对职住平衡和交通之间的关系(Cervero,1989,1991,1996;Levinson,1998;Kan,2002)及其影响因素(Krizek,2003;Cao,et al,2006)等方面进行了研究。

后者则集中在了如何衡量可达性在空间和时间上的分布规律。例如 Ben-Akiva & Lerman(1985),Miller(1999),Martinez&Araya(2000)等;此外,Ma&Banister(2007),Yang&Ferreira(2008)等还从过剩交通角度衡量了区域范围内就业居住的空间结构和交通系统最优分配的差距。

4)国外就业空间研究评述

在研究内容上,国际研究主要聚焦于就业空间的分布特征、影响因素及其同城市其他空间的关系等方面,且已积累了较为系统和成熟的成果。

在研究方法上,国际研究探讨并应用了多种多样的定量研究模型和技术手段,给本研究提供了必要的借鉴。

但是在研究对象上,国际研究对于黑人、女性等特定群体的就业空间依然缺乏针对性研究;同时在空间关联上,其关注的重点仍然是就业和居住的空间联系,而对于就业空间与服务设施等其他空间的关联模式缺少相应关注。

1.3.2 国内就业空间相关研究

1)就业空间结构研究

这类研究主要基于地理学科背景下的宏观视角,从区域和城市两个层面展开。

区域层面的就业空间研究主要集中于就业空间的模式方面。朱传耿等(2006)以淮海经济区为例,通过对其就业结构和空间分布特征的分析,归纳出省际边缘区的七类就业空间模式;王振波、朱传耿等还分别针对中国(2007)和山东省两个层面,利用"五普"数据进行了相关的区域就业空间模式划分。

城市层面的就业空间研究主要集中于北京、上海、广州等大城市,多运用普查数据测算就业密度,探讨城市内部就业空间的分布及其演变过程。朱宇(2004)将上海划分为核心区、内圈、外圈,依据"四普"、"五普"数据,分析上海人口和就业结构的变化及其空间差异,得出人口和就业增长最快的是内圈的结论;王桂新等(2007)基于工作地的从业劳动力数据,系统考察了 1996—2001 年间上海从业劳动力的空间分布及其变动特征;魏星(2005)以上海为研究区域,从产业聚集和劳动力空间分布角度解释了上海市城市空间结构特征及演变规律;王玮(2009)描述了北京就业空间分布上的聚集特征和密度特征,识别提取了北京市 24 个就业中心,并分析了其演变特征;还有学者利用统计数据,通过就业密度的测算,对上海(吴文钰等,2006;秦波等,2010)、北京(谷一桢等,2009)、广州(蒋丽等,2009)、南京(王波,甄峰,2011)等地的就业空间布局进行研究。此外,也有部分学者对小城市的就业空间分布特征进行了探讨,如贾雁飞等(2008)以泗洪县城为例,探讨了小城市尺度上人口与就业的空间分布特征及其相互之间的关系。

2) 针对特定人群的就业空间研究

这类研究的成果积累十分有限,多围绕着流动人口或是女性等群体而展开,目前尚处于一种不完善的初级阶段。

流动人口的就业空间研究可大致分为区域与城市两个层面。区域层面上,赵文琛(2001)分析了广东省外来劳动力空间分布的模式、特征、时序变化及主要影响因素;城市层面上,徐卞融、吴晓(2010)基于"居住—就业"视角,对南京市主城区流动人口就业空间的分异现象进行探讨。在此基础上,吴晓(2011)进一步对南京市主城区流动人口就业空间从总体结构、就业中心等方面展开了较为系统的定量研究;林耿、王炼军(2010)也比较分析了常住人口和流动人口的就业构成和就业类型区,认为常住人口同流动人口相比,就业空间具有更为显著的多元化、体制性、中产化和中心城市指向性等特征。

与此同时,何流、黄春晓(2008)依据"五普"数据,以各区为基本单位,分析了南京市女性就业空间分布情况;白冰冰(2004)以非正规就业人群为研究对象,从人文地理学、城市社会学的学科视角,揭示城市非正规就业的组成、结构、互动机制等。

3) 就业空间与城市其他空间关系研究

这类研究主要立足于城市大系统,以就业空间为核心来统筹考量不同系统之间的空间关联,尤以职住空间的关联研究为重。

一方面结合不同的案例城市,展开定量为主的实证研究。例如张京祥等(2002)以南京为实证,从人口与就业的密度分布以及办公与商务的空间分布等方面入手,运用调查资料,提炼出主城区内居住密度分布与就业岗位密度分布严重失衡等特征;冯健(2005)提出北京市在工业郊区化过程中存在职住分离现象;还有宋金平等(2007)、孟繁瑜(2007)、刘志林等(2009)、赵西君等(2010)也对北京市的"居住—就业"空间错位进行了实证研究,描述了北京市职住分离格局,并对其形成机制进行了探讨;郑思齐等(2009)发现工作机会、住房机会和城市公共服务设施的空间布局是影响"居住—就业"空间关系和通勤时间的三大因素;柴彦威等(2011)则通过实证研究验证了居住区类型、家庭及住房情况以及其他社会经济属性等对居民职住分离程度差异性的影响。

另一方面则是基于职住分离现象的通勤研究,这是上述研究的定向延伸与深化。陈伟明(1987)较早地关注了城市形态与居民出行时间的关系;周素红等(2005)以广州为背景,研究了城市外部形态和城市内部结构与交通需求的关系;孙斌栋等(2008)则用"居住—就业"偏离度指数对上海市职住平衡对交通出行的影响进行了分析;许菲菲(2010)基于通勤视角对北京城市职住空间均衡性进行研究,并探讨了其内在原因;李霞(2010)分析了城市通勤交通与居住就业空间分布的互动机理,并从微观方面研究了轨道交通对"居住—就业"和出行方式选择的影响;么贵芬(2011)计算了北京市2005年和2010年的过度通勤,并从空间角度分析了北京市居民职住分离的时空变化等等。

4) 国内就业空间研究评述

在研究对象上,国内研究对于流动人口等特定群体的就业空间依然缺乏针对性研究。

在研究范围上,国内研究主要聚焦于北京、上海、广州等大城市的就业空间,而对其他城市关注较少。

在研究内容上,国内研究主要关注城市层面就业人口的空间分布,但对就业空间结构及其形成机制和影响因素的分析却鲜见。

在研究方法上,国内研究多采用单一的就业密度分析法,而对其他量化评估手段的应用相对不足。

1.3.3　总体评述

"流动人口就业空间"作为我国城市化背景下普遍萌生的一类新型空间,其生产与消费已成为引发城市空间演进与重构的一大动因。然而国内对于其形成背景、演化规律和基本特征的认知却未达成普遍性的社会共识,无论是深度还是广度都与我国的现实需求相距较远。基于"流动人口"与"就业空间"的跨学科集成积累的有关研究成果目前尚处于起步阶段,尚不足以提供理论上的系统诠释和实践上的技术支撑。

其中,国内学者在就业空间的研究对象、范围、内容、方法上均存在欠缺和较大发展空间,国外学者的同类研究虽然相对系统和成熟,但如何借鉴仍需立足中国国情,因为牵引亿万农民进城的中国城市化实质上"并非在复制既往的时代,而是在创造一个属于自己的时代";更需关注的是,目前国际上对于特定群体的就业空间普遍缺乏针对性的研究,就在流动人口的居住空间吸引越来越多关注的同时,就业空间的研究却依然流于薄弱和有限。在此背景下,以流动人口为特定研究对象,以南京市主城区为重点研究范围,采取多元统计分析技术,从宏观层面上定量评估和显像分析流动人口就业空间的聚集和分异特征,便成为了本研究不同以往而又基于以往(既有的居住空间研究成果)的跨越方向和转型基点所在。

1.4　研究对象、范围和数据

1.4.1　研究对象

鉴于我国现阶段流动人口从农村向城市、从经济不发达地区向经济发达地区大规模转移的显著特征,本书的主要研究对象界定为户口不在南京市且离开户口所在地半年以上的,来自农村的经济型暂住人口(亦即我们常说的"进城农民"或是"外来务工人员",其概念界定详见第2章)。该类研究对象在南京市的各类流动人口中占有主导比重且分布广泛,其中大多从事制造业、建造业和商业服务业,就业活动和行为特征极具代表性。

1.4.2　研究范围

本书选取南京市主城区作为主要研究范围(图1.2),同时以行政区划的街道一级作为统计分析的基本空间单元,并根据主城边缘的街道实际边界来微调研究范围的界线,共包括 8 个区的 44 个街道(其中老城区 16 个街道①,图 1.3)。

图 1.2 研究范围

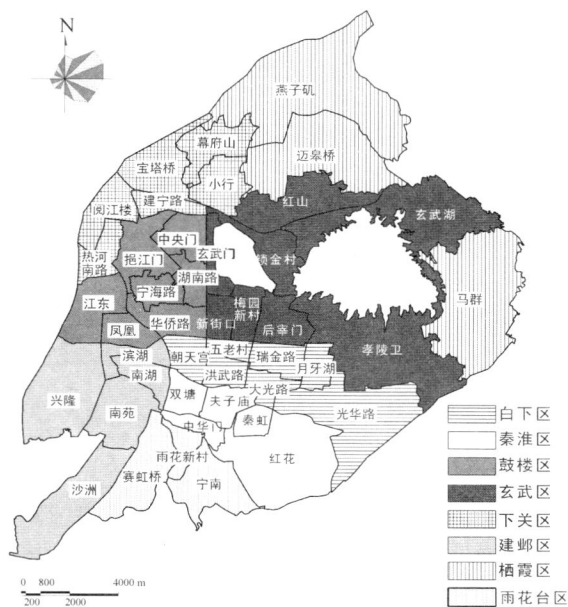

图 1.3 各研究单元范围

＊资料来源:笔者自绘。

1.4.3 研究数据

1) 流动人口就业的相关数据采集

流动人口的相关数据是在资料查阅、部门访谈的基础上,采用配比抽样调查的方法进行采集。其中各街道流动人口总量的数据来源于各街道办事处或流动人口服务中心访谈(公安部门暂住人口统计②);而流动人口的社会、经济、空间属性数据来源于配比抽样问卷调查,各街道流动人口总体就业数据则以公安部门登记的暂住人口数据为基础,综合配比抽样数据,以比例法进行推算。实际发放问卷 2000 份,回收有效问卷为 1827 份(2009,表 1.2)。

---

① 2013 年初,经国务院、江苏省政府批复同意,南京市行政区划进行了较大幅度的调整:撤销秦淮区、白下区,以原两区所辖区域设立新的秦淮区;撤销鼓楼区、下关区,以原两区所辖区域设立新的鼓楼区;撤销溧水县,设立南京市溧水区;撤销高淳县,设立南京市高淳区。但本书仍以问卷调研及"六普"、"经普"数据统计时的南京市行政区划为准,以保持研究和统计口径上的一致。

② 统计口径:公安系统的"暂住人口"数量是以暂住证登记与否为基础进行统计的,其内部又可分为登记发证和登记未发证两个部分。一般认为的"暂住人口"数量根据多种途径统计测算,其中主要依据为暂住证的数量。暂住证发放条件为:年满 16 周岁,在本市暂住时间拟超过半年。暂住证有效期为一年。

9

表 1.2　2009 年南京市主城区各统计单元发放问卷数量统计表

区	街道	街道编码	有效问卷数（份）	区	街道	街道编码	有效问卷数（份）
白下区	五老村街道	BX01	22	玄武区	新街口街道	XW01	38
	洪武路街道	BX02	85		梅园新村街道	XW02	36
	大光路街道	BX03	50		玄武门街道	XW03	23
	瑞金路街道	BX04	28		后宰门街道	XW04	33
	月牙湖街道	BX05	19		锁金村街道	XW05	18
	光华路街道	BX06	49		红山街道	XW06	47
	朝天宫街道	BX07	83		孝陵卫街道	XW07	22
秦淮区	秦虹街道	QH01	38		玄武湖街道	XW08	31
	夫子庙街道	QH02	58	下关区	阅江楼街道	XG01	55
	双塘街道	QH03	46		宝塔桥街道	XG02	46
	红花街道	QH04	30		幕府山街道	XG03	49
	中华门街道	QH05	31		热河南路街道	XG04	34
鼓楼区	宁海路街道	GL01	31		建宁路街道	XG05	41
	华侨路街道	GL02	35		小市街道	XG06	58
	湖南路街道	GL03	43	建邺区	滨湖街道	JY01	24
	艕江门街道	GL04	26		南湖街道	JY02	20
	中央门街道	GL05	42		南苑街道	JY03	26
	江东街道	GL06	90		沙洲街道	JY04	35
	凤凰街道	GL07	25		兴隆街道	JY05	51
栖霞区	马群街道	XX01	22	雨花台区	宁南街道	YH01	41
	迈皋桥街道	XX02	101		赛虹桥街道	YH02	50
	燕子矶街道	XX03	80		雨花新村街道	YH03	15

＊注：燕子矶街道行政区划范围包括新港经济技术开发区（暂住人口占绝大多数，约10万人），但在暂住人口统计上两者是独立的，同时新港经济技术开发区在主城范围以外，因此本书确定的研究范围不包括新港经济技术开发区。

2）南京市常住人口的相关数据采集

南京市常住人口的相关社会、经济、空间属性数据来源于南京市第六次人口普查数据（2010，南京市统计局）。

3）南京市就业人口的相关数据采集

由于现阶段人口普查中的分职业、行业数据均基于"居住地"调查统计口径，同时随着中国城市单位制度的阶梯形式和住房市场的开放，各大城市的职住分离现象已较为明显，不同职业、行业从业者的居住区位并不能准确反映城市的就业区位。因此，南京市就业人口的相关数据在资料查阅、部门访谈的基础上，拟采用就业人口数据与土地利用的配比进行修正。其中，南京市总体就业人口数据源于南京市第二次经济普查数据（2008，南京市统计局），各类用地的相关数据则源于南京市土地利用现状图（2007，南京市规划局），并通过ArcGIS加以采集。

1.5 研究目标、内容和方法

1.5.1 研究目标

本研究在总体目标上,希望能结合我国城市化进程中出现的新问题,紧扣大城市流动人口生活图景中至关重要却长期关注不足的就业空间,通过南京地区的一手资料和独到视角,探讨城市化背景下城市规划理论与实践的热点领域,建构"流动人口就业空间"的实证研究框架,探讨流动人口就业空间的优化策略。这既是对以往"流动人口居住空间"研究的一次转型与突破,更可为现阶段城市的空间格局调控、产业结构优化和农业人口的健康城市化提供相应的依据和参照。

1.5.2 研究内容

在目前社会经济转型和政策制度重构的关键期,"就业空间"作为我国城市化背景下解析和影响城市空间结构的核心变量和关键路径之一,是探讨转型期城市规划理论与实践、体现社会公正与人本内涵的重要领域之一。本研究希望以南京市主城区为实证案例,以 GIS、SPSS 等数字技术平台为依托,依循"空间本体特征分述在先,空间关联总体把握在后"的基本脉络,从城市总体层面上探讨流动人口就业空间的结构特征。其主要内容设定如下:

1) 绪论

主要对本研究的相关背景、国内外相关研究进展进行了介绍和评述,明确了本研究的对象、范围和数据,并阐释了本研究的目标、意义、内容及方法。

2) 流动人口及其就业空间

主要界定了流动人口、就业空间、通勤等基本概念,并根据相关的人口统计数据,对流动人口及其就业空间的总体概况进行了背景性论述。

3) 南京市流动人口就业空间的集聚性解析

主要借鉴国内外空间集聚分析及测度的系列量化方法,从总体和分职业两个角度探讨了流动人口就业聚集的空间结构和特征机理。在判断流动人口就业集聚度的基础上,测度和分析了流动人口就业空间的集聚分区、网络关联及其就业中心规律,进而发掘了影响流动人口就业空间集聚性的"吸引—排斥"因素。

4) 南京市流动人口就业空间的分异性解析

主要借鉴国内外空间分异的研究方法,从总体上探讨了流动人口就业分异的空间结构和特征机理。在确立社会区域分析和因子生态分析思路及相关指标体系的基础上,借助GIS、SPSS、Mapinfo 等计算机软件,实现了数据库的建构和可视化处理,并依循"单因子分析—主因子分析—聚类分析"的基本路径,剖析了流动人口就业空间的分异现象。

5) 南京市流动人口就业空间的可达性解析

主要基于"土地利用"视角,从总体上探讨了流动人口就业可达性的空间结构及其影响机制。不但从总体和分职业两方面比较了流动人口就业可达性的分布特征,还定量分析了影响流动人口就业可达性的居住—就业单元"用地特征"因素(包括用地混合度、路网密度、道路环通度等因子),深度发掘了流动人口"个体属性"因素(包括人口社会属性、经济属性、空间属性等因子)同"土地利用"视角下就业可达性影响之间的内在关联性。

6)南京市流动人口就业—居住空间的分离和通勤

主要立足于"流动人口个体"视角,从总体上探讨了流动人口职住空间的关联特征。首先通过"居住独立指数"与"就业独立指数"的测度,对其职住空间的分离度进行了模式划分和空间解析;然后基于不同的职住分离模式,把握流动人口"居住—就业空间"的网络关联和空间错位特征,完成流动人口各类通勤关系的空间图解与计量分析,发掘影响流动人口职住空间关联性的系列因素。

7)南京市流动人口就业空间—城市空间的关联性解析

主要立足于流动人口就业空间的集聚性研究和更为广阔的城市视域,同"流动人口—城市人口"的"局部—整体"关系相对应,从总体和分职业两个角度,系统比较和解析了"流动人口"这一特殊群体的就业空间同流入城市整体空间(主要包括社会空间和就业空间两方面)之间的结构性关联,以便更宏观和更深入地把握流动人口的就业空间特征。

1.5.3 研究方法

本研究作为以往流动人口居住空间研究的又一次转型与延伸,将重点针对南京市的进城农民工展开就业空间的实证研究。具体方法如下:

1)资料采集方法

主要借助于资料查阅法、部门访谈法、问卷调研法等进行记录和数据采集,具体操作如图1.4所示。

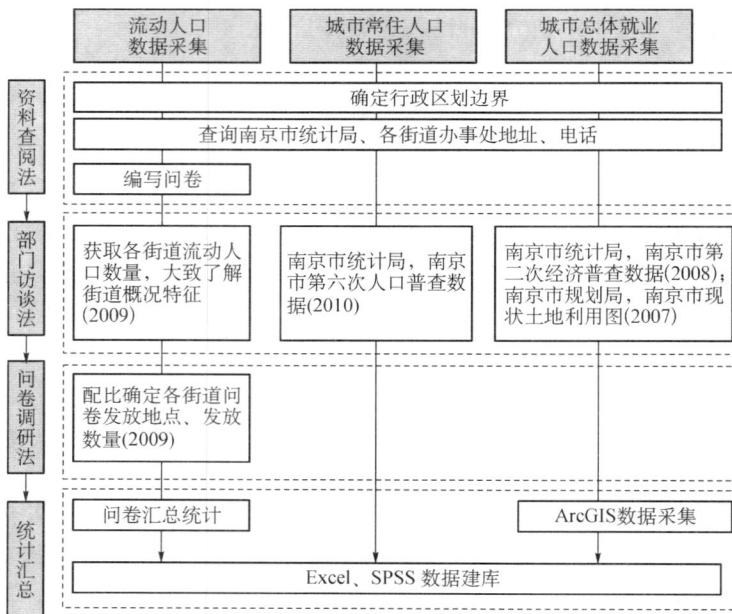

图1.4 数据采集方法

* 资料来源:笔者自绘。

2）研究分析方法

主要借助于文献分析法、分类分析法、比较分析法、统计分析法等进行数据分析（表1.3）。

表1.3 研究分析方法、对象、目的

研究方法	主要实施对象	目的
文献分析法	专著、报刊、互联网等	引介和借鉴国际上关于城市化研究和就业空间研究的相关理论和技术方法
分类分析法	按照不同标准和方法划分的流动人口就业空间	基于集聚度测度的就业空间集聚区分级，基于因子生态分析的就业空间社会区划分，基于可达性测度的就业空间可达区分级，基于分离度测度的职住分离模式分区等
统计分析法	流动人口就业空间在总体分布上的结构特征及其可达程度	依托于数字技术平台，划分流动人口就业空间的三级集聚结构，识别其就业空间的中心体系，测度其就业空间的可达程度，图解其就业空间的分异结构和职住空间的通勤关系等
比较分析法	按照不同标准和方法划分的流动人口就业空间	在统计分析的基础上，比较和阐释流动人口就业空间基于不同集聚区、不同职业中心、不同社会区和不同可达区划分的结构特征，比较和解析"流动人口"这一特殊群体的就业空间同流入城市整体空间的结构性关联等

1.5.4 技术路线

本研究拟从社会学现象及其相关理论入手，依循理论和实证相结合、定量与定性相结合的跨学科思路，解析流动人口的就业空间（图1.5）。

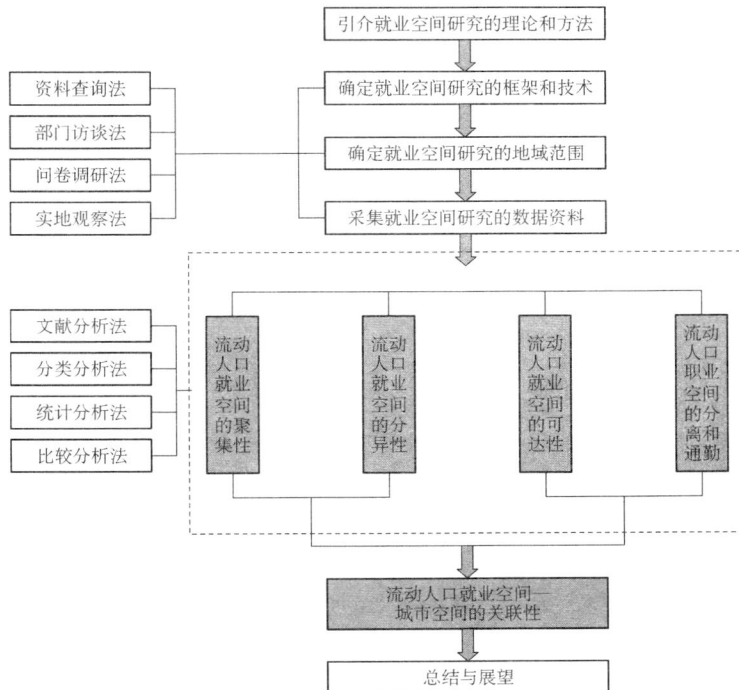

图1.5 技术路线

* 资料来源：笔者自绘。

1.6 创新特色

流动人口的"就业空间"研究作为以往"居住空间"研究的一次转型与拓展,同样是我国目前探讨转型期城市规划理论与实践、体现社会公正与人本内涵的重要领域之一。在揭示流动人口就业聚集和分异现象的基础上,本研究基于数字技术平台,力求在以下方面做出创新与尝试:

1.6.1 研究对象的特型化

本研究以宏观层面的就业空间作为研究的实质性主体,以特定群体"流动人口"作为研究的背景性限定,关注的是我国城市化背景下自然萌生的一类新型空间,采取的是理论和实证相结合、定量与定性相结合的跨学科思路。在系统发掘流动人口这一弱势群体的就业空间规律的同时,也在一定程度上弥补了以往就业空间研究在特定群体方面的固有局限和先天不足。

1.6.2 研究思路的双线化

本研究虽然重点探讨的是流动人口就业主线之下的空间结构,但是在就业可达性和职住通勤的研究中依然有意识地引入了"居住空间"这一参照线,希望借助于"就业—居住"双线共轭的新视角,揭示流动人口就业可达度同"居住—就业"单元土地利用特征之间的内在关联性,把握流动人口职住空间的网络关联、空间错位特征和通勤关系。这一紧扣流动人口生活图景中至关重要而又关联互动的双线的做法,相比于国内的类似研究具有一定的创新意义和参照价值。

1.6.3 研究方法的数字化

本研究除了实地观察、专题访谈、问卷统计等传统的数据采集方法外,还将进一步完善与拓展数字技术的应用领域和路径,这也是项目组继流动人口居住空间研究的数字化试点之后,再次寻求新的技术性优化与提升的可能性。重点是在流动人口就业的聚集分区、中心识别、空间分异及其可达性测度等方面,以 SPSS、GIS 等数字技术为平台,展开定量评估、统计分析和空间图解,建构相应的数据资料库,形成对定性研究的验证和修正。

2 流动人口及其就业空间

改革开放以来,伴随着农村剩余劳动力向非农产业和城市的大规模聚集,其关联互动的两极空间——居住空间和就业空间已逐渐成为解析甚至影响流入城市空间结构的重要路径和内生变量。只是相比于历来备受关注的居住空间而言,流动人口的"就业空间"研究却依然流于薄弱和有限。因此,在这里有必要先了解我们所要研究的"流动人口"究竟指的是哪类人口? 就业空间的概念是什么? 流动人口及其就业空间的总体概况又如何?

2.1 相关概念界定

2.1.1 流动人口

流动人口问题是一个世界性的社会问题,而与"流动人口"相关的概念也繁杂不一。既有部分学者从经济学(李荣时,1996①)、人口地理学(吴瑞君,1990②)、张善余,1999③)、行政管理(段成荣,1999④)等不同的学科定位和研究角度,赋予流动人口以不同的涵义;也有不少学者基于不同的人群特征和分类标准,将流动人口进行了更为细致的类型划分。

根据流动人口相对于地理空间变化的时间特征,本项目组⑤(2001)曾将流动人口分为广义和狭义两个方面:广义的流动人口根据其在流入地停留时间的长短,一般可分为长久性迁移人口、临时性暂住人口和差旅过往人口三类,狭义的流动人口则只包括那些在某一地域做短暂逗留的差旅过往人口。本研究所涉及的流动人口属于"暂住人口"的范畴。

根据流动人口的动因和目的,王建民等⑥(1995)又将流动人口分为劳务型流动人口、经营服务型流动人口、公务型流动人口、文化型流动人口和社会型流动人口,这五类流动人口可合并概括为经济型流动人口和非经济型流动人口。其中,经济型流动人口直接参与城市各种经济业务活动并从中获取收入。本研究所涉及的流动人口属于"经济型"的范畴。

根据流动人口的来源,李强等⑦(2012)将流动人口分为"外来农民"和"外来市民"两大群体,即来自农村的流动人口与来自城市的流动人口。本研究所涉及的流动人口属于"外来农民"的范畴。

---

① 李荣时.对当前我国流动人口的认识和思考[J].人口研究,1996(1):10-15.
② 吴瑞君.关于流动人口涵义的探索[J].人口与经济,1990(3):53-55.
③ 张善余.人口地理学[M].上海:华东师范大学出版社,1999.
④ 段成荣.关于当前流动人口和人口流动研究的几个问题[J].人口研究,1999(2):48-54.
⑤ 吴晓.我国城市化背景下的流动人口聚居形态研究——以京、宁、深三市为例[D].南京:东南大学,2001.
⑥ 王建民,胡琪.中国流动人口[M].上海:上海财经大学出版社,1995.
⑦ 李强.农民工与中国社会分层[M].北京:社会科学文献出版社,2012.

　　综合上述流动人口的定义和分类方式,本研究所关注的"流动人口"主要为"来自农村的经济性暂住人口",即改革开放之后,在一定时期内离开常住户口所在地,在城市以谋生营利为主要目的,自发从事社会经济活动的农村剩余劳动力。他们大多是以"进城农民"或是"外来务工人员"的身份出现,是目前国内流动人口的主体和城市新生的特殊社会群体,同时也是国外学者所说的"低端移民"的典型代表和重要构成①(图 2.1)。下文所提及的"流动人口"概念,若无特殊说明,指的都是这类在城市从事非农业工作的,拥有农业户口的工人。至于其他类型的暂住人口,要么属于非经济型流动(如投靠亲友)人口,要么就已经在身份职业上有别于一般的农民工(如文艺工作者和中高层管理人员),这里暂不作深入探讨。

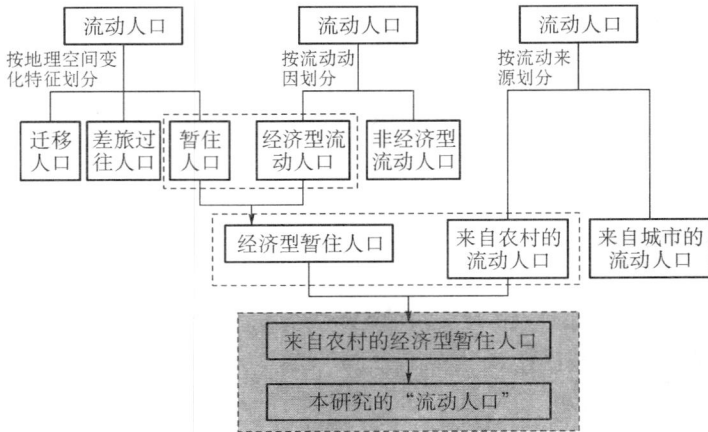

图 2.1　流动人口的概念界定
* 资料来源:笔者自绘。

2.1.2　就业空间

　　不同学科,由于研究视角和侧重点不同,学者们对于"就业空间"会有不同的理解,也难以形成一个共同的概念框架。比如说从经济学的角度出发,学者关注的是就业机会;而从社会学的角度出发,学者则更多地关注于就业人口的阶层、家庭和种族等社会因素给空间格局所带来的影响。

　　就目前而言,就业空间通常是作为与"居住空间"相对应的概念而存在的,并同样是城市空间结构的重要构成单元,拥有两方面的含义:其一是指地区能够提供的就业岗位的规模,代表着"量"的概念;其二则是就业人口的就业活动在地理空间上的投射和反映,代表着"空间"的概念。它是从就业要素角度加以界定的一种城市空间类型,除了围绕"就业"这一基本功能而形成的物质属性外,还兼具经济、社会等多重属性。

　　本研究所关注的"就业空间"主要为流动人口在城市从事就业活动时所呈现出来的地域分布状态和总体空间结构。同居住空间一样,它作为流动人口城市生活的常态载体,是

---

　　①　资料来源为:http://baike.baidu.com/view/39288.htm。

城市空间解析的另一典型样本与关键路径。

2.1.3 就业结构

就业结构又称社会劳动力分配结构,一般是指国民经济各部门所占用的劳动数量、比例及其相互关系。按照不同的划分方法,就业结构又可分为产业结构、职业结构、地区结构、知识结构等。基于我国流动人口的集聚化就业现象(大部分流动人口在从事的工作上仅限于几个特定职业),本研究从中选取"职业结构"这一角度来衡量和表征流动人口的就业空间结构。

所谓职业结构是指就业人口所从事的工作种类之间的比例关系,而不考虑该活动属于哪个产业或行业。2010年全国第六次人口普查把人口职业划分为六类——国家机关、党群组织、企业、事业单位负责人,专业技术人员,办事人员和有关人员,商业服务业人员,农林牧渔水利业生产人员,生产运输设备操作业人员。其中前三类通常被认为属于脑力劳动者,其余则属于体力劳动者。

本研究所关注的"就业结构"主要是从分职业的角度对流动人口的就业空间集聚性进行分析,以对比不同职业下流动人口就业空间的特征异同,并进一步发掘其与所在城市空间的关联性。

2.1.4 空间集聚

所谓空间聚集(Spatial Agglomeration),《简明牛津地理学辞典》的解释为"产业、资本、人口向空间的集中"。从经济地理学角度,集聚就是指经济活动的集中,具体说来,是在某一具体的空间范围内部,某种或某几种产业成规模地出现,形成专业化的产业地区或产业带。

本研究所关注的"空间集聚"主要为流动人口在城市空间的集中就业现象。

2.1.5 空间分异

分异的内涵包括:① 由一个到许多、由简单到复杂、由同类到异类的发展;② 社会组织、社会文化或其任何部分变得更为复杂的过程。这种变化包括独特社会功能的生成、适合个人能力的特权作用的发展、社会集团分化为阶层以及政治宗教结构建立的过程,同时也包括这种过程的结果(吴启焰,1999)①。

空间分异(Spatial Differentiation)指的是具有特定特征与文化的人群聚集在不同的空间范围内,在整个城市中形成一种空间占有的分化甚至是隔离的状况。空间分异与城市的社会分层密切相关,可视为社会分层在城市空间中的物质表现,它反映了不同阶层的社会群体对城市空间资源和社会资源的占有状况。

---

① 吴启焰. 大城市居住空间研究——以南京为例[D]. 南京:南京大学,1999.

从城市社会学的角度来看,空间分异大致可分为外生分异与内生分异两种类型:外生分异其实质是由于不同群体之间社会距离的差异而形成的隔离,是社会经济地位、社会文化心理等价值取向分化的结果,如西方种族间的外生分异;内在分异则是指同一社会阶层的人群由于社会经济地位、价值取向相同,或其他因素如地缘、亲缘等而形成内部集聚性,其实质是基于于防卫、支持、维护、攻击四个方面的需求①。随着城市社会阶层分化现象的加剧,在城市内会出现与社会阶层分化相一致和相对应的城市空间分异现象,并体现为集体经济实力、文化观念、价值取向、行为活动、住房工作的趋同性。

本研究所关注的"就业空间分异"主要是指这样一类空间现象:随着不同特性的人口集聚在不同的空间范围内就业,整个城市形成一种就业空间占有的分化甚至是隔离的状况;在相对隔离的就业区域内,同质人群有着相似的社会属性、经济属性或是空间属性,甚至形成和维系着同一类亚文化。可见,就业空间分异同样是社会分层在城市空间上的一类物态表征和投射。

2.1.6　可达性

可达性概念最早表述为相互作用机会的潜力(Hansen,1959),之后不同学者由于不同研究方向和偏好对可达性有着不同的理解(Cervero,1996;Levine&Garb,2002)。但总体来说学界对于可达性的特征理解具有以下共识:① 可达性值属于比较类概念,用于比较不同研究单元可达性的高低程度,单纯的绝对数值并没有意义;② 如果两点间的通达不是单向的,则可达性数据具有双向对等性;③ 可达性具有空间属性,会受到城市土地利用、个体属性等因素的影响。

而就业可达性源于经典的可达性概念,且具备可达性的所有特征,最早用于表征城市空间错位②的程度(Holzer, 1991③),之后又有学者从交通规划(Shen,2000④)、经济学(Bruinsma et al,1990)、社会学(Farrington et al,2005)等不同研究角度,赋予就业可达性以不同的涵义。仅就目前而言,就业可达性主要有两个层面的涵义:① 指地区能够提供的就业岗位数量与该地区就业需求人数之间的函数关系,反映了区域(或城市)的总体就业程度;② 指就业人员个体在从事劳动就业时克服空间阻隔的成本(通勤成本),反映了个体层面的就业可达程度,兼具时间和空间属性。

本研究所关注的"就业可达性"主要是指就业人员个体在从事劳动就业时克服空间阻隔的通勤成本,其往往会受到城市土地利用特征及就业人员本身个体属性的影响。

---

① 杨上广.大城市社会空间结构演变研究——以上海为例[J].城市规划学刊,2005(5):19.

② "空间错位"概念最早由 Kain(1968)提出,是城市低收入者就业机会的经济条件限制与社会、经济和政治因素相结合的空间反映,直观表象是低收入群体典型的职住分离现象。

③ Holzer H. The Spatial Mismatch Hypothesis:What has the Evidence Shown[J]. Urban Studies, 1991, 28(1): 105-122.

④ Shen Q. A Spatial Analysis of Job Openings and Access in a US Metropolitan Area[J]. Journal of the American Planning Association, 2000, 67 (1): 53-68.

2.1.7 通勤

城市地理学认为,通勤是从业人员因工作和学习等原因而往返于住所与工作单位或是学校的行为[①];经济学认为,通勤是由于职住空间的分离造成劳动力市场的空间不均衡,无法满足人们日常生活的需求;城市规划学认为,通勤作为城市交通中最重要的活动,串联了居住空间和就业空间,并促生了两者之间的交互活动;Berry(1973)则认为,工作通勤是由地区成长中心向周边城市、乡镇、乡村传输成长推动力的一个最重要方法,是通勤行为带来了劳动力输出地区向劳动力输入地区活动的现象,亦即人们往返于"居住空间—工作空间"的活动[②]。

本研究所关注的"通勤"主要是指南京市主城区范围内,流动人口在居住空间与就业空间之间所发生的空间位移,是一种应对就业机会空间分布不均衡、满足出行需求而发生的调整行为和活动,可通过通勤频率、通勤距离等变量加以表征。从某种程度上说,职住空间正是通过流动人口这一行为主体的通勤时空属性而发生关联的。在人们倾向于缩短通勤时耗的前提假设条件下,若是能够提供良好政策供人选择,将有助于职住空间均衡性的进一步调整。

2.2 流动人口概述

2.2.1 我国流动人口的产生

我国在计划经济下建立的以户籍管理为表征的城乡二元结构,对各类人口的自发流动(不包括政策组织和引导下的大规模人口迁移,如进城大炼钢和城市人口上山下乡)采取了以抑制和管控为主的静态封闭化策略。直至1980年代,伴随着改革开放步伐的加快和城市化水平的不断提高,我国由传统农业大国向工业化和城镇化迅速转型,才带来了劳动就业结构的极大改变,也引发了农村剩余劳动力向城市大规模转移的"民工潮"。究其原因,可以借用美国学者埃弗雷特·李(Lee,1966)在《迁移理论》中提出的四方面要素一一诠释(图2.2)。

1) 正负因素方面

农村剩余劳动力向城市的大规模转移,实质上是正负因素两相比较下流出地(农村)推力和流入地(城市)拉力共同作用的结果,究其原因主要有三:

(1) 就业机会的比较差距。一方面,中国农村人多地少的矛盾由来已久,农村劳动力的"剩余"现象日趋严重;而另一方面,城市中新兴工业与第三产业的蓬勃发展,为大批被城乡二元结构强制束缚在土地之上的农村剩余劳动力提供了许多的就业机会和疏解出路。这

① http://baike.baidu.com/view/30914.htm.
② 许菲菲.基于通勤视角的北京城市职住空间均衡性研究[D].北京:首都经济贸易大学,2010.

也是"民工潮"爆发的一项必要前提。

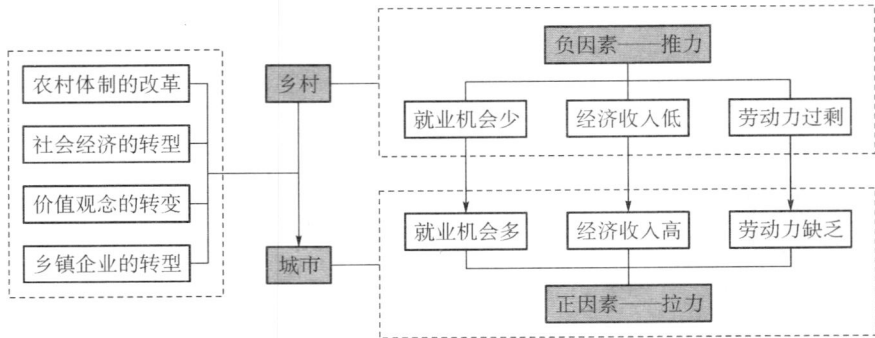

图 2.2　我国流动人口的产生原因

*资料来源:笔者自绘。

（2）城乡收入的比较差距。一方面,改革开放以来,我国城乡居民的人均收入差距（包括城镇居民的各种补贴、社会福利、住房补贴、医疗保险等）总体上已呈现出逐年扩大之势;另一方面,农民从事的第一产业相对于第二、三产业的比较利益同样偏低,这直接牵引着他们流向城市经济收入更高的第二产业和第三产业,产生了较为明显的农民进城的推拉效应。

（3）地区经济的比较差距。我国沿海地区的经济发展迅速,劳动密集型出口加工业和服务业迅速崛起,在拉大了同中西部地区经济差距的同时,也对劳动力资源产生了巨大的需求,由此创造的大量就业机会为农村剩余劳动力的梯度转移提供了拉力和方向。

2）中间障碍方面

（1）农村体制的改革。农村家庭联产承包责任制的广泛推行,使农村经济资源的配置突破了传统人民公社的集中经营、统一分配模式,这一方面使农村劳动力由"隐性剩余"转化为"显性过剩",另一方面也使农民拥有了支配自身劳动力的权力,从而为农民的自发流动和转移提供了可能。

（2）社会经济的转型。以户籍身份管理为表征的传统城乡二元结构的逐渐松动,比如粮食、住房供给的市场化和就业机会的开放等,在一定程度上扫除了农民进城后生产和生活可能面临的制度性障碍和壁垒。

3）个人因素方面

价值观念的转变。农村教育的普及、文化的变迁、社会信息渠道的畅通深层而迅速地动摇和改变着农民的传统乡土观念和安土重迁行为,并为"其离土又离乡"的流动提供了勇气与信心。

4）其他因素方面

乡镇企业的转型。随着人们生活水平的改善、市场需求结构的演化和国有企业经营机制的转换,乡镇企业不得不走上利用资金实力,以资本和技术来替代密集劳动的转型道路,来应对国内外市场的激烈竞争,由此不可避免地导致了企业劳动力吸纳能力的日益萎缩,农村剩余劳动力所带来的就业矛盾再次凸显。这也是"民工潮"形成的一个深层原因。

正是在上述诸多因素的综合作用下,我国形成了特有的从乡村到城市、从内地到沿海的"民工潮"。这是城市化的必然规律,也是中国城乡一体化发展的必然趋势。据 2000 年的人口普查,全国有流动人口 12 017 万,其中进城农民占到 73%,达到庞大的 8 700 万;而 2010 年的"六普"最新结果显示,流动人口数量已增至 2.21 亿人,占全国总人数的 19.49% 和世界流动人口总数的四分之一强(图 2.3)。同样在江苏省,据公安部门的统计,全省登记在册的流动人口截至 2011 年也达到了 1 700 多万人,约占全省人口总数的 13%[①],其中 80% 的流动人口都流向了南京、苏州、无锡、常州等经济相对发达的苏南地区。这就为以进城农民为代表的流动人口居住空间和就业空间的萌生创造了客观条件。

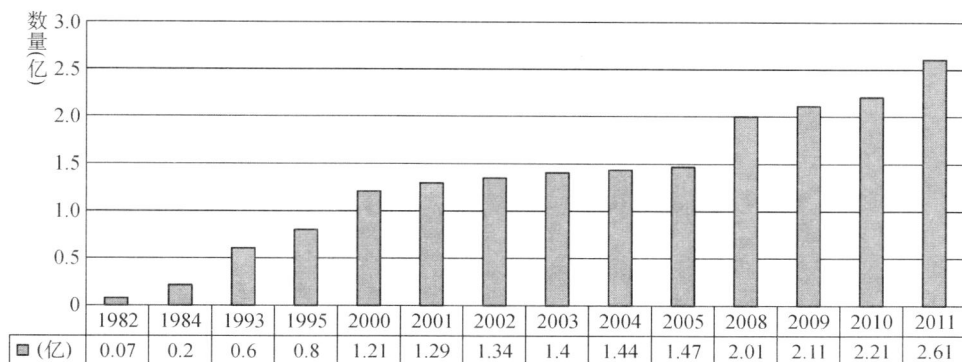

	1982	1984	1993	1995	2000	2001	2002	2003	2004	2005	2008	2009	2010	2011
(亿)	0.07	0.2	0.6	0.8	1.21	1.29	1.34	1.4	1.44	1.47	2.01	2.11	2.21	2.61

图 2.3　我国流动人口增长趋势

*资料来源:历次全国人口普查数据;中国统计年鉴。

　　总的来看,我国的进城农民规模大、流动面广、构成混杂、经济收入整体较低,不仅呈现出一种经济性、无序性和季节性特征,还拥有一种有别于城市和农村人口的异质性身份,这在很大程度上源于其跨越城乡的双重性和边缘性。一方面,同传统的农业人口相比,其生产方式、生产关系与阶层构成已有了根本性改变,并同流入城市建立了开放式的经济联系;但另一方面,他们又同原有城市人口存在明显分异,往往会在文化背景、观念意识、生活习惯等方面延续以往农业社会状态下的许多特征。

2.2.2　南京流动人口的概况

　　综合抽样调查数据,用比例法对南京市主城区的流动人口就业人口数据进行推算,发现流动人口的就业人口总规模约为 81.25 万人,占主城区总人口数的 24%;再进一步分析 1 827 份有效调查问卷的信息数据,可大体上知道南京市流动人口的总体结构如下:

　　1)南京流动人口的社会结构

　　对南京市主城区流动人口社会结构特征的调查主要包括年龄结构、婚姻状况、受教育程度及来源地分析等。在年龄结构上,流动人口的年龄层集中在 20～59 岁之间,其中 20～39 岁年龄组所占比例最高,占被调查者总数的 53.69%,19 岁以下青年及 60 岁以上老年所占比例较低,仅占 4.00% 和 1.97%(图 2.4);在婚姻状况上,流动人口绝大部分处于已婚状

---

① 中国新闻网. http://www.chinanews.com/df/2011/07-04/3155984.shtml.

态,占被调查人员总数的80.13%(图2.5);在受教育程度上,流动人口整体受教育程度偏低,初中及以下文化程度人口占到近79.74%,大学及以上人口仅占5.15%(图2.6);在来源地上,以江苏省内及安徽省为主,分别占到被调查总数的35.41%、32.02%(图2.7)。

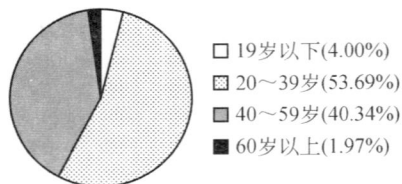

图2.4 流动人口的年龄结构

- □ 19岁以下(4.00%)
- ▨ 20～39岁(53.69%)
- ▩ 40～59岁(40.34%)
- ■ 60岁以上(1.97%)

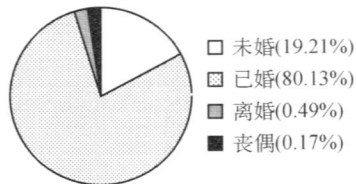

图2.5 流动人口的婚姻状况

- □ 未婚(19.21%)
- ▨ 已婚(80.13%)
- ▩ 离婚(0.49%)
- ■ 丧偶(0.17%)

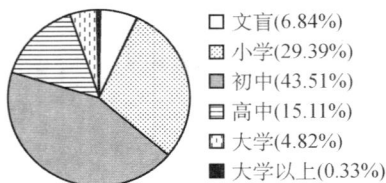

图2.6 流动人口的受教育程度

- □ 文盲(6.84%)
- ▨ 小学(29.39%)
- ▩ 初中(43.51%)
- ▤ 高中(15.11%)
- ▥ 大学(4.82%)
- ■ 大学以上(0.33%)

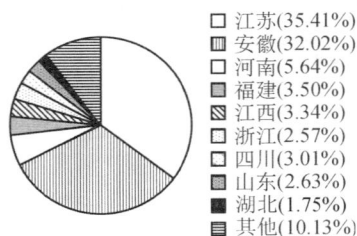

图2.7 流动人口的来源地

- □ 江苏(35.41%)
- ▥ 安徽(32.02%)
- ▨ 河南(5.64%)
- ▩ 福建(3.50%)
- ▧ 江西(3.34%)
- ▤ 浙江(2.57%)
- ▦ 四川(3.01%)
- ▨ 山东(2.63%)
- ■ 湖北(1.75%)
- ▥ 其他(10.13%)

* 资料来源:笔者根据南京市流动人口抽样数据(2009)自制。

2)南京流动人口的经济结构

对南京市主城区流动人口经济结构特征的调查,主要包括职业类型、单位性质、收入状况等。在职业构成上,流动人口主要就业于商业服务业及生产运输设备操作业,分别占被调查总数的52.87%、29.99%(图2.8);在单位性质上,个体工商户所占比例最大(52.82%),其次是私营企业(23.86%),而国有企业、集体企业等所占比例相对较小(图2.9);在收入状况上,绝大部分流动人口的月收入集中在1 500～2 000元之间,占总比例的41.60%,其次为500～1 500元及2 500～5 000元,而低于500元及5 000元以上的比例较少,仅占6.57%(图2.10);在从业状况上,流动人口主要从业于电子机械制造业(18%)、建筑业(19%)、纺织服装业(17%)和饮食服务行业(14%),而从业于环境卫生、家政服务业的人员则较少,不足5%。

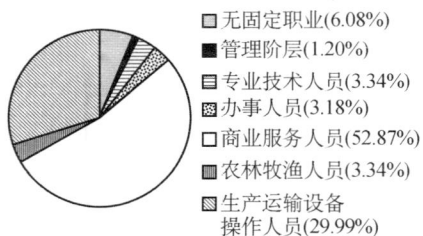

图2.8 流动人口的职业构成

- ▨ 无固定职业(6.08%)
- ■ 管理阶层(1.20%)
- ▧ 专业技术人员(3.34%)
- ▤ 办事人员(3.18%)
- □ 商业服务人员(52.87%)
- ▥ 农林牧渔人员(3.34%)
- ▨ 生产运输设备
  操作人员(29.99%)

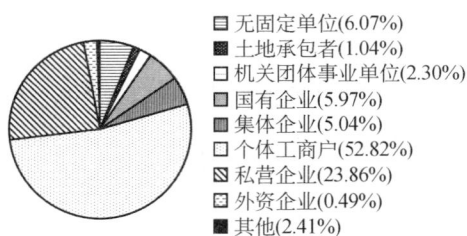

图2.9 流动人口的单位性质

- ▨ 无固定单位(6.07%)
- ■ 土地承包者(1.04%)
- □ 机关团体事业单位(2.30%)
- ▤ 国有企业(5.97%)
- ▥ 集体企业(5.04%)
- □ 个体工商户(52.82%)
- ▧ 私营企业(23.86%)
- ▨ 外资企业(0.49%)
- ■ 其他(2.41%)

* 资料来源:笔者根据南京市流动人口抽样数据(2009)自制。

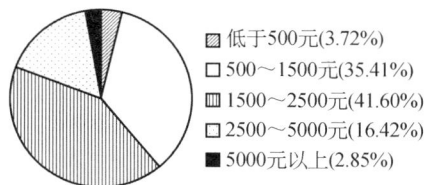

图 2.10　流动人口的收入状况

* 资料来源:笔者根据南京市流动人口
抽样数据(2009)自制。

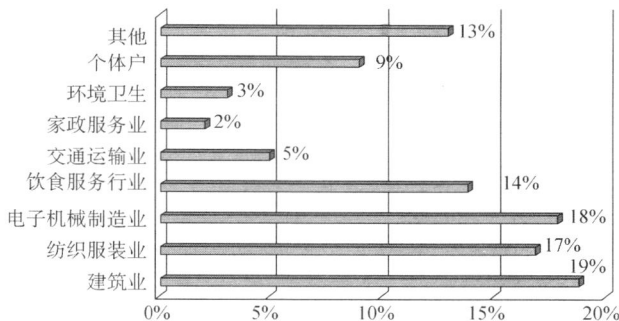

图 2.11　江苏省流动人口从业状况

* 资料来源:省农民工工作领导小组办公室.江苏农民工生存状况调查
[N].新华日报.2009-12-14.

3) 小结

综合地看,南京市流动人口以已婚中青年为主,受教育程度偏低,以初中文化程度为主,主要来自于江苏省及安徽省;其职业集中为商业服务业及生产运输设备操作业,工作单位多为个体工商户及私企,月平均收入集中于 1500～2500 元区间。

2.3　流动人口就业空间概述

2.3.1　我国流动人口就业空间的概况

流动人口的就业是其社会经济生活的起点和关键,而绝大部分流动人口为务工从业人员,因此职业结构决定了其就业空间的特征与分布。制造业、建筑业和商业服务业是流动人口就业相对集中的三大行业,其是城市产业结构需求与自身综合素质共同作用的自然结果(图 2.11、表 2.1):一方面,不同城市的产业结构与不同时期城市的经济发展状况会从根本上影响流动人口的就业;而另一方面,流动人口自身的水平和需求决定了其就业存在着“互补性”与“不稳定性”等特征,职业更换率较高,就业形式相对灵活,可与城市人口的就业区域形成互补。更为重要的是,流动人口的就业空间会因为不同的职业选择而在城市层面上呈现出不同的集聚或是分异特征(表 2.2)。

表 2.1　流动人口主要职业人员比重分布比较

主要职业	专业技术人员、办事人员	商业服务业人员	工人		其他
			建筑工人	制造业工人	
北京(2003 年)	16.2%	66.7%	8.3%	7.3%	1.5%
上海(2000 年)	4.3%	27.4%	19.5%	28.7%	20.1%
广州(2000 年)	10.3%	27.2%	59.2%		3.3%
武汉(1999 年)①	2.62%	56.02%	17.87%	20.48%	3.01%

* 数据来源:上海、广州第五次人口普查资料。

───────────

① 宋菊芳,等.武汉市流动人口空间聚集特征分析对策研究[J].规划师,2001(02):29 - 31.

表 2.2　主要职业的流动人口就业空间分布比较

主要职业		人员比重	就业空间分布特征	备注
商业服务业人员		30%～50%	以中心老城区为主，以郊区(如新区和经济开发区)为辅	同制造业就业空间具有一定互补性
工人	建筑业工人	40%～60%	同建设项目布点直接相关，具有较大的随机性和流动性	
	制造业工人		以城郊结合部和郊区为主	同二产郊区化相关
负责人、专业技术人员、办事人员		10%左右	以中心区及近郊区为主	郊区:聚集为主中心区:分散为主
农民		5%以内	以郊区为主	

＊资料来源:徐卞融.分异与分离:基于"居住—就业"视角的南京流动人口空间解析[D].南京:东南大学,2010:13.

　　流向第三产业的流动人口呈现出中心导向下相对均衡的就业布局,其中从事商业服务业的流动人口往往会集聚于核心的老城区(部分则集聚于新区和经济开发区周边),在就业高地的分布上同制造业具有一定的互补性,折射出其就业空间同各级商业中心和消费市场的高地理相关度。

　　而在流向第二产业的流动人口中,建筑业工人的就业空间(建筑工地)同建设项目的布点高度相关,并会随着施工项目的变换而流移于各个工地之间(如重大节事和基础设施牵引下的开发建设活动),因此布点上具有较大的随机性与流动性;从事制造业的工人在"退二进三"的产业结构调整背景下,则越来越多地流向各类企业和二产就业市场集聚的城郊结合部和郊区,而这一带的各类经济开发区更是成为吸纳流动人口流向劳动密集型制造业的重要载体,客观地反映出其就业空间对于交通区位、辐射流通和用地条件的刚性要求。

　　由此可见,就业空间的集聚主要源于不同背景下流动人口对于交通区位、就业市场、消费人群、资源流通、用地空间、经济收入等诸多要素的综合考量,而且就业于不同区域的流动人口多已在社会属性、经济属性和空间属性上呈现出了较为明显的分异特征。有鉴于此,第 3 章、第 4 章和第 5 章将分别从城市宏观层面上重点解析流动人口就业空间的聚集性、分异性和可达性规律。

2.3.2　南京流动人口就业空间的概况

　　1) 南京流动人口的就业密度

　　人口密度是最常用的人口分布指标,表示单位面积地域内的人数。流动人口就业密度的测度公式可表示为:

$$D_i = \frac{P_i}{A_i} \qquad 式(2.1)$$

　　式中:D_i——统计单元 i 的流动人口的就业密度;

　　　　　P_i——统计单元 i 的流动人口的就业人口数;

　　　　　A_i——统计单元 i 的地域面积。

　　本研究计算各统计单元的流动人口就业人口密度,采用 SPSS 统计软件,用 Hierarchial Cluster、Ward's 聚类法将 44 个统计单元聚合成 5 类,并绘制出南京市流动人口总体和分职

业的就业人口密度分布图(图2.12)。从中可以看出,南京市流动人口总体和分职业就业密度分布具有如下特征:

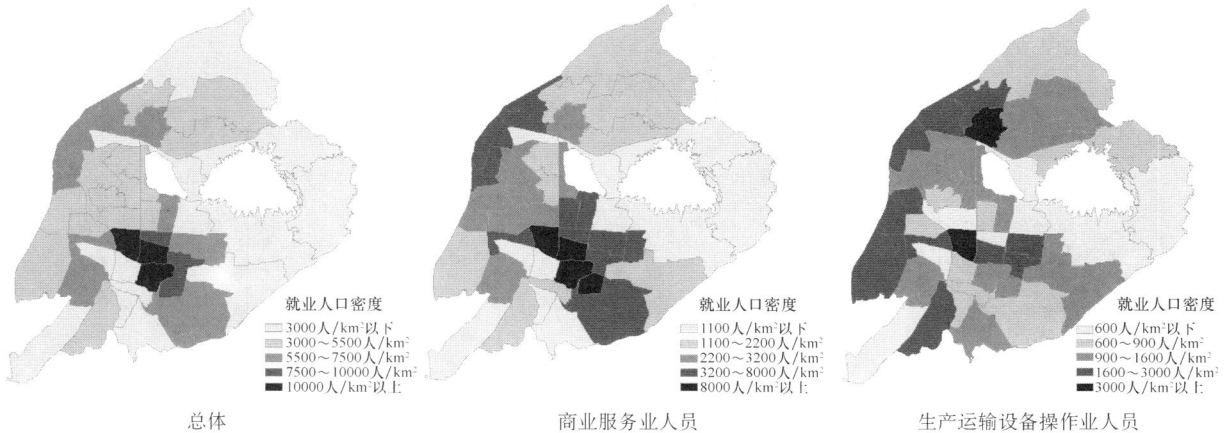

图 2.12　流动人口的就业密度分布图(总体和分职业)

＊资料来源:笔者根据南京市流动人口抽样数据(2009)自制。

(1) 流动人口(总体)

南京流动人口总体的就业空间密度分布总体呈"内高外低、西高东低、南北延拓"的团块聚合特征:

第一级街道为洪武路、夫子庙、朝天宫街道,集中分布于老城南部,就业人口密度均为10 000人/km² 以上,其中洪武路街道为南京流动人口就业密度最高区域,达18 920人/km²。

第二级街道为五老村、大光路、秦虹街道,环第一级街道周边分布,就业人口密度在7 500~10 000人/km² 之间。

第三级街道为滨湖、梅园新村、瑞金路、月牙湖、红花、南苑街道,以及热河南路、阅江楼、宝塔桥、小市街道,就业人口密度在5 500~7 500人/km² 之间。前者以城南一、二级街道为中心,呈放射型分布,后者则分布于主城西北边缘区。

第四级街道包括新街口、玄武门、兴隆、赛虹桥、幕府山、红山、迈皋桥街道以及鼓楼区全区,主要分布于主城西侧,就业人口密度在3 000~5 500人/km² 之间。

其余则为第五级街道,就业人口密度在3 000人/km² 以下。

(2) 流动人口(商业服务业人员)

南京市商业服务业流动人口的就业空间密度分布呈"单中心＋扇形"结构:

第一级街道集中分布于主城南部,包括洪武路、朝天宫、夫子庙、秦虹街道,构成商业服务业流动人口的高密度就业核心区,就业人口密度在8 000人/km² 以上。

第二级街道为滨湖、瑞金路、大光路、月牙湖、红花、五老村、新街口、梅园新村街道,以及热河南路、阅江楼、宝塔桥街道,就业人口密度在3 200~8 000人/km² 之间。前者以第一级街道为核心,分别向东、西、东南及北部放射分布,后者则分布于主城西北边缘区;

第三级街道包括小市、玄武门、挹江门、宁海路、华侨路、江东、凤凰、南苑街道,主要集中在鼓楼区,就业人口密度在2 200~3 200人/km² 之间。

第四级街道包括燕子矶、迈皋桥、幕府山、红山、中央门、湖南路、兴隆、赛虹桥、中华门、光华路街道,就业人口密度在1 100~2 200人/km² 之间。

其余则为第五级街道,就业人口密度在 1 100 人/km² 以下。

(3) 流动人口(生产运输设备操作业人员)

南京市生产运输设备操作业流动人口的就业空间密度分布呈现较为复杂的"散点+半环"结构:

第一级街道为朝天宫和小市街道,分别位于老城中南部和老城北部边缘区,就业人口密度在 3 000 人/km² 以上。

第二级街道以第一级街道为依托,沿主城西侧边缘呈半环状分布,包括幕府山、宝塔桥、阅江楼、江东、兴隆、滨湖、洪武路、瑞金路、大光路、赛虹桥街道,就业人口密度在 1 600～3 000 人/km² 之间。

第三级街道为宁南、南苑、秦虹、夫子庙、月牙湖、光华路、梅园新村、玄武门、中央门、建宁路、湖南路、挹江门、热河南路、迈皋桥、红山街道,就业人口密度在 900～1 600 人/km² 之间。

第四级街道为燕子矶、玄武湖、宁海路、新街口、凤凰、双塘、中华门、雨花新村、红花街道,就业人口密度在 600～900 人/km² 之间。

其余则为第五级街道,就业人口密度在 1 600 人/km² 以下。

2) 南京流动人口的就业地域别比率

地域别比率是某一地域内人口数占全部地域总人数的比例。流动人口的就业地域别比率的测度公式可表示为:

$$G_i = \frac{p_i}{\sum p_i} \times 100\% \qquad \text{式}(2.2)$$

式中:G_i——统计单元 i 的流动人口的就业人口地域别比率;

p_i——统计单元 i 的流动人口的就业人口数。

该指标反映了各个统计单元流动人口的就业人口在全部统计单元就业人口中所占的比重,通过计算、对比相应的就业地域别比率,就可以看出流动人口的就业地域分布情况,同时绘制南京市流动人口总体和分职业的就业人口地域别比率分布图(图 2.13)。从中可以看出,南京市流动人口总体和分职业就业人口地域别比率分布具有如下特征:

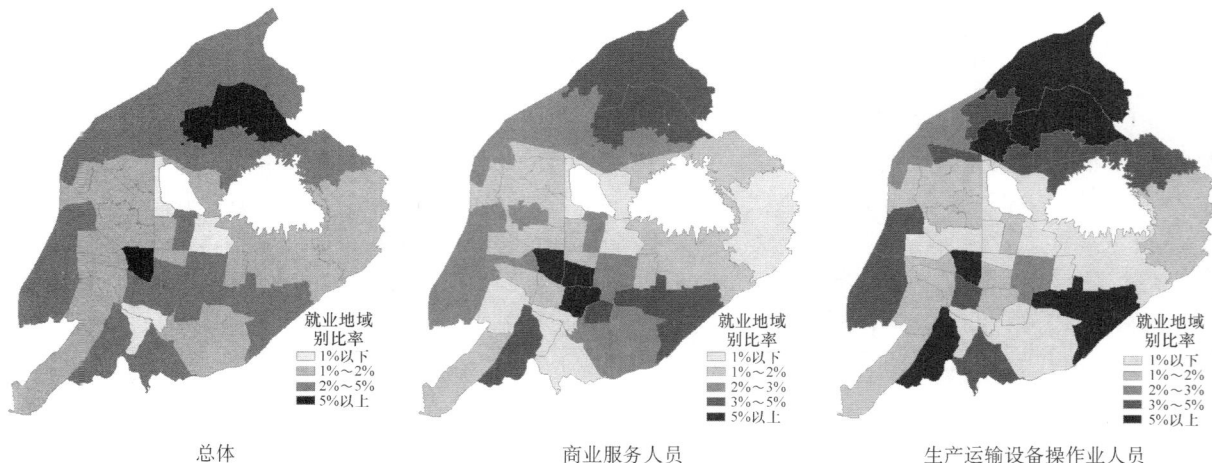

总体　　　　　　　　商业服务人员　　　　　　生产运输设备操作业人员

图 2.13　流动人口的就业地域别比率分布图(总体和分职业)

＊资料来源:笔者根据南京市流动人口抽样数据(2009)自制。

（1）流动人口（总体）

南京市流动人口的就业空间地域散布于主城北部边缘区域、老城中南区域以及主城西南边缘区域，总体上呈现出"以玄武湖为中心的扇形＋多核散布"特征：

第一级街道为朝天宫和迈皋桥街道，分别位于老城中南部和主城北部边缘的区，地域别比率均在5%以上。

第二级街道为洪武路、夫子庙、双塘、梅园新村、大光路、瑞金路、秦虹、光华路、兴隆、赛虹桥、宁南、江东、幕府山、小市、燕子矶、红山、宝塔桥、阅江楼、建宁路、玄武湖街道，与第一级的朝天宫街道和迈皋桥街道形成了分布于老城南部及主城北部的两个集中区域，地域别比率在2%～5%之间。

第三级街道为热河南路、新街口、五老村、月牙湖、锁金村、孝陵卫、马群、红花街道以及鼓楼全区（除江东街道）、建邺全区（除兴隆街道），地域别比率在1%～2%。

其余则为第四级街道，地域别比率小于1%。

（2）流动人口（商业服务业人员）

南京市商业服务业流动人口的就业空间地域分布呈现出"单核统领下的南北高、中间低的U谷集聚"特征：

第一级街道为朝天宫、洪武路、夫子庙街道，集中分布于老城南部，地域别比率均在5%以上。

第二级街道为燕子矶、迈皋桥、秦虹、光华路、赛虹桥街道，零星分布于南京主城的北侧及南侧边缘，地域别比率在3%～5%之间。

第三级街道为幕府山、宝塔桥、阅江楼、小市、红山、宁海路、江东、兴隆、滨湖、梅园新村、大光路、红花街道，主要分布于南京老城外围地区，地域别比率为2%～3%之间。

第四级街道为建宁路、热河南路、玄武湖、孝陵卫、月牙湖、南湖、双塘、沙洲，以及除江东、宁海路街道以外的鼓楼全区，地域别比率在1%～2%之间。

其余则为第五级街道，地域别比率在1%以下。

（3）流动人口（生产运输设备操作业人员）

南京市生产运输设备操作业流动人口的就业空间地域分布围绕着低值腹地呈现出"南北多峰并置的散点"特征：

第一级街道为朝天宫、光华路、赛虹桥、迈皋桥、幕府山、燕子矶街道，分位于老城中南部和主城南部、北部边缘区域，地域别比率均达到5%以上。

第二级街道为幕府山、红山、玄武湖、建宁路、江东、兴隆、双塘、宁南街道，以第一级街道为依托，主要分布于主城边缘的地区，地域别比率在3%～5%之间。

第三级街道为宝塔桥、阅江楼、瑞金路、大光路街道，地域别比率在2%～3%之间。

第四级街道为热河南路、挹江门、中央门、湖南路、宁海路、梅园新村、洪武路、夫子庙、滨湖、南湖、南苑、沙洲、马群街道，地域别比率在1%～2%之间。

其余则为第五级街道，地域别比率在1%以下。

2.3.3　小结

综合地看，在流动人口的就业密度上，南京流动人口的就业空间总体呈"内高外低、西高东低、南北延拓"的团块聚合特征,商业服务业流动人口的就业空间呈"单中心＋扇形"结构,生产运输设备操作业流动人口的就业空间则呈现较为复杂的"散点＋半环"结构.

在流动人口的就业地域上,南京市流动人口的就业空间地域总体呈"以玄武湖为中心的扇形＋多核散布"特征;商业服务业流动人口的就业空间呈"单核统领下的南北高、中间低的 U 谷集聚"特征;生产运输设备操作业流动人口的就业空间则围绕着低值腹地呈现出"南北多峰并置的散点"特征。

2.4 本章小结

本章首先对流动人口、就业空间、就业结构、通勤等相关概念进行了界定,然后按照"全国—南京主城区"和"总体—分职业"两个层次分别对流动人口及其就业空间的总体概况进行了基本阐述,旨在为本研究的展开提供特定的背景性认知。其主要结论包括:

(1)我国流动人口的产生:改革开放之后,在城乡分治政策下长期受到管控与压制的农村剩余劳动力,伴随着农村体制的改革、社会经济的转型、乡镇企业的转型和农民观念的变化,汇成了规模宏大的进城大军和势不可挡的"民工潮";而城乡之间在社会经济条件方面存在的明显比较差距(就业机会、城乡收入、地区经济等),则为推拉之下的农民进城行为提供了现实动力和基础。而且,我国的进城农民不仅呈现出一种经济性、无序性和季节性特征,还拥有一种有别于城市和农村人口的异质性身份,这在很大程度上源于其跨越城乡的双重性和边缘性。

(2)南京流动人口的概况:在社会经济结构上,南京流动人口以已婚中青年为主,受教育程度偏低,以初中文化程度为主,主要来自于江苏及安徽省;其职业集中为商业服务业人员及生产运输设备操作业人员,工作单位多为个体工商户及私企,月平均收入则主要集中于 1 500～2 500 元区间。

(3)我国流动人口就业空间的概况:制造业、建筑业和商业服务业是吸纳我国流动人口就业的三大行业,而流动人口就业空间会因为职业选择的不同而在城市层面上呈现出不同的集聚与分异特征,这主要源于不同背景下对交通区位、就业市场、消费人群、资源流通、用地空间、经济收入等诸多要素的综合考量。

(4)南京流动人口就业空间的概况:依托于 GIS、SPSS 等数字技术平台,选取密度、比重等典型指标和基本数据,来表征和分析进城农民就业空间的总体结构,可以发现:

① 在就业密度上,南京流动人口的就业空间总体呈"内高外低、西高东低、南北延拓"的团块聚合特征,商业服务业流动人口的就业空间呈"单中心＋扇形"结构,生产运输设备操作业流动人口的就业空间则呈现较为复杂的"散点＋半环"结构。

② 在就业地域上,南京市流动人口的就业空间地域总体呈"以玄武湖为中心的扇形＋多核散布"特征;商业服务业流动人口的就业空间呈"单核统领下的南北高、中间低的 U 谷集聚"特征;生产运输设备操作业流动人口的就业空间则围绕着低值腹地呈现出"南北多峰并置的散点"特征。

3 南京市流动人口就业空间的集聚性解析

鉴于流动人口就业的主要流向为商业服务业和生产运输设备操作,本章将从"总体—分职业"的角度入手,定量探讨流动人口就业空间的集聚特征。研究分析框架如图 3.1 所述,重点是依序探讨三大问题:① 南京市流动人口的就业空间是否存在集聚? ② 南京市流动人口的就业空间集聚有何特征? ③ 哪些因素影响南京市流动人口的就业空间集聚特征?其中的核心问题是"流动人口就业空间的集聚特征",包括就业空间的集聚分区、网络分析、中心识别等三方面的内容。

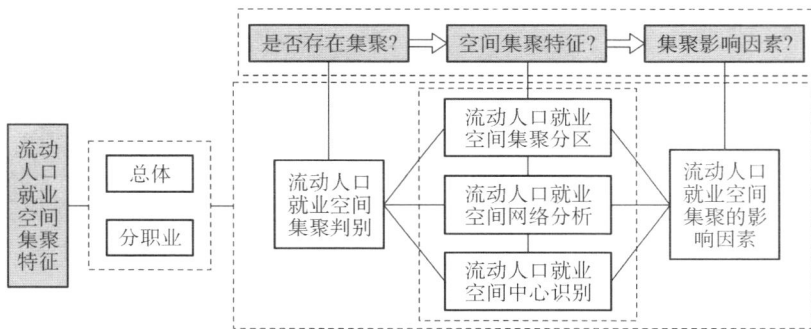

图 3.1 南京市流动人口就业空间集聚性解析框架

*资料来源:笔者自绘。

3.1 南京市流动人口就业空间集聚判别

3.1.1 流动人口就业空间的集聚判别方法

流动人口就业空间的集聚度,可用洛伦兹曲线、集中化程度指数及不均衡指数加以测度衡量。

1) 洛伦兹曲线

洛伦兹曲线(Lorrenz Curve)是美国统计学家 M. Lorrenz 于 1905 年提出的一种频率累积曲线,是经济学上研究地区之间收入差距或财富不平等的一种分析手段,主要用于描述区域经济集中或分散的程度。其绘制方法是按收入从低到高进行排序,以人口累积百分比为横轴,以收入累积百分比为纵轴绘制曲线。整个洛伦兹曲线是一个正方形,从坐标原点到正方形相应另一个顶点的对角线为收入分配绝对平等线,曲线相对绝对平等线的弯曲程度反映收入分配的不平等程度,弯曲程度越大,收入分配的不平等程度越大,反之亦然。

基于洛伦兹曲线原理定义就业空间洛伦兹曲线要素[1](表 3.1),即可绘制就业空间洛伦兹曲线。曲线离绝对平等线越近,表明人口分布越均匀,越远则表明分布越不均衡,就业人口的集聚性越强。

表 3.1　就业空间的洛伦兹曲线定义

曲线元素	元素释义
排序指标(Q)	$Q_i = \dfrac{(单元\,i\,内就业人口数量 / 所有单元就业人口数量)}{(单元\,i\,区域面积 / 所有单元区域总面积)}$
X 轴(OP)	设单元 i 内就业人口数量占所有单元就业人口数量百分比为 RT_i,$\sum RT_i$ 为单元 i 所在曲线点的 X_i
Y 轴(OI)	设单元 i 区域面积占所有单元区域面积百分比为 RB_i,$\sum R_i$ 为单元 i 所在曲线点的 Y_i
洛伦兹曲线(OY)	曲线上点(X_i,Y_i)表示占总区域面积百分比为 X_i 的单元中就业人口数量占所有单元就业人口数量的百分比 Y_i,反映了就业人口在区域内分布的聚集程度

* 资料来源:笔者自制。

2)集中化程度指数

集中化程度指数是与洛伦兹曲线相对应的统计量,是对地理要素空间集中程度进行对比的计量指标,其计算公式如下:

$$I = \frac{A - R}{M - R} \qquad 式(3.1)$$

式中:I——某地理要素的集中化程度指数($0 \leqslant I \leqslant 1$);

A——该要素在区域内各统计单元累计百分比的合计数;

M——假定某地理要素分布的集中化程度达到最大时(即该要素 100% 集中在某统计单元内,其洛伦兹曲线呈折线(OPY))的累计百分比的合计数;

R——通常为假定某地理要素平均分布在区域内各统计单元时(表示集中化程度最小,其洛伦兹曲线完全与对角线重合)的累计百分比的合计数。

集中化程度指数在 0~1 之间,集中化程度指数数值越大,则表明该地理要素分布越集中[2]:当 $I=0$ 时,表明某地理要素平均分布于区域内各统计单元;$I=1$ 时,表明某地理要素集中分布于区域内某一统计单元,而其余统计单元完全没有该地理要素分布;$I \leqslant 30\%$ 时,表示集中化程度低;$30\% < I \leqslant 50\%$ 时,表示集中化程度一般;$50\% < I \leqslant 70\%$ 时,表示集中化程度高;$I > 70\%$ 时,表示集中化程度极高。

3)人口分布不均衡指数

人口分布不均衡指数反映人口地理要素空间分布的不均衡程度,其计算公式为

$$U = \frac{\sum_{i=1}^{n} |Y_i - X_i|}{2} \qquad 式(3.2)$$

式中:U——人口分布不均衡指数;

n——统计单元数目;

---

① 扈传荣,姜栋,唐旭,等. 基于洛伦兹曲线的全国城市土地利用现状抽样分析[J]. 中国土地科学,2009(12):44-50.

② 罗仁朝,王德. 基于聚集指数测度的上海市流动人口分布特征分析[J]. 城市规划汇刊,2008(4):81-86.

Y_i——各个统计单元人口数占总人口的比重;

X_i——各个统计单元面积占总面积的比重。

人口不均衡指数在 0~1 之间,不均衡指数数值越大,则表明研究区域人口分布不均衡程度越高:$U \leqslant 30\%$ 表示人口分布的不均衡程度低,$30\% < U \leqslant 50\%$ 表示人口分布的不均衡程度一般,$50\% < U \leqslant 70\%$ 表示人口分布的不均衡程度高,$I > 70\%$ 则表示人口分布的不均衡程度极高。

3.1.2 南京市流动人口就业空间的集聚判别

根据就业空间洛伦兹曲线的定义,按排序指标 Q 值的大小,依次列出各统计单元的 Q 值、各统计单元流动人口人数占总区域流动人口人数的百分比、各统计单元面积占总区域面积的百分比,并分别计算累积百分比。以区域面积百分比为横坐标,以流动人口人数累积百分比为纵坐标,各取 100 的单位长度,绘出坐标图。以各累计数绘制坐标点,得到的曲线与绝对均匀线的离差就是流动人口就业实际分布与所在区域均匀分布的差异度。按此方法,分职业绘制出商业服务业流动人口和生产运输设备操作业流动人口就业空间分布的洛伦兹曲线(图 3.2)。

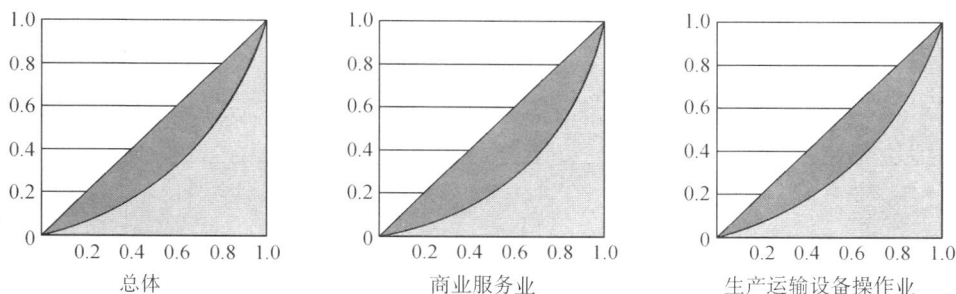

图 3.2 流动人口就业空间分布洛伦兹曲线(总体和分职业)

＊资料来源:笔者自绘。

在此基础上,根据集中化程度指数公式和人口分布不均衡指数公式,计算出南京市流动人口总体和分职业的与洛伦兹曲线相对应的统计量——集中化程度指数 I 及不均衡指数 U(表 3.2)。从中可以看出,南京市流动人口总体和分职业的就业空间集聚度有如下特征:

1)流动人口(总体)

南京市流动人口的就业空间洛伦兹曲线与绝对平等线离差适中,就业空间集中化程度指数和就业人口分布不均衡指数分别为 0.40、0.35,存在一定的集聚性和不均衡性,分布呈现"中度集聚"特征。

2)流动人口(商业服务业人员)

南京市商业服务业流动人口的就业空间洛伦兹曲线偏离对角线程度较大,就业空间集中化程度指数和就业人口分布不均衡指数分别为 0.48、0.40,集聚性和不均衡性较显著,分布呈现"中度偏强集聚"特征。

3）流动人口（生产运输设备操作业人员）

南京市生产运输设备操作业流动人口的就业空间洛伦兹曲线偏离对角线程度较小，就业空间集中化程度指数和就业人口分布不均衡指数分别为 0.38、0.30，集聚性和不均衡性较弱，分布呈现"中度偏弱集聚"特征。

4）对比分析

对比判别南京市流动人口总体和分职业的就业空间集聚度，其共性和差异如表 3.3 所示。

表 3.2　流动人口就业空间的集中化程度指数和不均衡指数（总体和分职业）

参数	总体	商业服务业人员	生产运输设备操作业人员
R	22.5	22.5	22.5
M	44	44	44
A	31.12	32.80	30.61
集中化程度指数 I	0.40	0.48	0.38
不均衡指数 U	0.35	0.40	0.30

* 资料来源：笔者根据南京市流动人口抽样数据（2009）自制。

表 3.3　流动人口就业空间集聚度的共性和差异（总体和分职业）

集聚度	总体	商业服务业人员	生产运输设备操作业人员
共性	三者均存在着空间集聚现象，且空间集聚性和不均衡性均处于一般程度范围		
差异	集聚程度处于中间水平	集聚程度较高	集聚程度较低

* 资料来源：笔者自制。

3.2　南京市流动人口就业空间集聚分区

3.2.1　流动人口就业空间的集聚分区方法

对流动人口就业空间的集聚分区是进一步测度流动人口就业空间集聚特征的必要基础。城市空间是一个物质形态及其所反映的社会关系的集合体，流动人口进入城市并在某一地域范围内的聚集，必然会对此区域的空间特性产生多重影响，因此就"流动人口"这一特殊群体而言，仅仅采用人口数量、规模或密度等单一指标，均不足以全面深层地反映其所处的空间特征。

基于上述原因，在描述流动人口的就业空间集聚程度时，将密度指标和地域别比率作为两个基本指标分别测算，采用"密度指数"与"比重指数"对流动人口的就业集聚程度进行组合分析和定量表述。其评价方法如下（图 3.3）：

目的主线	就业集聚区的测度指标	→	就业集聚区的划分方法	→	就业集聚区的空间分布
方法主线	密度指数比重指数	→	构建坐标系统,组合确定就业集聚区的划分标准	→	测度各单元的密度指数和比重指数,按集聚区划分标准投射空间,生成集聚分区图

图 3.3　流动人口就业空间集聚分区研究技术路线图

＊资料来源:笔者自绘。

(1) 对某一统计单元流动人口的就业人口密度(D)及就业地域别比率(G)两个指标进行去量纲的标准化处理,得到流动人口就业人口的"密度指数"(I_d)与"比重指数"(I_g)。

统计单元 i 的密度指数(I_{d_i})的计算公式如下:

$$I_{d_i} = \frac{D_i}{\mathrm{Avg}(D_i)} \qquad (i=1,2,\cdots,n) \qquad \text{式(3.3)}$$

即以某一统计单元的流动人口就业人口密度与全市各统计单元流动人口就业人口密度均值的比值作为该统计单元的就业密度指数(I_d)。

统计单元 i 的比重指数(I_{g_i})计算公式如下:

$$I_{g_i} = \frac{G_i}{\mathrm{Avg}(G_i)} \qquad (i=1,2,\cdots,n) \qquad \text{式(3.4)}$$

即以某一统计单元的流动人口就业地域别比率与全市各统计单元流动人口就业地域别比率均值的比值作为该统计单元的就业比重指数(I_g)。

(2) 用标准化处理后的指数构建坐标系统,X 轴为流动人口就业密度指数,Y 轴为流动人口就业比重指数,并以两者交汇点为参照点,绘制斜率为 -1 的斜线。在此基础上,通过"密度指数"I_d 与"比重指数"I_g 的组合对比,可将流动人口就业集聚空间分为高、中、低三级(图 3.4)。其中,流动人口的中度就业集聚区根据其类型的不同又可以分为两类。因此,流动人口的就业集聚区类型可划分如下(表 3.4):

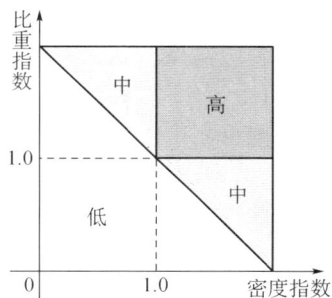

图 3.4　就业集聚区划分

表 3.4　就业集聚区类型划分表

类型	聚集指数特征	类型特征
高度就业集聚区	密度指数 $I_{d_i} \geqslant 1$,比重指数 $I_{g_i} \geqslant 1$	高密度、高比重
中度就业集聚区(Ⅰ类)	密度指数 $I_{d_i} \geqslant 1$,比重指数 $I_{g_i} < 1$,且 $I_{d_i} + I_{g_i} \geqslant 2$	高密度、低比重
中度就业集聚区(Ⅱ类)	密度指数 $I_{d_i} < 1$,比重指数 $I_{g_i} \geqslant 1$,且 $I_{d_i} + I_{g_i} \geqslant 2$	低密度、高比重
低度就业集聚区	$I_{d_i} + I_{g_i} < 2$	低密度、低比重

＊资料来源:笔者自制。

(3) 测度所有统计单元的密度指数和比重指数,然后根据流动人口就业空间的集聚区划分标准,将所有统计单元投射至空间上,生成南京市流动人口总体和分职业的就业集聚区分级分布图。统计各类集聚区的数量及比例,分析其结构特征。

3.2.2 南京市流动人口就业空间的集聚分区

根据流动人口就业集聚区的测度公式,以各统计单元密度均值、地域别均值为参照,分别计算 44 个统计单元的就业集聚指数,然后按划分标准将所有统计单元划分为高、中(内含两类)、低三级就业集聚区,并投射于空间(图 3.5)。按此方法,再依次绘制分职业的就业集聚区分布图(图 3.6,图 3.7),并计算各类集聚区的数量及比例(表 3.5)。从中可以看出,南京市流动人口总体和分职业的就业空间集聚分区有如下特征:

1) 流动人口(总体)

从各类就业集聚区数量上看,南京市流动人口高、中度就业集聚区为 21 个,其中高度就业集聚区 10 个,占统计单元总量的 22.73%;中度就业集聚区 11 个,占统计单元总量的 25%(Ⅰ类中度集聚区(高密度、低比重)数量为 5 个,Ⅱ类中度集聚区(低密度、高比重)数量为 6 个,分占统计单元总量的 11.36%、13.64%)。

从各类就业集聚区的空间分布上看,南京市流动人口的就业集聚区呈现出较为明显的"十字轴+扇形+半环带"结构:

(1) 高度就业集聚区为洪武路、夫子庙、大光路、瑞金路、梅园新村街道,以及阅江楼、宝塔桥、小市、江东街道,前者呈十字轴集中分布于主城南部,后者与中度就业集聚区呈半环带围合于主城西、北边缘。

(2) 中度集聚区(Ⅰ类)为五老村、滨湖、秦虹、红花、热河南路街道,紧邻高度就业集聚区放射分布。

(3) 中度集聚区(Ⅱ类)为燕子矶、迈皋桥、幕府山、兴隆、赛虹桥、光华路街道,分布于主城区北、西、南侧边缘,其南北分立态势同Ⅰ类中度集聚区的内外散布呈现出显著差异。

(4) 其余则为低度集聚区,填充了老城区的其余地段和主城区东片,形成楔入内外高地之间的联片"谷地"。

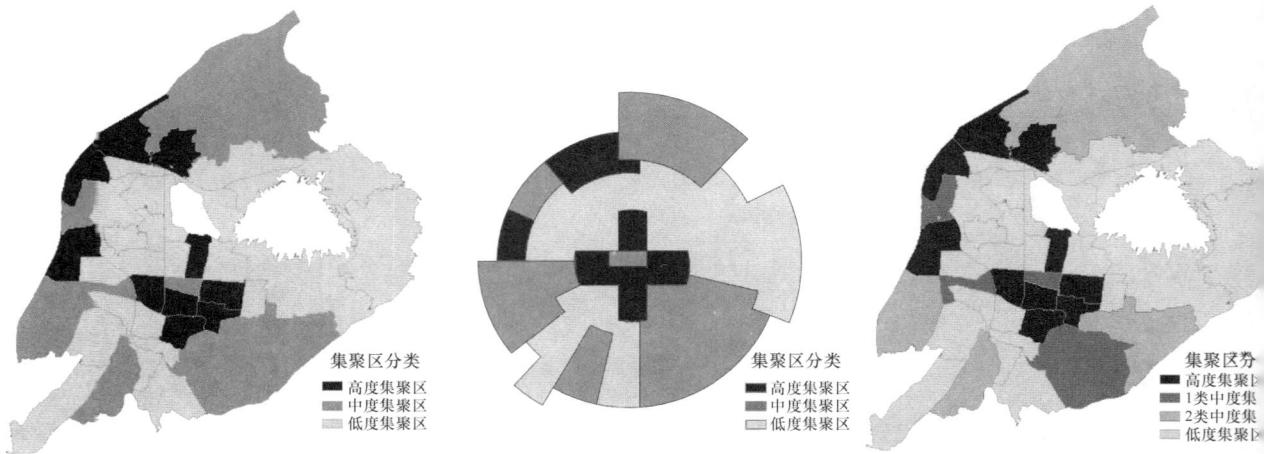

图 3.5 流动人口就业聚集区的空间分布(总体)

* 资料来源:笔者自绘。

2) 流动人口（商业服务业人员）

从各类就业集聚区数量上看，南京市商业服务业流动人口高、中度就业集聚区为 18 个，其中高度就业集聚区 11 个，占统计单元总量的 25％，中度就业集聚区 7 个，占统计单元总量的 15.92％（Ⅰ类中度就业集聚区（高密度、低比重）数量为 2 个，Ⅱ类中度就业集聚区（低密度、高比重）数量为 5 个，分占统计单元总量的 4.54％、11.36％）。

从各类就业集聚区空间分布上看，南京市商业服务业流动人口的就业集聚区多集中于主城中南部区域，呈"单核＋扇形放射＋散点"分布：

（1）高度就业集聚区为洪武路、朝天宫、夫子庙、大光路、瑞金路、梅园新村、滨湖、兴隆、秦虹、红花街道，以及阅江楼、宝塔桥街道，其中前者集中于主城中南部，形成单核集聚区域，并向西、东南方向放射分布，后者与中度就业集聚区分布于主城西北、北侧边缘。

（2）中度集聚区（Ⅰ类）为五老村、月牙湖街道，紧邻高度就业集聚区的单核区域分布。

（3）中度集聚区（Ⅱ类）为燕子矶、迈皋桥、宁海路、赛虹桥、光华路街道，散点分布于主城边缘。

（4）其余则为低度集聚区，填充了老城区的其余地段和主城区东片。

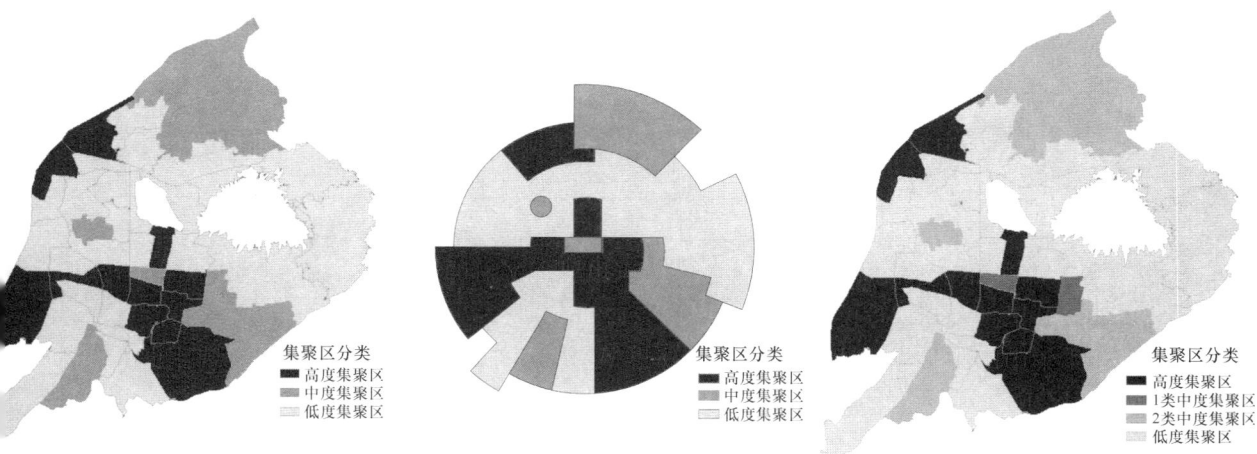

图 3.6　流动人口就业聚集区的空间分布（商业服务业人员）

＊资料来源：笔者自绘。

3) 流动人口（生产运输设备操作业人员）

从各类就业集聚区数量上看，南京市生产运输设备操作业流动人口高、中度就业集聚区为 20 个，其中高度就业集聚区、中度就业集聚区各 10 个，分占统计单元总量的 22.73％。在中度就业集聚区中，Ⅱ类中度就业集聚区（高密度、低比重）数量为 4 个，Ⅱ类中度就业集聚区（低密度、高比重）数量为 6 个，分占统计单元总量的 9.09％、13.64％。

从各类就业集聚区空间分布上看，南京市生产运输设备操作业流动人口的就业集聚区多集中于主城北部边缘区域，呈"多核＋轴向"分布：

（1）高度就业集聚区为朝天宫、瑞金路、光华路、江东、兴隆、阅江楼、建宁路、小市、幕府山街道，散布于主城中、东南、西、北部，呈多核心分布。

(2) 中度集聚区(Ⅰ类)为宝塔桥、滨湖、洪武路、大光路街道,紧邻高度就业集聚区呈轴向分布。

(3) 中度集聚区(Ⅱ类)为燕子矶、迈皋桥、玄武湖、双塘、赛虹桥、宁南街道,主要分布于主城南北两侧边缘区域。

(4) 其余则为低度集聚区,填充了老城其余地区和主城东片、西南片。

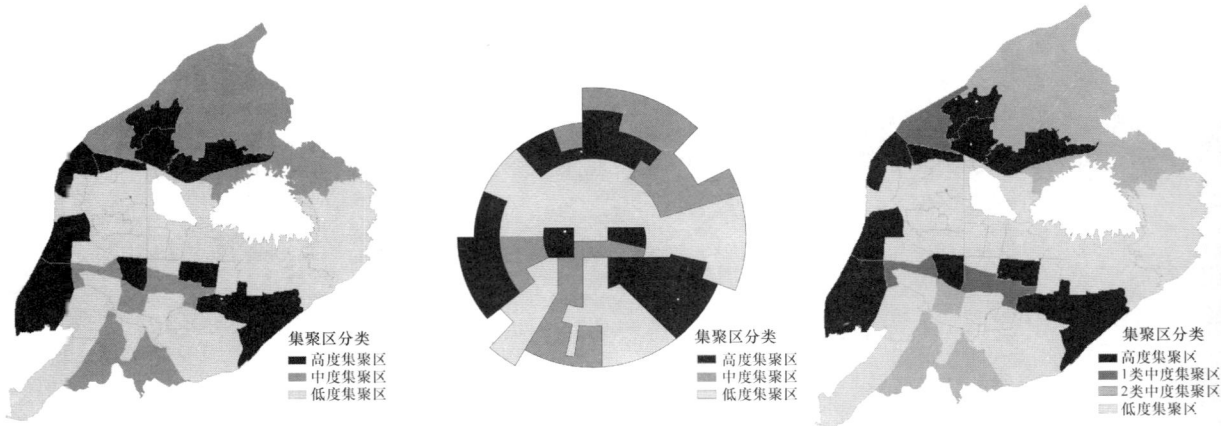

图3.7 流动人口就业聚集区的空间分布(生产运输设备操作业人员)

*资料来源:笔者自绘。

表3.5 流动人口各类就业集聚区数量及比例(总体和分职业)

集聚区类型	低度就业集聚集区		中度就业集聚区						高度就业集聚区	
			中度就业集聚区Ⅰ类(高密度、低比重)		中度就业集聚区Ⅱ类(低密度、高比重)		总计			
数量及比例	个数	比例(%)	个数	比例(%)	个数	比例(%)	个数	比例(%)	个数	比例(%)
总体	23	52.27	5	11.36	6	13.64	11	25	10	22.73
商业服务业人员	26	59.09	2	4.54	5	11.36	7	15.90	11	25
生产运输设备操作业人员	24	54.55	4	9.09	6	13.64	10	22.73	10	22.73

*资料来源:笔者根据南京市流动人口抽样数据(2009)自制。

4) 对比分析

对比分析南京市流动人口总体和分职业就业空间集聚区,其共性和差异如表3.6所示。

表3.6　流动人口就业空间集聚区的共性和差异（总体和分职业）

项目		总体	商业服务业人员	生产运输设备操作业人员
共性	数量	三者高、中度就业集聚区数量较为接近		
	分布	高、中度就业集聚区多分布于主城中南部及西北部边缘区；其中朝天宫街道、瑞金路街道、阅江楼街道是三者共同的高度就业集聚区		
差异	数量	高、中度就业集聚区的数量均衡	高度就业集聚区较多	高、中度就业集聚区的数量均衡
		Ⅰ、Ⅱ两类中度就业集聚区的数量较为均衡	Ⅰ类中度就业集聚区数量极少	Ⅰ、Ⅱ两类中度就业集聚区的数量较为均衡
	分布	主城南部，主城西部、北部边缘区	集中连片分布于主城中南部、主城西北、北部边缘区	集中连片分布于主城北部边缘区
		"十字轴＋扇形＋半环带"结构	"单核＋扇形放射＋散点"结构	"多核＋轴向"结构

*资料来源：笔者自制。

3.3　南京市流动人口就业空间网络分析

3.3.1　流动人口就业空间的网络分析方法

城市网络理论认为，网络由点图层和交织成网的线图层两大层面要素组成。城市之间也存在着这种关联，可以将城市视为节点图层，城市间关系视为网状图层，而各城市之间的联系和互动是所在区域结构发展和变化的根本原因及重要体现之一。

借鉴上述城市网络的研究概念和分析手段①，构建网络关联模型来分析城市流动人口的就业空间网络，有助于更深层次的理解和剖析城市流动人口的就业空间集聚特征，亦即如果流动人口在不同的统计单元从事同一行业，则认为上述流动人口所在的统计单元之间存在一定的就业网络关联，可通过计算某统计单元与其他统计单元的总关联量、两两统计单元之间的就业关联量，并将其投射在各空间单元上，来分析流动人口总体和分职业就业网络的层级分布及其相互关联状况，其评价方法如下（图3.8）：

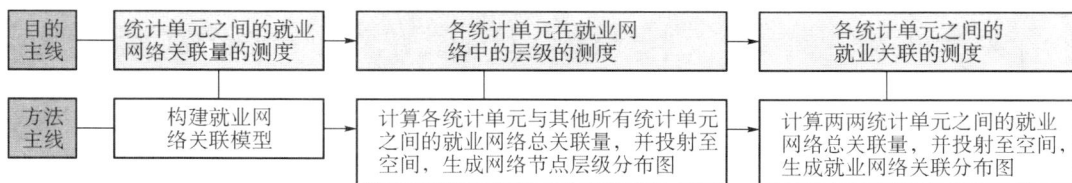

图3.8　流动人口就业空间网络关联研究技术路线图
*资料来源：笔者自绘。

（1）若n个统计单元中，流动人口从事m种职业，则统计单元a的就业值被定义为该统

---

① 赵渺希，刘铮.基于生产性服务业的中国城市网络研究[J].城市规划，2012(9)：23-28.

计单元各职业在整个就业网络的重要程度[1],用 V_{a_i} 来表示 i 职业在统计单元 a 的就业值。在描述 i 职业在统计单元 a 的就业值时,将统计单元 a 中从事 i 职业的流动人口的就业密度(D_{a_i})、就业地域别比率(G_{a_i})及其占统计单元 a 总体流动人口就业值的比重(F_{a_i})作为三项基本指标,对其进行去量纲的标准化处理[2],则 V_{a_i} 的表达式为:

$$V_{a_i} = I_{da_i} \times I_{ga_i} \times I_{fa_i} \qquad\qquad 式(3.5)$$

所有统计单元(n)和所有职业(m)构成 nm 的就业关联值矩阵 V。就业关联值矩阵 V 中最基本的关系可由如下公式表达(表 3.7):

表 3.7 就业网络关联模型基本测度公式

相关指标	测度公式	备注	测度内容
i 职业中,统计单元 a 与统计单元 j 的就业网络关联量 $L_{a_{ij}}$	$L_{ab_i} = V_{a_i} \times V_{b_i}$ 式(3.6)	V_{a_i} 为 i 职业在统计单元 a 的就业值;V_{b_i} 为 i 职业在统计单元 b 的就业值	某一职业中,两个统计单元之间的就业网络关联量
i 职业中,统计单元 a 在区域网络中与其他统计单元的总关联量	$L_{a_i} = \sum_{j=1}^{n} L_{a_{ij}}$ ($a \neq j$) 式(3.7)	$L_{a_{ij}}$ 表示 i 职业在统计单元 a 与统计单元 j 的就业网络关联量	某一职业中,某一统计单元与其他所有统计单元之间的就业网络总关联量
统计单元 a、b 间的就业关联量	$L_{ab} = \sum_{i=1}^{m} Il_{ab_i}$ 式(3.8)	Il_{ab_i} 为 L_{ab_i} 去量纲化后的标准值[3]	所有职业中,两个统计单元之间的就业网络关联量
统计单元 a 在区域网络中与其他统计单元的总关联量	$L_a = \sum_{j=1}^{n} L_{a_j}$ ($a \neq j$) 式(3.9)	L_{a_j} 表示统计单元 a 与统计单元 j 的基本连接关联量	所有职业中,某一统计单元与其他所有统计单元之间的就业网络总关联量

* 资料来源:笔者根据相关资料整理。

可以看出,式(3.7)和式(3.9)反映了在总体和分职业中,各统计单元在就业网络中的层级,式(3.6)、式(3.8)反映了在总体和分职业中,各统计单元之间的就业关联网络。

(2)根据就业网络关联模型中的式(3.7)和式(3.9),计算各统计单元在区域就业网络中与其他单元的总关联量,采用统计软件 SPSS 将 44 个统计单元聚类分级,并投射至空间上,生成南京市流动人口总体和分职业的就业网络节点层级分布图,以分析流动人口就业网络的节点分级特征。

(3)根据就业网络关联模型中的式(3.6)和式(3.8),计算各个统计单元之间的就业网络关联量,提出前 5‰、10‰、20‰的就业网络关联流量,划分为 3 种等级的联系强度,并投射至空间上,生成南京市流动人口总体和分职业的就业空间网络关联分布图,以分析流动人口就业网络的关联特征。

---

① 杨永春,冷炳荣,谭一洺,等.世界城市网络研究理论与方法及其对城市体系研究的启示[J].地理研究,2011(6):1009 - 1019.

② 三个基本指标去量纲的标准化处理公式: $I_{da_i} = \dfrac{D_{a_i}}{\mathrm{Avg}(D_{a_i})}$, $I_{ga_i} = \dfrac{G_{a_i}}{\mathrm{Avg}(G_{a_i})}$, $I_{fa_i} = \dfrac{F_{a_i}}{\mathrm{Avg}(F_{a_i})}$ ($i = 1, 2, \cdots, n$).

③ $Il_{ab_i} = \dfrac{V_{a_i}}{\mathrm{Avg}(V_{a_i})} \times \dfrac{V_{b_i}}{\mathrm{Avg}(V_{b_i})}$ ($i = 1, 2, \cdots, n$).

3.3.2　南京市流动人口就业网络的节点分级

根据就业网络关联度计算模型,研究 44 个统计单元在就业网络关联中的层级及其空间分布特征。依照式(3.9)计算各统计单元在区域就业网络中与其他单元的总关联量(L_a),并采用统计软件 SPSS 将 44 个统计单元聚类(Hierarchial Cluster,Ward's 聚类法)分级,结果如表 3.8。以此方法,依照式(3.7)计算分职业的各统计单元在区域就业网络关联量(L_{a_i}),并进行聚类分级(表 3.9、表 3.10)。将各统计单元总体和分职业的就业网络节点层级绘制成图,以分析其空间分布状况(图 3.9)。从中可以看出,南京市流动人口总体和分职业的就业网络节点层级及其空间分布有如下特征:

1)流动人口(总体)

南京市流动人口的就业网络节点层级可聚为 7 类,比较各个层级 L_a 值的大小发现:A＋级别节点为夫子庙、阅江楼、迈皋桥 3 个街道,处于就业网络节点层级的最顶端;而 A－级别以下的区域就业网络节点层级之间不再出现明显的差异和跌落现象。

进一步分析各统计单元就业网络节点层级的空间分布还可以发现,南京市总体流动人口的高层级就业网络节点[①]在主城中南部呈现出以夫子庙街道为中心的集聚区域,在主城北部边缘区则呈现出以阅江楼、迈皋桥街道联动集中的集聚区域,即南京市流动人口总体的就业网络节点已形成"南北双峰"的分布特征。

表 3.8　流动人口的就业网络节点分级(总体)

层级	区域
A＋	夫子庙街道(766.80)、阅江楼街道(692.68)、迈皋桥街道(627.01)
A	宝塔桥街道(548.76)、华侨路街道(498.72)、朝天宫街道(486.28)、双塘街道(463.61)、洪武路街道(456.64)
A－	建宁路街道(369.68)、锁金村街道(355.68)、后宰门街道(326.62)、小市街道(284.88)
B＋	孝陵卫街道(226.36)、梅园新村街道(213.80)、红花街道(202.96)
B	赛虹桥街道(180.88)、幕府山街道(180.26)、宁南街道(172.91)、月牙湖街道(166.18)、五老村街道(163.11)、马群街道(162.90)、红山街道(161.43)、热河南路街道(157.45)、兴隆街道(155.69)、秦虹街道(150.98)、南苑街道(149.10)
B－	光华路街道(139.21)、新街口街道(127.95)、瑞金路街道(125.85)、大光路街道(123.83)、中央门街道(107.86)、玄武湖街道(104.50)、滨湖街道(89.36)、燕子矶街道(80.77)、中央门街道(70.84)
C	宁海路街道(45.15)、中华门街道(39.17)、湖南路街道(35.41)、玄武门街道(34.21)、挹江门街道(32.46)、沙洲街道(30.55)、凤凰街道(27.01)、南湖街道(20.17)、雨花新村街道(6.73)

＊资料来源:笔者根据南京市流动人口抽样数据(2009)自制。

2)流动人口(商业服务业人员)

南京市商业服务业流动人口的就业网络节点层级可聚为 7 类,比较各个层级 L_a 值的大小发现:A＋级别节点为洪武路街道,处于就业网络节点层级的最顶端,在 44 个街道中处于绝对优势地位;而 A－级以下的区域就业网络节点层级之间不再出现明显的差异和跌落

①　高层级就业网络节点定义为 A－级及以上层级的就业网络节点。

现象。

进一步分析各统计单元就业网络节点层级的空间分布还可以发现,南京市商业服务业流动人口的高层级就业网络节点呈现出明显的以主城中南部洪武路街道为中心集聚的特征,即南京市商业服务业流动人口的就业网络节点已形成"南部单核"的分布特征。

表 3.9　流动人口的就业网络节点分级(商业服务业人员)

层级	区域
A+	洪武路街道(919.05)
A	夫子庙街道(731.04)、朝天宫街道(670.56)
A−	秦虹街道(430.96)
B+	梅园新村街道(214.42)、瑞金路街道(200.67)、大光路街道(186.99)、红花街道(163.71)、五老村街道(163.20)、滨湖街道(138.50)
B	月牙湖街道(116.04)、宝塔桥街道(114.70)、宁海路街道(111.37)
B−	新街口街道(77.97)、迈皋桥街道(75.93)、阅江楼街道(73.48)、赛虹桥街道(70.20)、热河南路街道(69.53)、凤凰街道(63.78)、江东街道(62.96)、小市街道(61.60)、燕子矶街道(57.90)、华侨路街道(57.03)、幕府山街道(50.69)、挹江门街道(50.44)、光华路街道(48.14)
C	中央门街道(32.55)、兴隆街道(30.91)、湖南路街道(26.52)、玄武门街道(25.57)、红山街道(21.92)、南苑街道(18.00)、沙洲街道(11.73)、中华门街道(8.76)、玄武湖街道(8.57)、孝陵卫街道(5.88)、双塘街道(5.74)、建宁路街道(4.40)、南湖街道(3.50)、锁金村街道(2.78)、后宰门街道(2.18)、雨花新村街道(1.70)、宁南街道(0.65)、马群街道(0.54)

*资料来源:笔者根据南京市流动人口抽样数据(2009)自制。

3)流动人口(生产运输设备操作业人员)

南京市生产运输设备操作业流动人口的就业网络层级可聚为 7 类,比较各个层级 L_a 值的大小发现:A+级别节点为小市街道,处于就业网络节点层级的最顶端,在 44 个街道中处于绝对优势地位;而 B 级以下的区域就业网络节点层级之间不再出现明显差异。

进一步分析各统计单元就业关联网络节点层级的空间分布还可以发现,南京市生产运输设备操作业流动人口的高层级就业网络节点仅在主城北部形成了以小市街道为中心的小集聚区,其余则零散分布于主城西侧及南侧边缘,即南京市生产运输设备操作业流动人口的就业网络节点有"无明显空间集聚"的分布特征。

表 3.10　流动人口的就业网络节点分级(生产运输设备操作业人员)

层级	区域
A+	小市街道(745.14)
A	朝天宫街道(549.15)、赛虹桥街道(439.64)
A−	幕府山街道(364.01)、光华路街道(346.94)、兴隆街道(332.59)
B+	宁南街道(270.26)、江东街道(234.66)、建宁路街道(224.80)
B	瑞金路街道(164.42)、迈皋桥街道(147.85)、红山街道(138.47)、玄武湖街道(132.32)、大光路街道(118.07)
B−	宝塔桥街道(97.49)、燕子矶街道(90.98)、滨湖街道(89.67)、双塘街道(84.63)、阅江楼街道(79.87)
C	南苑街道(47.08)、玄武门街道(45.51)、湖南路街道(35.84)、洪武路街道(32.71)、挹江门街道(32.48)、湖南路街道(25.42)、宁海路街道(21.53)、热河南路街道(19.92)、马群街道(19.22)、夫子庙街道(19.15)、凤凰街道(15.53)、梅园新村街道(13.65)、沙洲街道(13.11)、雨花新村街道(12.97)、中华门街道(11.95)、月牙湖街道(11.14)、红花街道(8.92)、秦虹街道(7.72)、南湖街道(6.55)、锁金村街道(4.60)、后宰门街道(3.61)、新街口街道(2.48)、孝陵卫街道(0.44)、五老村街道(0.31)、华侨路街道(0)

*资料来源:笔者根据南京市流动人口抽样数据(2009)自制。

图 3.9　流动人口就业网络层级分布图(总体和分职业)

＊资料来源:笔者自绘。

4)对比分析

对比分析南京市流动人口总体和分职业的就业网络节点层级及空间分布,其共性和差异如表 3.11 所示。

表 3.11　流动人口就业网络节点分级的共性和差异(总体和分职业)

节点分级		总体	商业服务业人员	生产运输设备操作业人员
共性	数量	共性特征较少,仅朝天宫街道为三者共同的高层级就业网络节点		
	分布			
差异	数量	高层级就业网络节点数量多;节点首位度低	高层级就业网络节点数量少;节点首位度高	高层级就业网络节点数量较少;节点首位度较高
	分布	主城中南部、北部	主城中南部	零散分布
		南北双峰	南部单核	无明显空间集聚

＊资料来源:笔者自制。

3.3.3　南京市流动人口就业网络的关联分析

按式(3.8)计算各个统计单元之间的流动人口的就业网络关联量(L_{ab}值),并撷取前 4 个层级统计单元(前 15 位)之间的就业网络关联量列表(表 3.12);以此方法,按式(3.6)计算分职业的各统计单元之间的就业网络关联量(L_{ab_i}值),并取前 5 个层级统计单元(商业服务业流动人口前 13 位、生产运输设备操作业流动人口前 14 位)之间的就业网络关联量列表(表 3.13、表 3.14)。同时,将 L_{ab} 值及 L_{ab_i} 值前 5‰、10‰、20‰的就业网络关联流量强度提出,划分为 3 种等级的联系强度,绘制出相应的各统计单元间流量数据分布图(图 3.10)。可以看出,南京市流动人口总体和分职业的就业网络关联有如下特征:

1)流动人口(总体)

(1)对 L_{ab} 值为前 5‰的区域联系对进行分析,L_{ab} 值最大的区域联系对为夫子庙—迈皋桥,位于第二位的区域联系对为阅江楼—锁金村,第三、第四、第五位的区域联系对则分别为华侨路—建宁路、后宰门—双塘、阅江楼—宝塔桥,这些强联系对均发生在不同区域之间,没有明确的指向性和集中性。

(2) 对 L_{ab} 值为前 10‰的区域联系对进行分析,区域联系对主要集中于北部区域的阅江楼—迈皋桥、迈皋桥—宝塔桥、宝塔桥—锁金村之间,以及南部区域的夫子庙—洪武路、双塘—孝陵卫之间,此时主城北部区域关联对的集聚特征逐步显现。

(3) 对 L_{ab} 值为前 20‰的区域联系对进行分析,区域联系对主要集中于南部区域的夫子庙—华侨路、夫子庙—朝天宫、夫子庙—双塘、洪武路—华侨路、洪武路—朝天宫之间,以及南北区域的夫子庙—阅江楼、夫子庙—宝塔桥之间,此时主城南部区域关联对体现出明显的集聚特征。

由此可以看出,流动人口就业网络中的主要节点构成的"南北并置"的就业空间集聚区域,具体呈现出北部"少区域、强关联"与南部"多区域、弱关联"的关联特征。

表 3.12　流动人口就业网络前 4 个层级统计单元间的关联量(总体)

统计单元	夫子庙	阅江楼	迈皋桥	宝塔桥	华侨路	朝天宫	双塘	洪武路	建宁路	锁金村	后宰门	小市	孝陵卫	梅园新村	红花
夫子庙		47.49	175.56	58.56	45.13	43.35	38.07	68.82	17.87	0.48	24.74	4.24	14.89	17.51	2.19
阅江楼			112.43	130.77	6.83	7.03	2.20	9.44	4.31	155.33	0.64	4.31	3.11	13.61	0.25
迈皋桥				121.23	1.24	9.79	5.05	16.53	2.78	14.50	3.83	9.07	1.82	2.96	0.27
宝塔桥					0.40	9.33	1.78	11.71	1.71	69.33	0.82	6.16	1.14	7.28	0.15
华侨路						23.83	1.15	54.46	152.35	3.00	0.61	0.66	0.42	2.82	7.82
朝天宫							10.00	56.39	18.34	0.48	4.25	18.34	2.54	11.80	1.47
双塘								0.79	2.14	0.86	134.29	4.99	82.89	33.90	4.85
洪武路									21.52	1.04	0.32	6.09	0.13	15.38	1.68
建宁路										1.54	0.53	13.59	0.35	1.19	3.38
锁金村											0	0.27	1.31	8.50	0.07
后宰门												0.22	52.99	21.56	3.05
小市													0.07	1.60	0.72
孝陵卫														13.46	1.89
梅园新村															0.93
红花															

* 资料来源:笔者根据南京市流动人口抽样数据(2009)自制。

2) 流动人口(商业服务业人员)

(1) 对 L_{ab_i} 值为前 5‰的区域联系对进行分析,L_{ab_i} 值最大的区域联系对为洪武路—夫子庙,位于第二位的区域联系对为洪武路—朝天宫,第三、第四、第五位区位联系对则分别为夫子庙—朝天宫、洪武路—秦虹、夫子庙—秦虹。强联系对均发生在位于城南的洪武路、夫子庙、朝天宫、秦虹四个街道之间,具有明显的空间集中性。

(2) 对 L_{ab_i} 值为前 10‰的区域联系对进行分析,区域联系对逐步扩展到梅园新村、瑞金路、大光路、红花街道,且扩展区域均与洪武路成为联系对,空间指向性极为明显。

（3）对L_{ab}值为前20‰的区域联系对进行分析,区域联系对添加了五老村、滨湖街道,联系对空间指向也扩展为洪武路、夫子庙与朝天宫三个街道。

由此可以看出,所有区域联系对均集中分布于城南地区,就业网络中的主要节点构成"南部单核"的就业空间集聚区域,具体呈现出"高集中、强指向"的关联特征。

表3.13　流动人口就业网络前5个层级统计单元间的关联量（商业服务业人员）

统计单元	洪武路	夫子庙	朝天宫	秦虹	梅园新村	瑞金路	大光路	红花	五老村	滨湖	月牙湖	宝塔桥	宁海路
洪武路		171.80	154.91	93.79	44.58	41.61	38.67	33.71	33.60	28.38	23.68	23.40	22.71
夫子庙			115.93	70.19	33.37	31.14	28.94	25.23	25.15	21.24	17.72	17.51	16.99
朝天宫				63.29	30.09	28.08	26.10	22.47	22.67	19.15	15.98	15.79	15.32
秦虹					18.22	17.00	15.80	13.77	13.73	11.60	9.67	9.56	9.28
梅园新村						8.08	7.51	6.55	6.53	5.55	4.60	4.54	4.41
瑞金路							7.01	6.11	6.09	5.14	4.29	4.24	4.12
大光路								5.68	5.66	4.78	3.99	3.94	3.83
红花									4.93	4.17	3.48	3.44	3.33
五老村										4.15	3.47	3.32	3.32
滨湖											2.93	2.89	2.81
月牙湖												2.41	2.34
宝塔桥													2.31
宁海路													

＊资料来源:笔者根据南京市流动人口抽样数据（2009）自制。

3）流动人口（生产运输设备操作业人员）

（1）对L_{ab_i}值为前5‰的区域联系对进行分析,L_{ab_i}值最大的区域联系对为小市—朝天宫,第二位为小市—赛虹桥,第三、第四、第五位区域联系对为小市—幕府山、小市—光华路、小市—兴隆。强联系对均发生于小市与其他街道之间,空间指向性明显。

（2）对L_{ab_i}值为前10‰的区域联系对进行分析,区域联系对主要为朝天宫—赛虹桥、朝天宫—幕府山、朝天宫—光华路、朝天宫—兴隆以及小市—宁南,形成了以朝天宫街道为主要指向。

（3）对L_{ab}值为前20‰的区域联系对进行分析,区域联系对增加了江东、建宁路,联系对的空间指向也扩展为小市、朝天宫、赛虹桥、幕府山四个街道。

由此可以看出,除朝天宫街道外,所有联系对涉及的区域均零散分布于南京老城外围,即主城边缘区域,就业网络中的主要节点虽"无明显空间集聚",分散于主城边缘区,但形成了以小市、朝天宫两个街道为主体的就业网络,具有"低集中,强指向"的关联特征。

表 3.14　流动人口就业网络前 5 个层级统计单元间的关联量(生产运输设备操作业人员)

统计单元	小市	朝天宫	赛虹桥	幕府山	光华路	兴隆	宁南	江东	建宁路	瑞金路	迈皋桥	红山	玄武湖	大光路
小市		100.95	78.59	63.92	60.68	57.98	46.47	40.05	38.28	27.66	24.79	23.17	22.11	19.68
朝天宫			54.68	44.47	42.22	40.34	32.33	27.86	26.64	19.24	17.25	16.12	15.39	13.69
赛虹桥				34.62	32.87	31.41	25.17	21.69	20.74	14.98	13.43	12.55	11.98	10.66
幕府山					26.73	25.54	20.47	17.64	16.87	12.18	10.92	10.21	9.74	8.67
光华路						24.25	19.44	16.75	16.01	11.57	10.37	9.69	9.25	8.23
兴隆							18.57	16.00	15.30	11.05	9.91	9.26	8.84	7.86
宁南								12.83	12.26	8.86	7.94	7.42	7.08	6.30
江东									10.57	7.63	6.84	6.40	6.10	5.43
建宁路										7.30	6.54	6.11	5.84	5.19
瑞金路											4.72	4.42	4.22	3.75
迈皋桥												3.96	3.78	3.36
红山													3.53	3.14
玄武湖														3.00
大光路														

*资料来源:笔者根据南京市流动人口抽样数据(2009)自制。

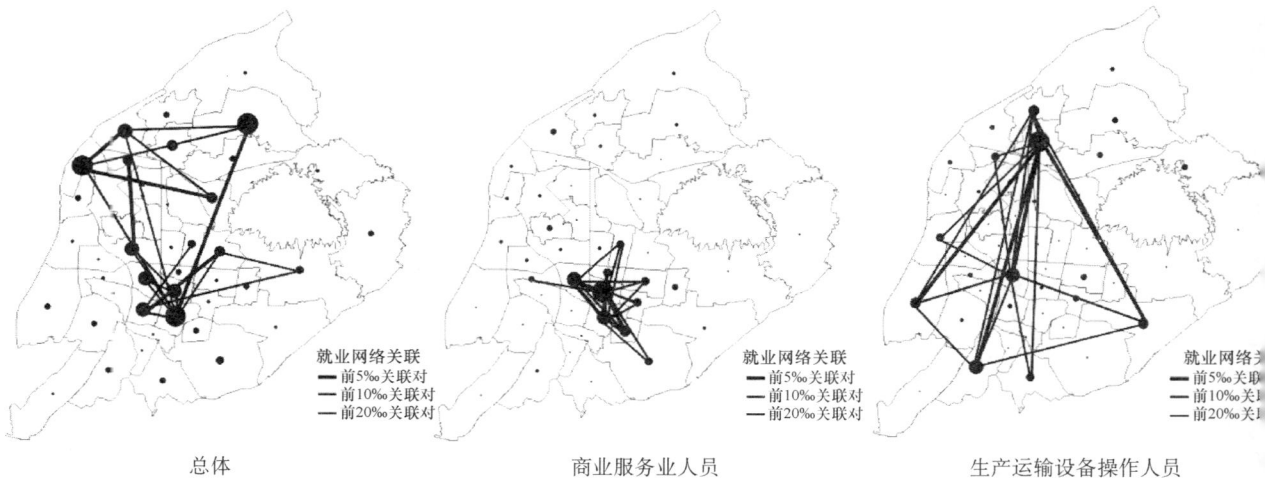

图 3.10　流动人口就业空间网络关联分布图(总体和分职业)

*资料来源:笔者自绘。

4) 对比分析

对比分析南京市流动人口总体和分职业的就业网络关联,其共性和差异如表 3.15 所示。

表 3.15　流动人口就业空间网络关联的共性和差异(总体和分职业)

网络关联		总体	商业服务业人员	生产运输设备操作业人员
共性	分布	无共性特征		
	特征			
差异	分布	南北均有分布	主城中南部	主城边缘区
	特征	北部:少区域,强关联 南部:多区域,弱关联	高集中,强指向	低集中,强指向

＊资料来源:笔者自制。

3.4　南京市流动人口就业空间中心识别

3.4.1　流动人口就业空间的中心识别方法

城市就业中心研究作为城市空间结构研究的核心内容之一,能够为城市空间结构的研究提供很多重要的基础信息。本研究通过对流动人口就业中心的识别,判别流动人口的就业空间结构,以期更精确地描述流动人口就业空间分布特征,探索流动人口就业空间的集聚形式。

根据 McMillen(2001)的定义,就业中心是指就业密度显著高于周边区域,且对总体的就业密度函数具有显著影响的地区。据此可将就业中心的识别分为两个步骤:① 鉴别出区域内就业密度的高值点,作为候选就业中心;② 通过检验这些中心的影响力,确定就业中心。本研究综合借鉴国内外就业中心识别方法,将以上两个步骤再次细分为四步,对南京市流动人口的就业中心进行识别:①客观判别是否存在高值点;② 客观识别高值点;③ 应用单中心模型检验高值点对整体流动人口就业空间格局的影响力;④ 分析回归残差的空间分布,如果依然存在高值集聚,并有显著的高值点,表明还可能存在其他中心,则继续多中心模型检验,否则识别过程停止。其中,第①、第②步为高值点识别过程,第③、第④步为中心检验与再识别过程。具体方法如下(图 3.11):

1) 识别高值点

现有识别高值点的方法多以门槛划定、图形观察等判定。门槛划定即将就业中心定义为就业密度均大于某门槛值的相邻地块。该方法较简便,但存在相应缺陷:① 难以发现就业密度较低的中心,不太适用于就业密度梯度较大的城市;② 要求研究人员了解当地情况以确定门槛值和相邻地块的概念。图形观察法是通过直观考察就业密度分布图寻找高值点作为候选中心。此方法缺陷为:① 不太适用于分析单元数量较多的区域;② 分组的标准对分析结果有一定影响。在此基础上,秦波、王新峰(2010)、吴晓(2011)根据地理统计学(Geo-Statistics)原理,提出"高值点"可视为要素分布正的空间自相关,即空间集聚。因此,本研究将通过对流动人口就业空间的自相关分析来判别就业高值点,而不是单纯地以规模、密度或是比重等数据的高低来衡量和替代。这又包括全局空间自相关分析和局部空间自相关分析两个步骤:

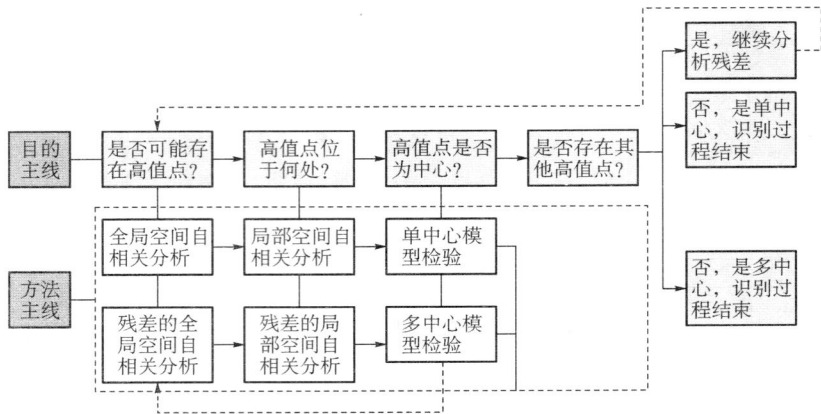

图 3.11 流动人口就业空间中心识别研究技术路线图

＊资料来源:笔者自绘。

（1）全局空间自相关分析

首先,建立空间权重。空间权重的确定一般采用邻接标准或距离标准,n 个对象的空间权重可以通过定义一个二元对称空间权重矩阵 W 来表达。临近标准不同,计算方法也不同。在此,考虑到各统计单元区域面积不大,空间距离较小,选用基于距离的空间权重矩阵（Distance Based Spatial Weights）,假定空间相互作用取决于地区间的质心距离。当单元 i 和单元 j 在距离 d 以内,空间权重矩阵元素 $W_{ij}=1$;当单元 i 和单元 j 在距离 d 以外,空间权重矩阵元素 $W_{ij}=0$。d_{ij} 可以通过质心的经纬度坐标计算。

$$W_{ij}=\begin{cases}1 & 区域\,i\,与区域\,j\,d\,距离\,d\,以内\\0 & 区域\,i\,与区域\,j\,在距离\,d\,以外\end{cases} \qquad 式(3.10)$$

其次,运用全局自相关指标检验是否存在高值点。Moran 指数是用来表示全局相关性指标的常用表示方法,其计算公式如下（秦波,2010）:

$$I=\frac{n\sum_{i=1}^{n}\sum_{j=1,j\neq1}^{n}W(i,j)(x_i-\overline{x})(x_j-\overline{x})}{\left[\sum_{i=1}^{n}\sum_{j=1}^{n}W(i,j)\right]\sum_{i=1}^{n}(x_i-\overline{x})^2} \qquad 式(3.11)$$

$$\overline{x}=\frac{\sum_{i=1}^{n}x_i}{n}$$

式中:x_i——各个区域就业人口密度;

$W(i,j)$——空间权重矩阵,如果统计单元 i 和统计单元 j 在距离 d 以内,则 $W(i,j)=1$;否则 $W(i,j)=0$。

Moran 指数 I 的取值在[-1,1]之间,小于 0 表示负相关,大于 0 表示正相关。其绝对值越大,则表明相关程度越大。Moran 指数的计算结果可采用随机分布和近似正态分布两种假设进行检验。如果 Moran 指数 I 为正值,且通过检验,则认为可能存在高值点。

（2）局部空间自相关分析

局部 Moran 指数（LISA）的计算公式为:

$$I_i = \frac{x_i - \bar{x}}{\dfrac{\sum\limits_{j=1,j\neq 1}^{n} x_j^2}{n-1} - \bar{x}^2} \sum_{j=1}^{n} w(i,j)(x_j - \bar{x})$$ 式(3.12)

式中各参数的含义与 Moran 指数计算公式相同。根据计算出的检验统计量,对有意义的局部空间关联进行显著性检验,检验其在空间上是否为随机分布。当其值为正时,统计单元 i 的空间关联可能有两种情况:"高—高"关联和"低—低"关联;若为负,统计单元 i 的空间关联也有两种情况:"高—低"关联和"低—高"关联。根据 LISA 的定义,相邻"高—高"关联统计单元的集聚即被认为是一个高值点;如果有多个高值点,则取 LISA 值最大的作为第一高值点。

2)中心检验与再识别

(1)单中心模型检验

运用单中心模型检验确定的高值点,相关检验模型[1]有:

① Clark 模型

$$Y(r) = ae^{br}$$ 式(3.13)

式中:Y——统计单元的就业人口密度;

　　r——统计单元中心点到高值点中心点的距离;

　　a 和 b——需要回归的系数,$a>0$,$b<0$。其中,系数 a 表示中心的理论密度;而系数 b 表示要素密度随距离 r 下降的速度,b 的绝对值越大,该中心影响力越强。

将等式两侧取对数,可以得到线性函数:

$$\ln Y(r) = \ln a + br$$ 式(3.14)

② Smeed 模型

$$Y(r) = ar^b$$ 式(3.15)

式中:Y——统计单元的就业人口密度;

　　r——统计单元中心点到高值点中心点的距离;

　　a,b——a 为常数项,b 为回归系数,$a>0$,$b<0$。

将等式两侧取对数,可以得到线性函数:

$$\ln Y(r) = \ln a + b\ln r$$ 式(3.16)

③ Newling 模型

$$Y(r) = ae^{br+cr^2}$$ 式(3.17)

式中:Y——统计单元的就业人口密度;

　　r——统计单元中心点到高值点中心点的距离;

　　a,b,c——a 为常数项;b、c 为回归系数,$a>0$,$b<0$,$c<0$。

将等式两侧取对数,可以得到线性函数:

$$\ln Y(r) = \ln a + br + cr^2$$ 式(3.18)

① 吴文钰.1990 年代上海人口分布与郊区化兼与北京的比较研究[D].上海:华东师范大学,2005.

④ Cubic 模型

$$Y(r) = a + br + cr^2 + dr^3 \qquad \text{式(3.19)}$$

$$Y(r) = ae^{br + \sigma r^2 + dr^3} \qquad \text{式(3.20)}$$

式中：Y——统计单元的就业人口密度；

$\quad$ r——统计单元中心点到高值点中心点的距离；

$\quad$ a、b、c、d——参数，其中参数 $a>0$，$b<0$，$c>0$，$d<0$。

可运用以上单中心模型对高值点进行检验。若检验通过，则确定高值点为一个就业中心；若没有通过，则认为不存在就业中心，识别过程结束。

（2）分析回归残差，运用多中心模型检验

如果通过单中心模型检验，则需分析回归残差。统计上，正的残差意味着该统计单元的实际要素比单中心模型预测的高，可以还存在着一个中心解释这部分"多"的密度。计算全局 Moran 指数，判断是否在残差中存在着正的空间自相关，如果存在，则需要制作残差的 LISA 图，图中相邻"高—高"统计单元的集聚即为第二个高值点。如存在第二个高值点，则运用多中心模型检验，公式为[1]：

$$Y(m) = \sum a_n e^{b_n r_{mn}} \qquad \text{式(3.21)}$$

式中：$Y(m)$——统计单元 m 的就业密度；

$\quad$ r_{mn}——该单元 m 到高值点 n 的距离；

$\quad$ a_n 和 b_n——回归系数。其中系数 a_n 表示中心的理论密度；而系数 b_n 表示要素密度随距离 r 下降的速度，b_n 的绝对值越大，中心影响力越强。

该公式为非线性回归，进入结果不收敛，那么假定的中心将被否定。如果回归通过所有检验，则继续对残差进行分析，如为正值则继续计算全局 Moran 指数以判断是否还有正的空间相关，制作 LISA 图以寻找第三个高值点、第四个高值点……直到全局 Moran 指数不显著，或者 LISA 图中没有"高—高"统计单元集聚，或者单（多）中心模型没有通过检验，则整个中心的识别程序就此结束。

3.4.2　南京市流动人口就业空间的中心识别

1）全局空间自相关分析

根据各统计单元之间的距离关系，采用二进制距离标准权重矩阵，运用 GeoDa 空间统计分析软件进行处理，计算南京市流动人口的全局 Moran 指数 I，并采用 999 次随机检验其显著性水平 P，得到结果如图 3.12。以此方法，计算分职业就业空间的全局 Moran 指数 I，并对其进行随机检验（图 3.13、图 3.14）。Moran 指数统计数值及 P 值如表 3.16 所示。可以看出，南京市流动人口总体和分职业全局自相关有如下特征：

① 吴文钰. 1990 年代上海人口分布与郊区化兼与北京的比较研究[D]. 上海：华东师范大学，2005.

表 3.16　流动人口就业全局 Moran 指数和 P-value 值统计表(总体和分职业)

参数	总体	商业服务业人员	生产运输设备操作业人员
全局 Moran 指数	0.210 7	0.276 5	0.023 1
P-value 值	0.008 0	0.005 0	0.250 0

* 资料来源:笔者根据南京市流动人口抽样数据(2009)自制。

(1) 流动人口(总体)

南京流动人口总体的就业全局 Moran 指数 I 为正值,且在 999 次随机检验结果下高度显著($P=0.008\ 0$),说明各统计单元间的流动人口就业人口密度分布并非完全的随机,而是有相似值之间的空间集聚,很可能存在高值点。

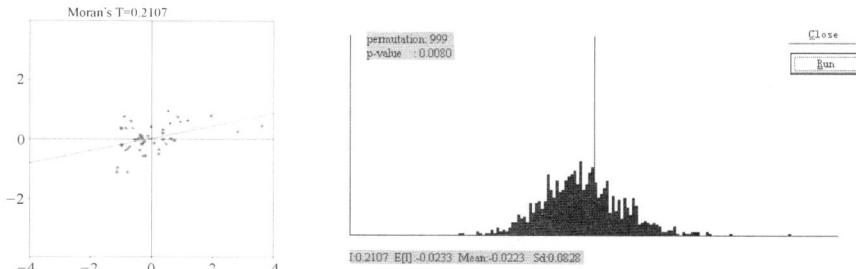

图 3.12　流动人口的就业全局 Moran 指数散点图和随机检验图(总体)
* 资料来源:笔者应用 Geoda 软件绘制。

(2) 流动人口(商业服务业人员)

商业服务业流动人口的就业全局 Moran 指数 I 为正值,且在 999 次随机检验结果下高度显著($P=0.005\ 0$),说明各统计单元间的流动人口就业人口密度分布并非完全的随机,而是有相似值之间的空间集聚,很可能存在高值点。

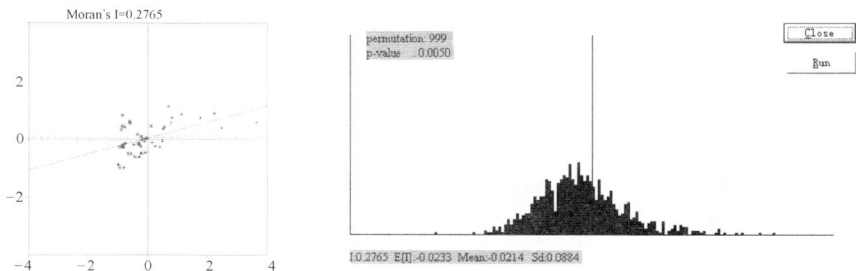

图 3.13　流动人口的就业全局 Moran 指数散点图和随机检验图(商业服务业人员)
* 资料来源:笔者应用 Geoda 软件绘制。

(3) 流动人口(生产运输设备操作业人员)

南京市生产运输设备操作业流动人口的就业全局 Moran 指数 I 数值较小,且检验结果不显著,表明随机性较强,集聚特征较弱,无高值点。因此,该类流动人口的就业中心识别过程中止。下面仅继续就总体和商业服务业流动人口进行局部空间自相关分析。

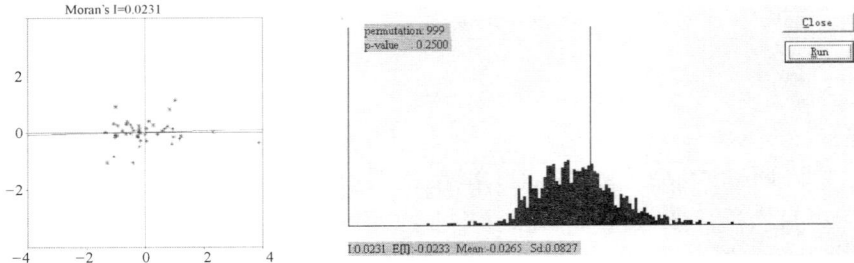

图 3.14　流动人口的就业全局 Moran 指数散点图和随机检验图(生产运输设备操作业人员)

＊资料来源:笔者应用 Geoda 软件绘制。

2) 局部空间自相关分析

利用局部空间自相关公式计算南京市流动人口的就业局部自相关指数 Moran'I(LISA),并采用 999 次随机检验其显著性水平 P。在 0.01 显著性水平下,将所有空间单元分为"高—高"关联、"低—高"关联、"低—低"关联、"高—低"关联四种空间关联类型(图 3.15),并列出"高—高"关联的 LISA 值(表 3.17);同时根据 LISA 的定义,取 LISA 值最大的作为第一高值点。以此方法,计算商业服务业流动人口的局部自相关指数,进行检验,并绘制空间关联类型图(图 3.16),列出"高—高"关联的 LISA 值表格(表 3.18)。可以看出,南京市流动人口总体和分职业局部自相关有如下特征:

表 3.17　流动人口就业空间"高—高"关联单元的 LISA 值和 P-value 值(总体)

街道名称	LISA 值	P-value 值
洪武路街道	1.677 6	0.005 7
夫子庙街道	1.561 1	0.001 9
五老村街道	0.658 7	0.000 7
瑞金路街道	0.527 8	0.001 5

＊资料来源:笔者根据南京市流动人口抽样数据(2009)自制。

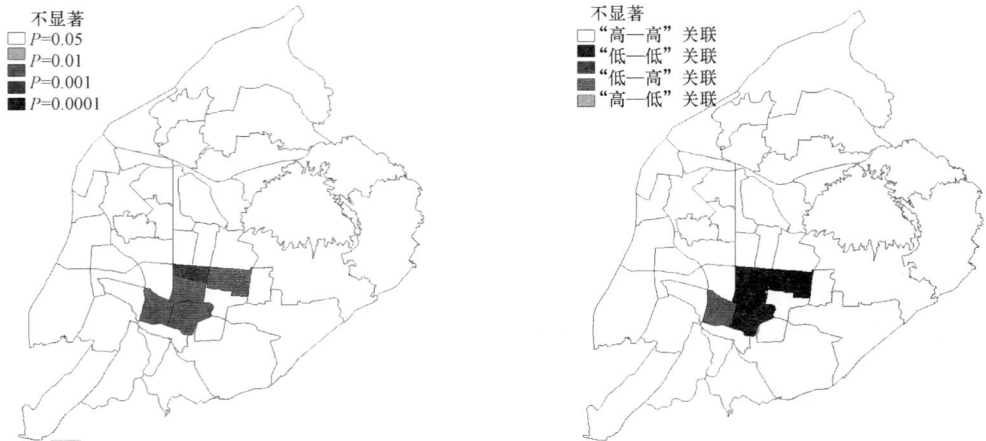

图 3.15　流动人口的就业局部 Moran 随机检验图和空间关联类型图(总体)

＊资料来源:笔者应用 Geoda 软件绘制。

（1）流动人口（总体）

南京市流动人口总体在主城中南部形成了明显的空间"高—高"关联统计单元的集聚区域，空间"高—高"关联的统计单元为 4 个，其中洪武路街道 LISA 值最高，可判别为高值点。

（2）流动人口（商业服务业人员）

南京市商业服务业流动人口在主城中南部形成了明显的空间"高—高"关联统计单元的集聚区域，空间"高—高"关联的统计单元为 6 个，其中洪武路街道 LISA 值最高，可判别为高值点。

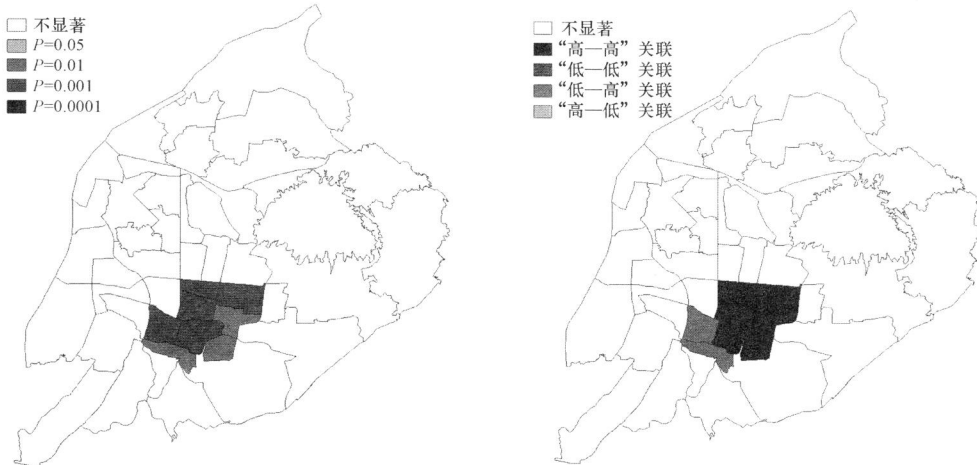

图 3.16　流动人口的就业局部 Moran 随机检验图和空间关联类型图（商业服务业人员）

* 资料来源：笔者应用 Geoda 软件绘制。

表 3.18　流动人口就业空间"高—高"关联单元的 LISA 值和 P-value 值（商业服务业人员）

街道名称	LISA 值	P-value 值
洪武路街道	2.082 1	0.001 4
夫子庙街道	1.965 6	0.000 5
秦虹街道	1.290 4	0.004 0
五老村街道	0.959 4	0.000 9
瑞金路街道	0.770 9	0.004 0
大光路街道	0.613 9	0.002 2

* 资料来源：笔者根据南京市流动人口抽样数据（2009）自制。

3）单中心模型检验分析

在确定高值点的基础上，用单中心模型检验高值点对其他统计单元的影响力。具体方法为：运用 GIS 提取各统计单元中心到高值点（洪武路街道）中心的距离 r，根据 Clark 模型、Smeed 模型、Newling 模型和 Cubic 模型 4 个单中心模型，运用 SPSS 分别对南京流动人口总体和商业服务业人员的就业人口分布进行模拟并检验（表 3.19、表 3.20）；生产运输设备操作业流动人口因不存在高值点，不对其进行单中心模型检验。南京市流动人口总体和分职业的单中心模型检验结果如下：

（1）流动人口（总体）

在南京市流动人口总体的单中心模型回归结果中，Clark 模型、Newling 模型仅通过 5%的显著性检验（$P=0.012$，$P=0.018$），其余模型均通过 1%显著性检验，回归方程有效，高值点洪武路街道识别为商业服务业流动人口就业中心。几个模型中，R^2 值最大的是 Cubic 模型，其值为 0.532，但其参数较多，相比较而言，Smeed 模型最为合理；同时 Clark 模型中，参数 b 的绝对值仅 0.105，表明该中心影响力不强。

表 3.19　流动人口的就业单中心模型回归结果（总体）

模型类型	模型的线性表达式	a	b	c	d	测定系数 R^2	F 值	Sig
Clark 模型	$\ln Y(r)=\ln a+br$	6 348.666	−0.105			0.142	6.949	0.012
Smeed 模型	$\ln Y(r)=\ln a+b\ln r$	8 552.68	−0.570			0.191	9.932	0.003
Newling 模型	$\ln Y(r)=\ln a+br+cr^2$	9 759.535	−0.296	0.016		0.179	4.458	0.018
Cubic 模型	$\ln Y(r)=a+br+cr^2+dr^3$	17 295.34	−6 502.682	943.397	−42.150	0.532	15.156	0.000

＊资料来源：笔者自制。

（2）流动人口（商业服务业人员）

南京市商业服务业流动人口的单中心模型回归结果中，检验模型均通过 1%显著检验，回归方程有效，高值点洪武路街道识别为商业服务业流动人口就业中心。几个模型中，R^2 值最大的是 Cubic 模型，其值为 0.595，但其参数较多，相比较而言，Smeed 模型最为合理；同时 Clark 模型中，参数 b 的绝对值为 0.151，略大于流动人口总体就业 Clark 检验模型中的参数值，中心影响力稍强，但仍然有限。

表 3.20　流动人口的就业单中心模型回归结果（商业服务业人员）

模型类型	模型的一般表达式	a	b	c	d	测定系数 R^2	F 值	Sig
Clark 模型	$\ln Y(r)=\ln a+br$	4 113.379	−0.151			0.190	9.874	0.003
Smeed 模型	$\ln Y(r)=\ln a+b\ln r$	6 130.306	−0.802			0.244	13.557	0.001
Newling 模型	$\ln Y(r)=\ln a+br+cr^2$	7 465.144	−0.417	0.022		0.236	6.324	0.004
Cubic 模型	$\ln Y(r)=a+br+cr^2+dr^3$	11 828.65	−4 376.095	592.249	−25.167	0.595	19.628	0.000

＊资料来源：笔者自制。

4）单中心模型回归残差的全局空间自相关分析

对南京市流动人口总体和商业服务业流动人口的单中心模型①回归残差进行全局空间自相关分析，判断在残差中是否存在着正的空间自相关，其结果如图 3.17、图 3.18、表 3.21 所示。可以看出：

（1）流动人口（总体）

南京市流动人口总体的单中心模型回归残差的全局 Moran 指数 I 为正值，且通过检验，表明存在实际就业密度比单中心模型预测值高的统计单元的集聚，可能存在第二高值点。

---

① 鉴于单中心模型检验中，Smeed 模型最为合理，因此选取 Smeed 模型作为最优模型，计算模型的回归残差。

表 3.21 流动人口单中心模型回归残差的全局 Moran 指数和 P-value 值统计表(总体和分职业)

参数	总体	商业服务业人员
全局 Moran 指数	0.249 6	0.228 8
P-value 值	0.006 0	0.007 0

* 资料来源:笔者根据南京市流动人口抽样数据(2009)自制。

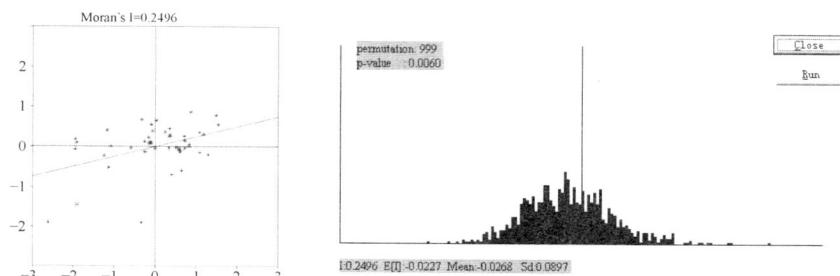

图 3.17 流动人口单中心模型回归残差的全局 Moran 指数散点图及随机检验图(总体)

* 资料来源:笔者应用 Geoda 软件绘制。

(2)流动人口(商业服务业人员)

南京市商业服务业流动人口的单中心模型回归残差的全局 Moran 指数 I 为正值,且通过检验,表明存在实际就业密度比单中心模型预测值高的统计单元的集聚,可能存在第二高值点。

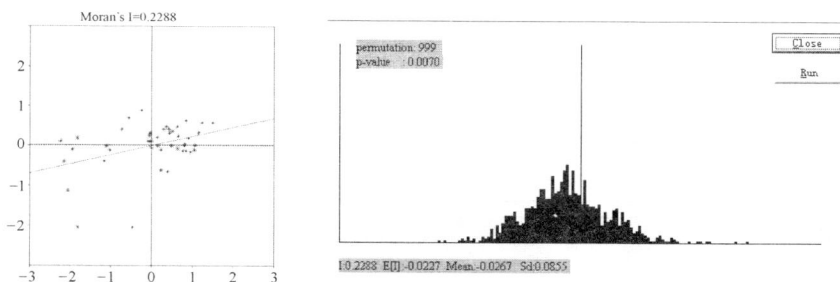

图 3.18 流动人口单中心模型回归残差的全局 Moran 指数散点图及随机检验图(商业服务业人员)

* 资料来源:笔者应用 Geoda 软件绘制。

5)单中心模型回归残差的局部空间自相关分析

对南京市流动人口总体和商业服务业人员的单中心模型回归残差进行局部空间自相关分析,判断是否还存在其他"高—高"关联的空间单元,即第二高值点,其结果如图 3.19、图 3.20、表 3.22 所示。可以看出:

(1)流动人口(总体)

南京市流动人口总体的单中心模型回归残差在主城北部边缘区形成了空间"高—高"关联统计单元的集聚区域,空间"高—高"关联的统计单元为 2 个,其中宝塔桥街道 LISA 值最高,可判别为第二高值点。

表 3.22　流动人口单中心模型回归残差"高—高"关联单元的 LISA 值和 P-value 值（总体）

街道名称	残差的 LISA 值	P-value 值
宝塔桥街道	1.155 2	0.010 0
建宁路街道	0.017 5	0.007 0

* 资料来源：笔者根据南京市流动人口抽样数据（2009）自制。

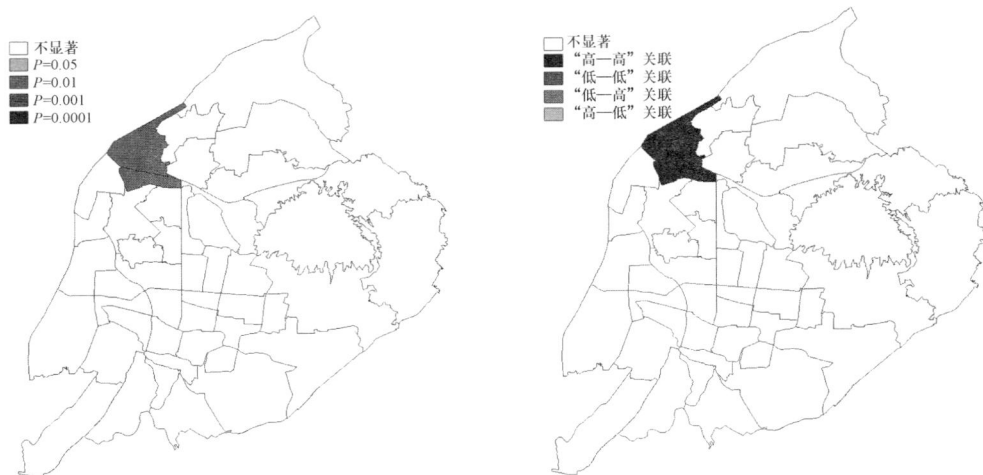

图 3.19　流动人口单中心模型回归残差的局部 Moran 随机检验图和空间关联类型图（总体）

* 资料来源：笔者应用 Geoda 软件绘制。

（2）流动人口（商业服务业人员）

南京市商业服务业流动人口的单中心模型回归残差不存在空间"高—高"关联的统计单元，无第二高值点。因此，该类流动人口的就业中心识别过程中止，下文仅继续就流动人口总体进行多中心模型检验分析。

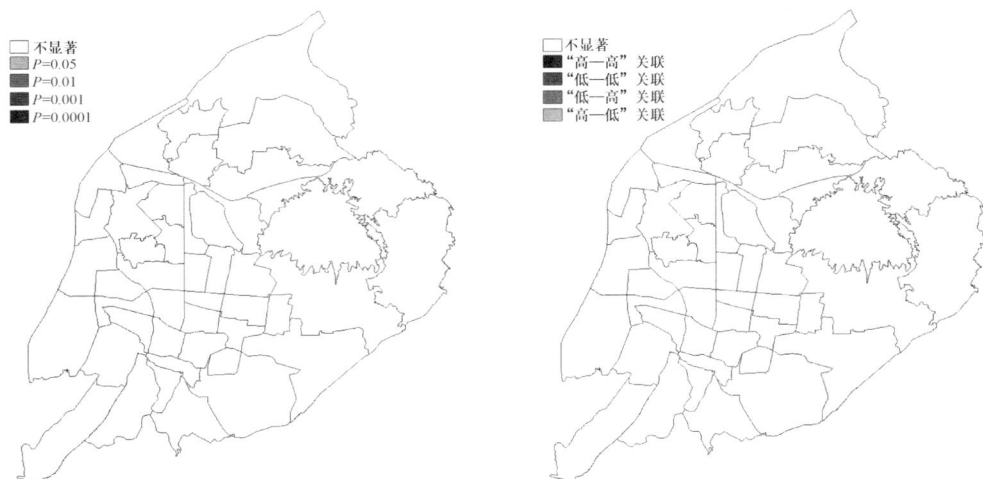

图 3.20　流动人口单中心模型回归残差的局部 Moran 随机检验图和空间关联类型图（商业服务业人员）

* 资料来源：笔者应用 Geoda 软件绘制。

6）多中心模型检验分析

在确定第二高值点的基础上，用多中心模型检验高值点对其他统计单元的影响力。具体方法为：运用 GIS 提取各统计单元中心到第一高值点（洪武路街道）中心的距离 r_1 及各统计单元的中心到第二高值点（宝塔桥街道）中心的距离 r_2，根据多中心模型，运用 SPSS 对南京市流动人口总体的就业人口分布进行模拟并检验。商业服务业流动人口因不存在第二高值点，不对其进行多中心模型检验。

南京市流动人口总体的就业多中心模型检验结果如表 3.23 所示。可以看出，回归通过所有检验；回归测定系数 R^2 值为 0.556，模型拟合程度较高，表明多中心模型明显优于单中心模型；第二高值点宝塔桥街道识别为流动人口总体的就业中心。在回归方程中 b_1 的绝对值为 0.643，明显大于 b_2 的绝对值 0.077，说明第一高值点洪武路街道作为就业中心影响力远大于第二高值点宝塔桥街道，判定宝塔桥街道为流动人口总体的就业副中心。

表 3.23　流动人口多中心模型回归结果（总体）

模型类型	模型的表达式	a_1	b_1	a_2	b_2	测定系数 R^2
多中心模型	$Y(m) = a_1 e^{b_1 r_{1mn}} + a_2 e^{b_2 r_{2mn}}$	16 272.742	−0.643	5 317.035	−0.077	0.556

*资料来源：笔者自制。

7）多中心模型回归残差的全局空间自相关分析

对南京市流动人口总体的多中心模型回归残差进行全局空间自相关分析，判断在残差中是否存在着正的空间自相关，结果如图 3.21 所示。多中心模型回归残差全局 Moran 指数 I 为 0.0132，数值较小，且检验结果不显著，表明流动人口总体的多中心模型回归残差的随机性较强，无高值点，识别过程就此结束。

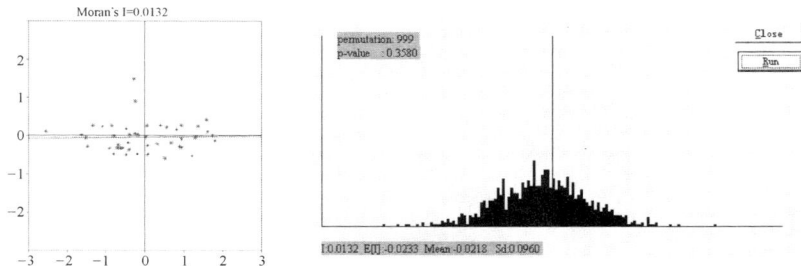

图 3.21　流动人口多中心模型回归残差的全局 Moran 指数散点图和随机检验图（总体）
*资料来源：笔者应用 Geoda 软件绘制。

8）就业空间中心识别结果

对南京市流动人口总体和分职业就业中心识别如下：

（1）流动人口（总体）

识别南京市流动人口总体的就业中心为两个，就业主中心位于主城中南部的洪武路街道，就业副中心位于主城西北部边缘的宝塔桥街道，形成了一主一次的多中心主导的就业空间结构（图 3.22）。

（2）流动人口（商业服务业人员）

识别南京市商业服务业流动人口的就业中心为一个，就业中心位于主城中南部的洪武路街道,形成了强集聚的单中心主导的就业空间结构(图 3.23)。

(3)流动人口(生产运输设备操作作业人员)

识别南京市生产运输设备操作业流动人口无就业中心,形成了分散的无中心就业空间结构①。

图 3.22　流动人口就业中心分布(总体)　　图 3.23　流动人口就业中心分布(商业服务业人员)

* 资料来源:笔者自绘。

(4)对比分析

对比分析南京市流动人口总体和分职业的就业空间中心,其共性和差异如表 3.24 所示。

表 3.24　流动人口就业空间中心的共性和差异(总体和分职业)

就业空间中心		总体	商业服务业人员	生产运输设备操作业人员
共性	数量			
	分布	无共性特征		
	结构			
差异	数量	2 个	1 个	无
	分布	一主一次,分别位于主城中南部和主城西北部边缘区	主城中南部	无
	结构	多中心	强集聚的单中心	分散的无中心

* 资料来源:笔者自制。

---

①　此中心识别结果受研究范围的限制,由于南京市产业布局"退二进三"的调整,大量工业企业迁出主城区范围,因此在主城区范围内识别无生产运输设备操作业流动人口的就业中心。

3.5 南京市流动人口就业空间集聚的影响因素分析

南京市流动人口的就业空间集聚性在某种程度上反映出了"流动人口"这一社会边缘化群体在城市空间格局中所呈现的地理边缘化特性,而这种空间地位和空间关联相应关系的成型实质上多源于城市和流动人口之间多元"吸引力—排斥力"的相互作用和彼此制衡(图3.24)。

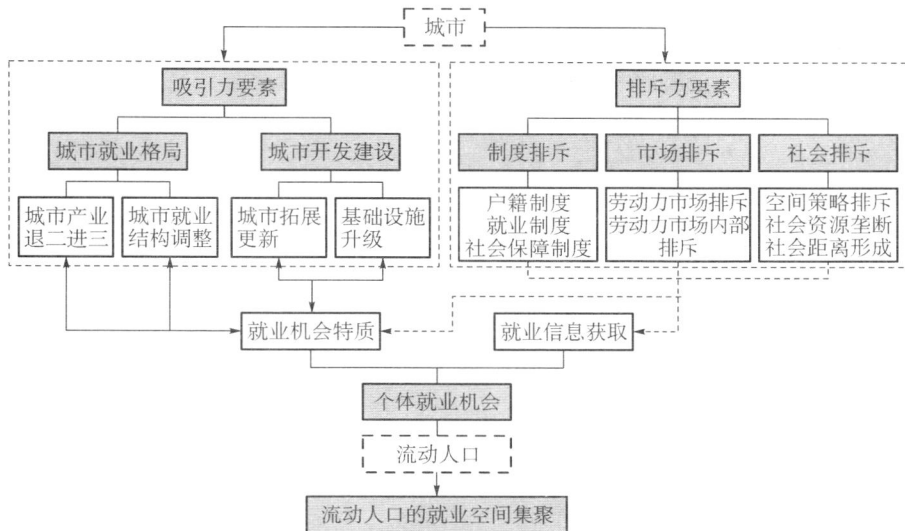

图 3.24　流动人口就业空间的集聚影响机制分析框架

* 资料来源:笔者自绘。

3.5.1　吸引力因素

目前,城市第二、第三产业已成为吸引和承接流动人口就业的重要渠道,这类吸引力主要体现在了城市就业格局、城市开发建设及其所提供的与流动人口个体相匹配的就业机会上,并最终通过交通区位、就业市场、消费人群、资源流通、用地空间、经济收入等要素发挥着综合效用。

1)城市就业格局

(1)城市产业退二进三

南京主城在1980年代初期是周围地区的生产、生活、物资流通中心;1980年代中后期,随着制造业的不断发展,城市功能又转向以工业生产和商业服务为主;1990年代以后,随着生产服务性功能的进一步增强,主城区逐渐成为生产性服务业中心和地区的金融、信息、科技中心,而原有的其他功能向郊区扩散。目前,南京主城的城市功能正在实现由制造业中心向商品流通、生产服务中心的转化,城市产业也步入了"退二进三"的调整转型期,旨在通过将第二产业和生产要素逐步分流和转移至边缘区,带动地区产业结构的升级和就业结构的转变,并发挥出比其他任何形式的经济辐射更为直接、显著和广泛的边缘拉动效应(图3.25)。

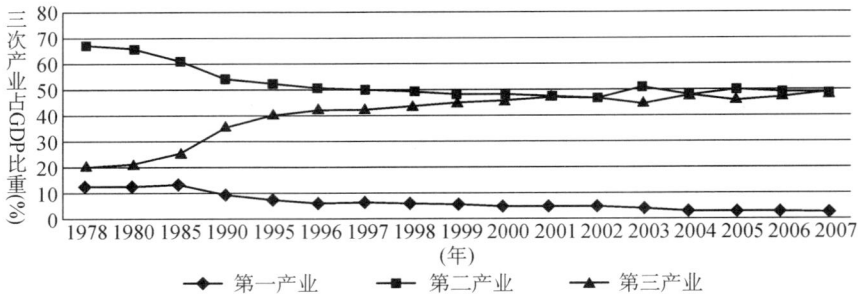

图3.25 南京市三次产业占GDP比重变化图
* 资料来源:根据历年《南京市统计年鉴》整理计算所绘。

目前,南京市主城区的产业布局经优化调整后可分为三个圈层(图3.26):

第一圈层:以新街口为中心,形成了零售业高度集中、金融证券业高度集中、商务办公高度集中、文化娱乐业高度集中的中央商务区。主要涵盖新街口、华侨路等街道。

第二圈层:由中央商务区向四周延伸,由若干扇面组成,形成商业地段、住宅区间隔分布的中心边缘区。其中,主城中南部地区(老城南部)洪武路、朝天宫、夫子庙、中华门等街道由于位处老城衰退地区,形成了大量低端商业服务业集聚区域,

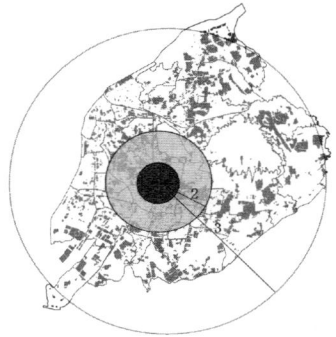

图3.26 南京市主城区产业分布图层示意图
* 资料来源:笔者自绘。

而主城中北部(老城北部)则为江苏省委、省政府机关所在地,且分布大量高校,形成高端服务业集聚区域。

第三圈层:环城道路、区域性干道枢纽周边的地区形成了以大市场、轻工业、住宅区为主的城市边缘地带。市场区主要集中分布在主城边缘地带的西北部、西南部:主城西北部边缘地带形成热河南路农副产品交易区,建宁路生产资料及日用工业品市场区等;主城西南部边缘形成南湖食品、副食品、酒水饮料批发区及五金、小机电等生产资料交易区,兴隆家禽、水产品、肉类交易区。工业区主要集中分布在主城东部、南部和北部,其中东部边缘地带分布马群科技园、石门坎工业区;南部边缘地带分布宁南工业区、沙洲工业区;而北部边缘区则分布燕子矶工业区、丁家庄物流基地等。同时在相对集中区的街道,还分布有一些中小规模的工业生产基地,如北部边缘地带的红山、迈皋桥、燕子矶街道及西南部边缘地带的光华路街道等。

(2)城市就业结构调整

与南京市产业布局相对应,整个南京市劳动力结构也发生了大规模的空间转移,并随之引起城市就业岗位的大幅度的空间变动,第一圈层和第二圈层的中心商务区和中心边缘

区的工业企业从业人数大幅减少,商业服务业企业从业人数增加;而第三圈层的城市边缘地带的工业企业从业人数显著增加。

城市劳动力结构的变动对流动人口的职业结构产生一定的影响,生产运输设备操作业流动人口的比重逐步下降,而商业服务业流动人口的比重则稳步上升(表3.25)。与此同时,城市就业岗位的大幅度的空间变动也导致从事不同职业类型的流动人口的就业空间布局发生变化:位于主城中部的第一圈层中心商务区、中南部的第二圈层中心边缘区和主城西北、西南部的第三圈层边缘地带市场区吸纳了较多从事商业服务业的外务工,形成商业服务业流动人口的就业空间集聚区;位于第三圈层的城市边缘地带成为大量从事制造业等第二产业的流动人口的接纳地,形成生产运输设备操作业流动人口的就业集聚区。

表3.25　南京市流动人口职业构成变化表

职业	1995 年(流动人口)	2002 年(流动人口)	2005 年(在职暂住人口)
生产运输设备操作业人员	43%	30.0%	45.6%
商业服务业人员	19%	32.4%	54.4%

* 资料来源:徐卞融.分异与分离:基于"居住—就业"视角的南京流动人口空间解析[D].南京:东南大学,2010:64.

2) 城市开发建设

南京市大规模的城市拓展更新及基础设施升级显著的改变了城市原有的空间结构,也不可避免的对流动人口就业空间分布产生重要影响。

(1) 城市拓展更新

伴随快速城市化背景下内生式更新与外延式拓展的同步推进,南京城市空间结构模式逐步由封闭向开放的有机组合转变[①]。在此背景下,南京中心区的旧城改造深入推进,旧房拆迁、道路拓宽和市政动迁等项目此起彼伏;同时全运会举办和亚青会筹办的拉动效应也在逐步显现,已经和正在有效撬动和推启了河西的建设浪潮。这些活跃的大型开发计划和拆建活动在一定程度上影响了流动人口原本的就业岗位,更是吸引大批的建筑业工人源源流向21世纪的河西,充分体现了重大节事牵引下城市建设引发的就业市场的转移和就业空间的阶段性集聚。

(2) 基础设施升级

基础设施的建设与发展同样与流动人口的就业空间演化密切相关。以地铁1号线为代表的快速轨道交通走廊的建设和相关综合基础设施的连带升级,将中心区商业、金融、文化、服务功能和对外交通集散点串接起来,在提升交通区位条件的同时,带来了经济产业的发展良机和潜在的就业市场[②];而轨道交通沿线对工业用地的明显"排斥"效应也导致地铁站点辐射范围内逐步发展为以公共设施、居住功能为主的用地,将工业用地排斥在辐射外围[③],从而加剧了土地利用及其提供的就业市场呈现出的分异趋向。随着轨道交通网络的逐步构筑,站点附近从事商业服务业的流动人口与外围从事生产运输设备操作的流动人口

① 朱振国,姚士谋,许刚.南京城市扩展与其空间增长管理的研究[J].人文地理,2003,18(5):11.
② 吴晓.大城市进城农民的就业空间结构探析——以南京主城区为实证[J].城市规划学刊,2011(6):94 - 103.
③ 王锡福,徐建刚,李杨帆.南京城市轨道交通建设潜在影响下的土地利用分异研究[J].人文地理,2005(3):112 - 116.

将在更多更大的空间范围内叠加,形成规模和数量更甚的流动人口就业集聚区域。

3)个体就业机会

从更加微观的个体视角来看,流动人口自身就业机会的特质和就业信息的获取方式同样会带来就业场所选择的差异,并引发流动人口就业空间上的总体变化。

(1)流动人口就业机会特质

流动人口限于自身的教育水平、技术水平而常常被排除在正规的劳动力市场之外,从而在城市中形成一个与城市居民的劳动力市场相互隔绝的特殊的劳动力市场,即次级劳动力市场。目前一些私企、外资公司,在雇佣职工时主要是看受雇者的文凭和能力,有名牌大学文凭、外语、计算机、专业技术水平高的被雇为高级雇员,流动人口在这些方面不具备同等竞争力。这些个体原因在一定程度上阻碍了他们进入首属劳动力市场,而只能在大量的次级劳动市场中寻求技术要求不高、收入低、缺少福利保障、很少有晋升机会的就业岗位,进而导致不同职业的流动人口流向不同的就业空间——从事低端商业服务业的流动人口一般会综合考虑消费人群、就业市场、交通可达性等因素,而倾向于在准入门槛较低的老城衰退区(主城中南部第二圈层区域,包括秦虹、朝天宫、夫子庙等街道)及边缘地带的市场区(主城西北、西南部第三圈层)形成集聚;从事生产运输设备操作等职业的流动人口,则被主城北部边缘地带红山、迈皋桥、燕子矶街道及西南边缘地带的经济开发区和郊区企业所吸纳,这样既契合了产业和企业对于交通辐射、资源流通、发展空间的刚性要求,也实现了进城农民与劳动密集型就业市场的相向耦合与空间叠合①。

(2)流动人口就业信息获取

流动人口就业信息获取、就业工作搜寻有明显的非市场化特征,更多地是通过地缘、亲缘等初级社会网络实现就业。早期进城的流动人口在某些行业从业者中占据一定的优势、拥有一定的社会资源后,往往会带更多的同乡进入某一特定区域或是行业。基于这种社会网络关系的"连锁流迁"带动效应,流动人口就业所进入的区域及从事的行业往往会呈现出明显的同来源地相对应的职业网络集聚特征——在秦虹街道中,安徽籍流动人口主要从事卖米、卖菜等行业,江西籍流动人口主要从事铝合金买卖行业;而在中华门街道中,有大量的安徽籍流动人口在当地的木材市场、批发市场就业,使得主城中南部形成了商业服务业流动人口的就业空间网络集聚。与此同时,在热河南路的建材、装潢市场及宝塔桥街道的码头船厂等地,同样吸纳了大量江苏籍、安徽籍的流动人口从事制造、搬运、建筑等工作,这又使主城北部边缘区等地形成了生产运输设备操作业流动人口的就业空间网络集聚。

综上所述,城市就业格局、个体就业机会、城市开发建设等因素构成了南京市流动人口就业空间集聚的影响因素,它们并不彼此孤立,而是相互联系和相互影响的。城市产业"退二进三"及就业结构的调整导致了城市可提供的不同类型就业机会在空间上的集聚与分异,并进一步影响了流动人口就业类型的分异及就业空间的集聚;流动人口自身的就业机会特质、就业信息获取等限制了其就业机会,加剧了流动人口在就业类型上的分异与就业空间上的集聚,并与城市可提供的就业机会相匹配,进一步推动不同职业的流动人口在就

---

① 像南京主城区的南北边缘即有新港经济技术开发区和白下区高新技术产业园区,尤其是前者目前已吸纳近10万名进城农民。

业空间上的不同集聚分布形态;而城市拓展更新、基础设施升级等开发建设活动,在本身提供大量就业机会的同时,也显著地影响着城市用地空间、资源流通和区位交通条件,进一步推动城市就业市场的空间转移,并在更微观层面上对不同职业的流动人口的就业空间分布产生影响。在上述三个因素的共同作用和影响下,分职业的流动人口就业空间产生不同的集聚特征(图3.27),致使商业服务业流动人口和生产运输设备操作业流动人口呈现出一南一北、一集一散的相迥异的就业空间集聚特征,而流动人口总体上的就业空间集聚特征,在一定程度上可视为两套就业空间体系的叠加。

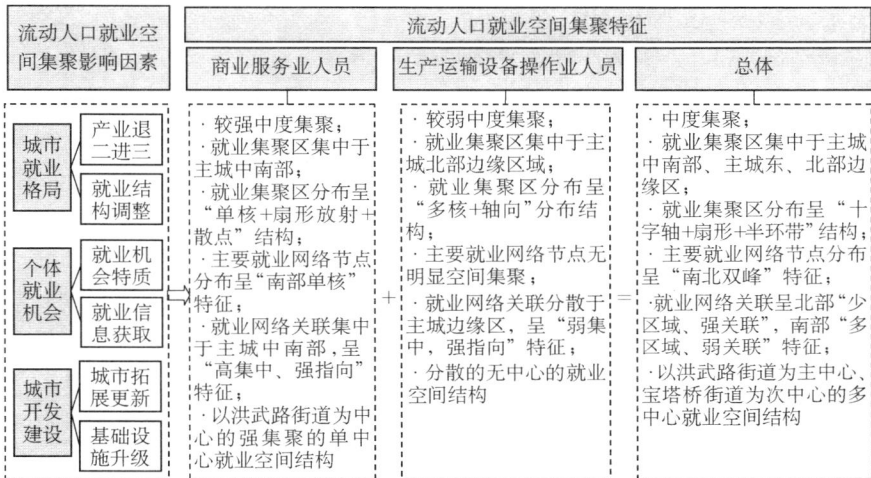

图 3.27　影响流动人口就业空间集聚的吸引力因素

＊资料来源:笔者自制。

3.5.2 排斥力因素

流动人口在城市中所遭受的排斥力是一个多维度相综合的结果,具体而言,主要源于制度、市场、社会关系等方面的多重桎梏和障碍。

1)制度排斥

流动人口在城市就业空间中的"边缘化"地位,主要源于计划经济影响下人口流动和人口城市化所面临的行政化障碍和制度性排斥,其重点是以城乡二元户籍分割制度(表3.26)为核心和龙头的,包括劳动就业制度、人事管理制度、住房分配制度、医疗保障制度、义务教育制度和城市人口控制等在内的一系列具体社会制度,并通过差异化的制度安排,实现对流动人口实质性的空间排斥。

首先,城乡二元户籍分割制度在城乡之间划出了一道身份的鸿沟,也由此界定出了两个完全不同地位、不同利益和不同待遇的社会阶层[1],并内在而深层地影响到流动人口的劳动就业境遇(表3.27)。1999年南京市发布的《南京市外来劳动力劳动管理规定》即要求"用人单位应当严格控制使用外来劳动力,优先使用本市城镇劳动力。用人单位未经批准,不

---

① 潘泽泉.社会、主体性与秩序:农民工研究的空间转向[M].南京:社会科学文献出版社,2007.

得擅自招用外来劳动力";南京市还对招用外来劳动力的行业、工种实行分类控制,分成可以使用、限制使用和禁止使用外来劳动力三大类等等①。这一系列的就业政策将城市劳动力市场人为地分割为正式市场和非正式市场,而高度区隔化的劳动力市场又不可避免地导致了严重的就业限制,使绝大多数的流动人口仅能在非正式市场寻找就业机会,进入城市"次级劳动力市场",流向城市人不愿意干的"脏、累、粗"工作或是各类低技术层次的职业。

表 3.26 我国户籍制度一览表

阶段	相关法律法规	备注
形成阶段 (1949—1958 年)	1951 年 《城市户口管理暂行条例》	
	1955 年 《关于建立经常户口登记制度的指示》	
发展阶段 (1958—1978 年)	1958 年 《中华人民共和国户口登记条例》	没有当地公安机关的证明,不能迁移
	1963 年 户口划分为"农业户口"和"非农业户口"	公安部依据是否吃国家计划供应的商品粮划分
	1964 年 《公安部关于处理户口迁移的规定(草案)》	对从农村迁往城市、集镇的要严加限制; 对集镇迁往城市的要严加限制
	1977 年 《公安部关于处理户口迁移的规定》	严格控制农村人口进入城镇,第一次正式提出严格控制"农转非"
初步改革阶段 (1978 年—)	1984 年 《国务院关于农民进入集镇落户问题的通知》	凡在集镇务工、经商、办服务业的农民和家属,在集镇有固定住所,有经营能力,或在乡镇企业单位长期务工,准落常住户口,口粮自理
	1985 年 《公安部关于城镇暂助人口管理的暂行规定》	决定对流动人口实行《暂住证》、《寄住证》制度,允许暂住人口在城镇居留
	1985 年 《中华人民共和国居民身份证条例》	
	1986 年 安徽滁州市天水县秦栏镇实行"绿卡户籍制"	
	1994 年 上海推行"蓝印户口制"	
	1997 年 《公安部关于小城镇户籍管理制度改革的试点方案和关于完善农村户籍管理制度意见》	已在小城镇就业、居住,并符合一定条件的农村人口,可在小城镇办理城镇常住户口
	1998 年 《关于解决当前户籍管理工作中几个突出问题的意见》	
	2001 年 《公安部关于推进小城镇户籍管理制度改革的意见》	

* 资料来源:笔者根据相关资料整理。

其次,城乡二元户籍制度所衍生的社会保障制度、医疗保险制度等方面的缺失,使得流动人口在城市生活中遭遇风险和困境时,往往会因为缺乏相应的制度性保障和扶助而成为游离于社会保障之外的边缘群体和弱势群体。据调查显示,流动人口多就业于私营企业和个体工商户,但雇主和流动人口的签约率不到四成,养老保险和医疗保险的参保率不到10%②。当社会保障收入仅仅成为某些群体的特权时,政府本身就有可能引发社会排斥,并一定程度上加剧流动人口在就业市场中的弱势地位。

再次,对于流动人口的排斥还通过"城市基础设施无法承受说"、"扰乱秩序说"、"社会身份

① 殷京生. 理论城市流动人口的就业歧视——以南京市为个案[J]. 社会,2003(04):18-19.
② 国家人口和计划生育委员会流动人口服务管理司. 中国流动人口发展报告 2012[M]. 北京:中国人口出版社,2012.

定位说"、"保护下岗工人就业说"等各类叙事理由得以强化和固化,进一步导致了流动人口就业空间的边缘化特征,形成了与城市居民社会空间、就业空间相分离、相错位的空间集聚。

总之,制度排斥导致流动人口在城市中不具合法的就业身份,无权享用社会福利,没有话语权,形成了身份化的制度区隔和排斥性壁垒,其结果只能是流动人口和城市市民之间的差别和社会分化的加剧,并造成流动人口与城市市民这两类不同的身份群体在就业空间集聚上的明显隔离和错位的特征。

表 3.27　我国农民进城就业政策一览表

阶段	相关法律法规		备注
禁止农民进城就业阶段(1949—1983年)	1952 年	《政务院关于劳动就业问题的决定》	不主张农民进城就业,但也没有提出限制农民进城就业
	1953 年	《政务院关于劝止农民盲目流入城市的指示》	不得擅自到农村招收工人
	1954 年	《政务院关于继续劝止农民盲目流入城市的指示》	要求继续做好劝止农民盲目流入城市的工作
	1956 年	《国务院关于防止农村人口盲目外流的指示》	对农民进城务工进行控制,要求有计划、有组织的招工,反对农民盲目流入城市
	1957 年	《国务院关于各单位从农村中招用临时工的暂行规定》	要求各单位一律不得从农村招工和私自盲目流入城市的农民,农业社和农村中的机关、团体也不得私自介绍农民到城市和工矿区找工作
	1957 年	《中共中央、国务院关于制止农村人口盲目外流的指示》	"制止"一词替代"劝止""防止"等
	1959 年	《中共中央、国务院关于制止农村劳动力盲目外流的紧急通知》	
	1962 年	《国务院关于国营企业使用临时职工的暂行规定》	企业不得动员使用民工
	1965 年	《国务院关于改进对临时工的使用和管理的暂行规定》	
	1981 年	《国务院关于严格控制农村劳动力进城做工和农业人口转为非农业人口的通知》	严格控制从农村招工,认真清理企业、事业单位使用的农村劳动力
允许和控制农民进城就业阶段(1984—1999年)	1984 年	《国务院关于农民进入集镇落户问题的通知》	凡在集镇务工、经商、办服务业的农民和家属,在集镇有固定住所,有经营能力,或在乡镇企业单位长期务工,准落常住户口,口粮自理
	1989 年	《全民所有制企业临时工管理暂行规定》	
	1990 年	《全民所有制企业招用农民合同制工人的规定》	
	1994 年	《农村劳动力跨省流动就业管理暂行规定》	对跨省招用农村劳动力突出行业、工种限制,而且增加了审批程序;对农民进城就业要求办理就业卡、证等,增加其成本。各地相继出来了针对流动人口的歧视性政策
	1995 年	《中共社会治安综合治理委员会关于加强流动人口管理工作的意见》	要求实行统一的流动人口就业证和暂住证制度
	1995 年	《公安部关于加强流动人口管理工作的通知》	对盲流人员要劝其返乡,如若不从,可以收容,强行遣送
	1996 年	《关于"外出人员就业登记卡"发放和管理有关问题的通知》	建立了一套专门针对农民进城就业的证卡管理制度
	1997 年	《关于进一步做好组织民工有序流动工作的意见》	通过控制农民工进城就业,以保障下岗职工优先就业

续表

阶段	相关法律法规	备注
引导农民进城就业阶段（2000年—）	2002年 《中国中央国务院关于做好2002年农业和农村工作的意见》	第一次提出了针对农民进城务工的"公平对待,合理引导,完善管理,搞好服务"十六字方针
	2003年 《国务院办公厅关于做好农民进城务工就业管理和服务工作的通知》	提出取消对农民进城务工就业的不合理限制
	2003年 《中国中央国务院关于促进农民增加收入若干政策的意见》	
	2006年 《国务院关于解决农民工问题的若干意见》	进一步细化了解决农民工问题的基本原则,指出要逐步实行城乡平等的就业制度,不得以解决城镇劳动力就业为由清退和排斥农民工

* 资料来源:笔者根据相关资料整理。

2) 市场排斥

流动人口在城市中所遭受的市场排斥同样是一个重要因素,这主要体现在劳动力市场的外在排斥(即是否能进入劳动力市场)和劳动力市场的内在排斥(即从事的是"好"工作还是"差"工作)。

首先,在劳动力市场中,目前还存在着户籍歧视,致使大多数流动人口由于达不到进入正规部门的门槛和资格条件,而只能进入非正规部门,实现非正规就业,寻找那些不受任何保护的边缘职业和底层职业。其实,城市居民所从事的很多工作,流动人口也有能力从事,之所以未获取该岗位仅仅是因为户口、身份的限定而导致的人为阻碍,将其过滤在城市某些"特定"的就业空间和市场之外[1]。

其次,即使流动人口能够进入劳动力市场,劳动力市场内部通常也会表现出明显的技术、信息、教育偏好和导向,其中影响社会资源配置的几个重要变量往往是教育、文凭和专业技术资格。流动人口限于自身较低的教育水平和技术水平,常常被排除在正规的劳动力市场之外,而进入收入低、工作环境差、待遇低、福利缺失的低等级劳动市场,从而在准入门槛较低的老城衰退区及城市边缘的市场、小工厂形成集聚就业,却难以进入城市真正的就业中心区域和正规市场。

总之,劳动力市场的内外排斥使得大多数流动人口被排除在正规的劳动力市场之外,而流动人口做出的行为选择也加剧了其边缘化的处境,致使流动人口只能向城市的低端服务业和制造业集聚,与城市整体的就业空间形成相异、相错位的结构体系。

3) 社会排斥

社会排斥作为流动人口在城市中所遭受排斥的另一个方面,是影响流动人口与城市就业空间关联的另一重要因素。社会关系排斥体主要体现在空间策略排斥、社会资本垄断和社会距离形成。

首先,社会排斥表现为空间策略排斥,即通过区域封闭的方式,将空间资源进行控制和垄断,将城市居民和流动人口加以区隔化。只开放给"城市居民"的空间导致了城市居民和流动人口之间在活动上的明确分野,致使流动人口在城市空间中受到隔离,居住在企业的围墙内或被半遗弃的老城区或城市边缘区,并使得城市中心与边缘区的区别愈加明显。

---

① 李强. 农民工与中国社会分层[M]. 北京:社会科学文献出版社,2012.

其次,社会排斥表现为一种对流动人口获取社会资源的排斥性壁垒的形成。流动人口难以在城市中获取城市居民所拥有的获取社会资源的资格和能力,便会在就业空间网络上和城市产生错位。

再次,社会排斥还表现为一种社会距离的形成。"流动人口带来了城市的动荡与混乱"、"占用了城市中有限的公共资源"、"城市缺乏安全感"等说法使得流动人口不为城市所接纳,受到城市居民的歧视,被主流社会所区隔;而流动人口在城市中参与的社会活动多局限于地缘、亲缘等传统纽带所构筑的初级社会网络内,结构呈现出单一化、封闭性的特点,形成了一个"自愿性的隔离区"和自我封闭的亚文化群体。

总之,城市居民在空间策略、社会资本、社会距离上的种种社会性排斥,使流动人口作为城市中的"另类",无论是在社会文化还是就业空间上,都长期处于城市居民的分割、孤立和隔离之中,导致流动人口难以进入城市的精英阶层社会区,而只能在流动人口集中的老城衰退区、城市边缘区集聚就业。

综上所述,制度排斥、市场排斥和社会排斥的相互借力和交互影响,共同促成了南京市流动人口在城市空间的就业集聚特征(图3.28)。制度层面的各种安排和具体表现形式,先天地削弱了流动人口在自身素质、市场信息等方面的投资,而固化了其在市场中的弱势地位;这种弱势地位又会使流动人口难以得到城市居民的身份认同,而在社会分割和空间隔离之中走向贫穷和边缘化,且更多地倾向于在城市边缘区和老城区集聚就业;社会排斥和制度排斥的交互作用,逐渐挤压和削弱流动人口的社会网络、劳动力联系和有效获取市场信息的渠道,迫使其只能进入次级劳动力市场,从事限定工种……上述种种排斥最终均以空间为载体,与吸引力要素共同作用,使流动人口就业空间在集聚的同时,呈现出同城市空间相邻、相错位和相分离的关联特征,并进一步加剧了城市空间的分异(具体结论和依据详见第7.2节的分析)。

图 3.28　影响流动人口就业空间集聚的排斥力因素

注:表中关于南京市主城区几类社会区的划分结论和依据,详见第7.1.3节的分析。

＊资料来源:笔者自制。

3.6 本章小结

本章借鉴国内外空间集聚分析及测度的量化研究方法,从总体和分职业两个角度,依序探讨了三大问题:① 南京市流动人口的就业空间是否存在集聚? ② 南京市流动人口的就业空间集聚有何特征? ③ 哪些因素影响南京市流动人口的就业空间集聚特征? 其中的核心问题是"流动人口就业空间的集聚特征",包括就业空间的集聚分区、网络分析、中心识别等三方面的内容。主要结论包括:

(1) 流动人口就业空间的集聚判别:通过洛伦兹曲线、集中化程度指数及不均衡指数的测度,可以判别:

南京市流动人口就业总体上呈"中度集聚"特征,商业服务业流动人口就业呈"中度偏强集聚"特征,生产运输设备操作业流动人口就业则呈"中度偏弱集聚"特征。

(2) 流动人口就业空间的集聚分区:通过"密度指数"与"比重指数"对就业集聚程度的组合分析和定量表述,可以将南京市流动人口的就业空间划分为高、中、低三级聚集区,可以发现:

南京市流动人口总体上的高、中度就业集聚区在主城中南部、主城东部、北部均有较大量的连片分布,呈"十字轴+扇形+半环带"结构。

商业服务业流动人口的高、中度就业集聚区主要集中连片分布于主城中南部,呈"单核+扇形放射+散点"结构。

生产运输设备操作业流动人口的高、中度就业集聚区集中连片分布于主城北部边缘区域,呈"多核+轴向"结构。

(3) 流动人口就业空间的网络分析:根据就业网络关联模型测算和分析各统计单元之间的网络关联量及其节点层级,并提出前 5‰、10‰、20‰ 的就业网络关联流量,将其划分为 3 种强度等级,可以发现:

在就业网络的节点分级上,南京市流动人口总体上的高层级节点在主城中南部、北部均有较大量的密集分布,形成了"南北双峰"的分布特征;商业服务业流动人口的高层级节点均在南京老城南部集聚,形成了"南部单核"的分布特征;生产运输设备操作业流动人口的高层级节点则只在主城北部形成小部分集聚,而其余节点零散分布于主城西侧和南侧边缘,"无明显空间集聚"。

在就业空间的网络关联上,南京市流动人口总体上呈北部"少区域、强关联"与南部"多区域、弱关联"的关联特征;商业服务业流动人口呈集中于主城中南部、"高集中、强指向"的关联特征;生产运输设备操作业流动人口则呈分散于主城边缘区、"弱集中,强指向"的关联特征。

(4) 流动人口就业空间的中心识别:依循"判别是否存在高值点—客观识别高值点—应用单中心模型检验高值点对整体流动人口就业空间格局的影响力—分析回归残差的空间分布"的四阶段中心识别法,可以发现:

南京市流动人口总体上的就业中心为两个,就业主中心位于主城中南部的洪武路街道,就业副中心位于主城北部边缘的宝塔桥街道,形成了一主一次的多中心主导的就业空间结构。

商业服务业流动人口的就业中心为一个,就业中心位于主城中南部的洪武路街道,形成了强集聚的单中心主导的就业空间结构。

生产运输设备操作业流动人口则无就业中心,形成了分散的无中心就业空间结构。

(5)流动人口就业空间集聚的影响因素:南京市流动人口的就业空间集聚性多源于城市和流动人口之间多元"吸引力—排斥力"的相互作用和彼此制衡,具体包括:

吸引力因素主要体现在城市就业格局、城市开发建设及其所提供的与流动人口个体相匹配的就业机会上,并最终通过交通区位、就业市场、消费人群、资源流通、用地空间、经济收入等要素发挥着综合效用,导致商业服务业流动人口与生产运输设备操作业流动人口呈现出一南一北、一集一散的相迥异的就业空间的集聚特征,而流动人口总体的就业空间的集聚特征一定程度上可视为两套就业空间体系的叠加。

排斥力因素则主要源于制度、市场、社会关系等方面的多重桎梏和障碍,并以空间为载体,与吸引力要素共同作用,使流动人口就业空间在集聚的同时,呈现出同城市空间相邻、相错位和相分离的关联特征,也进一步加剧了城市空间的分异。

4 南京市流动人口就业空间的分异性解析

在城市社会中,不同的社会阶层占有不同的社会资源,他们的经济实力、文化观念、价值取向、行为活动等往往也有所不同,这在城市空间中便表现为同一阶层的人在居住、就业和活动空间上日益呈现出一种同质化趋向,进而导致不同的阶层在整个城市空间系统内部因区位化分布而产生分异化格局。对于日益普遍的空间分异现象,诸多主流学派都运用自己独特的理论视角和技术方法进行了诠释和补充,比如说,人类生态学认为城市空间分异是纯然基于成本考虑的自由竞争的结果,而新城市社会学则认为是人为意志干预的产物等等。本章将借鉴国内外的相关理论和方法,对南京市流动人口的就业空间分异特征展开定量研究。

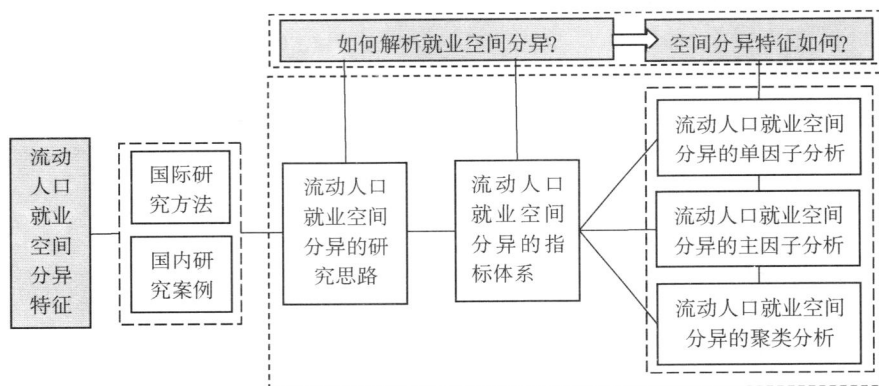

图 4.1　南京市流动人口就业空间分异性解析框架

* 资料来源:笔者自绘。

4.1　空间分异解析的方法借鉴

4.1.1　国际空间分异的研究方法

20 世纪初,以美国的芝加哥学派的建立为主要标志,以帕克、伯吉斯和麦肯齐等人为代表,人类生态学对城市社区、种族集聚、城市犯罪、阶层和居住分异等问题展开了调查研究,并构建起城市空间结构的 3 大经典模型及其演变模式。1949 年,美国社会学家谢夫基和威廉姆斯通过《洛杉矶的社会区》一书展开了社会区的研究,这是城市内部人口统计小区的一种类型化方法。1953 年,谢夫基和贝尔合著的《社会区分析》在方法论上更加精确化,他们通过 3 项指标(经济地位、家庭地位和人种地位)、6 项因子来测度不同区域空间的分异状况(图 4.2)①。

1960 年代后,随着西方战后经济的复苏、调整和大量社会问题、社会矛盾的涌现,不同领域的学者开始关注城市生产活动的方方面面,进行面向城市社会空间结构的全面研究。受计量革命的冲击,许多计量统计方法逐渐引入城市空间的研究之中,以进行定量化的因子分析和聚类分析。像因子生态分析(Factorial Ecology)法的应用前提即是依托于计算机海量数据的处理能力、多变量解析统计方法的开发以及城市小地区统计资料的梳理。同时,实证主义、人本主义、结构主义等哲学思潮的涌现,同样扩展了城市社会空间结构的研究视角。

1970 年代,生态学派、新古典主义学派、行为学派兴起并成为城市社会空间结构研究的主流,其后新马克思主义学派和新韦伯主义学派也陆续成为主流学说。伴随着 1980 年代后文化回归的思潮,对城市社会空间结构的解释又开始引入文化价值分析、伦理分析、情感分析等非物质分析方法。在 20 世纪后期人本主义思潮的影响下,不同学者开始运用时间地理学的方法进行居民出行和社会空间的研究,不断关注人们的购物、休闲空间和生活质量,体现了一种人文关怀。

总之,20 世纪以来,国际学界通过借鉴新古典经济学、行为科学、人类生态学和辩证唯物主义等理论,运用因子生态分析、绘制城市意象地图、问卷调查和统计分析、系统分析、行为分析等方法,已经针对城市社会空间展开了大量研究,并积累了相对丰富的学术成果,这也为本章的研究提供了重要的理论基础和技术支撑。

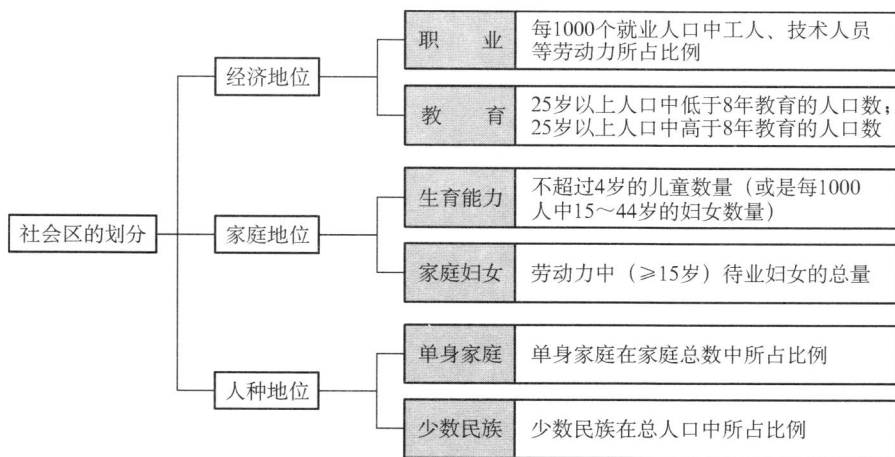

图 4.2 社会区域分析的生态因素与变量测量

* 资料来源:笔者根据谢夫基、威廉姆斯和贝尔的相关研究成果而整理。

---

① 谢夫基(Shevky)、威廉姆斯(Willians)和贝尔(Bell)曾着手从更广阔的概念上来分析城市社会区域的分异状况,并对应于现代城市的 3 类变化,引入了 3 项生态因素:经济地位、家庭地位和人种地位,从而拓展和完善了社会区域分析的基本方法。

4.1.2 国内空间分异的研究案例

1) 许学强等的广州社会空间分异研究

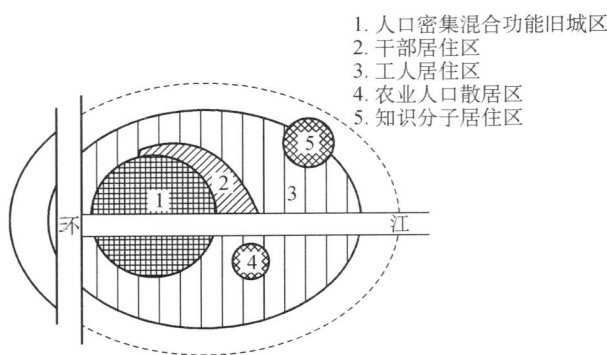

1. 人口密集混合功能旧城区
2. 干部居住区
3. 工人居住区
4. 农业人口散居区
5. 知识分子居住区

图 4.3　广州城市社会空间结构模型

＊资料来源：许学强，胡华颖，叶嘉安. 广州市社会空间结构的因子生态分析[J]. 地理学报，1989（04）：393.

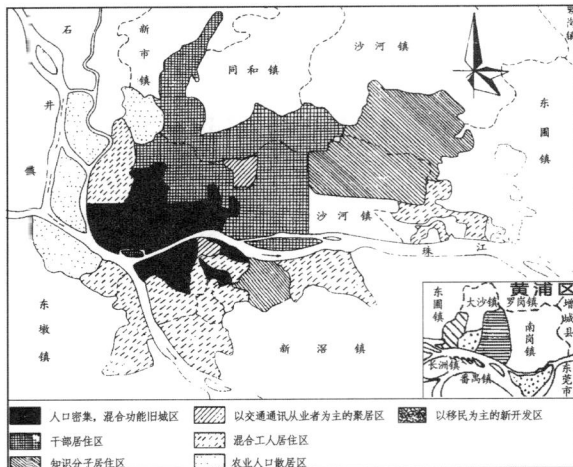

图例：人口密集、混合功能旧城区　以交通通讯从业者为主的聚居区　以移民为主的新开发区　干部居住区　混合工人居住区　知识分子居住区　农业人口散居区

图 4.4　广州社会区分布

＊资料来源：郑静，许学强，陈浩光. 广州市社会空间的因子生态再分析[J]. 地理研究，1995（02）：15-25.

1989 年，许学强等人运用因子生态分析方法对相关房屋、出行普查数据进行分析，归纳出广州市社会空间结构（图 4.3），这也是对计划经济时期社会区模型的典型总结。广州市内部的核心为人口密集的功能混合区，逐渐向外延伸的干部居住区被广大的工人居住区包围其中，其间还镶嵌有知识分子居住区，最外层则为农业人口散居区。

1995 年，郑静、许学强等人同样运用因子生态分析方法对第四次人口普查数据进行了分析，并把广州市中心区划分为 7 类社会区（图 4.4）：人口密集的混合功能旧城区、混合工人居住区、以交通通信业从业者为主的聚居区、农业人口散居区、干部居住区、知识分子居住区和以移民为主的新开发区。

2) 冯健的北京社会空间分异研究

北京作为我国的政治、经济、文化中心，其社会空间结构模型极具代表性。冯健（2003）等人运用社会统计分析软件 SPSS 10.0 和因子生态分析法，对 1982—2000 年人口普查数据进行分析，研究得出北京的社会空间结构模型（图 4.5），认为 2000 年北京都市区由人口密集，居住拥挤的老城区，知识阶层及少数民族聚居区，人口密度较小、居住面积较大的城市郊区，外来人口集中分布区，远郊城镇人口居住区和农业人口居住区 6 大类社会区共同组成。

同样针对 1982—2000 年人口普查数据，冯健（2008）等人运用地理信息系统软件 ArcView GIS 和 MapInfo，通过计算信息熵、绝对分异指数、相对分异指数和隔离指数等指标，探讨了 1982—2000 年北京社会空间分异的重构特征。"街区尺度"是展现都市区社会空间分异特征具有可操作性的空间尺度，北京各类居住人口、就业人口以及住房状态都存在明显的空间分异特征。1982—2000 年，北京除了老年人口、性别比、户均人数和农业就业人口等少数指标以外,绝大部分社会指标的空间分异程度在下降;同期,外来人口、各少数民族人口、高学历人口以及二产、三产就业人口等与总人口分布格局的一致性在变好,而老年人口、文盲人口以及与农业相关的人口逐渐偏离与总人口分布格局的一致性;18年间城市人口的混居性普遍增强,但老年人口、外来人口和农业人口却相对于其他人口表现出混居性变弱而群居性增强的特征。因此可以判定,在中国大城市转型期间,"规模重构"和"空间效应"交互作用,共同构成了社会空间分异重构的外在表现,其基础动力主要来自于制度、市场和文化的变迁。

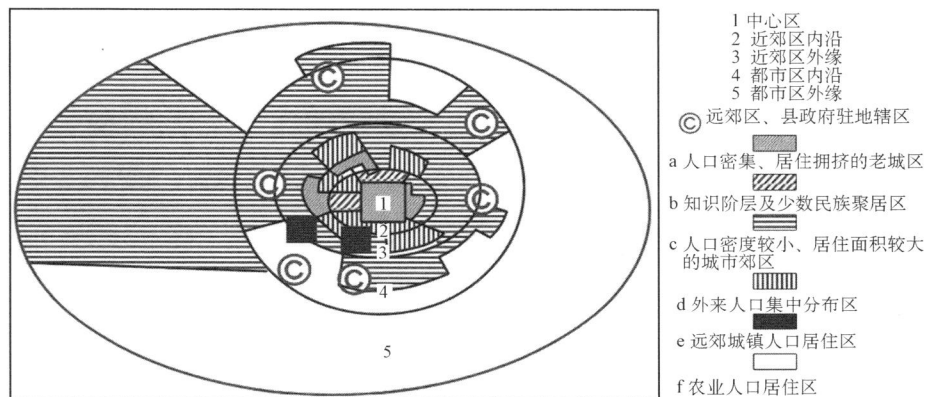

图 4.5　2000 年北京都市区社会空间结构模型

* 资料来源:冯健,周一星.北京都市区社会空间结构及其演化(1982—2000 年)[J].地理研究,2003,22(4):476.

3)杨上广的上海城市社会空间分异研究

杨上广采用住房价格数据,分析上海不同社会阶层的居住空间隔离。其城市社会空间结构模型主要由四大圈层、四大扇区、两个次中心构成,是同心圆、扇形、次中心三类模式的空间叠合(图 4.6)。第一圈层为围绕 CBD 的内城区,主要居住着中高收入阶层,以及部分低收入、贫困的城市本地居民和外来流动人口,主要居住在中心城区未改造过的旧式里弄、简屋;第二圈层为中环线附近的环间城区,主要分布着中等收入的普通工薪阶层,主要居住在老公房和新建中档商品房;第三圈层为近郊区,是外来流动人口的主要聚居带,同时还有政府重大工程动拆迁商品安置房,因此这里也是城市中低收入人群

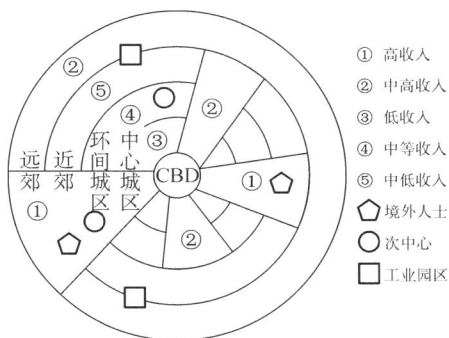

图 4.6　上海城市空间结构模型

* 资料来源:杨上广.大城市社会空间结构演变研究——以上海市为例[J].城市规划学刊,2005(5):17-22.

的聚集区;第四圈层则为远郊区,这里是上海独立型、经济型等高、中档别墅的分布区。

由上可见,目前国际学界关于空间分异的研究,无论是因子生态分析还是住宅价格维度的分异研究,大多聚焦于居住空间上,而导致就业空间的分异研究相对匮乏;即使有部分

从业人员的分异研究也多是基于居住空间的统计口径[①],或是局限于职住空间的分离规律的研究。本章正是基于对国际上空间分异研究方法的借鉴,拟采用自上而下的社会区域分析和因子生态分析手段,对流动人口的空间分异特征进行量化分析。

4.2 就业空间分异的解析路径

4.2.1 研究思路确立

本研究主要依托于 GIS、SPSS 等数字技术平台,综合运用社会、经济、住房等统计数据,通过因子生态分析和社会区统计分析方法,并结合可视化技术来分析归纳城市的空间模型。主要步骤如下:

1) 指标体系建构

根据目前国内研究流动人口分异问题的量化研究,确定一个较完备的指标因子体系,包含调查对象的社会属性、经济属性、空间属性;然后设置问卷内容,涉及流动人口性别、年龄、婚姻、文化程度、就业状况、迁移状况以及居住状况等;再次剔除访问对象的局限性可能带来的误差选项,包括性别、年龄等,整理出一个较准确、完备的指标体系。可以在下一步的统计分析中对各指标因子进行检验、剔除和二次分析。

2) 单因子分析

单因子分析是一次只检验一个变量的分布情形,每一个独立变量只能解释综合差异中的局部特性。单因子分析可以分为两个大的方面,即描述统计和推论统计:描述统计的主要目的在于用最简单的概括形式反映出大量数据资料所容纳的基本信息;而推论统计的主要目的则是用从样本中得到的数据资料来推断总体的情况,它主要包括区间估计和假设验证等。单因子对社会区进行的分析,主要采用描述统计的方法,希望通过单因子的描述,获取分异的部分信息,以感观上的部分认识来判定总体情况[②]。

3) 主因子分析

主因子分析方法的目的是要从众多的相关变量中抽取若干共同的因素,使复杂的实际情况得以简化,用少数几个潜在的共同因素的线性组合来表达(因子分析是假定各变量都是定距变量,而且存在线性的关系[③]),其中应用最普遍的当属主成分分析法。因子分析法的操作过程实质上是将 n 个基本空间单元的 p 个"社会—经济"变量数据组成一个 (n,p) 矩阵,然后再将其变换简化为由 r 个因子($r<p$)组成的 (n,r) 矩阵,从而可以较为理性地从全部数据中抽取影响各类社会空间分异的重要因子。其具体操作过程包括:

① 魏立华,丛艳国,李志刚,等. 20 世纪 90 年代广州市从业人员的社会空间分异[J]. 地理学报,2007(04):407 - 117.

② 吴骏莲. 南昌市社会区分异研究[D]. 南京:南京大学,2003:23.

③ 李沛良. 社会研究的统计应用[M]. 北京:社会科学文献出版社,2002.

第一步:分析区域概况,界定研究问题,选择基本统计单元。

第二步:选取影响因子,设定符合条件的变量。

第三步:数据变换以消除次要因素的干扰。

第四步:标准化处理,确保所有的数据拥有统一的量度单位。

第五步:建立相关的系数矩阵,进行变量间的相关度量。其中,以 Pearson 的积矩相关度量最为普遍。

第六步:选择和确定适宜的统计分析方法。主成分分析法和标准的因子分析法主要的区别在于对相关矩阵主对角线元素的处理。

第七步:主成分或因子轴的变换,可选用正交旋转或是斜交旋转方式,以保证因子荷载矩阵承载信息的最大化,利于问题的研究。

第八步:根据因子的得分完成分类,分类的等级依情形而定。

第九步:空间描述,完成归总分析。

4)聚类分析

以上所进行的因子分析旨在了解变量间的相互关系,从而更为清晰地归纳和简化变量;而要进一步辨识个案间的差别,则还要借助于聚类分析方法。聚类分析方法是用来归纳空间分布模式的方法,可以直接提供空间分异的形态特征,而应用较为广泛的当属系统聚类法(Hierarchical Cluster)。其具体操作过程是:根据各因子得分的情况进行分类,然后通过联系树(Linkage Tree)把性质相似的空间单元聚成一类社会区,再将聚类结果进行空间投射和描述(Social-Welfare Function),同时对聚类结果进行评析。

4.2.2 指标体系建构

1)指标体系的确立

根据第 4.2.1 节的研究思路确定本研究的指标体系(表 4.1),初步形成 44×58 的数据矩阵,以便下一步的继续分析。

2)输入变量的遴选

综合就业数据 44×58 的矩阵采用因子生态方法进行预处理,同时结合相关研究文献(表 4.2),从中遴选 16 个主要载荷变量(表 4.3)作为输入变量,它们分别代表了南京市流动人口空间集聚、来宁时间、来源地、文化程度、职业构成、家庭收入、住房指标、居住方式、住房配套设施、住房用途等方面的基本状况,可以较为全面地覆盖流动人口的社会属性、经济属性和空间属性。

表 4.1 本研究选取的指标体系表

种类	一级变量	二级变量	
空间属性	人口密度	1. 人口密度(万人/km²)	2. 社会聚集度(%)
社会属性	来宁时间	3. 一年以下比例(%)	4. 一年到三年比例(%)
		5. 三年到五年比例(%)	6. 五年以上比例(%)
	来源地	7. 江苏其他市比例(%)	8. 浙江比例(%)
		9. 安徽比例(%)	10. 江西比例(%)
		11. 河南比例(%)	12. 山东比例(%)
		13. 四川比例(%)	14. 湖北比例(%)
		15.福建比例(%)	
	文化	16. 中等以上教育人口比例(%)	17. 初等教育人口比例(%)
		18. 低等教育人口比例(%)	19. 文盲率(%)
经济属性	职业	20. 白领职业比例(%)	21. 商业服务业人员比例(%)
		22. 农林牧渔水利人员比例(%)	23. 生产运输业人员人口所占比例（%）
	不在业	24. 失业率(%)	
	收入	25. 低于500元比例(%)	26. 500~1 500元比例(%)
		27. 1 500~2 500元比例(%)	28. 2 500~5 000元比例(%)
		29. 5 000元以上比例(%)	30. 家庭平均月收入(元)
居住空间属性	户均人数	31. 户均人数	
	住房面积	32. 人均5 m²以下比例(%)	33. 人均5~10 m²比例(%)
		34. 人均10~25 m²比例(%)	35. 人均25 m²以上比例(%)
		36. 人均居住面积	
	居住方式	37. 工地现场比例(%)	38. 集体宿舍比例(%)
		39. 宾馆旅店比例(%)	40. 亲友家中比例(%)
		41. 租赁房屋比例(%)	42. 其他(自购)比例(%)
	厨房	43. 厨室室内自用比例(%)	44. 厨室室内公用比例(%)
		45. 厨室室外自用比例(%)	46. 厨室室外公用比例(%)
		47. 无厨房比例(%)	
	卫生间	48. 卫生间室内自用比例(%)	49. 卫生间室内公用比例(%)
		50. 卫生间室外自用比例(%)	51. 卫生间室外公用比例(%)
		52. 无卫生间比例(%)	
	自来水	53. 自来水室内自用比例(%)	54. 自来水室内公用比例(%)
		55. 自来水室外自用比例(%)	56. 自来水室外公用比例(%)
		57. 无自来水比例(%)	
	住房用途	58. 居住兼工作比例(%)	

变量解释	
社会聚集度	流动人口数量占总人口的比重
文化程度	中等以上教育包括高中、中专学历、大学专科及以上学历;初等教育指初中学历;低等教育指小学学历;文盲指没有上过学
职业构成	白领职业包括国家机关、党群组织、企事业单位负责人、专业技术人员、办事人员和有关人员;商业、服务业包括批发零售贸易餐饮业、金融、保险、房地产、社会服务人员;生产运输业包括制造业、建筑业、运输业

* 资料来源:笔者整理。

表 4.2 国内相关研究中主要采用的输入变量汇总

一级变量	二级变量
空间聚集	外来人口密度
文化程度	粗文盲率、大学专科(含)以上人口比例
职业构成	白领职业者比例、蓝领职业者比例、农林牧副渔人员比例、专业技术人员比例
生育状况	出生率
年龄结构	0~14 岁人口比例、60 岁以上人口比例
来源地	省内外来人口占外来人口比例
婚姻状况	未婚比例、离婚比例
迁入时间	来城市一年以下比例、来城市五年以上比例
迁入原因	从事经济活动比例、随迁与婚嫁比例
迁移特征	外来人口比例
家庭构成	四人以上户比例、三代以上户比例、平均每户人数
居住方式	租用房住户占家庭户比例
住房指标	家庭户平均每户住房间数
住房配套设施	无洗澡设施住户占家庭户比例、无厕所住户占家庭户比例、无厨房住户占家庭户比例

* 资料来源:笔者根据相关研究文献汇集整理。

表 4.3 本研究选取的 16 个输入变量

一级变量	二级变量	备注
(1)空间集聚	1. 人口密度	流动人口数量比区域面积
(2)来宁时间	2. 一年以下比例	
(3)来源地	3. 来自江苏其他市比例	
	4. 来自安徽比例	
(4)文化程度	5. 中等以上学历比例	高中学历及以上
(5)职业构成	6. 商业服务业比例	包括批发零售贸易餐饮业、金融、保险、房地产、社会服务等
	7. 生产运输业比例	包括制造业、建筑业、运输业
(6)家庭收入	8. 家庭收入	根据问卷计算家庭月家庭收入
(7)住房指标	9. 户均人数	合住人数比户数
	10. 人均居住面积	住房面积比每户人数
(8)居住方式	11. 工地现场比例	
	12. 集体宿舍比例	
	13. 租赁房屋比例	包括公有住房和商品房
(9)住房配套	14. 卫生间室内自用比例	
	15. 自来水室内自用比例	
(10)住房用途	16. 居住兼工作地比例	

* 资料来源:笔者整理。

75

4.3 流动人口就业空间分异的单因子分析

对上文遴选出的 16 个单因子的数据统计,因为其中有关空间集聚的"人口密度"因子在前文已有分析,故下文将主要针对其余 15 个因子,探讨流动人口在就业空间单元上的单因子分布规律。

4.3.1 来宁时间

	就业空间分布	结论及分析	图解
总体分布特征	该因子的平均值为 30.94%,其空间分布形式不明显	近三分之一的流动人口为新来群体;该因子空间分异程度不高,只略高于其居住空间分异	
单因子高值分布情况	分布在主城区东北部、西北部、东南部的近郊区、湖南路街道和瑞金路街道	主要集聚于拥有充足就业机会和更高就业潜力的近郊区新兴区域——迈皋桥街道、沿江工业区以及经济技术开发区等,且周边有一定规模的流动人口聚居	40%以上 30%～40% 22%～30% 15%～22% 15%以下
单因子低值分布情况	分布在主城区西南部、秦淮区、玄武湖西南、凤凰街道和马群街道	其中近郊区为近年房地产开发较集中且成熟区域,流动人口难以在此寻求适合的住房;而老城区的街道则发展的相对稳定,即使是集中就业的流动人口也有多年的城市务工经历,从而压缩了新近流入人口的就业空间	**图 4.7 就业人口来宁时间比例** *资料来源:笔者自绘。

4.3.2 来源地

1)来自江苏省其他市

	就业空间分布	结论及分析	图解
总体分布特征	该因子的平均值为 35.41%,其空间分布呈现"圈层+多核心"模式	为流动人口中第一大来源地。该因子空间分异程度较高,其连锁流迁和集聚就业受地缘、亲缘等传统纽带影响较大	
单因子高值分布情况	分布在凤凰街道、幕府山街道、玄武湖街道、建宁路街道、滨湖街道、双塘街道、雨花新村街道	主要呈边缘化分布特征,表明来自省内的流动人口的就业地更趋向于选择在近郊区而非老城区,这和其从事的职业类型具有一定相关性,如在建筑工程队中占绝对数量优势的江苏籍流动人口,目前多在主城区的外圈层从事开发建设活动	45%以上 40%～45% 35%～40% 30%～35% 30%以下
单因子低值分布情况	分布在玄武湖及紫金山周边、湖南路街道、朝天宫街道、南湖街道、夫子庙街道、中华门街道、红花街道和沙洲街道等	主要位于除了鼓楼区的老城区及其边缘。除了职业相关性造成的省内流动人口较少外,同时还受到"河南村"等其他来源地聚居区的隔离和挤压	**图 4.8 就业人口江苏籍比例** *资料来源:笔者自绘。

2) 来自安徽省

	就业空间分布	结论及分析	图解
总体分布特征	该因子的平均值为32.02%,其空间分布呈现弱扇形模式	空间分异程度较高,与江苏籍流动人口分布呈互补的空间形态,且在集聚就业方面受传统纽带的影响更为明显	
单因子高值分布情况	分布在宝塔桥街道、挹江门街道、湖南路街道、梅园新村街道、瑞金路街道、月牙湖街道、夫子庙街道以及红花街道	来自安徽省的流动人口的就业地更趋向于老城区以及主城东南近郊区,并呈"西北—东南"轴向分布,这和其从事的职业类型具有一定相关性(多为果蔬等小商贩)	
单因子低值分布情况	分布在下关区南部、紫金山北面及东面、迈皋桥街道、五老村街道、南湖街道、宁南街道	主要位于主城区边缘以及发展较快区域	40%以上 35%~40% 30%~35% 25%~30% 25%以下 图 4.9 就业人口安徽籍比例 ＊资料来源:笔者自绘。

4.3.3 文化程度

	就业空间分布	结论及分析	图解
总体分布特征	该因子的平均值为20.28%,其空间分布特征不明显	流动人口以中小学教育程度为主;该因子空间分异程度较高,呈现北高南低的特征	
单因子高值分布情况	分布在迈皋桥街道、燕子矶街道、中央门街道、湖南路街道、锁金村街道、后宰门街道、洪武路街道、月牙湖街道、热河南路街道和马群街道	主要集中在主城北部新兴的流动人口集中区域和老城区内经济较为发达区域(如鼓楼区),这同该区域职业多具有一定的技术含量和专业技能门槛相关	
单因子低值分布情况	分布在下关区北部、玄武门街道、宁海路街道、凤凰街道、大光路街道、双塘街道、秦虹街道以及赛虹桥街道	主要呈南北轴向分布,表明在此就业的流动人口多从事一些知识技能要求层次更低的低阶职业	30%以上 23%~30% 16%~23% 8%~16% 8%以下 图 4.10 就业人口中中等教育程度比例 ＊资料来源:笔者自绘。

4.3.4 职业构成

1) 商业服务业

	就业空间分布	结论及分析	图解
总体分布特征	该因子的平均值为52.63%,其空间分布呈现"扇形+多核心"模式	空间分异程度高,由中心向外围递减,同时西部比东部比重高。这和不同职业在空间生产和消费过程中不同的需求导向极大相关	
单因子高值分布情况	分布在宁海路街道、凤凰街道、五老村街道、秦虹街道、夫子庙街道、双塘街道	多集聚就业于老城区之内和新区、经济开发区周边,折射出其同各级商业中心、消费市场和经济活跃区域的高地理相关度	
单因子低值分布情况	分布在宝塔桥街道、红山街道、玄武湖街道、锁金村街道、马群街道、宁南街道、红花街道、南湖街道	位于主城区人口密度和经济活力相对较低的最外圈层,这里缺少充足的商业服务业岗位来吸纳就业	70%以上 58%～70% 50%～58% 40%～40% 40%以下 **图4.11 就业人口从事商业服务业比例** ＊资料来源:笔者自绘。

2) 生产运输业

	就业空间分布	结论及分析	图解
总体分布特征	该因子的平均值为30.30%,其空间分布呈现"圈层+扇形"模式	空间分异程度高,与商业服务业的分布大致互补,并由中心向外围递增,从而形成"三产人员内聚为主,二产人员外拓为主"的总体特征	
单因子高值分布情况	分布在雨花台区、南苑街道、光华路街道、马群街道、玄武湖街道、宝塔桥街道、幕府山街道及小市街道	多流向老城区之外,且围绕着老城区呈扇形分布,这同目前生产制造业和建筑业的产业布局密切相关,也反映出其对于交通区位、辐射流通和宽裕用地条件的刚性要求	
单因子低值分布情况	分布在老城区以及秦虹街道、孝陵卫街道	主要集中在老城区和东郊风景区南麓,前者源于城市"退二进三"产业调整战略下的产业新布局,后者则源于中山陵环境整治工程所带来的二产比重降低和生态效益提升	45%以上 35%～45% 25%～35% 15%～25% 15%以下 **图4.12 就业人口从事生产运输业比例** ＊资料来源:笔者自绘。

4.3.5　家庭收入

	就业空间分布	结论及分析	图解
总体分布特征	该因子的平均值为2 383元,其空间分布呈现弱扇形模式	家庭月平均收入介于2 000～3 000元。该因子空间分异程度较高,与流动人口的就业集聚度分布有一定关联性	
单因子高值分布情况	分布在宝塔桥街道、小市街道、中央门街道、马群街道、宁海路街道、华侨路街道、凤凰街道、滨湖街道、兴隆街道、雨花新村街道以及宁南街道	总体来说,流动人口聚集度越高的街道其收入也越高,但同时也受到交通位置、职业层次等因素的综合影响,如鼓楼区流动人口的收入相对于其规模要高	2280元以上 2140～2280元 2000～2140元 1750～2000元 1750元以下 **图 4.13　就业人口家庭收入** * 资料来源:笔者自绘。
单因子低值分布情况	分布在紫金山周边流动人口集聚度低的区域以及建邺区的沙洲街道	流动人口的就业集聚程度和就业层次越低(如沙洲街道的大量拾旧人员),就越难以产生适宜的就业环境和规模化的经济效益	

4.3.6　住房指标

1）户均人数

	就业空间分布	结论及分析	图解
总体分布特征	该因子的平均值为3.79,其空间分布呈现"扇形+轴向"模式	该因子空间分异程度较高,且与流动人口的职业构成、经济收入、择居方式等相关联	
单因子高值分布情况	分布在下关区沿江、小市街道、红山街道、玄武湖街道、江东街道、滨湖街道、后宰门街道、瑞金路街道、光华路街道以及沙洲街道	多围绕着老城区呈扇形分布。其中,大部分流动人口由于流向生产运输行业,往往会被动选择职住一体化的居住方式(建筑工地+集体宿舍),故户均居住人数较高;其他流动人口则由于经济收入的制约,而倾向于通过自发聚居方式,主动选择更为拥挤低廉的租居空间(如红山街道)	单位:人 4以上 3.8～4 3.6～3.8 3.4～3.6 3.4以下 **图 4.14　就业人口户均人数** * 资料来源:笔者自绘。
单因子低值分布情况	分布在老城区以及燕子矶街道、孝陵卫街道、雨花新村街道、赛虹桥街道	散布于老城区内外。在此就业的流动人口受职业身份、经济收入等影响,而拥有较高的独居比例和较低的户均人数	

2）人均居住面积

	就业空间分布	结论及分析	图解
总体分布特征	该因子的平均值为9.94 m²,其空间分布呈现内高外低的弱扇形模式	该因子空间分异程度一般,且同户均人数的分布呈互补形态	
单因子高值分布情况	分布在下关区沿江、小市街道、红山街道、玄武湖街道、江东街道、滨湖街道、后宰门街道、瑞金路街道、光华路街道以及沙洲街道	多流向老城区及主城的北郊和东郊。在此就业的流动人口(多为商业服务业与小型制造业)由于收入相对较高,居住环境也更为宽松;也有部分人口是因为城乡结合部的大量自建住房而提高了人均居住面积	单位:m²/人 12以上 10~12 9~10 8~9 8以下 **图4.15　就业人口人均居住面积** ＊资料来源:笔者自绘。
单因子低值分布情况	分布在建邺区南部、下关区北部以及宁海路街道、凤凰街道、光华路街道、瑞金路街道、月牙湖街道、玄武湖街道	多围绕着老城区呈扇形分布,而且由于土地利用效益、职业构成、经济收入、择居方式等因素影响,集中了更多的低层流动人口和无业人员	

4.3.7　居住方式

1）工地现场

	就业空间分布	结论及分析	图解
总体分布特征	该因子的平均值为13.73%,其空间分布呈现内低外高的"圈层＋扇形"模式	该因子空间分异程度较高,基本对应于生产运输业中的建筑业分布状况,同江苏籍流动人口的就业分布也具有一定相关性	
单因子高值分布情况	分布在宝塔桥街道、玄武湖街道、后宰门街道、光华路街道、宁南街道以及建邺区的大部分街道等	主要集中在老城区之外。在此就业的流动人口多为建筑工人,其职住一体化的被动择居场所同南京市向外围扩散的开发建设活动及其建筑工地分布情况密切相关	22%以上 16%~22% 8%~16% 4%~8% 4%以下 **图4.16　就业人口工地现场比例** ＊资料来源:笔者自绘。
单因子低值分布情况	分布在梅园新村街道、五老村街道、瑞金路街道、秦虹街道、双塘街道、建宁街道、凤凰街道等	多分布在老城区及其周边区域,这也是目前南京市开发建设活动和建筑工人相对较少的区域	

2）集体宿舍

	就业空间分布	结论及分析	图解
总体分布特征	该因子的平均值为9.463%，其空间分布呈现东低西高的斑驳散布形态	该因子空间分异程度较高，若叠合工地现场的分布空间，可大体上对应于南京生产运输业的总体分布状况	
单因子高值分布情况	分布在宝塔桥街道、建宁路街道、红山街道、江东街道、朝天宫街道、后宰门街道、瑞金路街道和马群街道等	在此就业的流动人口多流向大中型民营、集体和个体企业，其职住一体化的被动择居场所同南京市大中型制造业和少量商业服务业单位（如旅店）的分布情况密切相关	
单因子低值分布情况	分布在建邺区南部、紫金山南北以及小市街道、玄武门街道、新街口街道、华侨路街道、双塘街道、雨花新村街道	该区域并非目前南京市以第二产业为主导的各类企业和就业市场的集聚地	图4.17 就业人口集体宿舍比例 ＊资料来源：笔者自绘。

图例：16%以上／10%～16%／5%～10%／2%～5%／2%以下

3）租赁房屋

	就业空间分布	结论及分析	图解
总体分布特征	该因子的平均值为66.67%，其空间分布呈现内高外低的"圈层＋扇形"模式	该因子空间分异程度更为明显，与工地现场、集体宿舍的分布呈互补形态，同商业服务业分布具有一定的相关性	
单因子高值分布情况	分布在玄武湖西侧和南侧、老城南、孝陵卫街道	在此就业的流动人口多从事商业服务业和小工业，往往会在综合考虑房源、价位、通勤、管理等因素后，主动选择在城乡结合部租居。而且相对于工地现场、集体宿舍方式而言，这类人口更多地存在着职住分离现象	
单因子低值分布情况	分布在西部的宝塔桥街道、江东街道、兴隆街道和东部的迈皋桥街道、玄武湖街道、马群街道等	主要集中在主城东部和西部沿江的边缘地带。在此就业的流动人口受职业身份、经济收入等影响，选择租居方式的比例较低	图4.18 就业人口租赁房屋比例 ＊资料来源：笔者自绘。

图例：78%以上／72%～78%／63%～72%／58%～63%／58%以下

4.3.8 住房配套

1) 卫生间

	就业空间分布	结论及分析	图解
总体分布特征	该因子的平均值为33.33%,其空间分布呈现扇形模式	该因子空间分异程度较高。流动人口卫生间室内自用的比例在三分之一左右,大多居住条件较差	
单因子高值分布情况	分布在秦淮区、洪武路街道以及马群街道	主要集中在老城区内尤其是老城南或近郊区。在此就业的流动人口一般教育程度和经济收入水平相对较高,或是以家庭户为单位进城打工,因此对于居住条件(尤其是成套率)有更高的要求	48%以上 38%~48% 25%~38% 20%~25% 20%以下 **图 4.19 就业人口卫生间室内自用比例** * 资料来源:笔者自绘。
单因子低值分布情况	分布在雨花台区东北部、兴隆街道、凤凰街道、后宰门街道、玄武湖街道、玄武门街道和小市街道	主要分布在流动人口集聚程度较低,教育程度和经济收入水平同样有限的区域,住房条件较差	

2) 自来水

	就业空间分布	结论及分析	图解
总体分布特征	该因子的平均值为58.62%,其空间分布呈现"扇形+轴向"模式	该因子空间分异程度较高,与卫生间室内自用比例分布具有一定相关性	
单因子高值分布情况	分布在秦淮区、瑞金路街道、月牙湖街道、光华路街道、梅园新村街道	集中分布在西北—东南轴方向上,且同样受收入、教育程度、家庭户等因素的综合影响	78%以上 70%~78% 55%~70% 40%~55% 40%以下 **图 4.20 就业人口自来水室内自用比例** * 资料来源:笔者自绘。
单因子低值分布情况	分布在建邺区、下关区北部及玄武湖街道、宁南街道	主要围绕着老城区呈扇形分布,住房条件较差。在此就业的流动人口同时还受到建筑工地、集体宿舍等其他被动择居方式的影响和挤压	

4.3.9 住房用途

	就业空间分布	结论及分析	图解
总体分布特征	该因子的平均值为16.80%,其空间分布呈现弱扇形模式	该因子空间分异程度一般,反映的是流动人口生产与生活空间相迭合、居住与工作功能相混合的特征	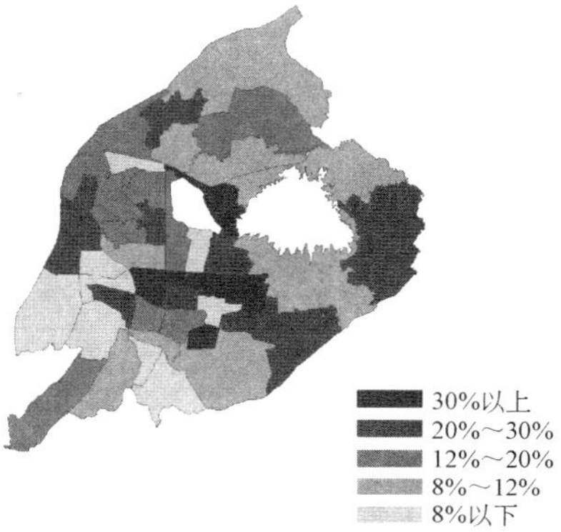
单因子高值分布情况	分布在秦淮区、洪武路街道以及马群街道	在此就业的流动人口多流向商业、服务业、餐饮业或是小型制造业中的家庭作坊,往往是以个体经营户或是以私人老板的身份自主经营,更需要打破居住空间的传统功能,而让有限的空间承载更多的功能与需求	
单因子低值分布情况	分布在雨花台区东北部、兴隆街道、凤凰街道、后宰门街道、玄武湖街道、玄武门街道和小市街道	主要分布在主城南郊,在此就业的大量建筑业和制造业工人由于企业的统筹规划与功能分区,其居住空间(如工地板房和集体宿舍)基本上以单一而统一的居住功能为主	

图例:
- 30%以上
- 20%～30%
- 12%～20%
- 8%～12%
- 8%以下

图 4.21　就业人口居住兼工作比例
＊资料来源:笔者自绘。

4.4　流动人口就业空间分异的主因子分析

对以上 16 个输入变量再次进行分析,以期得到更为集中和明确的主因子结果,即使用 SPSS 中的 Analyze(Data Reduction-Factor)因子分析功能对就业空间 44×16 的数据矩阵分别进行因子生态分析,在抽取方法中采用主因子法(Principal Components),以特征值(Eigenvalues)大于 1 以及累计方差贡献率达到 70% 作为标准。

对就业空间 44×16 的数据矩阵进行因子生态分析,测出 KMO 值为 0.598,适合因子分析。最后选取 5 个主因子,其特征值大于 1,累计解释方差率为 72.947%(表 4.4)。在对载荷变量进行综合分析的基础上,将 5 个主因子分别命名为职业状况主因子、集聚方式主因子、迁居特征主因子、住房条件主因子和经济地位主因子(表 4.5)。

表 4.4　南京市主城区流动人口就业空间结构因子分析特征值和方差贡献率

成份	初始矩阵			未旋转矩阵			旋转矩阵		
	特征值	方差贡献率（%）	累计解释方差率（%）	特征值	方差贡献率（%）	累计解释方差率（%）	特征值	方差贡献率（%）	累计解释
1	4.836	30.228	30.228	4.836	30.228	30.228	3.036	18.975	18.975
2	2.870	17.935	48.163	2.870	17.935	48.163	2.505	15.655	34.630
3	1.546	9.665	57.828	1.546	9.665	57.828	2.414	15.085	49.714
4	1.319	8.241	66.069	1.319	8.241	66.069	2.331	14.568	64.282
5	1.100	6.878	72.947	1.100	6.878	72.947	1.386	8.665	72.947
6	0.866	5.414	78.361						
7	0.745	4.657	83.018						
8	0.695	4.342	87.359						
9	0.575	3.595	90.954						
10	0.450	2.816	93.769						

＊注：仅列出前 10 个主因子的特征值和方法贡献，其他因子略。

表 4.5　南京市主城区流动人口就业空间结构因子荷载分布

变量名称		各主因子荷载				
		1	2	3	4	5
主因子 1	商业服务业人员比例	0.860	0.199	−0.261	−0.043	0.077
	生产运输业人员比例	−0.755	−0.023	0.120	−0.369	0.167
	人口密度	0.728	0.066	0.168	0.043	0.114
	租赁房屋比例	0.569	0.502	−0.523	−0.001	0.004
主因子 2	来自安徽比例	0.171	0.824	−0.038	−0.254	−0.011
	来自江苏其他市比例	0.074	−0.672	−0.067	−0.342	0.185
	工地现场比例	−0.477	−0.604	0.043	−0.349	−0.252
	自来水室内自用比例	0.459	0.571	0.190	0.360	−0.086
主因子 3	集体宿舍比例	−0.224	0.187	0.784	0.222	0.150
	居住兼工作比例	0.444	0.213	0.657	0.073	−0.069
	来宁一年以下比例	−0.126	−0.353	0.621	−0.143	−0.193
	中等以上教育人口比例	0.049	0.013	0.611	0.504	−0.118
主因子 4	人均居住面积	0.063	−0.015	0.073	0.922	0.024
	卫生间室内自用比例	0.309	0.355	0.229	0.658	0.147
主因子 5	家庭收入	−0.036	−0.159	0.038	−0.077	0.891
	户均人数	−0.184	−0.174	0.348	−0.376	−0.583

提取方法：主成分分析法

4.4.1 主因子 1:职业状况

职业状况主因子的方差贡献率为 18.975%,由商业服务业人员比例、生产运输业人员比例、人口密度、租赁房屋比例 4 个变量构成。这一因子得分高的街道有如下特征:商业服务业比例高、人口密度高、租赁房屋比例高。

从图 4.22 来看,空间分布特征为以老城南部为峰值核心的"圈层+扇形"模式。因子得分高的主要为老城区南部,同时下关区南部、老城区东西两侧也较高,主要为二产欠发达区以及流动人口就业集聚区;而因子得分较低的主要在主城区东部、南部和西北部最外圈层以及红山街道、南苑街道,这里生产运输业从业比例较高,经济发展相对滞后。

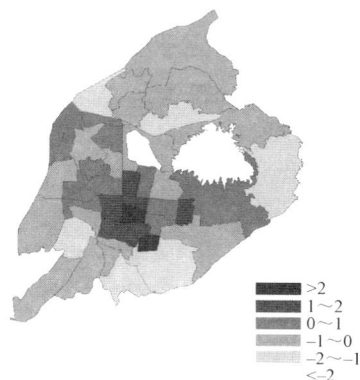

图 4.22 主因子 1
* 资料来源:笔者自绘。

4.4.2 主因子 2:集聚方式

集聚方式主因子的方差贡献率为 15.655%,由来自江苏其他市比例、来自安徽比例、工地现场比例及自来水室内自用比例 4 个变量构成。这一因子得分高的街道有如下特征:安徽籍流动人口比重高、建筑业从业者比重低、住房条件好。

从图 4.23 来看,空间分布呈现东高西低的弱扇形模式。以东南近郊区和老城区靠近玄武湖的地区得分最高,说明安徽籍流动人口较集中以及住房条件较好;而兴隆街道、玄武湖街道以及迈皋桥街道得分较低,属于江苏籍流动人口较集中且住房条件较差地区。

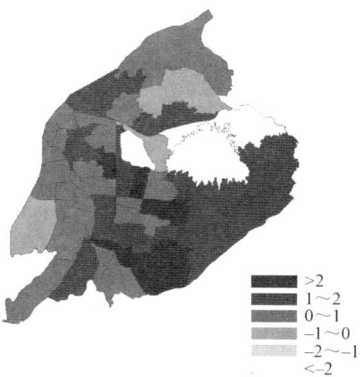

图 4.23 主因子 2
* 资料来源:笔者自绘。

4.4.3 主因子 3:迁居特征

迁居特征主因子的方差贡献率为 15.085%,由集体宿舍比例、居住兼工作比例、来宁一年以下比例、中等以上教育人口比例 4 个变量构成。这一因子得分高的街道有如下特征:大型制造业比例高、住房居住兼工作比例高、来宁时间比较短、文化程度较高。

从图 4.24 来看,空间分布呈现南北低、中段高的弱扇形模式,局部高值、低值区相互斑驳穿插。主城区东部大部分地区以及新兴流动人口集中地因子得分较高,说明其大

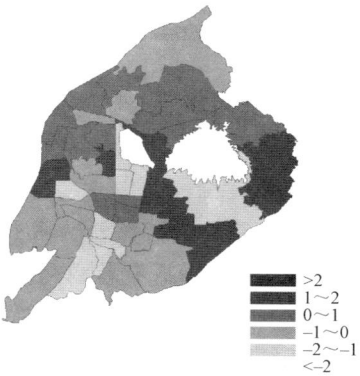

图 4.24 主因子 3
* 资料来源:笔者自绘。

型制造业较发达且为新来流动人群的集中地;主城区南部和老城区靠近玄武湖的地区得分最低,为二产较落后、文化程度较低的地区。同时孝陵卫街道作为近年流动人口输出地,也符合以上特征而得分低,可以看出流动人口就业近年来呈现出由南往北迁移的趋向。

4.4.4 主因子 4:住房条件

经济地位主因子的方差贡献率为 14.568%,由人均居住面积和卫生间室内自用比例 2 个变量构成。这一因子得分高的街道住房条件较好。

从图 4.25 来看,总体呈现"扇形+多核心"分布模式。其中东部、北部近郊区以及中华门街道为高值区,说明其流动人口集聚程度高且居住条件较好;而低值区分布零散,主要位于下关区北部、鼓楼区西部以及建邺区等近郊区,同时高值区与低值区彼此间杂,表明在上述地区就业的流动人口居住条件较差。

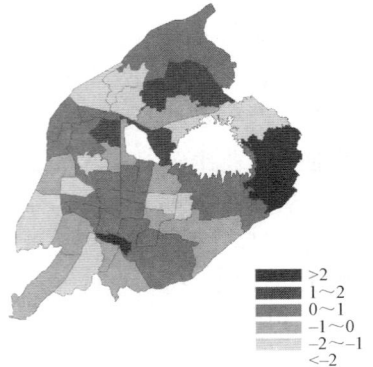

图 4.25 主因子 4

* 资料来源:笔者自绘。

4.4.5 主因子 5:经济地位

经济地位主因子的方差贡献率为 8.665%,由家庭收入和户均人数 2 个变量构成。这一因子得分高的街道经济状况较好、居住条件较好。

从图 4.26 来看,空间分布呈现"扇形+多核心"分布模式。因子得分高的包括马群街道、中央门街道、凤凰街道、五老村街道、雨花新村街道,在此就业的流动人口生存状态较好;因子得分低的区域主要位于紫金山南面和北面、下关区南部以及建邺区南部,主要特征为流动人口的经济状况较差、住房条件简陋,同时也是目前经济发展相对滞后地区。

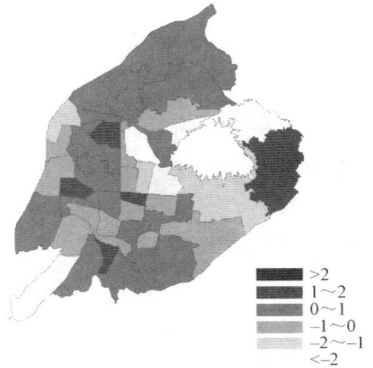

图 4.26 主因子 5

* 资料来源:笔者自绘。

4.5 流动人口就业空间分异的聚类分析

以上所进行的因子分析旨在了解变量间相互关系,从而更为清晰的归纳和简化变量。为了更好的认识各样品(空间单元)间的差别,利用因子分析的主因子变量结果,采用系统聚类方法进一步分析,绘出聚类龙骨图(图 4.27、表 4.6),其目的是将若干个相互独立的主因子聚集到同一个空间,得出不同社会区类型及其空间分布状况[①],从而将南京市主城区的

---

① 周文娜. 上海市郊区县外来人口社会空间结构及其演化的研究[D]. 上海:同济大学,2006.

流动人口就业空间归纳和划分为四类社会区：

第一类社会区：拥有中等住房条件的省外经商人员聚集区。

该类社会区主因子1和主因子2的平均值和平方和均值均较高，可见其商业服务业比例高、流动人口密度高、租赁房屋比例高、安徽籍流动人口比重高、住房条件较好。主要分布在主城东部和南部片区，从城市中心区到近郊区均有分布。

第二类社会区：拥有低等住房条件的中高阶人员聚集区。

该类社会区主因子4平均值最低而平方和均值最高，同时主因子5的平均值和平方和均值均较高，可见其特征为住房条件较差但经济地位较高。主要在主城西北部和西南部的近郊区连绵形成两大片，同时在老城中心区也有少量分布。

第三类社会区：拥有高等住房条件的新来人员聚集区。

该类社会区主因子3和主因子4平均值和平方和均值均较高，特征为大型制造业比例高、住房居住兼工作比例高、来宁时间比较短、文化程度较高、住房条件好。主要分布在主城区北部、下关区南部、鼓楼区北部以及东部最外圈层。

第四类社会区：拥有低等住房条件的省内低阶人员聚集区。

该类社会区主因子2和主因子5的平均值较低，而平方和均值均较高。其特征为安徽籍流动人口比重低、住房条件差、经济状况差。主要分布在主城东北部和西南部，包括玄武湖街道、后宰门街道和沙洲街道。

表4.6 南京市主城区流动人口就业空间特征判别表

社会区分类	所包含空间单元(个)	项目	主因子1：职业状况	主因子2：集聚环境	主因子3：迁居特征	主因子4：住房条件	主因子5：经济地位
1	13	平均值	0.833	0.811	−0.129	0.371	−0.206
		平方和均值	1.899	1.369	1.459	0.907	0.565
2	15	平均值	−0.285	−0.311	−0.590	−0.751	0.618
		平方和均值	0.767	0.402	0.615	1.028	0.702
3	13	平均值	−0.370	−0.182	0.739	0.652	0.061
		平方和均值	0.425	0.698	0.946	1.063	0.536
4	3	平均值	−0.578	−1.169	0.307	−0.682	−2.460
		平方和均值	0.425	3.364	0.835	0.652	6.054

* 资料来源：笔者自制。

通过对南京市主城区流动人口就业空间社会区分布的抽象综合(图4.28)，可以看出，在街道空间单元层面，就业空间结构呈现"扇形＋散点"的形态特征。拥有中等住房条件的省外经商人员聚集区(第一类社会区)从老城中心区到近郊区均有分布，同时相对集中位于东部和南部；拥有低等住房条件的中高阶人员聚集区(第二类社会区)"大集中、小分散"，主要位于主城西北部、西南部两片；拥有高等住房条件的新来人员聚集区(第三类社会区)主要位于主城区北部、下关区和鼓楼区；拥有低等住房条件的省内低阶人员聚集区(第四类社会区)则主要位于主城东北部和西南部的郊区。

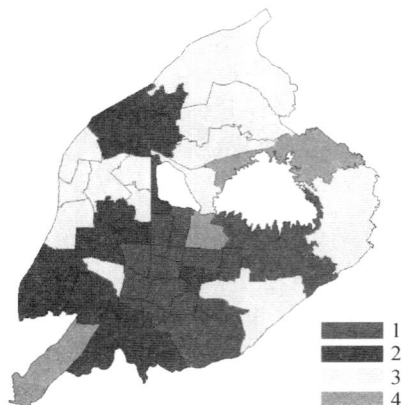

图 4.27　就业空间聚类图

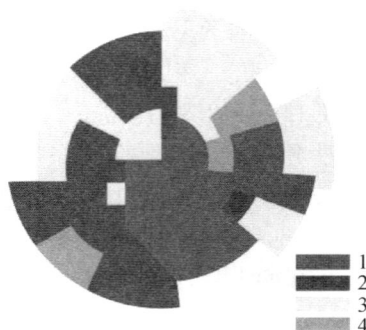

图 4.28　就业空间结构模式

＊资料来源:笔者自绘。

4.6　本章小结

　　本章主要通过借鉴国内外空间分异解析的理论及方法,依托于 GIS、SPSS 等数字技术平台,根据因子生态分析和社会区统计分析方法,依循"单因子分析—主因子分析—聚类分析"的总体思路,对南京市流动人口的就业空间分异现象进行了定量分析和空间图解。其主要结论包括:

　　(1) 流动人口就业空分异的单因子分析:综合流动人口就业数据 44×58 矩阵采用因子生态方法进行处理,同时结合相关文献遴选关键性载荷变量作为输入变量,具体包括:

　　单因子有 16 个,分别为:空间集聚(人口密度)、来宁时间(一年以下比例)、来源地(来自江苏其他市比例、来自安徽比例)、文化程度(中等以上学历比例)、职业构成(商业服务业比例、生产运输业比例)、家庭收入(家庭收入)、住房指标(户均人数、人均居住面积)、居住方式(工地现场比例、集体宿舍比例、租赁房屋比例)、住房配套(卫生间室内自用比例、自来水室内自用比例)、住房用途(居住兼工作地比例)等,基本覆盖了流动人口的社会属性、经济属性和空间属性,以此为基础来探讨流动人口在就业空间单元上的单因子分布规律及其成因。

　　(2) 流动人口就业空分异的主因子分析:根据就业空间分异的单因子分析结果,进一步对就业空间 44×16 的数据矩阵采取主因子法进行抽取,可以发现:

　　影响南京市流动人口就业空间分异的主因子有 5 个,分别为:职业状况、集聚方式、迁居特征、住房条件和经济地位,其特征值大于 1,累计解释方差率为 72.947%。

　　(3) 流动人口就业空间分异的聚类分析:根据因子分析的主因子变量结果,应用系统聚类方法进一步分析、分类和分区,可以判别:

　　南京市流动人口的就业空间可以划分为四类社会区,总体上呈"扇形＋散点"的形态特征。

　　第一类是拥有中等住房条件的省外经商人员聚集区,从老城中心区到近郊区均有分布,同时相对集中位于东部和南部。

第二类是拥有低等住房条件的中高阶人员聚集区,大集中小分散,主要位于主城西北部、西南部两片。

第三类是拥有高等住房条件的新来人员聚集区,主要位于主城区北部、下关区和鼓楼区。

第四类是拥有低等住房条件的省内低阶人员聚集区,则主要位于主城东北部和西南部的郊区。

5 南京市流动人口就业空间的可达性解析

本章研究将同样立足于地理学尺度的南京主城区范围,从总体、分职业两个层面测度流动人口的就业可达性,并基于"土地利用"的视角来探讨其对于流动人口就业可达性的多元影响,进而揭示流动人口的个体属性和上述影响之间的关联机制(即影响之影响分析)。本章技术路线如图 5.1 所示:

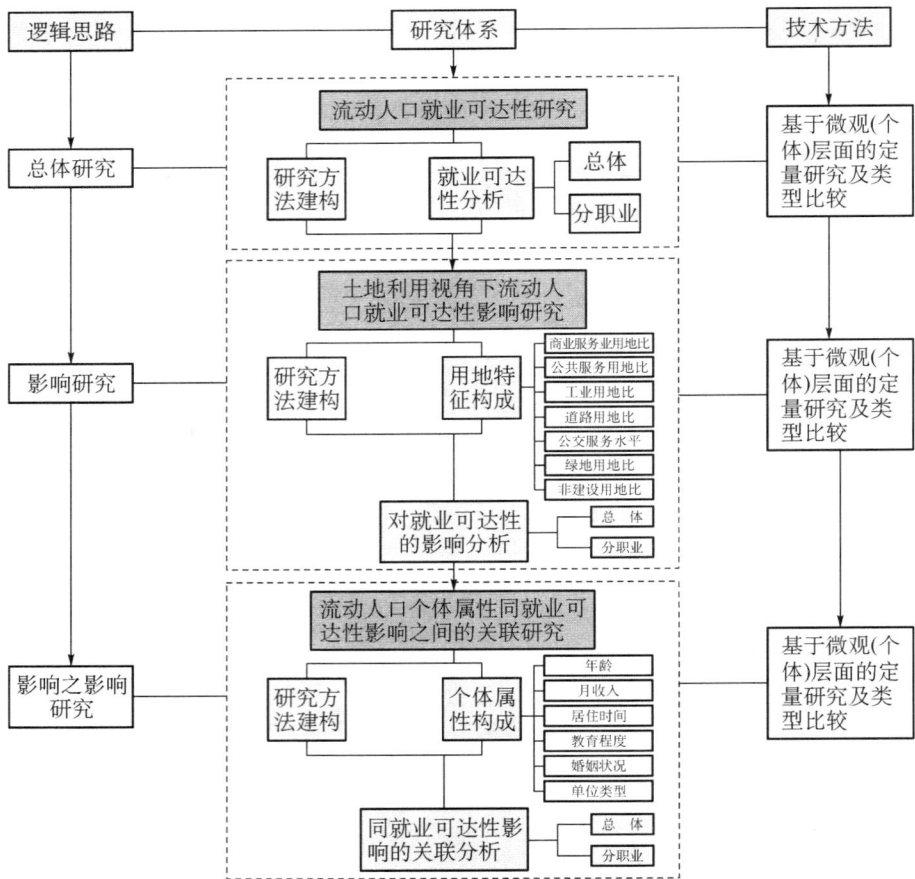

图 5.1 技术路线图

*资料来源:笔者自绘。

5.1　流动人口的就业可达性分析

流动人口的就业可达性作为衡量职住空间关联程度的重要指标,其水平的高低可直接反映流动人口的通勤水平、生存状态和生活质量。本节将以抽样调查数据为基础,推算个体在南京市主城区范围内的实际通勤路径,并通过相关测度方法的建构,从总体和分职业两个角度分析流动人口个体的就业可达性,以期更客观、准确地反映总体可达性水平及其空间分布特征。研究分析框架如图5.2所示:

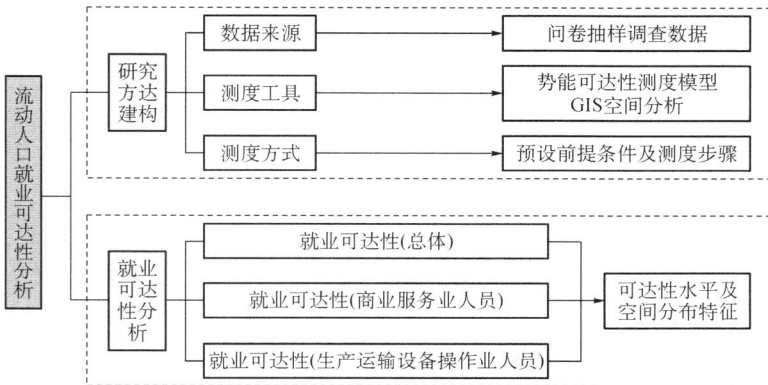

图5.2　南京市流动人口就业可达性分析框架图

＊资料来源:笔者自绘。

5.1.1　研究方法建构

1)数据来源

测度南京市流动人口就业可达性的数据主要有以下三个来源:

(1)配比抽样问卷调查数据(2009):主要提取流动人口居住和就业街道信息,用以确定个体居住和就业的空间位置。在1 827份有效问卷中,流动人口个体居住和就业街道均在南京主城区内的有1 747份(图5.3),其中居住、就业在同一街道的有1 504份,占总比例的82.3%;居住、就业不在同一街道的有243份,占总比例的13.8%(图5.4)。

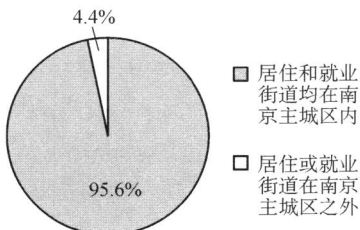

图5.3　有效问卷状况统计　　**图5.4　流动人口通勤概况**

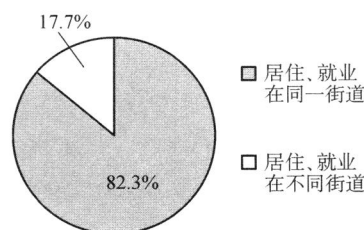

＊资料来源:笔者根据南京市流动人口抽样数据(2009)自制。

其中,各街道流动人口跨街道通勤比例在空间上的反映如下(图5.5):

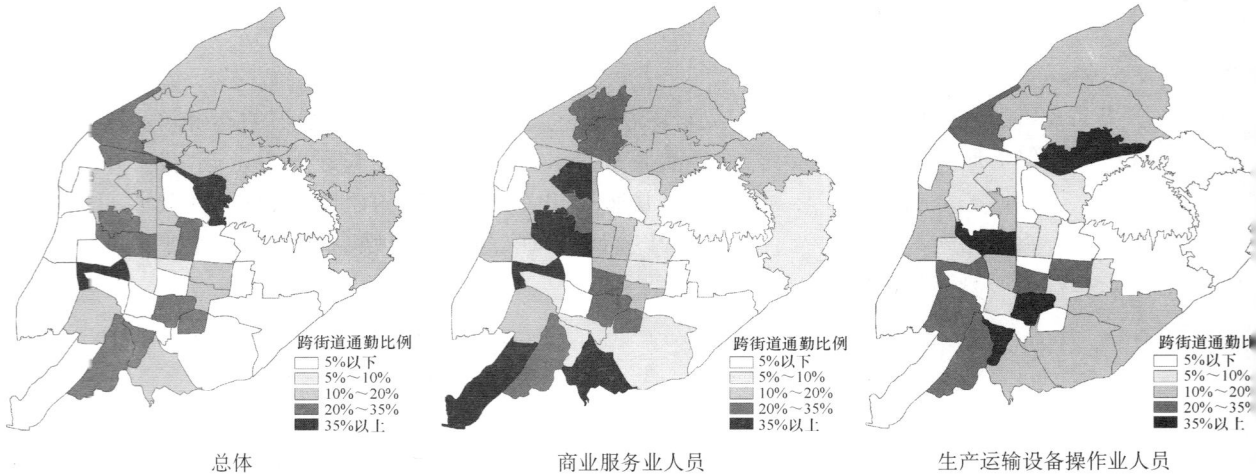

图5.5　流动人口跨街道通勤比例(总体＋分职业)

*统计口径:流动人口就业街道;资料来源:笔者根据南京市流动人口抽样数据(2009)自制。

① 流动人口(总体)

第一级街道为锁金村和滨湖街道(跨街道通勤比例在35%以上)。

第二级街道零散分布于主城中部,包括宝塔桥、建宁路、宁海路、华侨路、梅园新村、夫子庙、秦虹、雨花新村和宁南街道(跨街道通勤比例在20%~35%)。

第三级街道主要集中于主城北部,包括燕子矶、幕府山、小市、迈皋桥、红山、玄武湖、马群、中央门、挹江门、湖南路、玄武湖、新街口、瑞金路、大光路、南苑和宁南街道(跨街道通勤比例在10%~20%)。

第四级街道为朝天宫和五老村街道(跨街道通勤比例在5%~10%)。

其余街道为第五级街道(跨街道通勤比例在5%以下)。

② 流动人口(商业服务业人员)

第一级街道主要分布于老城西侧及主城南部边缘地区,包括中央门、宁海路、华侨路、滨湖、沙洲及宁南街道(跨街道通勤比例在35%以上)。

第二级街道集中于主城东侧及包括幕府山、小市、湖南路、洪武路、夫子庙、秦虹、雨花新村和赛虹桥街道(跨街道通勤比例在20%~35%)。

第三级街道分布于主城中部和北部边缘地区,包括燕子矶、迈皋桥、红山、玄武湖、江东、挹江门、玄武门、新街口、梅园新村和南苑街道(跨街道通勤比例在10%~20%)。

第四级街道零散分布于老城周边,包括锁金村、后宰门、瑞金路、凤凰、南湖、中华门、雨花新村、红花和马群街道(跨街道通勤比例在5%~10%)。

其余街道为第五级街道(跨街道通勤比例在5%以下)。

③ 流动人口(生产运输设备操作业人员)

第一级街道零散分布于老城南部和北部,包括红山、华侨路、双塘、夫子庙和雨花新村街道(跨街道通勤比例在35%以上)。

第二级街道主要分布于主城南部,包括瑞金路、洪武路、宝塔桥、滨湖、南苑和赛虹桥街道(跨街道通勤比例在20%~35%)。

第三级街道集中分布于主城南北两侧,包括燕子矶、幕府山、迈皋桥、热河南路、江东、湖南路、朝天宫、宁南、红花和光华路街道(跨街道通勤比例在 10%～20%)。

第四级街道零散分布于老城内部,包括锁金村、中央门、挹江门、新街口、梅园新村、凤凰、双塘、大光路和月牙湖街道(跨街道通勤比例在 5%～10%)。

其余街道为第五级街道(跨街道通勤比例在 5%以下)。

(2) 南京市土地利用现状图(来源:南京市规划局):主要提取主城区范围内的道路网络、道路信息(图 5.6)、轨道交通网络及站点(图 5.7),用以分析和提取个体实际通勤的最优路径,而非以传统研究中简化的"就业—居住"单元间直线距离来概括替代。

图 5.6 南京主城区道路现状图

图 5.7 南京市主城区轨道交通现状图

＊资料来源:南京市土地利用数据(2007)。

(3) Google 地图:主要提取南京市主城区范围内的主要公交站点位置(图 5.8)及相应的运行线路(图 5.9),用以分析个体通勤的起止点及相应的实际通勤路径。经过分析,将 5 条及其以上公交线路汇集的站点设定为主要公交站点;相应的运营线路通过 Google 地图查询。

图 5.8 南京市主城区主要公交站点分布图

图 5.9 南京市主城区主要公交线路分布图

＊资料来源:Google 地图数据。

2）测度工具

（1）势能可达性测度方法

在各类可达性测度方法中，结合既有数据，遴选最为常用的方法——势能可达性测度方法，其基本表达式为：

$$A_i = \sum_j D_j F(C_{ij})$$ 式(5.1)

式中：A_i——从 i 区域到 j 区域的所有机会 D 的总体可达性；

C_{ij}——区域 i 和 j 之间的平均成本；

$F(C_{ij})$——阻抗函数。

目前实际应用中常用的是基于负指数函数原理的测度方法，该方法较为贴近旅行行为理论，其表达式为：

$$A_i = \sum_{j=1}^{n} D_j \exp(-\beta C_{ij})$$ 式(5.2)

其中：A_i——从区域 i 到区域 j 的总体可达性；

D_j——区域 j 的总体机会数量；

C_{ij}——区域 i 和 j 之间的旅行成本（通勤距离或通勤时间）；

β——成本敏感函数。

由于本书研究对象个体的居住、就业地及通勤路径相对固定，因此上述公式中的 i,j 及 C_{ij} 为固定值，不存在区域机会吸引力 D_j，旅行成本 C_{ij} 可由抽样调查数据推算出的个体通勤距离 D_{ij} 代替。同时成本敏感函数 β 为一个距离衰减常数，取值区间为 $0.1 \sim 0.5$，其值越高，测度出的可达性结果级差越明显（Shen Q. [①]），本研究将 β 取值为 0.1。综上所述，对相关测度公式进行简化变形，进而得到本研究将采用的就业可达性测度模型，其表达式为：

$$A_a = \exp(-0.1 d_{ab})$$ 式(5.3)

式中：A_a——从特定区域 a 到特定区域 b 的个体就业可达性；

d_{ab}——特定区域 a 到特定区域 b 之间的个体通勤距离。

（2）GIS 空间统计分析

通过 GIS 软件对抽样调查数据进行空间化处理，同时与其他相关空间数据（土地利用数据及 Google 地图数据）叠合，进而对个体就业可达性水平进行测度并反映在空间上（图 5.10）。

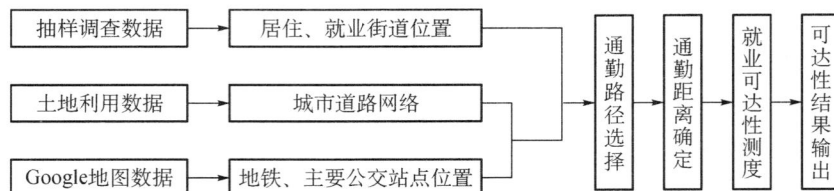

图 5.10　GIS 数据输入、管理及分析框架

*资料来源：笔者自绘。

---

① Shen Q. Location characteristics of inner-city neighborhood and employment accessibility of low-wage workers [J]. Environment and Planning B: Planning and Design, 1998, 25(3): 345-65.

3）测度方式

（1）预设前提

由于本研究采用的抽样调查数据是以街道为基本统计单元的个体居住地和就业地信息，而不涉及个体实际通勤的具体起止点、通勤路径及相关通勤数据（如交通方式、交通换乘等），因此在简化计算的同时，为了保证就业可达性测度的相对精确性和客观性，需要对测度过程进行必要的前提预设，屏蔽过于复杂的个体微差所带来的冗余干扰，以建立理想化模型，其具体内容如下：

① 由于本研究主体为流动人口，考虑其经济能力及相关研究经验①②，设流动人口跨街道通勤的交通方式主要为地铁和公交（交通方式选择优先度：地铁＞公交）；流动人口街道内通勤的交通方式主要为自行车（电动车）和步行。

② 设流动人口在跨街道通勤过程中总是选择最短路径（地铁或公交运营路径）出行；对于居住地和就业地在同一街道的流动人口，其通勤距离则按平均值计算。

（2）测度步骤

① 确定通勤距离

以往的可达性研究中常将连接两地中心点的直线长度直接作为通勤距离，这种做法没有考虑到个体实际出行中的空间阻隔，如路网、山水地形等条件的限制（图 5.11）；而少数使用现状路网进行可达性测度的研究只是选取起止点间的最短路径，而没有考虑公共交通设施（含地铁）的实际运营线路（图 5.12）。鉴于上述不足，本文不但依据现状路网，还结合公共交通的实际运营线路，来权衡和选取最短路径作为流动人口的最优路径和通勤距离（图 5.13）。

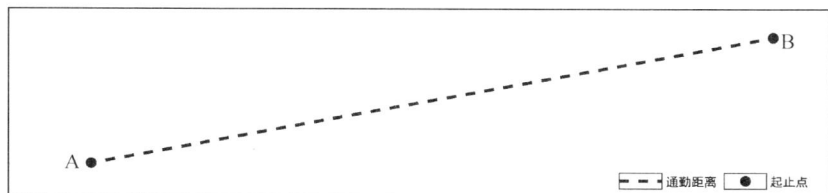

图 5.11　未考虑空间阻隔的通勤距离测算

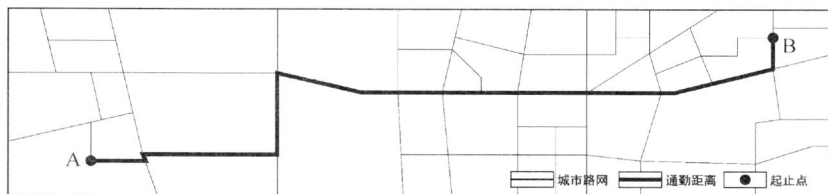

图 5.12　考虑城市道路网络的通勤距离测算

① 倪晨. 个人日常出行可达性的测量研究[D]. 上海：华东师范大学，2013.
② 刘贤腾，顾朝林. 南京城市交通方式可达性空间分布及差异分析[J]. 城市规划学刊，2010(2)：49-56.

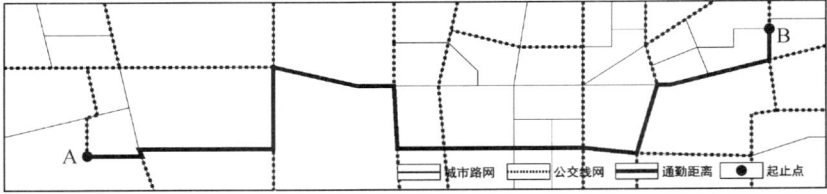

图 5.13　考虑城市公交运营线路的通勤距离测算

*资料来源:笔者自绘。

在此前提下,进一步设定研究条件如下:对于居住、就业在同一街道的流动人口,其通勤距离 D 为街道内公共交通实际运营线路最远距离的 1/2;对于居住、就业在不同街道的流动人口,其通勤距离 D 包括三个部分:从居住地到公共交通站点的距离 d_1、跨街道通勤距离 d_2 和从公共交通站点到达就业地的距离 d_3。其中 d_1、d_3 为街道内公共交通运营线路最远距离的 1/2,d_2 为跨街道公共交通运营线路的最短路径距离(图 5.14)。相应的表达式为:

$$D=d_1+d_2+d_3 \tag{式(5.4)}$$

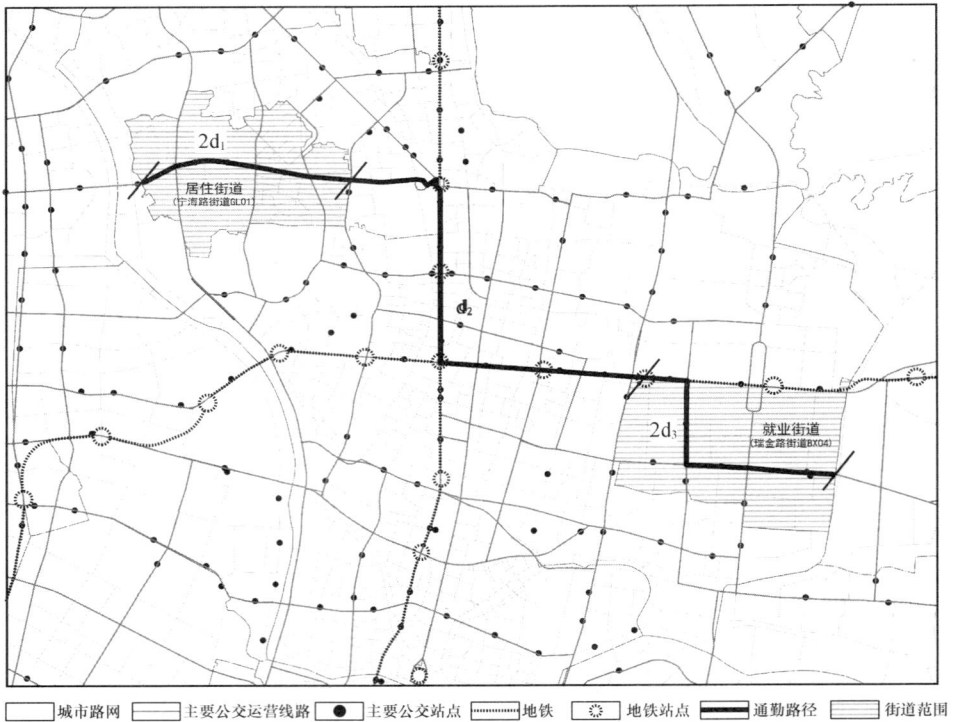

图 5.14　个体通勤距离测算示意图

*资料来源:笔者自绘。

② 测度个体就业可达性

根据上述确定通勤路径的方法,测算出个体通勤距离 d 的具体数值,最后结合势能可达性测度技术,计算出流动人口个体的就业可达性值。

③ 分析各街道就业可达性水平

根据测算的个体就业可达性值,借助于 GIS 数字平台分析和可视化输出功能,测度街道内所有流动人口个体的就业可达性的平均值,并进一步空间显像和分析各街道的就业可达性水平。

5.1.2　流动人口的就业可达性分析

遵循前述设定的可达性测度方法,按照总体和分职业(商业服务业人员和生产运输设备操作业人员)两个层面分别测度流动人口个体的可达性值,从而得到各街道的就业可达性水平。

1) 就业可达性水平分析之一(总体)

各街道流动人口的总体就业可达性水平测算并显像如下(表 5.1):

表 5.1　各街道流动人口就业可达性水平(总体)

街道编号	平均通勤距离(m)	最长通勤距离(m)	最短通勤距离(m)	就业可达性值	标准化值	街道编号	平均通勤距离(m)	最长通勤距离(m)	最短通勤距离(m)	就业可达性值	标准化值
BX01	3 465	10 211	2 870	7.182	0.889	QH04	5 299	10 554	5 070	5.916	0.504
BX02	4 231	13 195	2 828	6.753	0.758	QH05	3 891	8 955	3 728	6.800	0.773
BX03	4 044	21 121	2 739	7.065	0.853	XG01	3 721	8 230	3 636	6.904	0.804
BX04	4 064	10 908	2 874	6.889	0.800	XG02	5 971	16 698	4 509	5.735	0.449
BX05	2 813	2 813	2 813	7.548	1.000	XG03	4 374	11 214	3 773	6.533	0.691
BX06	6 546	10 045	6 473	5.202	0.287	XG04	4 280	12 802	3 991	6.571	0.703
BX07	5 227	21 377	4 469	6.076	0.553	XG05	4 866	9 816	3 750	6.283	0.616
GL01	4 458	9 673	3 062	6.571	0.703	XG06	4 602	1 782	3 867	6.424	0.658
GL02	5 482	17 576	3 669	6.045	0.543	XW01	5 437	16 562	3 420	6.295	0.619
GL03	3 684	16 797	2 681	7.133	0.874	XW02	4 981	18 037	2 587	6.663	0.731
GL04	5 225	10 586	4 455	6.023	0.536	XW03	7 584	11 363	6 789	4.748	0.149
GL05	4 541	13 528	3 417	6.564	0.701	XW04	2 962	10 122	2 757	7.481	0.980
GL06	4 140	10 014	3 916	6.641	0.724	XW05	9 524	22 585	5 516	4.258	0.000
GL07	4 706	8 215	4 547	6.262	0.609	XW06	6 058	15 057	4 863	5.666	0.428
JY01	7 299	15 616	4 034	5.082	0.250	XW07	5 030	5 030	5 030	6.047	0.544
JY02	4 017	4 017	4 017	6.692	0.740	XW08	6 835	17 266	5 640	5.248	0.301
JY03	5 434	19 878	4 450	6.016	0.534	XX01	7 822	21 643	5 967	4.986	0.221
JY04	5 496	5 496	5 496	5.772	0.460	XX02	7 948	24 952	6 614	4.771	0.156
JY05	4 775	4 775	4 775	6.203	0.591	XX03	7 233	23 972	6 030	5.045	0.239
QH01	5 122	21 195	3 059	6.449	0.666	YH01	5 528	15 462	4 286	5.927	0.507
QH02	5 437	18 794	3 720	6.030	0.539	YH02	8 522	14 433	7 061	4.387	0.039
QH03	5 720	21 539	3 326	6.296	0.619	YH03	4 157	8 994	2 996	6.737	0.753

* 统计口径:流动人口就业街道;资料来源:笔者根据南京市流动人口抽样数据(2009)自制。

南京市流动人口的就业可达性水平(总体)分布呈现"由十字中心向外围递减,由西部向东部递减"的趋势(图 5.15,图 5.16),其中:

第一级街道主要集中于主城中部,包括湖南路、后宰门、五老村、月牙湖和大光路街道就业可达性值在 0.8～1.0)。

第二级街道零散分布于老城东部、南部及西北边缘地区,包括阅江楼、梅园新村、瑞金路、洪武路、南湖、中华门和雨花新村街道(就业可达性值在 0.6～0.8)。

第三级街道零散分布于主城中部及东部,包括幕府山、小市、迈皋桥、建宁路、中央门、热河南路、江东、兴隆、凤凰、宁海路、新街口、双塘和秦虹街道(就业可达性值在0.4～0.6)。

第四级街道包括宝塔桥、红山、挹江门、华侨路、朝天宫、夫子庙、南苑、沙洲、宁南、红花和孝陵卫街道(就业可达性值在 0.2～0.4)。

其余街道为第五级街道(就业可达性值在 0.2 以下)。

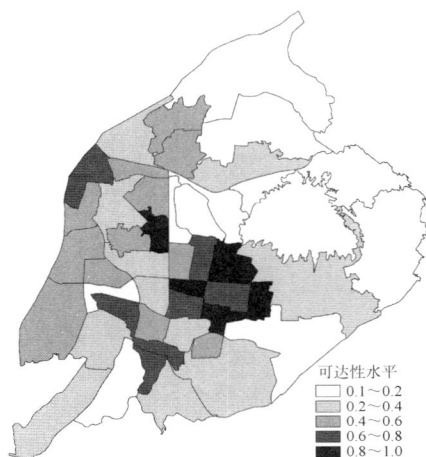

可达性水平
☐ 0.1～0.2
░ 0.2～0.4
▒ 0.4～0.6
▓ 0.6～0.8
■ 0.8～1.0

图 5.15 就业可达性水平(总体)　　　　图 5.16 就业可达性水平抽象图(总体)

＊资料来源:笔者根据南京市流动人口抽样数据(2009)自制。

2) 就业可达性水平分析之二(商业服务业人员)

各街道商业服务业流动人口的就业可达性水平测算并显像如下(表5.2):

南京市流动人口的就业可达性水平(商业服务业人员)总体呈现"由多核加扇形高位区向外围递减,由中部向南北递减"的趋势(图5.17,图5.18),其中:

第一级街道集中于主城中部,包括后宰门、五老村、瑞金路、月牙湖和雨花新村街道(就业可达性值在 0.8～1.0)。

第二级街道主要集中于主城中部和西侧,包括阅江楼、建宁路、热河南路、江东、湖南路、梅园新村、洪武路、大光路、南湖和中华门街道(就业可达性值在 0.6～0.8)。

第三级街道散布于主城内部,包括宝塔山、幕府山、小市、迈皋桥、挹江门、宁海路、新街口、凤凰、朝天宫、双塘、夫子庙、秦虹、兴隆、南苑、红花和孝陵卫街道(就业可达性值在0.4～0.6)。

第四级街道道散布于主城东部和南部边缘地区,包括红山、玄武湖、锁金村、马群、中央门、华侨路、沙洲和红花街道(就业可达性值在0.2～0.4)。

其余街道为第五级街道(就业可达性值在 0.2 以下)。

表 5.2　各街道流动人口就业可达性水平(商业服务业人员)

街道编号	平均通勤距离(m)	最长通勤距离(m)	最短通勤距离(m)	就业可达性值	标准化值	街道编号	平均通勤距离(m)	最长通勤距离(m)	最短通勤距离(m)	就业可达性值	标准化值
BX01	3 725	10 211	2 870	7.041	0.842	QH04	5 392	10 554	5 070	5.873	0.477
BX02	4 305	13 195	2 828	6.671	0.726	QH05	4 003	8 955	3 728	6.740	0.748
BX03	4 523	21 121	2 739	6.834	0.777	XG01	3 942	8 230	3 636	6.781	0.761
BX04	2 874	2 874	2 874	7.502	0.986	XG02	5 267	9 060	4 509	5.982	0.511
BX05	2 813	2 813	2 813	7.548	1.000	XG03	4 879	11 214	3 773	6.261	0.598
BX06	6 473	6 473	6 473	5.235	0.278	XG04	3 991	3 991	3 991	6.709	0.738
BX07	5 041	19 043	4 469	6.110	0.551	XG05	4 446	9 487	3 750	6.506	0.675
GL01	4 865	9 673	3 062	6.340	0.623	XG06	5 449	11 782	3 867	5.997	0.516
GL02	6 818	17 576	3 669	5.414	0.334	XW01	5 674	16 562	3 420	6.200	0.579
GL03	4 922	16 797	2 681	6.524	0.680	XW02	4 653	18 176	2 587	6.818	0.772
GL04	5 282	10 586	4 455	5.999	0.516	XW03	8 095	11 363	6 789	4.540	0.061
GL05	7 353	13 528	3 417	5.210	0.270	XW04	3 426	10 122	2 757	7.231	0.901
GL06	4 447	8 526	3 916	6.472	0.664	XW05	5 516	5 516	5 516	5.760	0.442
GL07	4 762	8 215	4 547	6.232	0.589	XW06	6 301	13 224	4 863	5.585	0.387
JY01	8 005	15 616	4 034	4.471	0.039	XW07	5 030	5 030	5 030	6.047	0.531
JY02	4 017	4 017	4 017	6.692	0.733	XW08	6 581	14 115	5 640	5.328	0.307
JY03	4 736	11 476	4 450	6.004	0.518	XX01	5 967	5 967	5 967	5.506	0.362
JY04	5 496	5 496	5 496	5.772	0.446	XX02	8 119	22 588	6 614	4.694	0.109
JY05	4 775	4 775	4 775	6.203	0.580	XX03	7 424	23 972	6 030	4.995	0.203
QH01	5 064	21 195	3 059	6.337	0.622	YH01	7 661	15 462	4 286	4.973	0.196
QH02	4 925	18 794	3 720	6.256	0.597	YH02	8 641	12 605	7 061	4.345	0.000
QH03	3 326	3 326	3 326	7.171	0.882	YH03	2 996	2 996	2 996	7.411	0.957

* 统计口径:流动人口就业街道;资料来源:笔者根据南京市流动人口抽样数据(2009)自制。

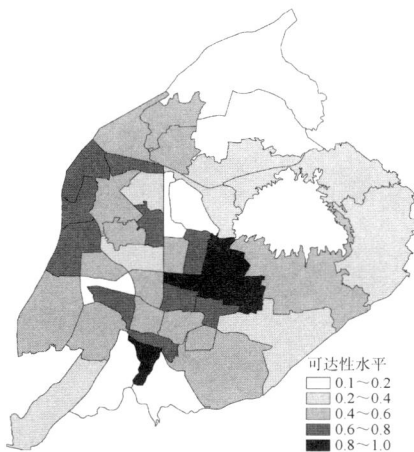

图 5.17　就业可达性水平(商业服务业)

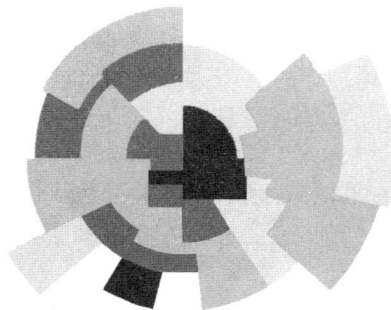

图 5.18　就业可达性水平抽象图(商业服务业)

* 资料来源:笔者根据南京市流动人口抽样数据(2009)自制。

3）就业可达性水平之三（生产运输设备操作业人员）

各街道生产运输设备操作业流动人口的总体就业可达性水平测算并显像如下（表5.3）：

表5.3 各街道流动人口就业可达性水平（生产运输设备操作业人员）

街道编号	平均通勤距离（m）	最长通勤距离（m）	最短通勤距离（m）	就业可达性值	标准化值	街道编号	平均通勤距离（m）	最长通勤距离（m）	最短通勤距离（m）	就业可达性值	标准化值
BX01	2 870	2 870	2 870	7.505	0.976	QH04	5 407	10 127	5 070	5.864	0.583
BX02	4 398	9 110	2 828	6.658	0.773	QH05	3 728	3 728	3 728	6.888	0.828
BX03	2 739	2 739	2 739	7.604	1.000	XG01	3 636	3 636	3 636	6.952	0.844
BX04	6 087	10 908	2 874	5.845	0.578	XG02	5 698	15 331	4 509	5.828	0.574
BX05	2 813	2 813	2 813	7.548	0.987	XG03	4 002	8 823	3 773	6.734	0.791
BX06	6 661	10 045	6 473	5.152	0.412	XG04	4 409	8 173	3 991	6.480	0.730
BX07	4 723	8 281	4 469	6.261	0.678	XG05	3 750	3 750	3 750	6.873	0.825
GL01	3 062	3 062	3 062	7.362	0.942	XG06	3 867	3 867	3 867	6.793	0.805
GL02	5 029	8 633	3 669	6.170	0.656	XW01	—	—	—	—	—
GL03	3 049	6 728	2 681	7.417	0.955	XW02	—	—	—	—	—
GL04	4 455	4 455	4 455	6.405	0.712	XW03	6 789	6 789	6 789	5.072	0.393
GL05	—	—	—	—	—	XW04	2757	2757	2 757	7.590	0.997
GL06	4 181	10 014	3 916	6.626	0.765	XW05	—	—	—	—	—
GL07	4 547	4 547	4 547	6.346	0.698	XW06	10 441	10 441	10 441	3.520	0.020
JY01	5 018	9 936	4 034	6.184	0.659	XW07	—	—	—	—	—
JY02	—	—	—	—	—	XW08	—	—	—	—	—
JY03	6 356	19 878	4 450	5.708	0.545	XX01	5 967	5 967	5 967	5.506	0.497
JY04	5 496	5 496	5 496	5.772	0.561	XX02	7 340	22 588	6 614	4.974	0.369
JY05	4 775	4 775	4 775	6.203	0.664	XX03	6 351	14 063	6 030	5.145	0.410
QH01	—	—	—	—	—	YH01	5 077	11132	4 286	6.131	0.647
QH02	10 685	10 725	10 605	3.435	0.000	YH02	8 288	12 605	7 061	4.465	0.247
QH03	8 688	8 688	8 688	4.195	0.182	YH03	5 511	8 994	2 996	5.952	0.604

*统计口径：流动人口就业街道；资料来源：笔者根据南京市流动人口抽样数据（2009）自制。

南京市流动人口的就业可达性水平（生产运输设备操作业人员）总体呈现"由西部多核高位区向东部递减"的趋势（图5.19，图5.20），其中：

第一级街道主要集中于主城中部，包括阅江楼、宁海路、湖南路、后宰门、五老村、月牙湖、大光路和中华门街道（就业可达性值在0.8～1.0）。

第二级街道主要集中于主城西北侧沿江地带，包括幕府山、小市、建宁路、热河南路、挹江门、江东和洪武路街道（就业可达性值在0.6～0.8）。

第三级街道主要分布在主城东部及南部，包括华侨路、朝天宫、滨湖、南湖、兴隆、雨花新村和宁南街道（就业可达性值在0.4～0.6）。

第四级街道沿主城边缘零散分布，包括燕子矶、宝塔桥、马群、玄武门、光华路、红花、瑞金路、南苑和沙洲街道（就业可达性值在0.2～0.4）。

其余街道为第五级街道（就业可达性值在0.2以下）。

可达性水平
- ☐ 0.1～0.2
- ☐ 0.2～0.4
- ☐ 0.4～0.6
- ■ 0.6～0.8
- ■ 0.8～1.0

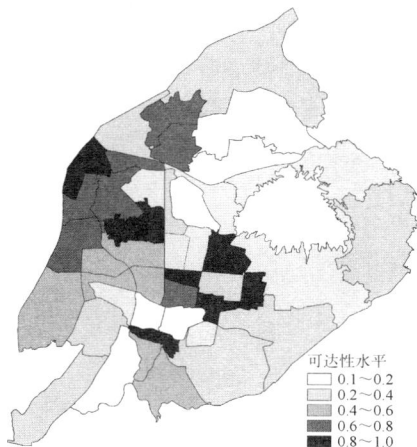

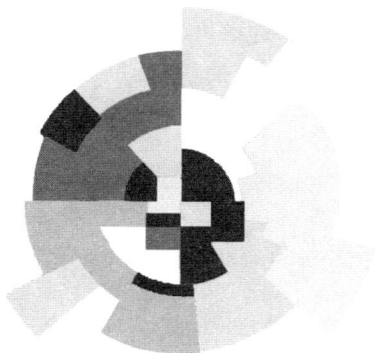

图 5.19　就业可达性水平(生产运输设备操作业)　图 5.20　就业可达性抽象图(生产运输设备操作业)
＊资料来源:笔者自绘。

5.1.3　小结

综合来看,南京市流动人口的就业可达性水平总体呈现"由十字中心向外围递减,由西部向东部递减"的趋势;商业服务业流动人口的就业可达性水平呈现"由多核加扇形高位区向外围递减,由中部向南北递减"的趋势;生产运输设备操作业流动人口的就业可达性水平呈现"由西部多核高位区向东部递减"的趋势。

5.2　土地利用视角下流动人口的就业可达性影响研究

就流动人口的就业可达性而言,造成各单元间差异的内外原因是多方面的,其中,城市的用地条件势必会在一定程度上决定流动人口的通勤模式和可达性水平。比如说,流动人口在实际通勤过程中往往会根据道路用地的联通水平选择最快捷的通勤路径。会根据公交、地铁等设施的分布水平选择最有效的通勤方式。同时与流动人口就业相关的城市产业布局和用地性质(如商业服务业、制造业等),也会对流动人口在居住空间的选择和通勤距离的考虑上产生重大影响。

本节将在第 5.1 节对流动人口就业可达性测度结果的基础上,参考韦亚平[①]、历伟[②]、钱竞[③]等人的研究成果,审慎遴选了"土地利用视角"下可能同"就业"相关的七大城市用地特征因子:商业服务业用地比、公共服务用地比、工业用地比、道路用地比、公交服务水平、

① 韦亚平,潘聪林. 大城市街区土地利用特征与居民通勤方式研究——以杭州城西为例[J]. 城市规划,2012(3):76-84.
② 历伟,但承龙,孙文华. 城市化进程中土地持续利用评价指标体系研究[J]. 中国土地科学,2004(10):26-31.
③ 钱竞,罗罡辉,彭云飞. 基于因子分析的深圳市建设用地经济效益评价[J]. 特区经济,2013(3):32-34.

绿地用地比和非建设用地比①(表 5.4),从总体和分职业两个方面定量分析和比较城市不同用地特征与流动人口就业可达性水平之间是否存在影响,影响度高低如何,彼此间存在什么差异,从而更为深入地解析就业可达性影响机制及动因。研究分析框架如图 5.21 所示。

表 5.4 土地利用视角下城市用地特征因子

用地分类		基本因子	释 义	测度方式
土地利用视角	商业服务业设施用地	商业服务业用地比	反映用地功能中的商业服务业属性	商业服务业设施用地面积/街道面积
	公共管理与公共服务用地	公共服务用地比	反映用地功能中的公共服务属性	公共管理与公共服务用地面积/街道面积
	工业用地	工业用地比	反映用地功能中的工业属性	工业用地面积/街道面积
	交通设施用地	道路用地比	反映用地功能中的交通属性	交通设施用地面积/街道面积
		公交服务水平	反映公共交通的供给水平	公交运营线数/街道面积
	绿地用地	绿地用地比	反映用地功能中的绿地属性	绿地用地面积/街道面积
	非建设用地	非建设用地比	反映用地功能中的山水等自然属性	非建设用地面积/街道面积

*资料来源:笔者自绘。

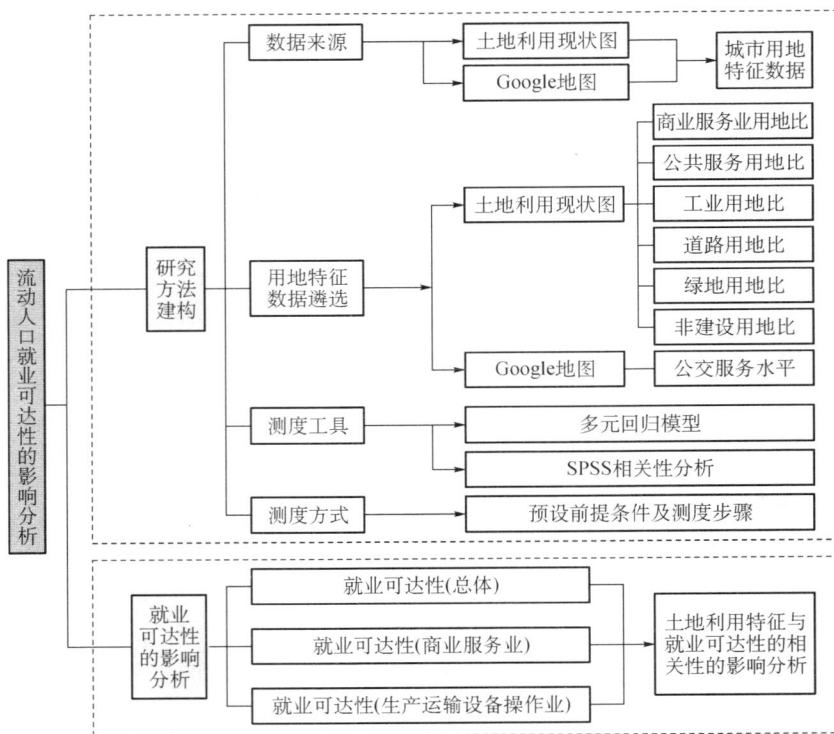

图 5.21 流动人口就业可达性影响分析框架图

*资料来源:笔者自绘。

---

① 根据《城市用地分类与规划建设用地标准(2012)》,商业服务业设施用地包括:商业设施用地和商务设施用地;公共管理与公共服务业用地主要包括:行政办公用地、文化设施用地、教育科研用地、体育用地和医疗卫生用地等;非建设用地包括:自然水域、农林用地和其他非建设用地。

5.2.1 研究方法建构

1）数据来源

基于上述七大用地特征因子,本节用以分析"土地利用视角"下流动人口就业可达性影响的数据主要有两大来源:其中商业服务业用地比、公共服务用地比、工业用地比、道路用地比、绿地用地比和非建设用地比的测度源于南京市土地利用现状图数据;而公交服务水平因子的测度则源于Google地图数据。

（1）南京市土地利用现状图(来源:南京市规划局):通过GIS空间数据统计工具提取南京主城区各街道内的总用地面积、商业服务业用地面积、公共服务用地面积、工业用地面积、道路用地面积、绿地用地面积和非建设用地面积(表5.5,表5.6);然后根据表5.4的定义分别统计各街道的商业服务业用地比、公共服务用地比、工业用地比、道路用地比、绿地用地比和非建设用地比(表5.7,表5.8)。

表5.5 南京主城区各街道土地利用的原始数据(一)

街道编号	总用地面积（km²）	商业服务业用地面积（km²）	公共服务用地面积（km²）	工业用地面积（km²）	街道编号	总用地面积（km²）	商业服务业用地面积（km²）	公共服务用地面积（km²）	工业用地面积（km²）
BX01	1.36	0.35	0.10	0.00	QH04	13.98	0.32	0.39	1.84
BX02	2.18	0.34	0.19	0.03	QH05	1.77	0.27	0.01	0.58
BX03	2.07	0.06	0.10	0.21	XG01	4.00	0.25	0.18	0.19
BX04	2.88	0.17	0.77	0.44	XG02	5.73	0.08	0.11	0.80
BX05	2.18	0.06	0.21	0.00	XG03	4.65	0.11	0.04	0.36
BX06	13.01	0.18	1.17	0.95	XG04	2.96	0.17	0.11	0.06
BX07	2.66	0.36	0.31	0.07	XG05	2.08	0.55	0.05	0.04
GL01	2.47	0.20	0.88	0.00	XG06	4.23	0.11	0.14	1.02
GL02	3.79	0.44	1.18	0.02	XW01	2.12	0.47	0.41	0.02
GL03	2.27	0.39	0.46	0.01	XW02	2.44	0.24	0.34	0.01
GL04	4.93	0.33	0.91	0.44	XW03	1.84	0.20	0.26	0.12
GL05	3.36	0.20	0.58	0.22	XW04	3.94	0.20	0.35	0.14
GL06	5.24	0.30	0.24	0.12	XW05	4.38	0.45	0.85	0.02
GL07	2.60	0.15	0.23	0.10	XW06	7.53	0.10	0.08	1.58
JY01	2.25	0.13	0.15	0.07	XW07	18.26	0.15	2.95	0.32
JY02	2.47	0.14	0.12	0.04	XW08	12.93	0.18	1.56	0.03
JY03	6.23	0.38	0.45	1.01	XX01	17.77	0.06	0.86	0.28
JY04	9.21	0.13	0.60	0.68	XX02	14.14	0.32	0.13	1.94
JY05	10.87	0.70	1.63	0.75	XX03	23.11	0.01	0.01	0.01
QH01	1.73	0.05	0.07	0.04	YH01	6.47	1.21	0.45	0.83
QH02	2.86	0.29	0.23	0.09	YH02	7.21	0.36	0.74	1.12
QH03	2.39	0.08	0.08	0.30	YH03	2.00	0.08	0.09	0.11

* 资料来源:笔者根据南京市土地利用数据(南京市规划局)绘制。

表5.6 南京主城区各街道土地利用的原始数据(二)

街道编号	总用地面积(km²)	道路用地面积(km²)	绿地用地面积(km²)	非建设用地面积(km²)	街道编号	总用地面积(km²)	道路用地面积(km²)	绿地用地面积(km²)	非建设用地面积(km²)
BX01	1.36	1.08	0.02	0.02	QH04	13.98	9.98	0.22	2.08
BX02	2.18	1.78	0.05	0.06	QH05	1.77	1.65	0.10	0.14
BX03	2.07	1.87	0.04	0.19	XG01	4.00	3.74	0.42	0.22
BX04	2.88	2.53	0.22	0.08	XG02	5.73	5.24	0.22	0.40
BX05	2.18	1.91	0.15	0.27	XG03	4.65	4.36	0.12	1.98
BX06	13.01	10.51	0.23	1.65	XG04	2.96	2.49	0.22	0.28
BX07	2.66	2.17	0.08	0.08	XG05	2.08	1.61	0.08	0.07
GL01	2.47	1.93	0.01	0.00	XG06	4.23	3.66	0.01	0.51
GL02	3.79	3.30	0.60	0.12	XW01	2.12	1.76	0.03	0.02
GL03	2.27	1.86	0.07	0.01	XW02	2.44	2.01	0.16	0.03
GL04	4.93	4.33	0.57	0.12	XW03	1.84	1.62	0.35	0.04
GL05	3.36	3.00	0.07	0.06	XW04	3.94	3.39	0.10	0.07
GL06	5.24	3.83	0.28	0.19	XW05	4.38	3.83	0.82	0.48
GL07	2.60	2.13	0.04	0.07	XW06	7.53	6.45	1.07	0.04
JY01	2.25	1.91	0.23	0.38	XW07	18.26	15.02	5.41	1.92
JY02	2.47	2.06	0.15	0.16	XW08	12.93	9.86	0.21	1.36
JY03	6.23	5.09	0.31	0.22	XX01	17.77	12.61	0.61	0.97
JY04	9.21	6.92	0.07	0.46	XX02	14.14	13.25	0.08	0.06
JY05	10.87	8.40	1.58	0.24	XX03	23.11	17.11	0.05	2.93
QH01	1.73	1.46	0.08	0.09	YH01	6.47	4.90	1.30	0.00
QH02	2.86	2.41	0.31	0.33	YH02	7.21	5.86	0.99	0.10
QH03	2.39	1.98	0.09	0.20	YH03	2.00	1.82	0.16	0.00

*资料来源:笔者根据南京市土地利用数据(南京市规划局)绘制。

表5.7 南京主城区各街道的用地特征因子测算数据(一)

街道编号	商业服务业用地比	公共服务用地比	工业用地比	街道编号	商业服务业用地比	公共服务用地比	工业用地比
BX01	26.244	7.553	0.000	QH04	4.730	2.800	13.224
BX02	15.552	8.856	1.477	QH05	19.048	0.403	32.607
BX03	3.935	4.607	10.389	XG01	7.275	4.509	4.842
BX04	6.039	26.862	15.369	XG02	1.387	1.850	14.080
BX05	2.386	9.623	0.000	XG03	3.424	0.812	7.735
BX06	1.470	9.010	7.294	XG04	5.760	3.802	2.016
BX07	11.723	11.518	2.920	XG05	25.857	2.168	2.271
GL01	8.676	35.720	0.000	XG06	2.618	3.317	24.124
GL02	7.365	31.021	0.732	XW01	18.520	19.223	1.348
GL03	17.138	20.021	0.633	XW02	7.751	13.737	0.440
GL04	6.652	18.363	8.976	XW03	10.014	14.316	6.655
GL05	5.634	17.387	6.805	XW04	5.093	8.924	3.589
GL06	4.986	4.537	2.357	XW05	11.319	19.490	0.614
GL07	5.827	8.960	3.915	XW06	1.385	1.120	21.038

街道编号	商业服务业用地比	公共服务用地比	工业用地比	街道编号	商业服务业用地比	公共服务用地比	工业用地比
JY01	5.536	6.605	3.504	XW07	0.508	16.143	1.775
JY02	4.746	5.015	1.910	XW08	1.359	12.058	0.232
JY03	6.229	7.245	16.237	XX01	0.103	4.823	1.616
JY04	1.411	6.509	7.376	XX02	0.738	0.891	13.727
JY05	6.453	15.006	6.912	XX03	0.188	0.038	0.059
QH01	4.266	3.785	2.643	YH01	18.609	6.912	12.888
QH02	13.724	8.084	3.315	YH02	5.003	10.216	15.651
QH03	9.937	3.484	12.710	YH03	4.252	4.623	5.877

* 资料来源:笔者根据南京市土地利用数据(南京市规划局)绘制。

表 5.8 南京主城区各街道的用地特征因子测算数据(二)

街道编号	道路用地比	绿地用地比	非建设用地比	街道编号	道路用地比	绿地用地比	非建设用地比
BX01	2.041	1.292	1.465	QH04	2.861	1.591	14.859
BX02	1.826	2.415	2.831	QH05	0.712	5.890	7.862
BX03	1.002	1.880	9.348	XG01	0.650	10.467	5.494
BX04	1.223	7.710	2.806	XG02	0.866	3.792	7.029
BX05	1.294	6.681	12.168	XG03	0.644	2.627	42.594
BX06	1.923	1.772	12.678	XG04	1.615	7.498	9.576
BX07	1.862	3.043	3.010	XG05	2.277	3.771	3.573
GL01	2.173	0.550	0.000	XG06	1.348	0.239	12.024
GL02	1.323	15.873	3.184	XW01	1.746	1.201	0.707
GL03	1.856	3.171	0.615	XW02	1.776	6.697	1.330
GL04	1.231	11.560	2.409	XW03	1.226	18.760	2.049
GL05	1.077	2.013	1.852	XW04	1.398	2.429	1.737
GL06	2.705	5.349	3.632	XW05	1.250	18.760	10.848
GL07	1.849	1.354	2.624	XW06	1.445	14.181	0.573
JY01	1.517	10.042	16.801	XW07	1.779	29.627	10.503
JY02	1.661	6.229	6.521	XW08	2.371	1.655	10.485
JY03	1.832	4.965	3.527	XX01	2.903	3.425	5.486
JY04	2.497	0.778	4.975	XX02	0.632	0.543	0.439
JY05	2.275	14.520	2.165	XX03	2.598	0.203	12.662
QH01	1.556	4.343	5.444	YH01	2.428	20.068	0.000
QH02	1.606	10.884	11.524	YH02	1.876	13.695	1.328
QH03	1.701	3.773	8.225	YH03	0.923	7.921	0.000

* 资料来源:笔者根据南京市土地利用数据(南京市规划局)绘制。

各街道的用地特征因子数据在空间上的反映如下:

因子一:商业服务业用地比

南京市主城区商业服务业用地比总体呈现出"以老城为高位核心区的扇形加散点"的趋势(图5.22),这与南京市一个城市主中心(新街口)加多个城市副中心(山西路、夫子庙等)的整体空间结构和用地布局有关。城市中心由于具有较高的区位和交通优势,吸纳了大部分经济活动,是商业服务业用地的集中地。其中:

第一级街道集中于于老城中部和南北两端区域,包括建宁路、湖南路、新街口、五老村、中华门和宁南街道(商业服务业用地比在 15.0 以上)。

第二级街道主要集中于老城中部,包括锁金村、玄武门、华侨路、朝天宫、洪武路、双塘和夫子庙街道(商业服务业用地比在 10.0～15.0 之间)。

第三级街道包括阅江楼、挹江门、宁海路、华侨路、兴隆、南苑、梅园新村和瑞金路街道(商业服务业用地比在 7.0～10.0)。

第四级街道包括幕府山、中央门、热河南路、江东、凤凰、滨湖、赛虹桥、雨花新村、后宰门、月牙湖、大光路、秦虹和红花街道(商业服务业用地比在 4.0～7.0 之间)。

其余街道为第五级街道(商业服务业用地比在 4.0 以下)。

因子二:公共服务用地比

南京市主城区公共服务用地比总体呈现出"多核心＋扇形"的趋势(图 5.23),这与南京市整体用地空间布局有关。南京老城区为城市的核心区域,聚集了主要的城市活动,因此需要大量公共服务设施及其相应的服务水平予以支持;主城东部为教育机构聚集区,西部为以奥体中心为主的城市服务新区。其中:

第一级街道集中于于老城中部,包括宁海路和瑞金路街道(公共服务用地比在 15.0 以上)。

第二级街道主要集中于老城中部和东西两侧区域,包括中央门、挹江门、湖南路、锁金村、玄武门、新街口、梅园新村、兴隆和孝陵卫街道(公共服务用地比在 10.0～15.0)。

第三级街道包括玄武湖、后宰门、凤凰、朝天宫、五老村、洪武路、夫子庙、南苑、赛虹桥、月牙湖和光华路街道(公共服务用地比在 7.0～10.0)。

第四级街道包括小市、阅江楼、热河南路、江东、滨湖、南湖、双塘、大光路、秦虹、赛虹桥、雨花新村和宁南街道(公共服务用地比在 4.0～7.0)。

其余街道为第五级街道(公共服务用地比在 4.0 以下)。

因子三:工业用地比

南京市主城区工业用地比总体呈现出"南北高、中段低"的趋势(图 5.24),这与南京市"退二进三"后的产业布局(工业用地普遍分布于老城南北边缘地区,而老城内部工业用地较少)有关。老城南北边缘地区土地具有较低的出让金,相较于老城内部土地易整治,建设成本低,适宜进行大规模的开发;同时老城南北地区交通便利,高速和铁路均从其中经过,方便了大量的物流集散和人员输送。其中:

第一级街道集中于于老城南北郊区,包括小市、红山和中华门街道(工业用地比在 15.0 以上)。

第二级街道主要集中于主城南部边缘地区,包括宝塔桥、迈皋桥、南苑、赛虹桥、宁南、红花和瑞金路街道(工业用地比在 10.0～15.0)。

第三级街道包括幕府山、挹江门、中华门、玄武门、兴隆、沙洲、雨花新村、大光路和光华路街道(工业用地比在 7.0～10.0)。

第四级街道包括阅江楼、建宁路、热河南路、江东、凤凰、滨湖、朝天宫、夫子庙、秦虹和后宰门街道(工业用地比在 4.0~7.0)。

其余街道为第五级街道(工业用地比在 4.0 以下)。

因子四:道路用地比

南京市道路用地比呈现出"以老城为高位区的多核心+扇形"的趋势(图 5.25),这与南京市的城市建设发展历程及功能布局有关。南京老城为最早的建成区域,小地块、密路网的模式的比例较高;同时作为南京城的核心区域,大量经济活动的运作需要高效率的路网支持。其中:

第一级街道集中于于老城中部和西侧片区,包括建宁路、湖南路、宁海路、凤凰、朝天宫、五老村、洪武路和兴隆街道(道路用地比在 15.0 以上)。

第二级街道主要集中于老城中部,包括江东、热河南路、新街口、梅园新村、滨湖、南湖、双塘、夫子庙和秦虹街道(道路用地比在 10.0~15.0)。

第三级街道包括小市、红山、锁金村、玄武湖、挹江门、华侨路、后宰门、瑞金路、月牙湖、孝陵卫和南苑街道(道路用地比在 7.0~10.0)。

第四级街道包括宝塔桥、中央门、大光路、光华路、红花、雨花新村和宁南街道(道路用地比在 4.0~7.0)。

其余街道为第五级街道(道路用地比在 4.0 以下)。

因子五:绿地用地比

南京市绿地用地比总体呈现出"圈层+散点"的趋势(图 5.26),这与南京市绿地及开敞空间布局有关。南京老城区作为城市核心区域,开发强度较高,因此可用绿地比例较低;而老城外围开发强度低,绿地及开敞空间保留较多。其中:

第一级街道集中于于老城东侧,包括锁金村、玄武门和宁南街道(绿地用地比在 15.0 以上)。

第二级街道主要集中于老城西侧,包括红山、阅江楼、挹江门、华侨路、滨湖、兴隆、夫子庙和赛虹桥街道(绿地用地比在 10.0~15.0)。

第三级街道包括热河南路、江东、南湖、梅园新村、瑞金路、月牙湖、中华门和雨花新村街道(绿地用地比在 7.0~10.0)。

第四级街道包括宝塔桥、幕府山、建宁路、湖南路、后宰门、朝天宫、洪武路、双塘、南苑和秦虹街道(绿地用地比在 4.0~7.0)。

其余街道为第五级街道(绿地用地比在 4.0 以下)。

因子六:非建设用地比

南京市非建设用地比总体呈现出"以老城北部、东部为高位区的扇形+散点"的趋势(图 5.27),这与南京市的自然山水格局有关。南京老城北部及东部具有以幕府山、玄武湖和紫金山为主的自然景观体系,这些区域建设量较少,因此非建设用地比比较高。其中:

第一级街道集中于于老城北部,为幕府山街道(非建设用地比在 15.0 以上)。

第二级街道主要集中于老城东侧区域,包燕子矶、小市、玄武湖、锁金村、热河南路、滨湖、孝陵卫、月牙湖、光华路、红花、大光路和夫子庙街道(非建设用地比在 10.0~15.0)。

第三级街道包括宝塔桥、阅江楼、马群、南湖、双塘、中华门、秦虹和沙洲街道(非建设用地比在 7.0~10.0)。

第四级街道包括建宁路、中华门、玄武门、挹江门、江东、凤凰、华侨路、朝天宫、兴隆、南苑、洪武路、后宰门和瑞金路街道(非建设用地比在 4.0~7.0)。

其余街道为第五级街道(非建设用地比在 4.0 以下)。

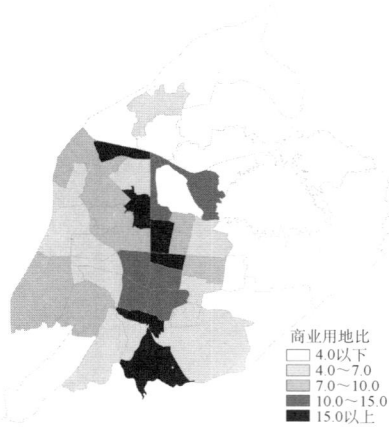

图 5.22　商业服务业用地比

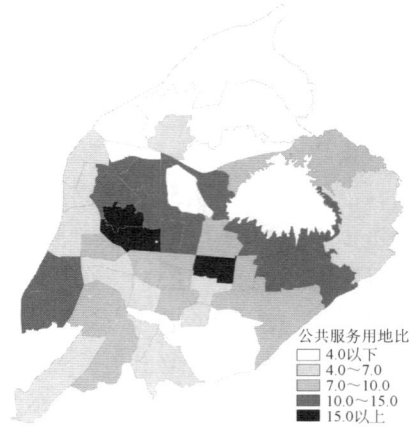

图 5.23　公共服务用地比

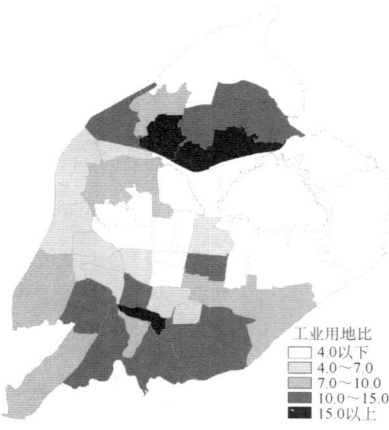

图 5.24　工业用地比

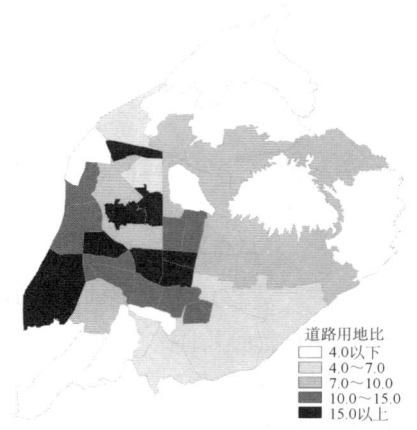

图 5.25　道路用地比

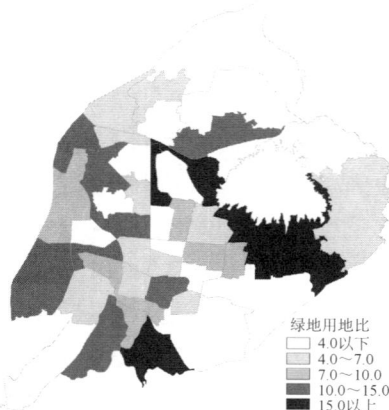

图 5.26　绿地用地比

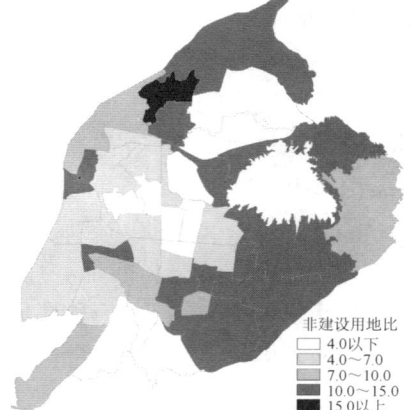

图 5.27　非建设用地比

＊资料来源:南京市土地利用数据。

（2）Google 地图：主要提取南京主城区各街道范围内原始的路口信息及公交线路数量，然后根据式（3.18）统计各街道单元的路网连通度和公交服务水平（表 5.9）。

表 5.9 南京主城区各街道的公交服务水平测算数据

街道编号	公交线路数（条）	公交服务水平	街道编号	公交线路数（条）	公交服务水平	街道编号	公交线路数（条）	公交服务水平
BX01	29	21.308	JY02	33	13.337	XW01	40	18.812
BX02	39	17.891	JY03	17	2.726	XW02	30	12.247
BX03	28	13.500	JY04	14	1.519	XW03	44	23.824
BX04	35	12.138	JY05	13	1.195	XW04	38	9.637
BX05	17	7.766	QH01	31	17.920	XW05	40	9.131
BX06	23	1.767	QH02	42	14.651	XW06	27	3.583
BX07	32	11.990	QH03	49	20.488	XW07	24	1.314
GL01	16	6.473	QH04	29	2.074	XW08	27	2.088
GL02	34	8.952	QH05	21	11.815	XX01	19	1.069
GL03	41	17.991	XG01	25	6.246	XX02	19	1.343
GL04	22	4.460	XG02	16	2.789	XX03	7	0.303
GL05	36	10.704	XG03	9	1.932	YH01	36	5.560
GL06	22	4.192	XG04	24	8.082	YH02	37	5.131
GL07	20	7.669	XG05	26	12.498	YH03	30	14.978
JY01	38	16.859	XG06	16	3.780			

* 资料来源：笔者根据南京市 Google 地图数据绘制。

各街道用地特征因子（路网连通度及公交服务水平）在空间上的反映如下：

因子七：公交服务水平

南京市公交服务水平总体呈现出"十字中心＋扇形＋散点"的趋势（图 5.28），这与南京市城市中心和居住集聚区的空间分布有关。公交服务水平高位的"十字中心"贯穿了南京的城市中心和居住集聚区。城市中心吸收了大量的就业机会，为了维持高效的人流输送，保证通勤和其他经济活动的正常进行，需要在该地区设置高密度的公交线网，因此城市中心的公交服务水平最高；同时为了满足居住到达的需求，居住集聚区的公交服务水平也是最高的。而城市其他区域由于经济活动和人流较少，对于公交的需求较弱，所以公交服务水平较低，这种情况在城市边缘区域尤为明显。其中：

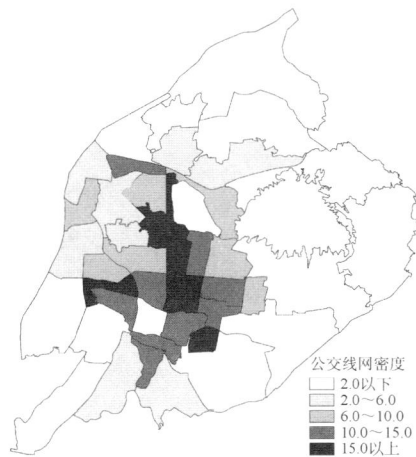

图 5.28 公交服务水平
* 资料来源：南京市 Google 地图数据。

第一级街道集中于于老城中部呈十字状散布，包括湖南路、玄武门、新街口、五老村、洪武路、滨湖和秦虹街道（公交服务水平在 15.0 以上）。

第二级街道围绕第一级街道散布于老城内，包括建宁路、梅园新村、朝天宫、南湖、瑞金路、大光路、夫子庙、中华门和雨花新村街道（公交服务水平在 10.0～15.0）。

第三级街道包括热河南路、中央门、锁金村、凤凰、华侨路、后宰门和月牙湖街道（公交服务水平在 6.0～10.0)。

　　第四级街道包括阅江楼、挹江门、宁海路、江东、小市、红山、赛虹桥和宁南街道(公交服务水平在 2.0～6.0)。

　　其余街道为第五级街道(公交服务水平在 2.0 以下)。

　　2)测度工具

　　(1) SPSS 相关性分析

　　将流动人口就业可达性水平的测度结果及用地特征因子输入 SPSS 软件,并借助其中的相关性分析功能考察单个用地特征因子对就业可达性水平的影响程度(图 5.29)。

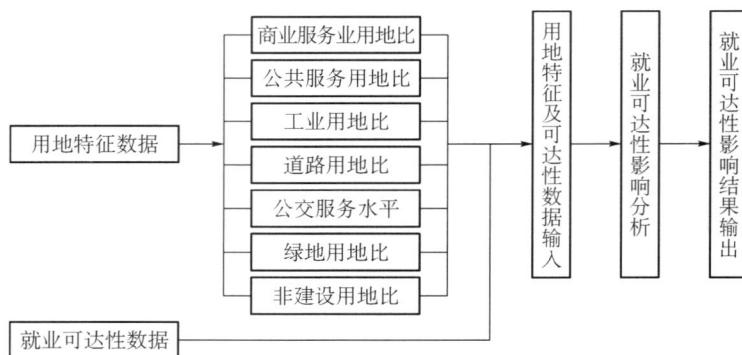

图 5.29　SPSS 数据输入、管理及分析框架

＊资料来源:笔者自绘。

　　(2) 多元回归模型

　　分析土地利用的多个特征数据对流动人口就业可达性的共同影响需要建立多元回归模型,进行多元回归分析。多元回归模型的标准表达式为:

$$y_i = \beta_0 + \beta_1 x_{i1} + \beta_2 x_{i2} + \cdots + \beta_n x_{in} \qquad 式(5.5)$$

　　式中:y_i——因变量;

　　　　　x_{i1}、x_{i2}、x_{iin}——影响因变量的自变量;

　　　　　β_1、β_2、β_2——各变量的偏回归系数。β 的绝对值越大,相应的自变量的对于因变量影响的显著度越高,β 为正值或负值时,相应的自变量与因变量为正相关或负相关。

　　本研究在流动人口就业可达性水平的测度结果上,通过多元回归,分析考察用地特征因子(商业服务业用地比、公共服务用地比、工业用地比、道路用地比、公交服务水平、绿地用地比和非建设用地比)对于流动人口的就业可达性水平是否存在显著性综合影响。因此式(5.5)在本研究中可变形为:

$$A_i = F(BL_i, AL_i, ML_i, TL_i, RT_i, G_i, UL_i) \qquad 式(5.6)$$

　　式中:A_i——流动人口的就业可达性;

　　　　　BL_i——商业服务业用地比;

　　　　　AL_i——公共服务用地比;

　　　　　ML_i——工业用地比;

TL_i——道路用地比；

RT_i——公交服务水平；

G_i——绿地用地比；

UL_i——非建设用地比。

3）测度方式

（1）预设前提

流动人口的就业可达性水平受其通勤路径沿线经过的用地的特征属性影响较大，而在流动人口通勤路径之外的用地的特征对于就业可达性水平的影响则相对弱化，因此为了保证就业可达性影响分析的相对精确性，减少分析过程中的冗余数据，需要对用地特征的研究范围进行限定，具体内容如下：

① 对于跨街道通勤的流动人口，用地特征研究范围为其通勤路径经过的所有街道范围（包括流动人口的居住街道和就业街道）。

② 对于街道内通勤的流动人口，用地特征的研究范围为其职住所在街道的范围。

（2）测度步骤

① 确定用地特征的研究范围

可达性与土地利用影响的研究多基于宏观大尺度分析，从城市或区域层面提取用地特征要素，这种做法并不适宜分析微观和个体层面的就业可达性影响（图 5.30），因此本研究在第 5.1 节确定流动人口通勤路径的基础上选取其经过的所有街道范围作为用地特征的研究范围，从而更好地匹配不同个体的通勤路径，增强分析结果的精确性和严谨度（图 5.31，图 5.32）。

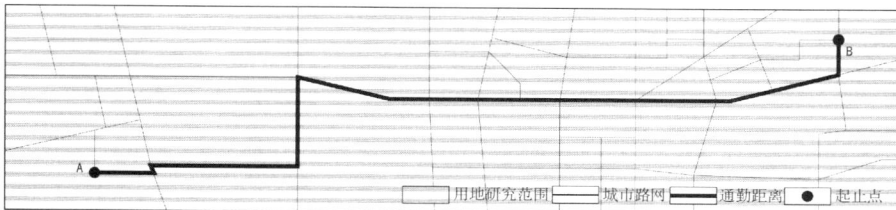

图 5.30　宏观层面下土地利用特征研究范围

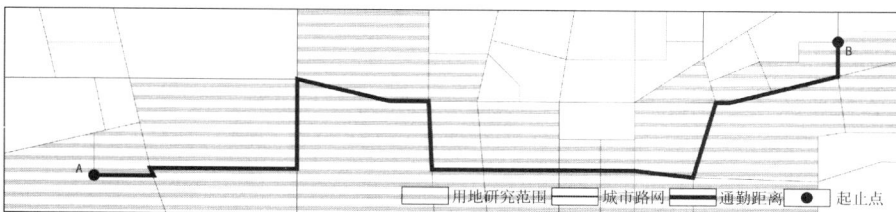

图 5.31　考虑个体通勤路径的土地利用特征研究范围

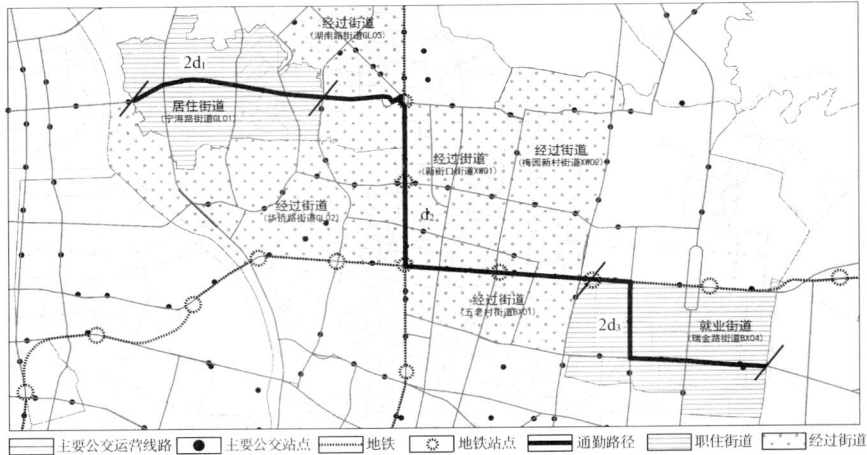

图 5.32　基于个体通勤路径的南京土地利用特征研究范围

*资料来源:笔者自绘。

② 测度用地特征因子

根据确定的研究范围,测算出与个体通勤路径相关的用地特征因子。其中,对于跨街道通勤的流动人口,相应的用地特征因子算式如表 5.10 所示;而对于街道内通勤的流动人口,相应的用地特征因子为其职住所在街道的相关数据。

表 5.10　土地利用视角下城市用地特征因子

用地类型	用地特征因子	算式
商业服务业业设施用地	商业服务业用地比	(经过街道的商业服务业用地总面积/经过街道总面积)×100%
公共管理与公共服务用地	公共服务用地比	(经过街道的公共管理和公共服务用地总面积/经过街道总面积)×100%
工业用地	工业用地比	(经过街道的工业用地总面积/经过街道总面积)×100%
交通设施用地	道路用地比	(经过街道的道路用地总面积/经过街道总面积)×100%
	公交服务水平	(经过街道的公交线网总数/经过街道总面积)×100%
绿地	绿地用地比	(经过街道的绿地广场用地总面积/经过街道总面积)×100%
非建设用地	非建设用地比	$\left(\dfrac{经过街道的非建设用地(山、水、农田等)总面积}{经过街道总面积}\right) \times 100\%$

左侧合并列:土地利用视角

*资料来源:笔者自绘。

③ 展开相关性分析和多元回归分析

将用地特征因子和第 5.1 节测度得出的流动人口就业可达性数据录入 SPSS 中并进行标准化处理,统一数据口径。分别绘制单个用地特征因子和就业可达性的散点图,直接观察两者间是否存在正态分布,若存在则采用皮尔逊(Pearson)相关系数法①分析两者之间的相关系数。最后通过多元回归模型对用地特征因子—就业可达性数据建立拟合函数,考察用地特征因子对就业可达性的综合影响显著度。

---

① 皮尔逊(Pearson)相关系数法在自然科学领域中广泛用于度量两个变量之间的相关程度,其值 p 介于 $-1\sim 1$ 之间。$p>0$ 表示两者存在正向线性相关。$p<0$ 表示两者存在负向线性相关。p 的绝对值越趋近于 1,说明两个变量之间的线性关系越强。

5.2.2 流动人口就业可达性的影响分析

遵循前述设定的流动人口可达性影响分析方法,按照总体和分职业(商业服务业人员和生产运输设备操作业人员)两个层面,分别分析用地特征对于个体就业可达性水平的影响程度。

1)就业可达性影响分析之一(总体)

首先分别绘制用地特征因子(商业服务业用地比、公共服务用地比、工业用地比、道路用地比、公交服务水平、绿地用地比、非建设用地比)和就业可达性(总体)的散点图(图 5.33～图 5.39)。

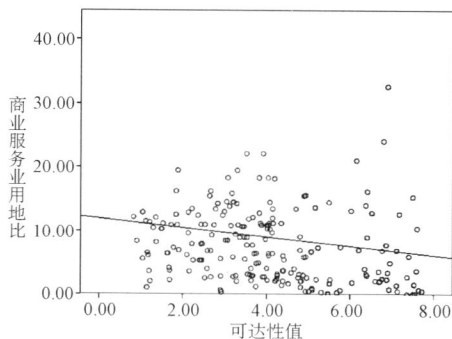

图 5.33 商业服务业用地比散点图一

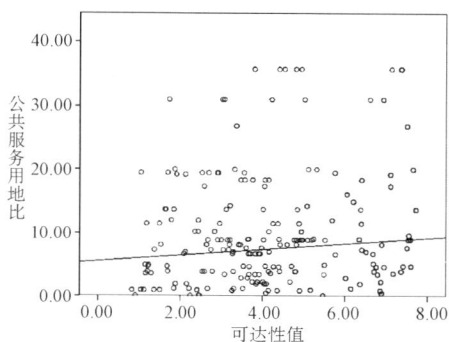

图 5.34 公共服务用地比散点图一

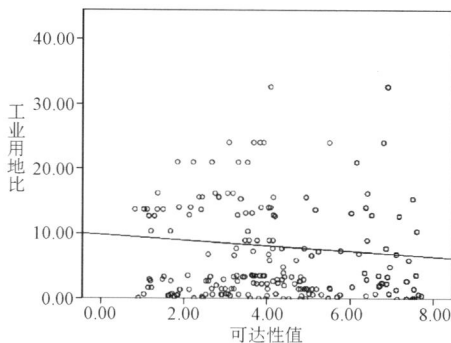

图 5.35 工业用地比散点图一

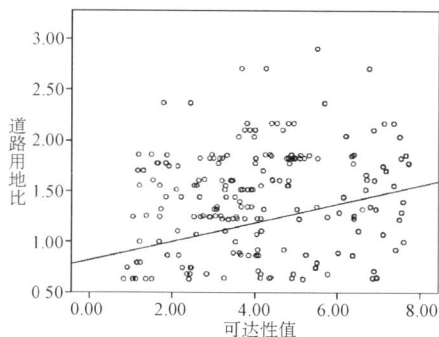

图 5.36 道路用地比散点图一

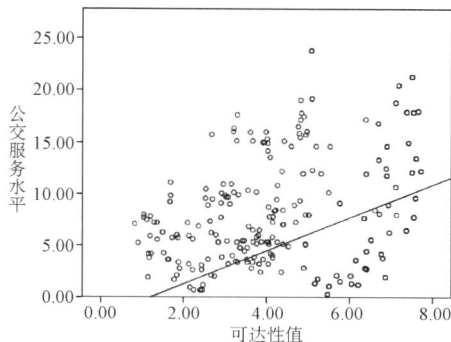

图 5.37 公交服务水平散点图一

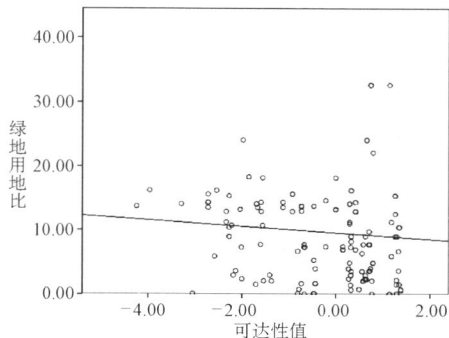

图 5.38 绿地用地比散点图一

113

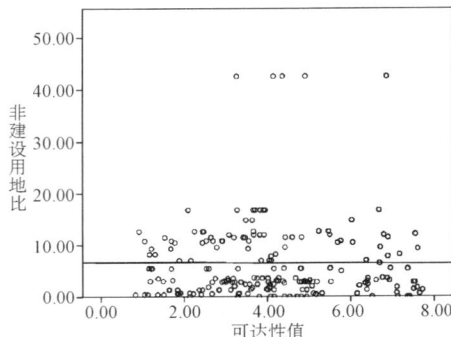

图 5.39 非建设用地比散点图一

* 图 5.33～图 5.39 资料来源:笔者自绘。

通过观察可知,除非建设用地比外,剩余用地特征数据与就业可达性(总体)均呈现出一定程度的正态分布特征,从初步拟合的线性函数可知二者均有相关性。

因此采用皮尔逊(Pearson)相关系数法对用地特征数据与就业可达性(总体)进行进一步的相关性分析,分析单个用地特征要素与就业可达性之间的相关系数,其分析结果如表 5.11 所示。

表 5.11 用地特征因子与就业可达性的相关性的分析(总体)

用地特征因子与可达性		可达性值	商业服务业用地比	公共服务用地比	工业用地比	道路用地比	公交服务水平	绿地用地比	非建设用地比
可达性值	相关性	1	−0.132**	0.185**	−0.081**	0.229**	0.374**	−0.079**	−0.006
	显著性	0.000	0.000	0.000	0.000	0.000	0.000	0.790	
商业服务业用地比	相关性	−0.132**	1	0.234**	−0.147**	0.376**	0.651**	0.115**	−0.262**
	显著性	0.000		0.000	0.000	0.000	0.000	0.000	0.000
公共服务用地比	相关性	0.185**	0.234**	1	−0.327**	0.302**	0.256**	0.288**	−0.317**
	显著性	0.000	0.000		0.000	0.000	0.000	0.000	0.000
工业用地比	相关性	−0.081**	−0.147**	−0.327**	1	−0.435**	−0.235**	0.049**	0.008
	显著性	0.000	0.000	0.000		0.000	0.000	0.000	0.734
道路用地比	相关性	0.229**	0.376**	0.302**	−0.435**	1	0.349**	−0.030	−0.299**
	显著性	0.000	0.000	0.000	0.000		0.000	0.203	0.000
公交服务水平	相关性	0.374**	0.374**	0.651**	0.256**	−0.235**	1	0.025	−0.245**
	显著性	0.000	0.000	0.000	0.000	0.000		0.300	0.000
绿地用地比	相关性	−0.079**	0.115**	0.288**	0.049**	−0.030	0.025	1	−0.162**
	显著性	0.000	0.000	0.000	0.000	0.203	0.300		0.000
非建设用地比	相关性	−0.006	−0.262**	−0.317**	0.008	−0.299**	−0.245**	−0.162**	1
	显著性	0.790	0.000	0.000	0.000	0.000	0.000	0.000	

* 表示在 0.01 水平(双侧)上显著相关。
** 资料来源:笔者根据南京市流动人口抽样数据(2009)自制。

通过相关性分析可知,除非建设用地比外,用地特征因子均在 0.01 水平,与就业可达性

（总体）呈显著相关①。商业服务业用地比、公共服务用地比、工业用地比、道路用地比、公交服务水平和绿地用地比的相关性系数分别为−0.132、0.185、−0.081、0.229、0.374 和−0.079。可以看出：

① 六个用地特征因子中，公共服务用地比、道路用地比和公交服务水平同就业可达性（总体）呈正相关；商业服务业用地比、工业用地比和绿地用地比同就业可达性（总体）呈负相关；

② 单个特征数据中公交服务水平与就业可达性（总体）的相关性最强，其次为道路服务用地比、公共服务用地比和商业服务业用地比，工业用地比和绿地用地比的相关性较弱。

进一步将具有相关性的用地特征因子与就业可达性（总体）数据带入多元回归模型进行多元回归分析，考察多因素共同作用下各用地特征因子对就业可达性（总体）影响的显著度。其结果如表 5.12、表 5.13 所示：

表 5.12　模型汇总表（总体）

模型	R	R 方②	调整 R 方	标准估计误差
1	0.525	0.276	0.262	1.281 02

*资料来源：笔者根据南京市流动人口抽样数据（2009）自制。

表 5.13　回归模型拟合结果（总体）

模型	非标准化系数		标准系数	t	Sig（显著性）
	B	标准误差	影响系数		
商业服务业用地比	−0.091	0.033	−0.091	−2.713	0.007
公共服务用地比	−0.022	0.024	−0.022	−0.900	0.368
工业用地比	0.174	0.049	0.174	3.556	0.000
道路用地比	0.142	0.048	0.143	2.959	0.003
公交服务水平	0.252	0.044	0.252	5.716	0.000
绿地用地比	−0.017	0.006	−0.071	−3.039	0.002

*资料来源：笔者根据南京市流动人口抽样数据（2009）自制。

从拟合结果来看，R 方值为 0.178（远小于 0.75），因此可判定，综合用地特征因子与就业可达性（总体）之间不存在相关性。

【分析】将流动人口职住和通勤所经街道的所有用地特征因子的相关性差异分析如下：

① 交通设施用地比（道路用地比和公交服务水平）：鉴于城市路网结构和交通系统同流动人口（总体）通勤的直接关联性，道路用地比和公交服务水平必然会对流动人口（总体）的就业可达性产生重要的正向影响。

② 公共服务用地比：通勤路径沿途的公共服务业对于流动人口（总体）而言，不但对其就业的对口分流作用有限，而且所配备的基础设施和服务保障往往还会带来显著的通勤提

① SPSS 中的显著性水平取值为 0.01 和 0.05；其中显著性水平介于 0.01 和 0.05 之间说明显著性明显，小于 0.01 说明显著性很强。

② R 方用于标度回归模型的拟合优度，其值大于 0.75 说明模型拟合程度很好，越符合线性相关关系。

升作用,因而具有就业可达性的"强促进"作用。

③ 商业服务业用地比:通勤路径沿途的商业服务业设施(尤其是大量中低档业态)往往会对流动人口(总体)的通勤目的产生双重干扰和障碍——消费磁力和就业分流,从而为就业可达性带来一定的"阻抗"效应。

④ 绿地用地比和工业用地比:一方面,主城内规模相对有限的绿地和工业用地导致了上述两个因子先天的低影响度;另一方面,绿地的休憩磁力和工业用地的就业分流作用同样为流动人口(总体)的就业出行带来一定的"阻抗"效应。

⑤ 其他:综合用地特征因子与就业可达性(总体)之间不存在相关性,可能的解释是流动人口的就业可达性在其通勤过程中只受部分用地属性影响,不涵盖所有用地特征,因此综合影响不明显。

2)就业可达性影响分析之二(商业服务业人员)

首先分别绘制用地特征因子(商业服务业用地比、公共服务用地比、工业用地比、道路用地比、公交服务水平、绿地用地比、非建设用地比)和就业可达性(商业服务业人员)的散点图(图 5.40～图 5.46)。

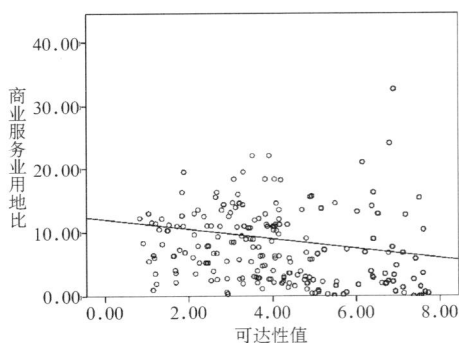

图 5.40　商业服务业用地比散点图二

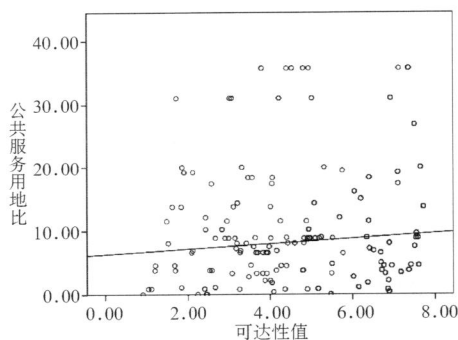

图 5.41　公共服务用地比散点图二

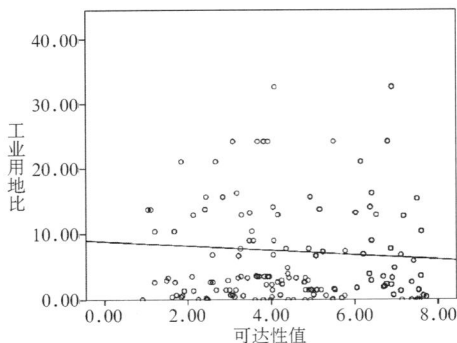

图 5.42　工业用地比散点图二

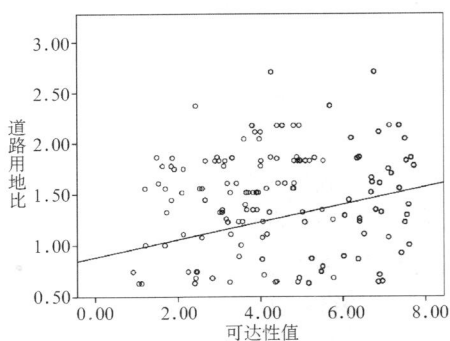

图 5.43　道路用地比散点图二

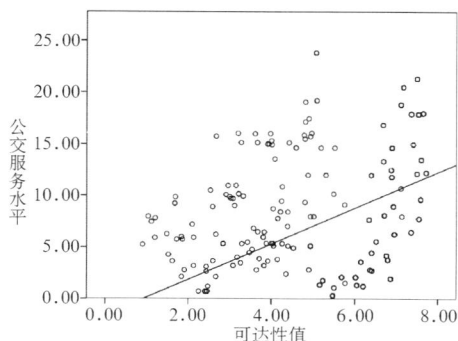

图 5.44　公交服务水平散点图二

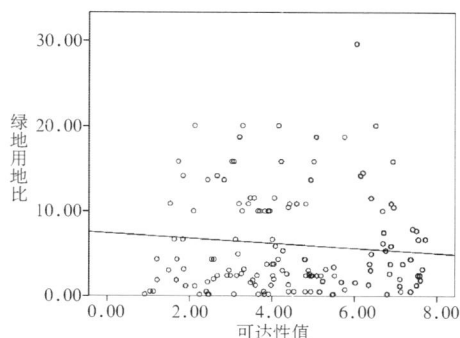

图 5.45　绿地用地比散点图二

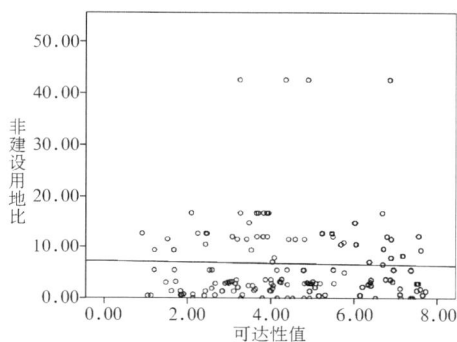

图 5.46　非建设用地比散点图二

*图 5.40～图 5.46 资料来源:笔者自绘。

　　通过观察可知,除非建设用地比外,剩余用地特征数据与就业可达性(商业服务业人员)均呈现一定程度的正态分布特征,从初步拟合的线性函数可知二者均有相关性。

　　因此采用皮尔逊(Pearson)相关系数法对用地特征数据与就业可达性(总体)进行进一步的相关性分析,分析单个用地特征要素与就业可达性之间的相关系数,其分析结果如表 5.14 所示。

　　通过相关性分析可知,除工业用地比和非建设用地比外,用地特征因子均在 0.01 水平,与就业可达性(总体)呈显著相关。商业服务业用地比、公共服务用地比、道路用地比、公交服务水平和绿地用地比的相关性系数分别为－0.374、0.273、0.238、0.322 和－0.077。可以看出:

　　① 五个用地特征因子中,除商业服务业用地比和绿地用地比外,其他数据均同就业可达性(商业服务业人员)呈正相关。

　　② 单个特征数据中,商业服务业用地比同就业可达性(商业服务业人员)的相关性最强,其次为公交服务水平和道路用地比,绿地用地比的相关性较弱。

　　进一步,将具有相关性的用地特征因子与就业可达性(商业服务业人员)数据带入多元回归模型进行多元回归分析,考察多因素共同作用下各用地特征因子对就业可达性(商业服务业人员)影响的显著度。其结果如表 5.15,表 5.16 所示:

表 5.14　用地特征因子与就业可达性的相关性的分析(商业服务业人员)

用地特征因子与可达性		可达性值	商业服务业用地比	公共服务用地比	工业用地比	道路用地比	公交服务水平	绿地用地比	非建设用地比
可达性值	相关性	1	-0.374**	0.273**	-0.067	0.238**	0.322**	-0.077**	-0.021
	显著性		0.000	0.034	0.055	0.000	0.000	0.026	0.536
商业服务业用地比	相关性	-0.374**	1	0.198**	-0.194**	0.461**	0.663**	-0.008	-0.285**
	显著性	0.000		0.000	0.000	0.000	0.000	0.810	0.000
公共服务用地比	相关性	0.273**	0.198**	1	-0.313**	0.355**	0.170**	0.251**	-0.366**
	显著性	0.034	0.000		0.000	0.000	0.000	0.000	0.000
工业用地比	相关性	-0.067**	-0.149**	-0.313**	1	-0.458**	-0.198**	0.051	0.048
	显著性	0.055	0.000	0.000		0.000	0.000	0.143	0.169
道路用地比	相关性	0.238**	0.461**	0.355**	-0.458**	1	0.412**	-0.036	-0.354**
	显著性	0.000	0.000	0.000	0.000		0.000	0.296	0.000
公交服务水平	相关性	0.322**	0.663**	0.170**	-0.198**	0.412**	1	0.000	-0.259**
	显著性	0.000	0.000	0.000	0.000	0.000		0.995	0.000
绿地用地比	相关性	-0.077**	-0.08	0.251**	0.051	-0.036	0.000	1	-0.112**
	显著性	0.000	0.000	0.000	0.143	0.296	0.995		0.001
非建设用地比	相关性	-0.021	-0.285**	-0.366**	0.048	-0.354**	-0.259**	-0.112**	1
	显著性	0.536	0.000	0.000	0.169	0.000	0.000	0.001	

* 表示在 0.01 水平(双侧)上显著相关。

** 资料来源:笔者根据南京市流动人口抽样数据(2009)自制。

表 5.15　模型汇总表(商业服务业人员)

模型	R	R 方	调整 R 方	标准估计误差
1	0.445	0.198	0.191	1.32141

* 资料来源:笔者根据南京市流动人口抽样数据(2009)自制。

表 5.16　回归模型拟合结果(商业服务业人员)

模型	非标准化系数		标准系数	t	Sig(显著性)
	B	标准误差	影响系数		
商业服务业用地比	0.370	0.103	0.164	8.984	0.000
公共服务用地比	0.110	0.007	0.158	4.555	0.000
道路用地比	0.497	0.115	0.180	4.325	0.000
公交服务水平	0.105	0.010	0.457	10.769	0.000
绿地用地比	-0.020	0.008	-0.078	-2.393	0.017

* 资料来源:笔者根据南京市流动人口抽样数据(2009)自制。

从拟合结果来看,R 方值为 0.198(远小于 0.75),因此可判定,综合用地特征因子与就业可达性(商业服务业人员)之间不存在相关性。

【分析】将流动人口职住和通勤所经街道的所有用地特征因子的相关性差异分析如下:

① 商业服务业用地比:通勤路径沿途的商业服务业设施(尤其是大量的中低档业态),不但对流动人口(商业服务业人员)的对口就业分流作用明显,其经营活动和消费吸引力也会对流动人口的就业可达性产生重要的"阻抗"作用。

② 交通设施用地比(道路用地比和公交服务水平):城市的路网结构和交通系统同流动人

口(商业服务业人员)的通勤直接相关,所以道路用地比和公交服务水平必然会对流动人口(商业服务业人员)的就业可达性产生重要的正向影响。此外,鉴于该群体流动人口的就业多集中于城市中心区,而居住多位于城市郊区,因而其通勤对于城市公共交通具有高依赖度。

③ 公共服务用地比:通勤路径沿途的公共服务业往往会为流动人口(商业服务业人员)的就业出行提供必需的基础设施和服务保障,同时还规避了对口就业的分流和干扰作用,因而具有较强的通勤"促进"效应。

④ 绿地用地比:通勤路径沿途的绿地广场由于自身的有限规模和休憩功能,通常会为流动人口(商业服务业人员)带来虽弱却以"阻抗"为主的负面影响。

⑤ 其他:工业用地比和非建设用地比与就业可达性之间不存在相关性,说明流动人口(商业服务业人员)通勤经过此类用地的比例极低(或未经过此类用地)。综合用地特征因子与就业可达性(商业服务业人员)之间不存在相关性,可能的解释是该群体流动人口的就业可达性在其通勤过程中只受部分用地属性影响,不涵盖所有用地特征,因此综合影响不明显。

3) 就业可达性影响分析之三(生产运输设备操作业人员)

首先分别绘制用地特征因子(商业服务业用地比、公共服务用地比、工业用地比、道路用地比、公交服务水平、绿地用地比、非建设用地比)和就业可达性(生产运输设备操作业人员)的散点图(图5.47~图5.53)。

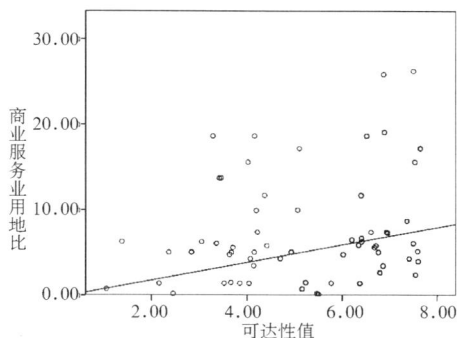

图 5.47 商业服务业用地比散点图三

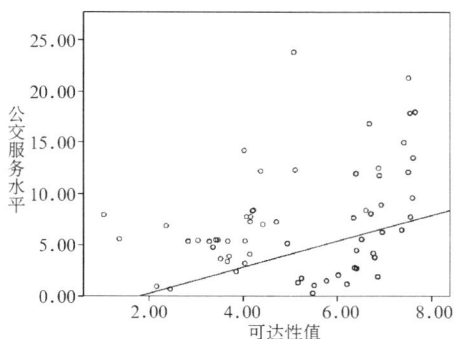

图 5.48 公共服务用地比散点图三

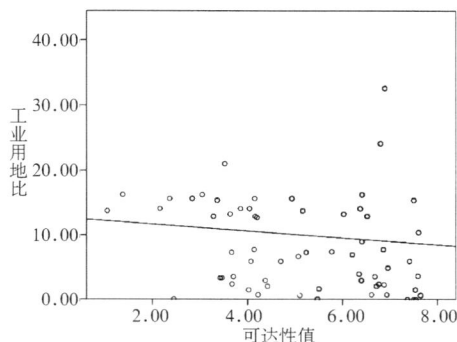

图 5.49 工业用地比散点图三

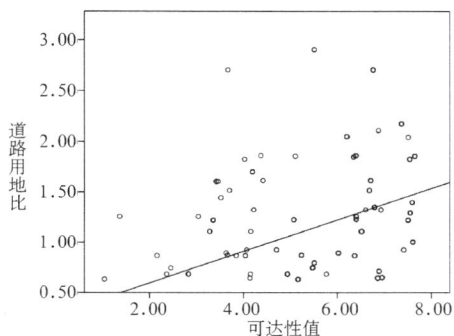

图 5.50 道路用地比散点图三

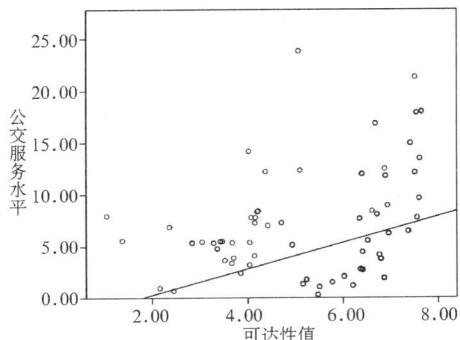

图 5.51 公交服务水平散点图三

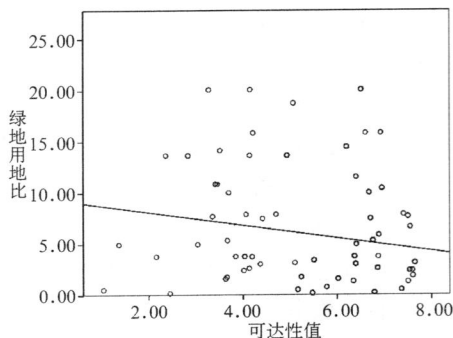

图 5.52 绿地用地比散点图三

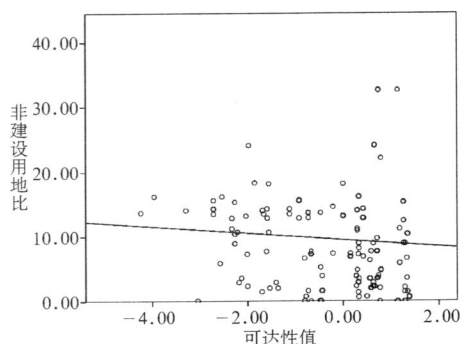

图 5.53 非建设用地比散点图三

* 图 5.47～图 5.53 资料来源：笔者自绘。

通过观察可知，除非建设用地比外，剩余用地特征数据与就业可达性（生产运输设备操作业人员）均呈现出一定程度的正态分布特征，从初步拟合的线性函数可知二者均有相关性。

因此采用皮尔逊（Pearson）相关系数法对用地特征数据与就业可达性（生产运输设备操作业人员）进行进一步的相关性分析，分析单个用地特征要素与就业可达性之间的相关系数，其分析结果如表 5.17 所示。

通过相关性分析可知，除公共服务用地比和绿地用地比之外，用地特征因子均在 0.01 水平，与就业可达性（生产运输设备操作业人员）呈显著相关。商业服务业用地比、工业用地比、道路用地比、公交服务水平和非建设用地比的相关性系数分别为 0.102、−0.327、0.174、0.218 和−0.143。可以看出：

① 五个用地特征因子中，商业服务业用地比、道路用地比和公交服务水平同就业可达性（生产运输设备操作业人员）呈正相关，工业用地比和非建设用地比同就业可达性呈负相关。

② 单个特征数据中，工业用地比同就业可达性（生产运输设备操作业人员）的相关性最强，其次为公交服务水平、道路用地比、非建设用地比，商业服务业用地比的相关性最弱。

进一步，将具有相关性的用地特征因子与就业可达性数据（生产运输设备操作业人员）带入多元回归模型进行回归分析，考察多因素共同作用下各用地特征因子对就业可达性

(生产运输设备操作业人员)影响的显著度。其结果如表 5.18、表 5.19 所示：

表 5.17 用地特征因子与就业可达性的相关性的分析(生产运输设备操作业人员)

用地特征因子与可达性		可达性值	商业服务业用地比	公共服务用地比	工业用地比	道路用地比	公交服务水平	绿地用地比	非建设用地比
可达性值	相关性	1	0.101**	0.108	−0.327**	0.174**	0.218**	−0.130	−0.143**
	显著性		0.000	0.037	0.000	0.000	0.000	0.012	0.000
商业服务业用地比	相关性	0.101**	1	0.339**	−0.007	0.295**	0.612**	0.543**	−0.315**
	显著性	0.000		0.000	0.885	0.000	0.000	0.000	0.000
公共服务用地比	相关性	0.108	0.339**	1	−0.210**	0.350**	0.416**	0.271**	−0.382**
	显著性	0.037	0.000		0.000	0.000	0.000	0.000	0.000
工业用地比	相关性	−0.327**	−0.007	−0.210**	1	−0.352**	−0.149**	0.057	−0.021
	显著性	0.000	0.885	0.000		0.000	0.000	0.143	0.169
道路用地比	相关性	0.174**	0.295**	0.350**	−0.352**	1	0.323**	0.016	−0.306**
	显著性	0.000	0.000	0.000	0.000		0.000	0.754	0.000
公交服务水平	相关性	0.218**	0.612**	0.416**	−0.149**	0.323**	1	0.196**	−0.281**
	显著性	0.000	0.000	0.000	0.000	0.000		0.000	0.000
绿地用地比	相关性	−0.130	0.543**	0.271**	0.057	0.016	0.196**	1	−0.346**
	显著性	0.012	0.000	0.000	0.270	0.754	0.000		0.000
非建设用地比	相关性	−0.143**	−0.315**	−0.382**	−0.021	−0.306**	−0.281**	−0.346**	1
	显著性	0.000	0.000	0.000	0.691	0.000	0.000	0.001	

* 表示在 0.01 水平(双侧)上显著相关。

** 资料来源：笔者根据南京市流动人口抽样数据(2009)自制。

表 5.18 模型汇总表(生产运输设备操作业人员)

模型	R	R 方	调整 R 方	标准估计误差
1	0.422	0.178	0.175	1.00964

* 资料来源：笔者根据南京市流动人口抽样数据(2009)自制。

表 5.19 回归模型拟合结果(生产运输设备操作业人员)

模型	非标准化系数		标准系数	t	Sig(显著性)
	B	标准误差	影响系数		
商业服务业用地比	0.036	0.015	0.170	2.493	0.013
工业用地比	0.476	0.109	0.208	3.105	0.000
道路用地比	0.606	0.108	0.304	5.635	0.000
公交服务水平	0.060	0.015	0.240	3.947	0.000
非建设用地比	0.037	0.006	0.312	5.963	0.000

* 资料来源：笔者根据南京市流动人口抽样数据(2009)自制。

从拟合结果来看，R 方值为 0.276(远小于 0.75)，因此可判定，综合用地特征因子与就业可达性(生产运输设备操作业人员)之间不存在相关性。

【分析】将流动人口职住和通勤所经街道的所有用地特征因子的相关性差异分析如下：

① 工业用地比：不但通勤路径沿途的工业用地对流动人口(生产运输设备操作业人员)的对口就业分流作用明显，工业区相关基础设施的缺乏和服务保障水平的滞后也会对流动

人口的就业可达性产生强烈的"阻抗"作用。

②交通设施用地比(道路用地比和公交服务水平):鉴于城市路网结构和交通系统同流动人口(生产运输设备操作业人员)通勤的直接关联性,道路用地比和公交服务水平必然会对流动人口(生产运输设备操作业人员)的就业可达性产生重要的"促进"效应。

③非建设用地比:通勤路径沿途的山水、农田等自然要素通常会因为对流动人口(生产运输设备操作业人员)就业的先天性阻隔,而为其就业可达性带来一定的"阻抗"效应。

④商业服务业用地比:通勤路径沿途的商业服务业设施对于流动人口(生产运输设备操作业人员)的对口就业的分流作用十分有限,在客观上呈现出一定的"促进"效应。

⑤其他:综合用地特征因子与就业可达性(生产运输设备操作业人员)之间不存在相关性,可能的解释是流动人口的就业可达性在其通勤过程中只受部分用地属性影响,不涵盖所有用地特征,因此综合影响不明显。

4)就业可达性影响分析之四(总体+分职业比较分析)

根据所得的相关数据,前文在不同群体流动人口范围内纵向分析和比较了各个用地特征因子对其就业可达性的相关性影响。本节将针对特定用地特征因子,横向比较其在不同流动人口群体(总体+分职业)内与就业可达性的相关性差异,结果如表5.20所示:

表5.20 用地特征因子与流动人口就业可达性的相关性系数的分类比较

用地特征因子 　　　　职业分类	总体	商业服务业人员	生产运输设备操作业人员
商业服务业用地比	−0.132	−0.374	0.101
公共服务用地比	0.185	0.273	0.108
工业用地比	−0.081	—	−0.327
道路用地比	0.229	0.238	0.174
公交服务水平	0.322	0.374	0.218
绿地用地比	−0.079	−0.077	—
非建设用地比	—	—	−0.143
综合用地影响	0.276	0.198	0.178

*资料来源:笔者根据南京市流动人口抽样数据(2009)自制。

经过比较可以看出:

①用地特征因子中的公共服务水平和道路用地比对流动人口(总体)的就业可达性影响最大,非建设用地比的影响最小。

②商业服务业用地比、公共服务用地比、道路用地比和公交服务水平对流动人口(商业服务业人员)的就业可达性影响最大,工业用地比和非建设用地比的影响最小。

③工业用地比和公交服务水平对流动人口(生产运输设备操作业人员)的就业可达性影响最大,商业服务业用地比、道路用地比、非建设用地比和绿地用地比的影响最小。

④综合用地特征对流动人口(总体)的就业可达性影响最大,对流动人口(生产运输设备操作业人员)的影响最小。

【分析】横向比较每一类用地特征因子对不同群体流动人口就业可达性的影响度,并分析其相关性差异如下:

①　交通设施用地比(道路用地比和公交服务水平):交通设施用地由于自身路网结构和交通体系同流动人口通勤的直接关联性,而对所有群体流动人口的就业可达性均产生"强促进"效应。其中流动人口(生产运输设备操作业人员)的就业多集中于城市郊区,路网覆盖和支撑水平相对滞后,因而交通设施用地对该群体流动人口的影响相对其他群体较弱。

②　公共服务用地比:在主城区内广泛分布的公共服务用地,由于有限的就业分流和有效的通勤提升作用,为所有群体流动人口的就业出行带来了较强的"促进"作用。其中流动人口(商业服务业人员)由于自身的职业特性,通勤集中于主城区,因而受公共服务设施的影响较大;而流动人口(生产运输设备操作业人员)的就业集中于城市外围,所以受公共服务设施的影响较弱;公共服务用地对流动人口(总体)的影响反映了整体层面的平均水平,因而其相关性系数介于商业服务业人员和生产运输设备操作业人员之间。

③　商业服务业用地比:商业服务业用地由于自身的对口就业截流和经营消费的干扰作用,会对流动人口(商业服务业人员)的就业可达性产生显著的"阻抗"效应;而对于流动人口(生产运输设备操作业人员)而言,商业服务业用地对口就业的分流作用有限,因此相关性影响最弱;商业服务业用地对流动人口(总体)的影响反映了整体层面的平均水平,因而其相关性系数介于商业服务业人员和生产运输设备操作业人员之间。

④　工业用地比:工业用地由于自身的对口就业分流作用以及相关基础设施、服务水平的不足,而对流动人口(生产运输设备操作业人员)的就业可达性产生显著的"阻抗"作用;而对于流动人口(商业服务业人员)而言,工业用地的对口就业的分流作用有限,因此相关性影响最弱;工业用地对流动人口(总体)的影响反映了整体层面的平均水平,因而其相关性系数介于商业服务业人员和生产运输设备操作业人员之间。

⑤　非建设用地比:非建设用地中的山水、农田等自然要素由于多分布于城市外围,同流动人口(生产运输设备操作业人员)通勤密集区域的空间叠合,使其对该群体流动人口的就业可达性具有一定的"阻抗"影响;其分布空间与大部分流动人口通勤密集区(主城区)的分离,使其对流动人口(总体+商业服务业人员)的就业可达性影响甚微。

⑥　综合用地影响:流动人口(总体)的通勤路径网络覆盖范围相对于分职业的更广,途经的用地更多,所以受综合的用地影响最为明显;相对而言,分职业的流动人口的通勤路径则会受到就业市场、产业布局、消费人群等因素的多重制约而覆盖范围有限。其中,流动人口(商业服务业人员)的通勤范围集中于中心城区,而流动人口(生产运输设备操作业人员)的通勤范围则集中于城市郊区,所以受综合的用地影响相对较弱。

5.2.3　小结

土地利用视角下,对流动人口同一群体内部,不同用地特征因子与就业可达性之间的相关性差异的分析总结如下(表5.21):

表 5.21　特定流动人口群体内不同用地特征对就业可达性影响的分析结论

用地特征因子	流动人口分类		
	总体	商业服务业人员	生产运输设备操作业人员
商业服务业用地比	中等相关	强相关	弱相关
公共服务用地比	中等相关	强相关	弱相关
工业用地比	弱相关	不相关	强相关
道路用地比	强相关	中等相关	中等相关
公交服务水平	强相关	强相关	中等相关
绿地用地比	弱相关	中等相关	不相关
非建设用地比	不相关	不相关	中等相关
综合用地影响	不相关	不相关	不相关

﹡相关性强弱由相关性系数的绝对数值大小判断。

﹡﹡资料来源:笔者自绘。

　　对同一用地特征因子,不同流动人口群体间的就业可达性相关性差异的分析总结如下(表5.22):

表 5.22　特定用地特征因子对不同流动人口群体的就业可达性影响的比较分析结论

用地特征因子	不同流动人口群体就业可达性的相关性影响:由强至弱
商业服务业用地比	商业服务业人员＞总体＞生产运输设备操作业人员
公共服务用地比	商业服务业人员＞总体＞生产运输设备操作业人员
工业用地比	生产运输设备操作业人员＞总体＞商业服务业人员
道路用地比	商业服务业人员＞总体＞生产运输设备操作业人员
公交服务水平	商业服务业人员＞总体＞生产运输设备操作业人员
绿地用地比	总体＞商业服务业人员＞生产运输设备操作业人员
非建设用地比	生产运输设备操作业人员＞总体、商业服务业人员
综合用地影响	总体＞商业服务业人员＞生产运输设备操作业人员

﹡相关性影响强弱由相关性系数的相对大小判断。

﹡﹡资料来源:笔者自绘。

5.3　流动人口个体属性与就业可达性影响的关联研究

　　第5.2节基于"土地利用"的视角,定量比较和分析了城市不同用地特征因子对南京市主城区流动人口就业可达性水平的影响,并对其成因进行了解释和总结。发现单个用地特征因子均与就业可达性呈显著相关,而综合多因子分析则并没有明显的相关性迹象。因此下文将在第5.2节研究的基础上进一步加入流动人口个体属性数据,分析用地特征因子、个体属性和就业可达性三者之间的相关性。具体体现为"用地特征因子—个体属性"以及"个体属性—就业可达性"两层"单向递进式"(自变量/因变量)的关联分析。最后从流动人口个体角度剖析土地利用对流动人口就业可达性的影响机制和动因(即影响之影响分析)。

调查问卷由笔者根据南京市流动人口抽样数据（2009）自制，同时结合了刘志林[①]、沈青[②]、陈俊励[③]等人的研究成果，遴选了六个个体属性因子：年龄、月收入、居住时间、教育程度、婚姻状况和单位类型，从总体和分职业两方面定量分析和比较了不同个体属性因子与用地特征因子的关联及影响程度，为解析土地利用对就业可达性的影响机制提供路径和依据。研究分析框架如图 5.54 所示。

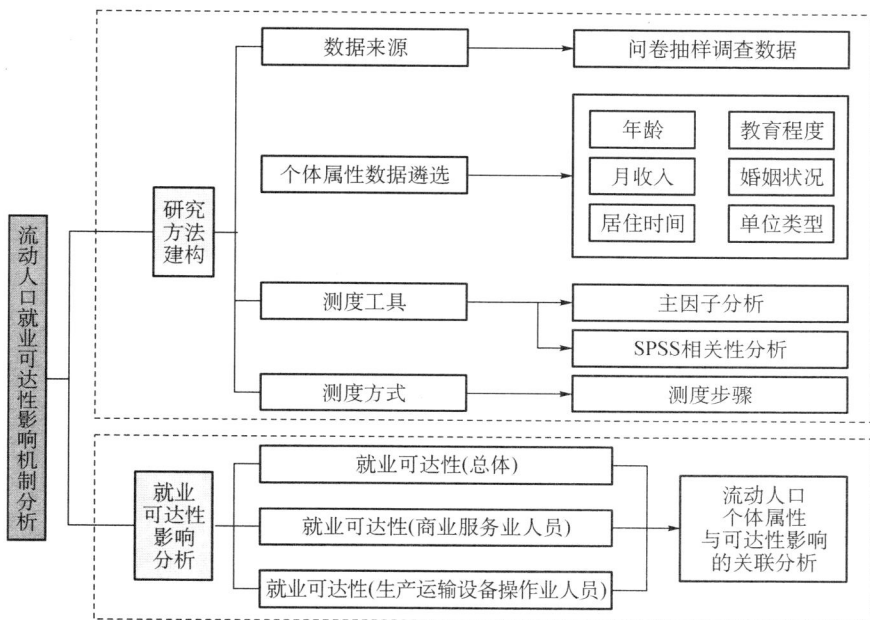

图 5.54　流动人口个体属性与就业可达性影响的关联研究分析框架图

＊资料来源：笔者自绘。

5.3.1　研究方法建构

1）数据来源

本节用以分析流动人口就业可达性影响机制的个体属性数据来源于配比抽样问卷调查数据（2009）。

（1）流动人口（总体）数据

各统计单元流动人口（总体）的年龄、收入和居住时间数据如表 5.23 所示：

---

①　刘志林，王茂军.北京市职住空间错位对居民通勤行为的影响分析——基于就业可达性与通勤时间的讨论[J].地理学报,2011(4):457-467.

②　沈青,刘贤腾,翁加坤.更新城市研究中的空间视角和分析框架[J].国际城市规划,2010(2):53-61.

③　陈俊励.城市居民公交出行特征研究[D].北京:北京交通大学,2008.

表 5.23　南京市流动人口个体属性数据汇总表一(总体)

街道编号	年龄				月收入					居住时间					
	19岁以下	20~39岁	40~59岁	60岁以上	500元以下	500~1500元	1500~2500元	2500~5000元	5000元以上	三个月以下	三个月到半年	半年到一年	一到三年	三到五年	五年以上
BX01	2	12	8	1	0	5	14	3	1	5	1	2	4	4	10
BX02	12	44	20	4	3	32	24	20	5	13	4	17	7	15	54
BX03	2	27	18	2	3	11	26	9	2	5	5	9	12	14	19
BX04	0	12	15	0	0	14	13	0	0	3	8	1	2	5	16
BX05	0	14	4	0	0	4	14	0	0	1	7	0	3	4	10
BX06	0	31	17	1	0	17	27	5	1	10	12	8	9	5	22
BX07	2	48	27	3	4	26	38	10	3	11	7	6	16	11	54
GL01	0	9	22	0	0	7	17	10	0	0	2	10	7	14	13
GL02	0	16	20	0	1	11	11	18	3	6	2	4	6	16	20
GL03	2	21	17	0	2	13	17	11	1	13	3	9	3	3	21
GL04	1	24	16	0	2	11	21	8	3	11	4	9	7	9	14
GL05	0	9	4	0	2	3	4	3	2	5	2	1	3	3	2
GL06	2	49	37	1	2	49	26	12	3	26	20	14	10	14	32
GL07	0	3	20	0	0		10	21	0	0	1	1	10	10	16
JY01	1	4	8	0	2	4	12	5	0	1	0	5	4	3	17
JY02	1	9	2	0	1	5	4	2	0	1	1	1	3	7	4
JY03	5	23	11	0	1	17	18	3	0	1	1	9	12	1	17
JY04	1	1	2	0	0	0	2	1	1	0	1	0	0	0	3
JY05	0	16	7	0	0	1	11	13	1	0	2	8	2	3	14
QH01	1	20	14	2	3	16	18	4	0	4	1	1	12	8	28
QH02	6	33	12	0	0	16	17	15	1	10	8	7	10	6	31
QH03	0	13	21	0	1	19	13	2	0	0	0	1	8	4	38
QH04	2	30	14	0	4	14	24	8	0	1	5	8	9	15	23
QH05	0	24	8	0	2	10	13	4	3	2	3	0	18	7	15
XG01	4	30	20	0	0	27	17	6	4	6	10	8	17	4	29
XG02	0	15	28	0	2	6	31	8	0	2	8	9	9	14	13
XG03	3	21	23	0	2	14	22	10	1	7	4	5	15	11	20
XG04	2	27	16	0	3	17	18	7	5	1	9	15	14	9	9
XG05	2	17	14	0	0	11	14	7	1	0	5	9	11	9	16
XG06	0	14	41	1	0	5	36	24	1	3	9	11	12	16	28
XW01	0	10	9	0	4	8	9	2	0	2	1	0	3	7	13
XW02	1	38	11	0	3	25	14	6	3	0	0	8	16	18	27
XW03	1	14	8	0	6	14	4	2	0	1	0	3	3	12	10
XW04	0	17	16	3	2	21	8	0	1	8	7	3	4	7	17
XW05	0	17	4	0	4	3	12	4	1	17	2	3	3	1	2
XW06	3	37	8	3	2	27	13	10	1	3	6	5	13	13	29
XW07	3	7	10	1	0	16	3	0	0	4	2	1	4	0	21
XW08	0	20	10	0	0	24	5	4	0	17	3	7	3	2	12
XX01	1	12	10	0	8	6	13	6	2	3	0	1	6	7	13
XX02	7	58	29	0	1	25	36	34	6	20	17	32	17	17	32
XX03	6	53	27	3	0	40	31	22	1	11	2	16	27	16	51
YH01	0	13	27	0	0	8	19	17	2	0	5	13	12	5	17
YH02	0	12	37	0	0	11	31	10	0	1	6	14	15	3	32
YH03	0	6	7	0	0	1	7	8	0	0	1	2	5	3	7

* 资料来源:笔者根据南京市流动人口抽样数据(2009)自制。

　各街道个体属性数据(总体)在空间上的反映如下:

① 年龄(图 5.55)

南京市流动人口(总体)年龄分布集中于 20~59 岁,中青年比例较高的街道集中于老城中部和北部。其中:

流动人口 20~39 岁比例最高的街道在主城内部呈十字分布,包括燕子矶、迈皋桥、红山、锁金村、梅园新村、五老村、朝天宫、夫子庙、中华门、秦虹、光华路、阅江楼、热河南路、挹江门、江东和玄武湖街道。

流动人口 40~59 岁比例最高的街道主要集中于老城北部和中部,包括幕府山、宝塔桥、小市、宁海路、华侨路、后宰门、瑞金路、双塘赛虹桥和宁南街道。

② 月收入(图 5.56)

南京市流动人口(总体)收入分布总体呈现沿江地带和老城内部腹地总体较高的形态。其中:

月收入集中于 500~1 500 元街道包括红山、玄武湖、宝塔桥、阅江楼、热河南路、梅园新村、后宰门、洪武路和孝陵卫街道。

月收入集中于 1 500~2 500 元街道主要集中与老城内部,包括宝塔桥、建宁路、热河南路、挹江门、宁海路、湖南路、新街口、五老村、滨湖、瑞金路、大光路、秦虹、赛虹桥和中华门街道。

月收入集中于 2 500~5 000 元街道位于老城北部和中部,包括迈皋桥、小市和华侨路街道。

③ 居住时间(图 5.57)

南京市流动人口(总体)居住时间在五年以上的居多,主要集中于燕子矶、小市、红山、阅江楼、江东、湖南路、华侨路、梅园新村、华侨路、朝天宫、滨湖、夫子庙、秦虹、大光路和孝陵卫街道。

各统计单元流动人口(总体)的教育程度、婚姻状况和单位类型数据如表 5.24 所示:

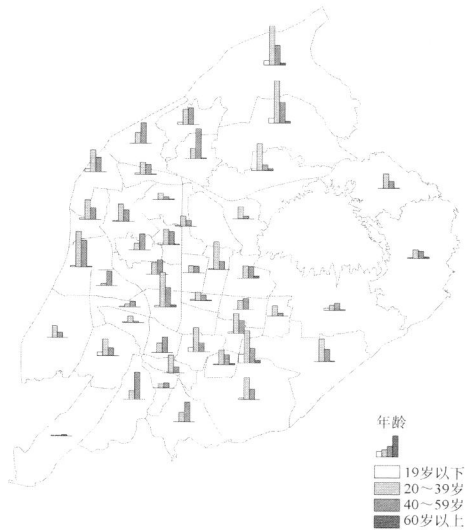

图 5.55　流动人口(总体)年龄

*资料来源:笔者根据南京市流动人口抽样数据(2009)自制。

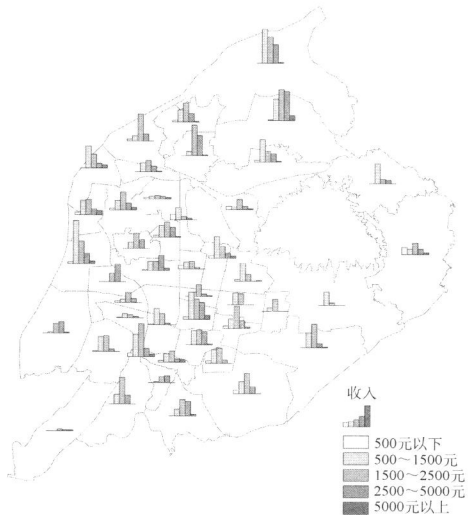

图 5.56　流动人口(总体)月收入

*资料来源:笔者根据南京市流动人口抽样数据(2009)自制。

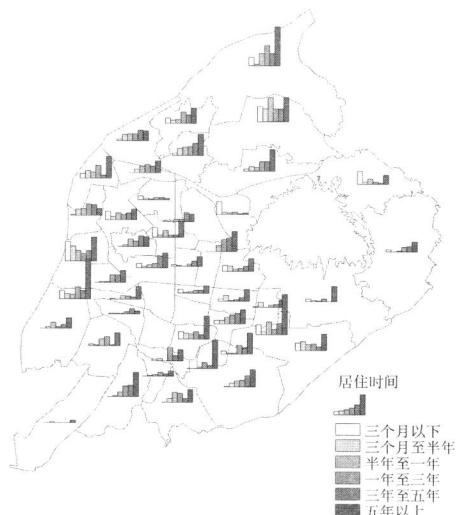

图 5.57　流动人口(总体)月收入

*资料来源:笔者根据南京市流动人口抽样数据(2009)自制。

表5.24 南京市流动人口个体属性数据汇总表二(总体)

街道编号	教育程度						婚姻状况					单位类型					
	小学以下	小学	初中	高中	大学	大学以上	未婚	初婚有配偶	再婚有配偶	离婚	丧偶	机关团体事业单位	国有及国有控股企业	集体企业	个体及私营企业	外资企业	其他类型单位
BX01	2	3	14	3	1	0	4	22	0	0	0	1	0	0	22	1	0
BX02	17	15	33	18	10	0	34	75	0	1	0	1	6	0	82	4	1
BX03	14	25	19	1	1	0	8	55	0	0	1	0	0	0	55	0	0
BX04	1	11	12	6	0	0	0	35	0	0	0	0	0	0	29	0	0
BX05	0	0	11	7	0	0	3	22	0	0	0	0	0	0	22	0	0
BX06	4	18	21	12	0	0	8	58	0	0	0	0	0	0	61	0	0
BX07	4	37	37	12	2	0	26	72	6	1	0	2	1	0	98	2	0
GL01	1	21	16	0	0	0	2	44	0	0	0	0	0	2	44	0	0
GL02	3	25	11	4	4	0	11	43	0	0	0	4	0	1	39	1	0
GL03	2	13	17	9	5	0	4	46	1	1	0	0	4	0	39	0	0
GL04	2	20	14	3	11	2	13	41	0	0	0	5	0	1	34	0	2
GL05	0	4	1	5	6	0	9	7	0	0	0	1	0	0	7	3	1
GL06	10	28	38	12	11	2	12	97	1	5	1	2	4	2	56	0	1
GL07	0	20	11	0	0	0	0	38	0	0	0	0	0	3	35	0	0
JY01	4	6	13	3	0	0	4	26	0	0	0	0	8	2	20	0	0
JY02	0	8	3	1	4	0	4	13	0	0	0	2	3	0	8	0	0
JY03	2	12	23	5	0	0	15	26	1	0	0	0	5	12	19	0	2
JY04	0	0	2	2	0	0	1	3	0	0	0	0	0	1	3	0	0
JY05	4	14	4	4	3	0	0	31	0	0	0	0	0	11	18	0	0
QH01	6	23	15	3	0	0	5	49	0	0	0	0	0	0	48	0	0
QH02	0	12	29	11	2	0	34	38	0	0	0	0	1	0	60	0	0
QH03	7	10	22	1	0	0	7	38	6	0	0	0	0	1	45	0	0
QH04	7	11	27	7	0	0	7	53	1	0	0	0	2	1	58	0	0
QH05	5	7	17	7	2	0	3	39	3	0	0	0	1	0	38	1	0
XG01	8	17	22	11	2	0	23	47	2	2	0	2	8	9	41	0	2
XG02	0	25	20	3	0	0	2	53	0	0	0	0	3	9	40	3	0
XG03	1	26	23	4	0	0	5	57	0	0	0	2	0	1	55	1	0
XG04	3	14	16	12	2	0	14	41	0	1	0	0	2	0	43	0	1
XG05	4	18	15	2	2	1	9	40	0	0	1	1	0	0	37	0	0
XG06	0	42	24	1	0	0	15	64	0	0	0	0	0	11	65	2	0
XW01	2	6	9	3	2	0	4	22	0	0	0	0	0	0	23	1	0
XW02	1	26	20	5	1	4	11	51	7	0	0	0	0	1	58	0	0
XW03	2	9	14	0	1	0	4	24	1	0	0	0	0	0	26	0	0
XW04	5	11	14	11	2	0	8	38	0	0	0	0	0	1	36	0	0
XW05	0	0	8	3	14	1	21	7	0	0	0	0	0	1	6	2	0
XW06	9	4	23	17	3	0	13	51	2	3	0	0	1	0	53	4	0
XW07	4	10	8	4	0	0	6	26	0	0	0	0	1	0	25	0	1
XW08	1	11	15	6	2	0	6	37	1	0	0	0	0	0	23	0	2
XX01	2	12	9	4	3	0	6	22	1	0	1	0	0	0	22	1	0
XX02	15	14	43	22	16	4	50	80	2	2	1	4	9	10	79	7	4
XX03	11	36	26	25	9	0	35	86	2	0	0	0	10	1	95	3	0
YH01	6	20	15	1	5	0	4	47	0	0	1	4	6	7	32	1	0
YH02	5	41	17	0	0	0	0	68	0	0	0	2	0	2	60	0	0
YH03	1	4	6	2	0	0	1	17	0	0	0	0	0	1	17	0	0

* 为方便统计,统计问卷中的分项"土地承包者"、"个体工商户"、"私营企业"统归为"个体及私营企业"。

** 资料来源:笔者根据南京市流动人口抽样数据(2009)自制。

各街道个体属性数据（总体）在空间上的反映如下：

④ 教育程度（图 5.58）

南京市流动人口（总体）教育程度以小学、初中水平居多，相应比例较高的街道主要集中于主城东部和北部。其中：

教育程度集中于小学水平的街道主要包括燕子矶、幕府山、小市、宝塔桥、建宁路、挹江门、宁海路、后宰门和赛虹桥街道。

教育程度集中于初中水平的街道主要包括迈皋桥、红山、玄武门、江东、朝天宫、夫子庙、月牙湖、光华路和玄武湖街道。

⑤ 婚姻状况（图 5.59）

南京市流动人口（总体）婚姻状况以初婚有配偶居多，比例较高的街道包括燕子矶、幕府山、迈皋桥、宝塔桥、小市、红山、玄武湖、阅江楼、热河南路、挹江门、江东、凤凰、宁海路、湖南路、华侨路、梅园新村、后宰门、瑞金路、大光路、双塘、夫子庙、秦虹、赛虹桥、宁南、红花、光华路和孝陵卫街道。

⑥ 单位类型（图 5.60）

南京市流动人口（总体）单位类型以个体私营企业居多，比例较高的街道包括燕子矶、幕府山、迈皋桥、宝塔桥、小市、红山、新街口、玄武湖、阅江楼、热河南路、挹江门、江东、凤凰、宁海路、湖南路、华侨路、月牙湖、梅园新村、后宰门、瑞金路、大光路、双塘、夫子庙、秦虹、赛虹桥、宁南、红花、光华路、马群和孝陵卫街道。

（2）流动人口（商业服务业人员）数据

根据同样方法，各统计单元的流动人口（商业服务业人员）个体属性数据

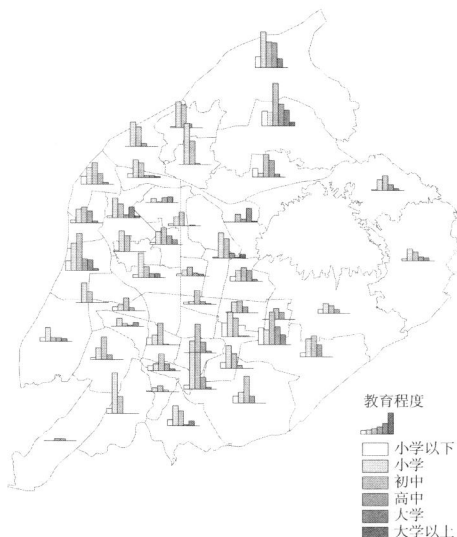

图 5.58　流动人口（总体）教育程度

* 资料来源：笔者根据南京市流动人口抽样数据（2009）自制。

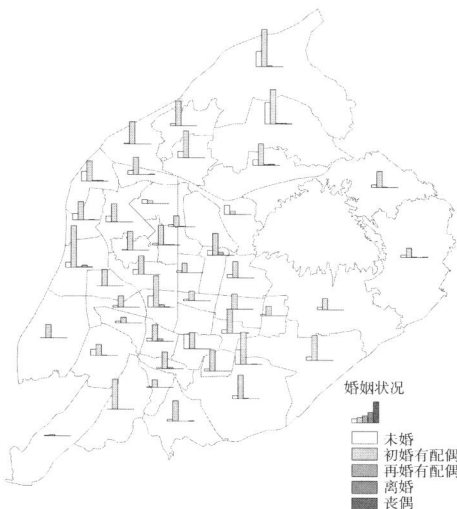

图 5.59　流动人口（总体）婚姻状况

* 资料来源：笔者根据南京市流动人口抽样数据（2009）自制。

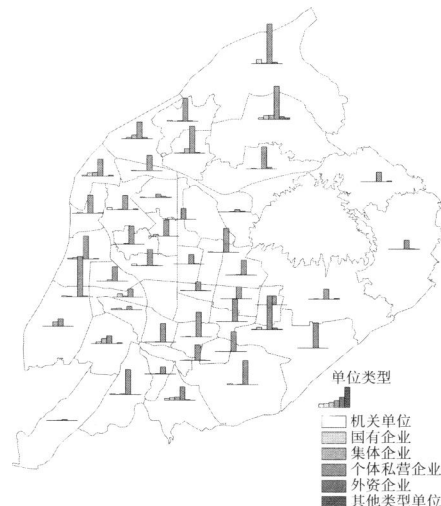

图 5.60　流动人口（总体）单位类型

* 资料来源：笔者根据南京市流动人口抽样数据（2009）自制。

（年龄、月收入、居住时间、教育程度、婚姻状况和单位类型）在空间上的反映如下（图5.61~图5.66）：

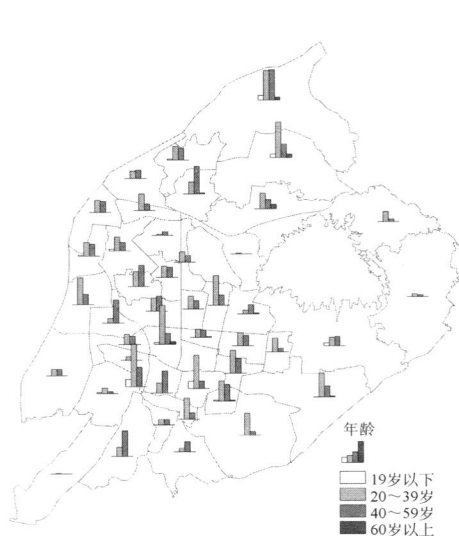

图5.61　流动人口（商业）年龄

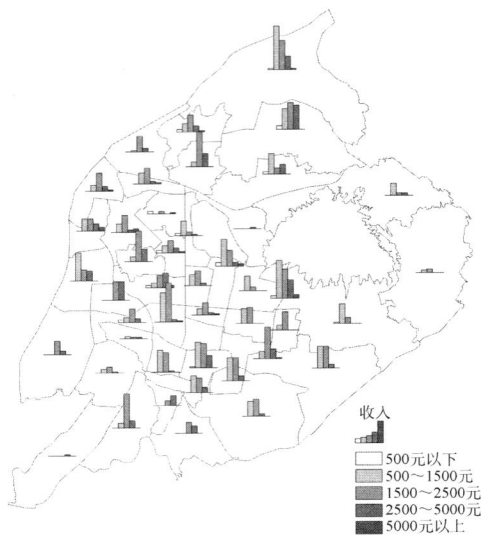

图5.62　流动人口（商业）月收入

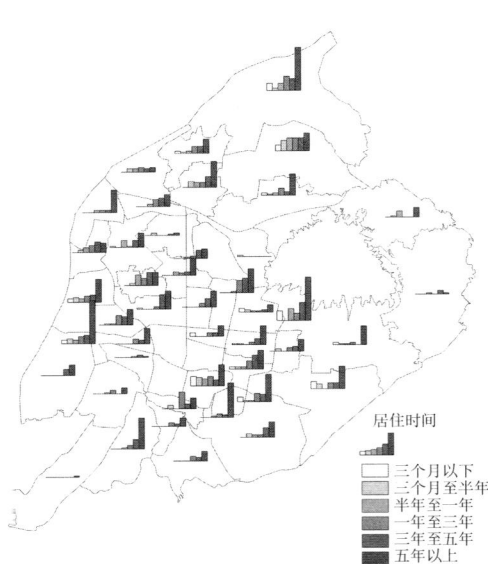

图5.63　流动人口（商业）居住时间

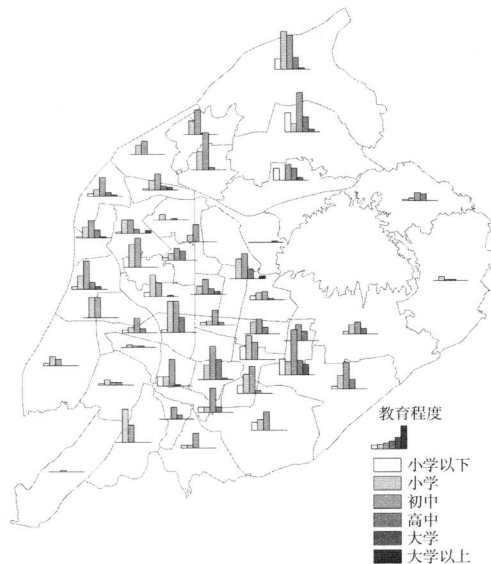

图5.64　流动人口（商业）教育程度

* 图5.61~图5.64资料来源：笔者根据南京市流动人口抽样数据（2009）自制。

图 5.65　流动人口(商业)婚姻状况

婚姻状况
□ 未婚
□ 初婚有配偶
□ 再婚有配偶
■ 离婚
■ 丧偶

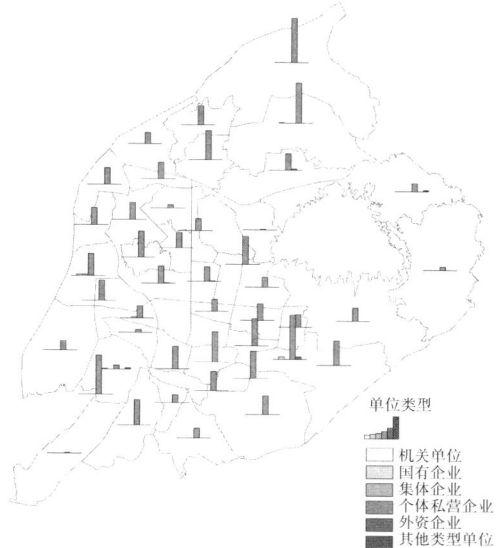

图 5.66　流动人口(商业)单位类型

单位类型
□ 机关单位
□ 国有企业
■ 集体企业
■ 个体私营企业
■ 外资企业
■ 其他类型单位

＊资料来源:笔者根据南京市流动人口抽样数据(2009)自制。

(3)流动人口(生产运输设备操作业人员)数据

根据同样方法,各统计单元的流动人口(生产运输设备操作业人员)个体属性数据(年龄、月收入、居住时间、教育程度、婚姻状况和单位类型)在空间上的反映如下(图 5.67～图 5.72):

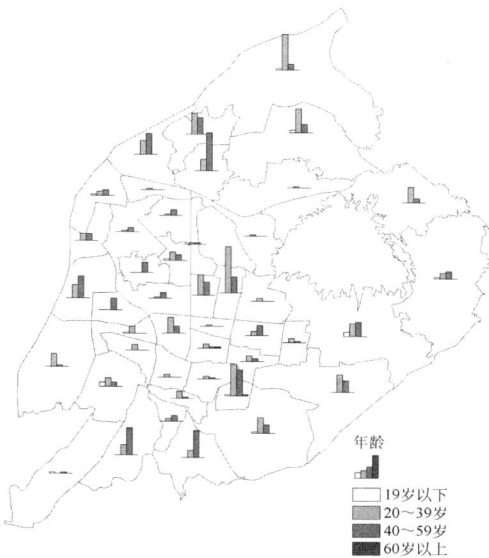

图 5.67　流动人口(生产)年龄

年龄
□ 19岁以下
□ 20～39岁
■ 40～59岁
■ 60岁以上

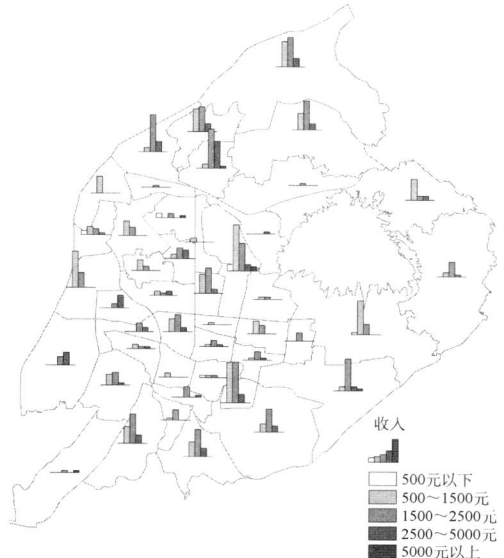

图 5.68　流动人口(生产)月收入

收入
□ 500元以下
□ 500～1500元
■ 1500～2500元
■ 2500～5000元
■ 5000元以上

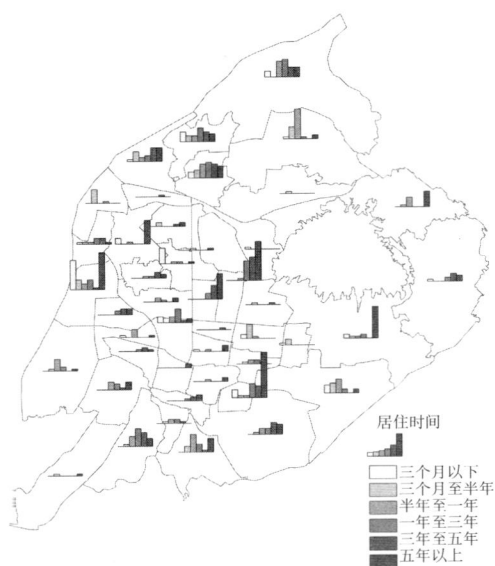

图 5.69　流动人口(生产)居住时间

居住时间
- □ 三个月以下
- □ 三个月至半年
- ■ 半年至一年
- ■ 一年至三年
- ■ 三年至五年
- ■ 五年以上

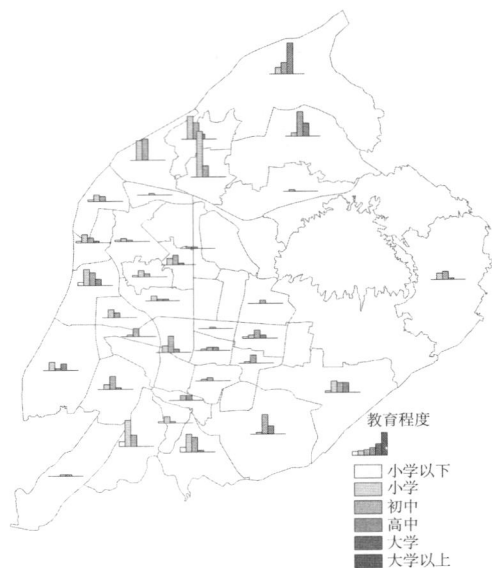

图 5.70　流动人口(生产)教育程度

教育程度
- □ 小学以下
- □ 小学
- ■ 初中
- ■ 高中
- ■ 大学
- ■ 大学以上

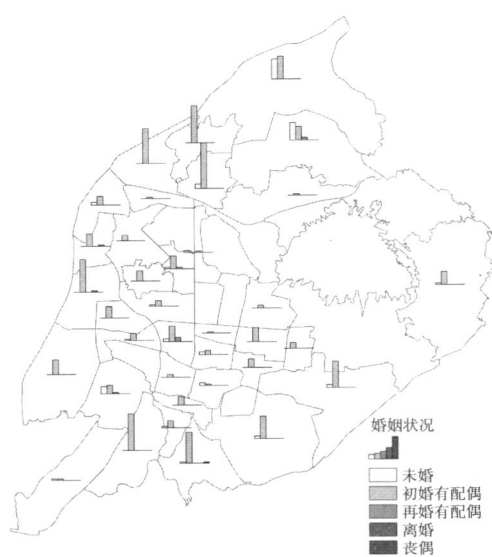

图 5.71　流动人口(生产)婚姻状况

婚姻状况
- □ 未婚
- □ 初婚有配偶
- ■ 再婚有配偶
- ■ 离婚
- ■ 丧偶

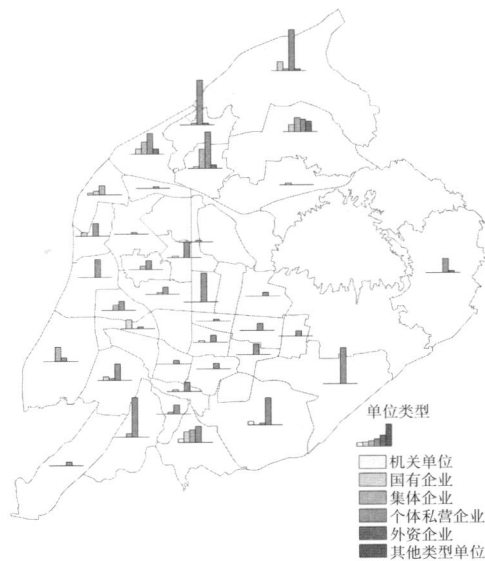

图 5.72　流动人口(生产)单位类型

单位类型
- □ 机关单位
- □ 国有企业
- ■ 集体企业
- ■ 个体私营企业
- ■ 外资企业
- ■ 其他类型单位

*图 5.67~图 5.72 资料来源：笔者根据南京市流动人口抽样数据(2009)自制。

2) 测度工具

(1) 主因子分析

在分析过程中,为了减少多个变量造成的结果冗余,避免变量间的相互关联(多重共线性)对结果客观性的影响,需要对分析变量进行主因子分析,从变量群中提取共性因子,以达到简化分析过程,突出分析结果的目的。主因子分析的基本表达式如下：

$$\begin{bmatrix} X_1 \\ X_2 \\ \vdots \\ X_p \end{bmatrix} = \begin{bmatrix} a_{11} & a_{12} & \cdots & a_{1m} \\ a_{21} & a_{22} & \cdots & a_{2m} \\ \vdots & \vdots & \cdots & \vdots \\ a_{p1} & a_{p2} & \cdots & a_{pm} \end{bmatrix} \cdot \begin{bmatrix} F_1 \\ F_2 \\ \vdots \\ F_M \end{bmatrix} + \begin{bmatrix} e_1 \\ e_2 \\ \vdots \\ e_p \end{bmatrix} \qquad 式(5.7)$$

其中：X——可实测的 p 维随机向量；

　　　a_{ij}——因子载荷；

　　　F——不可观测的 m 维随机向量。

通过对变量系数矩阵内部结构的分析，发现并提取少数能够控制原始变量的随机变量 F，此即为从原始变量 X 中提取的主要因子。

（2）SPSS 相关性分析

将用地特征因子、流动人口个体属性主因子及就业可达性水平的测度结果输入 SPSS，并借助其相关性分析功能考察三个变量两两间的单向影响程度（自变量/因变量），即"用地特征因子—个体属性"和"个体属性—就业可达性"，以达到从个体角度解析用地特征因子对就业可达性影响机制的目的。

3）测度方式

（1）个体属性主因子提取

首先将流动人口个体属性中的年龄、收入、居住时间、教育程度、婚姻状况和单位类型数据录入 SPSS 中；其次通过主因子提取，将六个特征数据归并为 n 个主因子（$n<6$）。提取过程应根据实际情况对原始数据采用提取平方和旋转平方的方法，以得到更为明确和集中的主因子结果。每个主因子都会具有原始数据的特征，而主因子中的主成分则是荷载比重较大的原始数据。主因子分析的具体操作过程如图 5.73 所示：

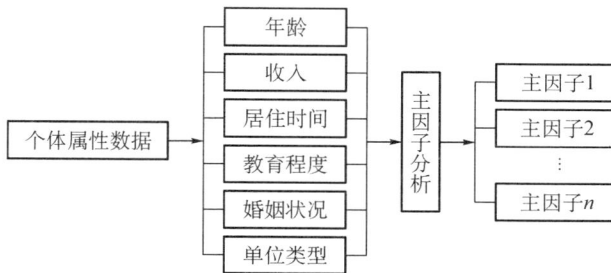

图 5.73　个体属性主因子提取过程

*资料来源：笔者自绘。

（2）展开相关性分析

首先根据第 5.2 节的分析结论，遴选与就业可达性相关的用地特征因子，同个体属性主因子进行相关性分析，观察具有关联影响的子项；其次将个体属性主因子同就业可达性进行相关性分析，并结合之前的分析结果，发现并归纳同用地特征因子和就业可达性均存在关联影响的个体属性主因子，进而为从个体角度解析用地特征因子对就业可达性的影响机制提供依据。具体操作过程如图 5.74 所示：

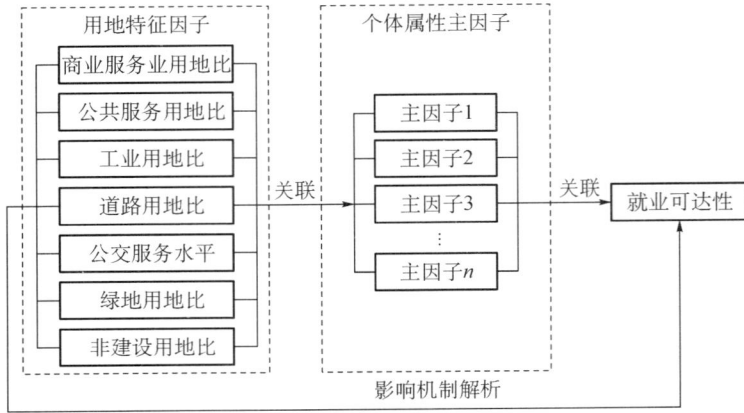

图 5.74 用地特征、个体属性和就业可达性的关联性的分析过程

*资料来源:笔者自绘。

5.3.2 流动人口就业可达性影响的关联分析

遵循前述的流动人口可达性影响关联分析的方法,按照总体和分职业(商业服务业和生产运输设备操作业)两个层面分别解析流动人口个体属性与就业可达性影响的关联机制。

1)就业可达性影响的关联分析之一(总体)

首先对流动人口(总体)的个体属性数据进行主因子提取,结果如表5.25所示:

表 5.25 个体属性主因子提取一

成分	初始特征值			提取平方和载入			旋转平方和载入		
	合计	方差(%)	累积(%)	合计	方差(%)	累积(%)	合计	方差(%)	累积(%)
1	1.924	32.074	32.074	1.924	32.074	32.074	1.918	31.964	31.964
2	1.279	21.324	53.398	1.279	21.324	53.398	1.250	20.835	52.800
3	0.972	16.202	69.600	0.972	16.202	69.600	1.008	16.800	69.600

*资料来源:笔者根据南京市流动人口抽样数据(2009)自制。

对个体属性数据的初始特征值进行提取平方和旋转平方,选取特征值大于1的前三个成分作为个体属性主因子,这三个主因子的累积方差占原变量总方差的69.600%;同时根据这三个主因子的成分矩阵,选取六个主要荷载变量作为各主因子的主成分。各主因子中个体属性数据的成分比例[①]如表5.26所示:

表 5.26 各主因子成分矩阵一

个体属性	年龄	月收入	居住时间	教育程度	婚姻状况	单位类型
主因子 1	0.844	−0.115	0.386	−0.782	0.761	−0.014
主因子 2	0.093	0.847	0.763	0.443	0.103	−0.032
主因子 3	0.011	0.032	−0.119	−0.029	−0.053	0.994

*资料来源:笔者根据南京市流动人口抽样数据(2009)自制。

---

① 本书提取成分数值大于0.6的个体属性数据作为主因子的主成分,主成分为该主因子的主要解释变量。

通过分析,将流动人口(总体)的六个个体属性归并为三个主因子,各主因子的主要成分如下:

① 主因子1:主要成分为年龄、教育程度和婚姻状况;

② 主因子2:主要成分为月收入和居住时间;

③ 主因子3:主要成分为单位类型。

其次,将对流动人口(总体)的就业可达性产生关联影响的用地特征因子与个体属性主因子输入SPSS软件进行相关性分析,考察用地特征因子对流动人口个体属性的影响程度。其结果如表5.27所示:

表5.27　用地特征因子与个体属性主因子的相关性分析一

用地特征因子		商业服务业用地比	公共服务用地比	工业用地比	道路用地比	公交服务水平	绿地用地比
主因子1	相关性	0.001	0.128**	0.030	0.032	−0.006	−0.004
	显著性	0.971	0.000	0.201	0.181	0.808	0.852
主因子2	相关性	0.094**	0.114**	0.015	0.226**	0.257**	−0.038
	显著性	0.000	0.000	0.538	0.000	0.000	0.113
主因子3	相关性	0.053	0.007	0.000	−0.015	0.015	0.013
	显著性	0.128	0.776	0.990	0.519	0.519	0.588

* 表示在0.01水平(双侧)上显著相关。
** 资料来源:笔者根据南京市流动人口抽样数据(2009)自制。

经过相关性分析,可知流动人口(总体)的个体属性主因子同用地特征因子均存在不同程度的关联影响。可以发现:

① 个体属性主因子1同公共服务用地比呈显著正相关。

② 个体属性主因子2同商业服务业用地比、公共服务用地比、道路用地比和公交服务水平均呈显著正相关。其中与公交服务水平的相关性最强,与商业服务业用地比的相关性最弱。

③ 个体属性主因子3同用地特征因子不存在相关性。

进一步,对流动人口(总体)的个体属性主因子与就业可达性进行相关性分析,考察个体属性主因子对流动人口就业可达性的影响程度。其结果如表5.28所示:

表5.28　个体属性主因子与就业可达性的相关性分析一

个体属性主因子		主因子1	主因子2	主因子3
就业可达性	相关性	0.140**	0.250**	−0.035
	显著性	0.000	0.000	0.142

* 表示在0.01水平(双侧)上显著相关。
** 资料来源:笔者根据南京市流动人口抽样数据(2009)自制。

从分析结果来看,流动人口(总体)的个体属性主因子2同就业可达性的相关性最强;个体属性主因子1同就业可达性的相关性一般;个体属性主因子3同就业可达性不存在相关性。

最后,根据上述分析结果,形成用地特征因子、流动人口(总体)的个体属性和就业可达

性三者之间的关联影响模式图如下(图5.75):

【分析】鉴于第5.2节已有的"用地特征因子—就业可达性"的单向影响论述,下文仅就"用地特征因子—个体属性"以及"个体属性—就业可达性"的递进关联分析如下:

① 个体属性主因子1(年龄、教育程度和婚姻状况):

流动人口(总体)年龄的增长和家庭生活的变化会增加对公共服务设施的依赖性,而教育程度的提升则会加强利用公共服务设施的意识,因此公共服务用地对流动人口(总体)的年龄、教育程度和婚姻状况都具有一定的正向影响。

随着年龄的增长和教育程度的提升,流动人口(总体)会结合自身条件,优选城市交通设施,降低通勤成本,从而对流动人口(总体)的就业可达性产生"强促进"作用。

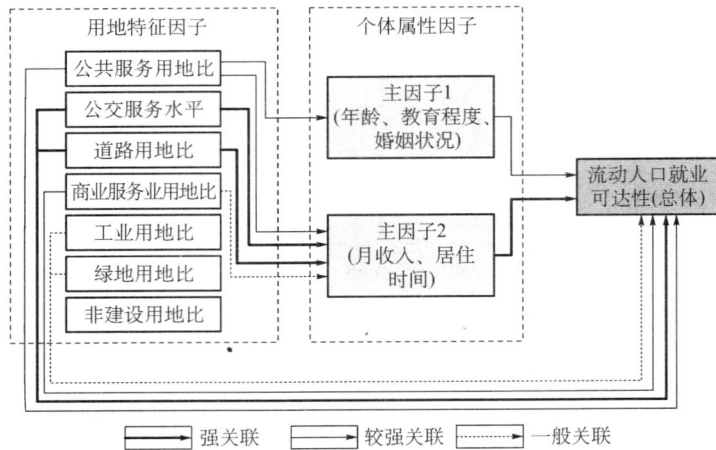

图5.75 就业可达性关联影响模式图(总体)

*资料来源:笔者自绘。

因此,叠合上述关联因素,可知公共服务用地对流动人口(总体)的就业可达性会产生一定的正向影响。

② 个体属性主因子2(月收入和居住时间):

城市中公交服务水平和道路用地比较高的区域,因其便捷的交通服务和高可达性,往往最能吸引收入相对较高的流动人口,并可以保持该类群体稳定而长期的居住,因此与流动人口(总体)的月收入和居住时间具有强正相关性;公共服务用地所配备的基础设施和服务水平对流动人口同样具有较强吸引力,因此与流动人口(总体)的月收入和居住时间也具有强正相关性;商业服务业用地比高的区域会吸引收入相对较高且具有消费意愿的流动人口,因此与流动人口的月收入具有一定的正相关性。

随着流动人口(总体)收入和居住时间的增加而产生的通勤工具的改善、通勤方式的提升以及对城市交通和公共服务设施更为有效的利用,会对流动人口(总体)的就业可达性产生重要的正向影响。

因此,叠合上述关联因素,可知公交服务水平、道路用地会对流动人口(总体)的就业可达性会产生重要的正向影响;公共服务用地和商业服务业用地会产生一定的正向影响。

③ 个体属性主因子3(单位类型):

流动人口(总体)的单位类型同用地特征因子和就业可达性均不存在相关性,可能的解释是流动人口在就业单位的选择上受个体意愿、自身条件和整体就业背景的影响较大,而受城市用地结构的直接影响较小,因此二者不存在相关性。

流动人口(总体)的就业可达性主要受就业地和居住地的空间制约,而其就业的单位类型却同职住空间的分布无直接关联,因此对就业可达性的影响也同样微弱。

2) 就业可达性影响的关联分析之二(商业服务业人员)

首先对流动人口(商业服务业人员)的个体属性数据进行主因子提取,结果如表5.29所示:

表 5.29　个体属性主因子提取二

成分	初始特征值			提取平方和载入			旋转平方和载入		
	合计	方差(%)	累积(%)	合计	方差(%)	累积(%)	合计	方差(%)	累积(%)
1	1.942	32.363	32.363	1.942	32.363	32.363	1.869	31.148	31.148
2	1.228	20.474	52.837	1.228	20.474	52.837	1.264	21.063	52.211
3	0.970	16.160	68.997	0.970	16.160	68.997	1.007	16.786	68.997

* 资料来源:笔者根据南京市流动人口抽样数据(2009)自制。

对个体属性数据的初始特征值进行提取平方和旋转平方,选取特征值大于1的前三个成分作为个体属性主因子,这三个主因子的累积方差占原变量总方差的68.997%。同时根据这三个主因子的成分矩阵,选取六个主要荷载变量作为各主因子的主成分。各主因子中个体属性数据的成分比例如表5.30所示:

表 5.30　各主因子成分矩阵二

个体属性	年龄	月收入	居住时间	教育程度	婚姻状况	单位类型
主因子 1	0.799	0.215	0.667	−0.436	0.736	−0.082
主因子 2	−0.207	0.821	0.263	0.689	−0.048	0.012
主因子 3	−0.134	0.047	−0.006	−0.041	−0.021	0.992

* 资料来源:笔者根据南京市流动人口抽样数据(2009)自制。

通过分析,将流动人口(商业服务业人员)的六个个体属性归并为三个主因子,各主因子的主要成分如下:

① 主因子1:主要成分为年龄、居住时间和婚姻状况。

② 主因子2:主要成分为月收入和教育程度。

③ 主因子3:主要成分为单位类型。

其次,将对流动人口(商业服务业人员)的就业可达性产生相关影响的用地特征因子与个体属性主因子输入SPSS软件进行相关性分析,考察用地特征因子对流动人口个体属性的影响程度。其结果如表5.31所示:

表 5.31　用地特征因子与个体属性主因子的相关性分析二

用地特征因子		商业服务业用地比	公共服务用地比	道路用地比	公交服务水平	绿地用地比
主因子1	相关性	−0.306**	0.082**	−0.002	0.011**	0.050
	显著性	0.000	0.018	0.946	0.742	0.151
主因子2	相关性	0.127**	0.235**	0.138**	0.287**	−0.003
	显著性	0.000	0.000	0.000	0.000	0.923
主因子3	相关性	0.094**	0.059	0.022	−0.011	0.038
	显著性	0.013	0.114	0.527	0.743	0.111

* 表示在 0.01 水平(双侧)上显著相关。
** 资料来源:笔者根据南京市流动人口抽样数据(2009)自制。

经过相关性分析可知,流动人口(商业服务业人员)的个体属性主因子同用地特征因子均存在不同程度的关联影响。可以发现:

① 个体属性主因子1同商业服务业用地比的相关性最强且呈负相关,同公交服务水平呈显著正相关,同公共服务用地比的相关性最弱。

② 个体属性主因子2同公交服务水平的相关性最强,其次为公共服务用地比,同商业服务业用地比的相关性一般,同绿地用地比的相关性最弱。

③ 个体属性主因子3同商业服务业用地比具有一定相关性。

进一步,将流动人口(商业服务业人员)的个体属性主因子与就业可达性进行相关性分析,考察个体属性主因子对流动人口就业可达性的影响程度。其结果如表 5.32 所示:

表 5.32　个体属性主因子与就业可达性的相关性分析二

个体属性主因子		主因子1	主因子2	主因子3
就业可达性	相关性	0.213**	0.171**	0.097**
	显著性	0.000	0.000	0.008

* 表示在 0.01 水平(双侧)上显著相关。
** 资料来源:笔者根据南京市流动人口抽样数据(2009)自制。

从分析结果来看,流动人口(商业服务业人员)的个体属性主因子1同就业可达性的相关性最强;个体属性主因子2同就业可达性的相关性一般;个体属性主因子3同就业可达性的相关性较弱。

最后,根据上述分析结果,形成用地特征因子、流动人口(商业服务业人员)的个体属性和就业可达性三者之间的关联影响模式图如下(图 5.76):

【分析】鉴于第 5.2 节已有"用地特征因子—就业可达性"的单向影响论述,下文仅就"用地特征因子—个体属性"以及"个体属性—就业可达性"的递进关联分析如下:

① 个体属性主因子1(年龄、居住时间和婚姻状况)

城市中商业服务业设施(尤其是大量的中低档业态)集中的区域,在吸引大量对口就业的同时,也会带来较为激烈的行业竞争,在此环境下,就业的流动人口(商业服务业人员)往往具有低龄化、短期就业和流动性强等特点,因此商业服务业用地与流动人口(商业服务业人员)的年龄、居住时间和婚姻状况具有强负相关性;流动人口(商业服务业人员)年龄的增长、居住时间的增加以及家庭生活的变化会增加对公共服务设施的依赖性,因此公共服务用地对流动人口(商业服务业人员)的年龄、居住时间和婚姻状况都具有一定的正向影响。

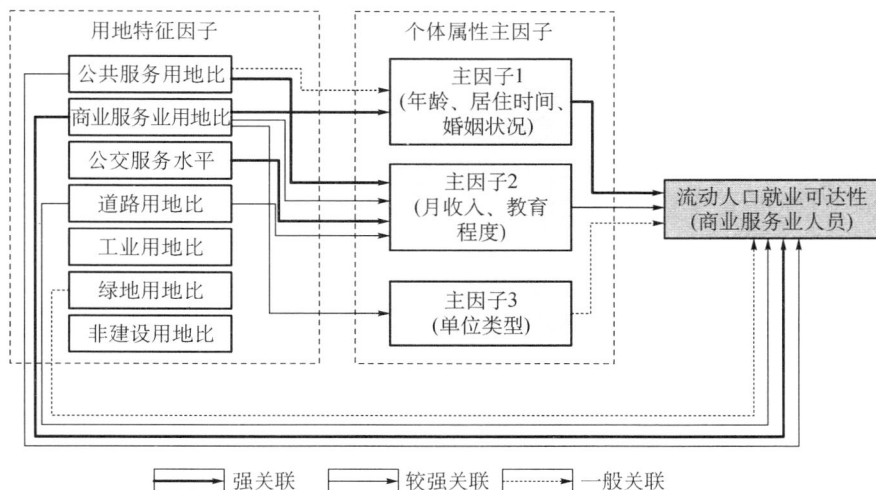

图 5.76 就业可达性关联影响模式图(商业服务业人员)
* 资料来源:笔者自绘。

随着年龄的增长和居住时间的增加,流动人口(商业服务业人员)会利用自身条件和城市交通设施的优选来不断降低通勤成本,从而对流动人口的就业可达性产生重要的正向影响。

因此,叠合上述关联因素,可知商业服务业用地对流动人口(商业服务业人员)的就业可达性会产生重要的负向影响;公共服务用地会产生一定的正向影响。

② 个体属性主因子 2(月收入和教育程度)

城市中公交服务水平、道路用地比和公共服务水平较高的区域,往往最能吸引高学历和高收入的流动人口,因此与流动人口(商业服务业人员)的月收入和教育程度具有强正相关性;此外商业服务业设施的经营活动和消费吸引力对于流动人口的月收入也具有一定的正向影响。

随着流动人口(商业服务业人员)教育程度的提升和收入的增加而产生的通勤工具的改善、通勤方式的优化以及通勤效率的提升,会对流动人口的就业可达性产生较强的正向影响。

因此,叠合上述关联因素可知,公交服务水平、道路用地比和公共服务用地会对流动人口(商业服务业人员)的就业可达性会产生较强的促进作用;商业服务业用地会产生一定的正向影响。

③ 个体属性主因子 3(单位类型)

城市中的商业服务业用地与流动人口(商业服务业人员)的就业直接相关,因此与其就业的单位类型具有一定的相关性。

流动人口(总体)的就业可达性主要受就业地和居住地的空间制约,而其就业的单位类型却同职住空间的分布无直接关联,因此对就业可达性的影响微弱。

3) 就业可达性影响的关联分析之三(生产运输设备操作业人员)

首先对流动人口(生产运输设备操作业人员)个体属性数据进行主因子提取。结果如

表 5.33 所示：

表 5.33 个体属性主因子提取三

成分	初始特征值			提取平方和载入			旋转平方和载入		
	合计	方差(%)	累积(%)	合计	方差(%)	累积(%)	合计	方差(%)	累积(%)
1	1.797	29.946	29.946	1.797	29.946	29.946	1.789	29.817	29.817
2	1.298	21.639	51.585	1.298	21.639	51.585	1.145	19.079	48.896
3	0.954	15.898	67.483	0.954	15.898	67.483	1.115	18.587	67.483

* 资料来源:笔者根据南京市流动人口抽样数据(2009)自制。

对个体属性数据的初始特征值进行提取平方和旋转平方,选取特征值大于 1 的前三个成分作为个体属性主因子,这三个主因子的累积方差占原变量总方差的 67.483%。同时根据这三个主因子的成分矩阵,选取五个主要荷载变量作为各主因子的主成分。各主因子中个体属性数据的成分比例如表 5.34 所示:

表 5.34 各主因子成分矩阵三

个体属性	年龄	月收入	居住时间	教育程度	婚姻状况	单位类型
主因子 1	0.880	0.021	0.121	−0.645	0.755	0.113
主因子 2	0.008	−0.082	−0.641	0.004	0.001	0.353
主因子 3	0.057	0.903	0.318	0.411	0.110	0.119

* 资料来源:笔者根据南京市流动人口抽样数据(2009)自制。

通过分析,将流动人口(生产运输设备操作业人员)的六个个体属性归并为三个主因子,各主因子的主要成分如下:

① 主因子 1:主要成分为年龄、教育程度和婚姻状况。

② 主因子 2:主要成分为居住时间。

③ 主因子 3:主要成分为月收入。

其次,将对流动人口(生产运输设备操作业人员)的就业可达性产生相关影响的用地特征因子与个体属性主因子载入 SPSS 软件进行相关性分析,考察用地特征因子对流动人口个体属性的影响程度。其结果如表 5.35 所示:

表 5.35 用地特征因子与个体属性主因子的相关性分析三

用地特征因子		商业服务业用地比	公共服务用地比	工业用地比	道路用地比	公交服务水平	非建设用地比
主因子 1	相关性	0.049	0.076	0.049	0.044	0.237**	−0.068
	显著性	0.204	0.211	0.204	0.205	0.000	0.186
主因子 2	相关性	−0.116	0.159**	−0.373**	0.288**	0.069	−0.023
	显著性	0.025	0.002	0.000	0.000	0.180	0.657
主因子 3	相关性	−0.035	−0.013	−0.123**	−0.036	−0.042	0.025
	显著性	0.500	0.806	0.005	0.484	0.421	0.632

* 表示在 0.01 水平(双侧)上显著相关。

** 资料来源:笔者根据南京市流动人口抽样数据(2009)自制。

经过相关性分析可知,流动人口(生产运输设备操作业人员)的个体属性主因子同用地特征因子均存在不同程度的关联影响。可以发现:

① 个体属性主因子1同公交服务水平呈显著正相关。

② 个体属性主因子2同工业用地比呈显著负相关,同道路用地比的相关性较强,同公共服务用地比的相关性一般。

③ 个体属性主因子3同工业用地比具有一定的相关性。

进一步,将流动人口(生产运输设备操作业人员)的个体属性主因子与就业可达性进行相关性分析,考察个体属性主因子对流动人口就业可达性的影响程度。其结果如表5.36所示:

表5.36　个体属性主因子与就业可达性的相关性分析三

个体属性主因子		主因子1	主因子2	主因子3
就业可达性	相关性	0.165**	0.190**	0.105**
	显著性	0.000	0.000	0.000

* 表示在0.01水平(双侧)上显著相关。
* * 资料来源:笔者根据南京市流动人口抽样数据(2009)自制。

从分析结果来看,流动人口(生产运输设备操作业人员)的个体属性主因子2同就业可达性的相关性最强;其次为个体属性主因子1;个体属性主因子3同就业可达性的相关性较弱。

最后,根据上述分析结果,形成用地特征因子、流动人口(生产运输设备操作业人员)的个体属性和就业可达性三者之间的关联影响模式图如下(图5.77):

【分析】鉴于第5.2节已有"用地特征因子—就业可达性"的单向影响论述,下文仅就"用地特征因子—个体属性"以及"个体属性—就业可达性"的递进关联分析如下:

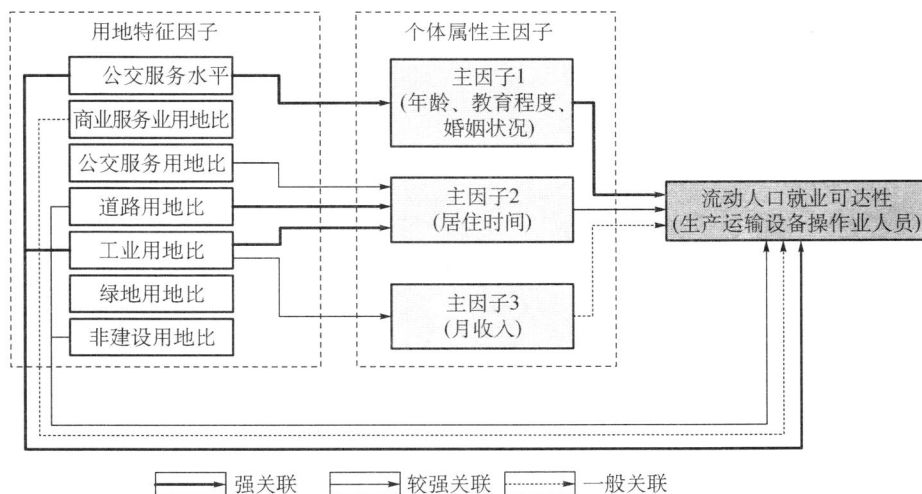

图5.77　就业可达性关联影响模式图(生产运输设备操作业人员)

* 资料来源:笔者自绘。

① 个体属性主因子1(年龄、教育程度和婚姻状况):

流动人口(生产运输设备操作业人员)年龄的增长和家庭生活的变化会增加对公共交通的依赖性,而教育程度的提升则会加强其利用公共交通设施的意识,因此公交服务水平同流动人口(生产运输设备操作业人员)的年龄、教育程度和婚姻状况都具有一定的正向影响。

随着年龄的增长和教育程度的提升,流动人口(生产运输设备操作业人员)会结合自身条件和城市交通设施的优选来降低通勤成本,从而对其就业可达性产生"促进"作用。

因此,叠合上述关联因素,可知公交服务水平会对流动人口(生产运输设备操作业人员)的就业可达性会产生一定的促进作用。

② 个体属性主因子2(居住时间):工业区相对缺乏的基础设施和滞后的服务保障水平不能满足流动人口日益增长的居住和生活需求,因而工业用地对流动人口的居住时间具有重要的负向影响;道路交通和公共服务较好的区域对流动人口具有较强吸引力,因而对其居住时间具有强的正向影响。

随着居住时间的增加,流动人口(生产运输设备操作业人员)会充分利用自身条件和城市交通设施来不断降低通勤成本,从而对流动人口的就业可达性产生较强的促进作用。

因此,叠合上述关联因素,可知工业用地对流动人口(生产运输设备操作业人员)的就业可达性会产生重要的负向影响;道路用地和公共服务用地会产生较强的正向影响。

③ 个体属性主因子3(月收入):

城市中工业用地集中的区域会提供大量对口就业的机会,就业和收入的直接关联使工业用地对流动人口(生产运输设备操作业人员)的月收入会产生一定的正向影响。

随着流动人口(生产运输设备操作业人员)收入的增加而产生的通勤工具的改善、通勤方式的优化以及通勤效率的提升,会对流动人口的就业可达性产生一定的正向影响。

因此,叠合上述关联因素,工业用地从收入角度会对流动人口就业可达性产生一定的正向影响,但结合居住时间的影响,则该正向影响被抵消,并总体呈现较强的"阻抗"作用。

5.3.3 小结

根据前述结论,对各流动人口群体(总体＋分职业)的就业可达性具有关联影响的用地特征因子和个体属性因子进行总结,并比较其主要影响因素,分析和比较结果如图5.78所示:

经过比较可以看出:

① 对于流动人口(总体)而言,公交服务水平和道路用地比对其月收入和居住时间的影响最大;同时月收入和居住时间对其就业可达性的影响最大。

② 对于流动人口(商业服务业人员)而言,商业服务业用地比对其年龄、居住时间和婚姻状况的影响最大,同时年龄、居住时间和婚姻状况对其就业可达性的影响最大;公交服务水平和公共服务用地比对其月收入和教育程度的影响较大,同时月收入和教育程度对其就业可达性的影响较大。

③ 对于流动人口(生产运输设备操作业人员)而言,工业用地比对其居住时间的影响最大,同时居住时间对其就业可达性的影响最大;公交服务水平对其年龄、教育程度和婚姻状况的影响较大,同时年龄、教育程度和婚姻状况对其就业可达性的影响较大。

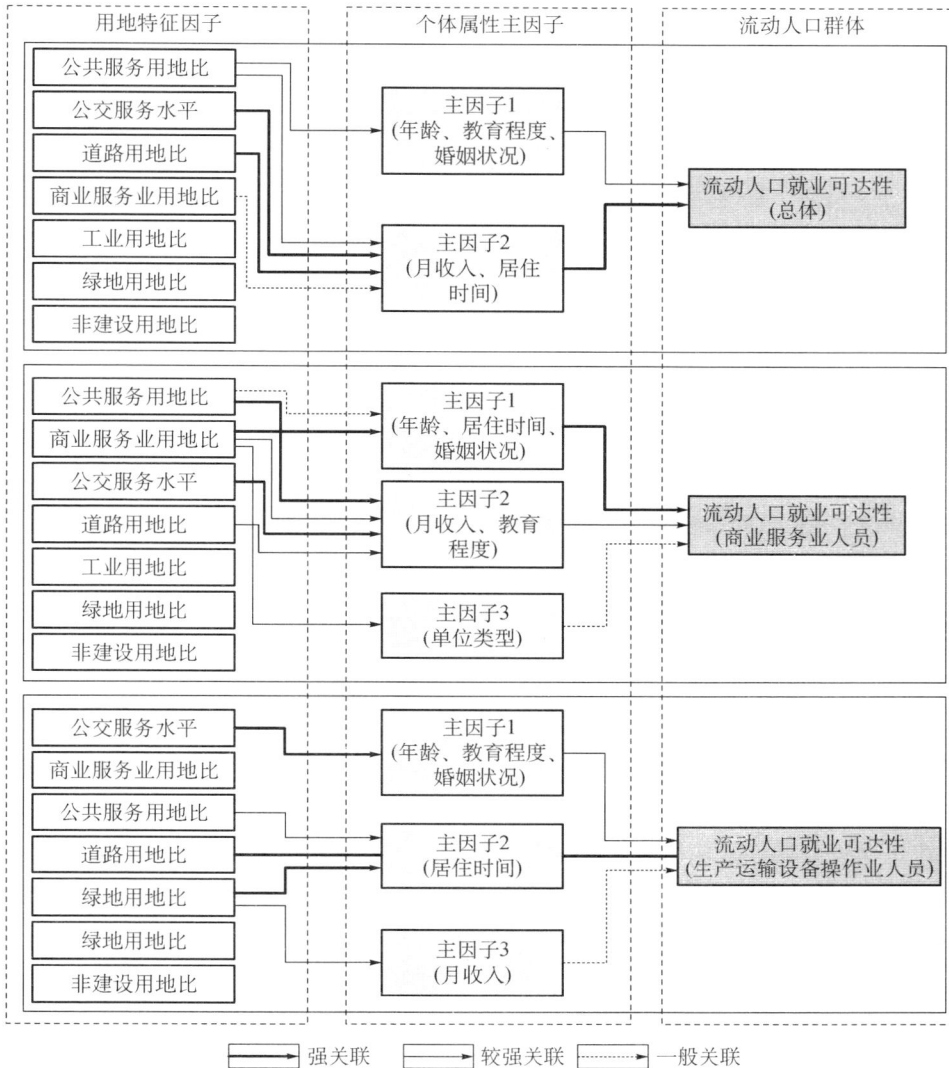

图 5.78 就业可达性影响的关联比较分析

* 资料来源:笔者自绘。

不同群体流动人口个体属性与就业可达性关联影响的比较分析总结如表 5.37 所示:

表 5.37 不同流动人口群体就业可达性关联影响的比较分析结论

流动人口群体	用地特征因子对个体属性影响 (由强至弱)	个体属性对就业可达性影响 (由强至弱)
总体	公交服务水平>道路用地比>公共服务用地比	月收入、居住时间>年龄、教育程度、婚姻状况
商业服务业人员	商业服务业用地比>公交服务水平>公共服务用地比	年龄、居住时间、婚姻状况>月收入、教育程度>单位类型
生产运输设备操作业人员	工业用地比>公交服务水平>道路用地比	年龄、教育程度、婚姻状况>居住时间>月收入

* 资料来源:笔者自绘。

5.4 本章小结

本章首先从总体和分职业两个层面对南京市流动人口的就业可达性进行了测度,并对测度结果进行了分析和描述。然后,引入一系列的土地利用特征因子,从总体和分职业两个层面对城市用地特征与南京市流动人口的就业可达性的相关程度进行了定量分析,并对分析结果进行了描述、比较和原因剖析。最后,又引入一系列的流动人口个体属性因子,从总体和分职业两个层面对"用地特征因子—个体属性"以及"个体属性—就业可达性"的单向递进影响进行了定量分析,进而结合第5.2节相关结论,对流动人口就业可达性影响进行了综合性关联分析。主要结论包括:

(1)流动人口的就业可达性分析:应用势能可达性测度工具和GIS空间统计方法,按照总体和分职业(商业服务业人员和生产运输设备操作业人员)两个层面对南京市流动人口的就业可达性进行了测度和分析,可以发现:

南京市流动人口的就业可达性水平总体呈现"由十字中心向外围递减,由西部向东部递减"的趋势。其中就业可达性水平较高的地区集中于主城中心,老城南部及西北沿江地区次之,主城北部和东部地区的就业可达性水平普遍偏低。

商业服务业流动人口的就业可达性水平呈现"由多核加扇形高位区向外围递减,由中部向南北递减"的趋势。其中就业可达性水平较高的地区集中于主城中心和老城南部,西部沿江地区次之,主城南部两端的就业可达性水平较低。

生产运输设备操作业流动人口的就业可达性水平呈现"由西部多核高位区向东部递减"的趋势。其中就业可达性水平较高的地区集中于主城中心及西北沿江地区,就业可达性水平较低的地区零散分布于主城南北两端。

(2)土地利用视角下流动人口的就业可达性影响研究:应用SPSS相关性分析方法和多元回归模型,引入一系列的土地利用特征因子(商业服务业用地比、公共服务用地比、工业用地比、道路用地比、公交服务水平、绿地用地比和非建设用地比),从总体和分职业两个层面对城市用地特征与南京市流动人口的就业可达性相关程度进行了定量分析,可以发现:

南京市流动人口(总体)就业可达性与交通设施用地相关的道路用地比和公交服务水平的相关性较强,与商业服务业用地比呈负相关,与绿地用地比和工业用地比的相关性系数较低且均呈负相关,与非建设用地比不具有相关性。

南京市流动人口(商业服务业人员)就业可达性与商业服务业用地比的相关性系数最高且呈负相关,与公交服务水平的相关性较强,与绿地用地比的相关性系数较低且呈负相关,与工业用地比和非建设用地比之间不存在相关性。

南京市流动人口(生产运输设备操作业人员)就业可达性与工业用地比的相关性系数最高且呈负相关,与公交服务水平的相关性较高,与非建设用地比的相关性一般且为负值,与商业服务业用地比、公共服务用地比和道路用地比的相关性较弱。

横向比较同一用地特征因子对不同流动人口群体的相关性差异可以发现:绿地用地比对流动人口(总体)的就业可达性影响最大,非建设用地比对流动人口(总体)的就业可达性影响最小;商业服务业用地比、道路用地比和公交服务水平对流动人口(商业服务业人员)的就业可达性影响最大,非建设用地比对流动人口(商业服务业人员)的就业可达性影响最小;工业用地比和非建设用地比对流动人口(生产运输设备操作业人员)的就业可达性影响最大,商业服务业用地比、道路用地比、公交服务水平和绿地用地比的影响最小。

综合用地特征因子与各流动人口群体的就业可达性之间均不存在相关性。

(3)流动人口个体属性与就业可达性影响的关联研究:通过个体属性数据(年龄、月收入、居住时间、教育程度、婚姻状况和单位类型)主因子的提取和 SPSS 相关性分析方法,从总体和分职业两个层面对"用地特征因子—个体属性"以及"个体属性—就业可达性"的单向递进影响进行了定量分析,可以发现:

对于南京市流动人口(总体)而言,年龄、教育程度和婚姻状况同公共服务用地比呈显著正相关;月收入和居住时间同商业服务业用地比、公共服务用地比、道路用地比和公交服务水平均呈显著正相关;单位类型同用地特征因子不存在相关性。流动人口(总体)的月收入和居住时间同就业可达性的相关性最强;单位类型同就业可达性不存在相关性。

对于南京市流动人口(商业服务业人员)而言,年龄、居住时间和婚姻状况同商业用地比的相关性最强且呈负相关,同公交服务水平呈显著正相关,同公共服务用地比的相关性最弱;月收入和教育程度同公交服务水平的相关性最强,同道路用地比的相关性最弱;单位类型同商业服务业用地比具有一定相关性。流动人口(商业服务业人员)的年龄、居住时间和婚姻状况同就业可达性的相关性最强;单位类型同就业可达性的相关性较弱。

对于南京市流动人口(生产运输设备操作业人员)而言,年龄、教育程度和婚姻状况同公交服务水平呈显著正相关;居住时间同工业用地比呈显著负相关。流动人口(生产运输设备操作业人员)的居住时间同就业可达性的相关性最强;月收入同就业可达性的相关性较弱。

关联影响比较分析:对于流动人口(总体)而言,公交服务水平和道路用地比对其月收入和居住时间的影响最大;同时月收入和居住时间对其就业可达性的影响最大。对于流动人口(商业服务业人员)而言,商业服务业用地比对其年龄、居住时间和婚姻状况的影响最大;同时年龄、居住时间和婚姻状况对其就业可达性的影响最大。对于流动人口(生产运输设备操作业人员)而言,工业用地比对其居住时间的影响最大;同时居住时间对其就业可达性的影响最大。

6 南京市流动人口就业—居住空间的分离与通勤

　　抽样调查数据显示,南京市主城区内流动人口职住在同一街道的比重为 83.35%,职住空间较为吻合,但这并非表明二者之间矛盾小。流动人口进入城市的首要目的是就业,受到空间认知能力和经济收入的制约,他们往往倾向于就近择;但是在综合考虑了房源供给、居住成本、通勤条件、子女教育、医疗等配套设施等各类现实因素之后,却不得不在可承受的范围内接受不同程度的就业—居住空间的分离和通勤。因此,如何实现职住空间均衡同样是影响流动人口在城市立足发展的重要方面。

　　目前国内外学者对于职住均衡关系的研究主要包括三个方面:数量均衡、结构均衡和空间均衡。数量均衡,即计算给定地域范围内就业岗位的数量和居住人口数量的平衡,进行宏观的总量平衡度分析,一般称为平衡度(Balance)测量,是目前国内学者关于职住空间分离研究的主要方法(周素红等,2005;顾翠红等,2008;孙斌栋等,2008),但其仅表明该区域有实现职住均衡的潜力。结构均衡,一般采用托马斯提出的"独立指数"(Independence Index)测量方式,即在给定的地域范围内居住并就业的人数同到外部就业的人数比值(Thomas,1969),一般称为自足性(Self-contained)测量(宋金平等,2007;徐涛等,2009)。空间均衡,是从空间结构和城市布局角度探讨职住空间均衡问题,主要指居住地与就业地在空间结构中配置合理,居民对二者的选择达到最优化,可有效降低通勤时间和距离(孙斌栋等,2008;郑思齐等,2009)。

　　本章将借鉴数量均衡、结构均衡与空间均衡方面的研究方法,尝试从分离模式、通勤关系、网络关联度、空间错位等方面入手,基于"流动人口个体"的视角来研究南京市流动人口职住空间的总体分离特征,强调流动人口个体在居住地和就业地空间上的关联(图 6.1)。

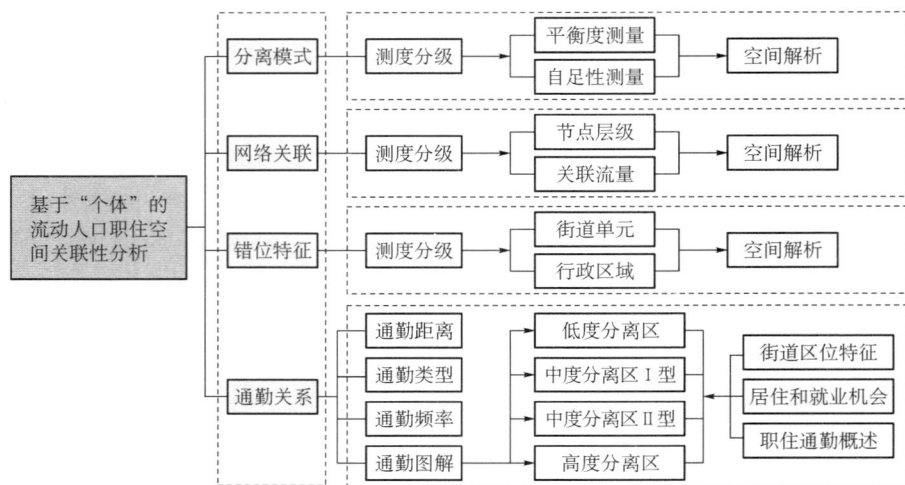

图 6.1　南京市流动人口职住空间的分离与通勤解析框架

*资料来源:笔者自绘。

6.1 南京市流动人口职住空间的分离模式解析

6.1.1 分离模式的测度分级

本节在课题组抽样调查数据的基础上,分别采用平衡度和自足性测量的方式,即从数量和结构两个层面研究南京市主城区流动人口职住空间分离的情况。

1) 平衡度测量

平衡度测量是对各街道单元内流动人口就业岗位和流动人口居住数量之间的均衡关系进行测度,因数据所限,本节且以在各街道单元就业的流动人口数量来表征其就业岗位数量 Z_i,引入就业—居住偏离度指数,其计算公式如下:

$$Z_i = \frac{Y_i/Y}{R_i/R} \qquad 式(6.1)$$

式中:Z_i——i 区域的就业—居住偏离度指数;

$\qquad Y_i$——在该区域就业的流动人口数量;

$\qquad Y$——在主城就业的流动人口总数;

$\qquad R_i$——在该区域居住的流动人口数量;

$\qquad R$——在主城居住的流动人口总数。

若偏离度指数等于 1,意味着该区域就业与居住功能匹配绝对均衡,反之则失衡。由于实际调查数据所限,本研究以 1 为基点且允许 0.05 的上下浮动范围,即若偏离度指数在 0.95~1.05 之间,说明该区域就业与居住功能匹配相对均衡;若指数小于 0.95,则说明居住比重高于就业比重,在该区域居住功能强于就业功能;若指数大于 1.05,则说明就业比重高于居住比重,在该区域就业功能占主导地位。

2) 自足性测量

自足性测量是通过对在某街道居住并就业的流动人口与居住地、就业地不在同一街道的流动人口的数量上的量化分析,来反映流动人口在职住空间结构上的均衡关系。

(1) 居住独立指数测算

居住独立比重(N_i):仅在 i 区域内居住,就业在其他区域的人数,占该区域内总居住人数的比值。街道单元 i 区域流动人口"居住独立指数"(Rs_i)的计算公式如下:

$$Rs_i = \frac{N_i}{\text{Avg}(N_i)} \quad (i=1,2,\cdots,n) \qquad 式(6.2)$$

即以某一街道单元内流动人口居住独立比重(N_i)与所有街道单元流动人口该比重均值的比值作为该街道单元的流动人口"居住独立指数"(Rs)。该值越高,表明居住独立性越强,分散在其他单元就业的流动人口比重越高。

(2) 就业独立指数测算

就业独立比重(B_i):仅在 i 区域内就业,居住在其他区域的人数,占该区域内总就业人数的比值。街道单元 i 区域流动人口"就业独立指数"(Es_i)的计算公式如下:

$$Es_i = \frac{B_i}{\text{Avg}(B_i)} \quad (i = 1, 2, \cdots, n) \tag{式(6.3)}$$

即以某一街道单元内流动人口就业独立比重(B_i)与所有街道单元流动人口该比重均值的比值作为该街道单元的流动人口"就业独立指数"(Es)。该值越高,表明就业独立性越强,分散在其他单元居住的流动人口比重越高。

基于上文提出的"居住独立指数"(Rs)和"就业独立指数"(Es),以 1 为临界点,将流动人口职住分离划分为 4 种模式(表 6.1):

表 6.1　流动人口职住分离的 4 种空间模式划分

分离模式	居住独立指数(Rs_i)	就业独立指数(Es_i)	说明	图示
低度分离区	<1	<1	居住者就近就业为主,就业者就近居住为主	
中度分离区Ⅰ型	<1	≥1	居住者就近就业为主,就业者分散居住为主	
中度分离区Ⅱ型	≥1	<1	居住者分散就业为主,就业者就近居住为主	
高度分离区	≥1	≥1	居住者分散就业为主,就业者分散居住为主	

* 资料来源:笔者整理。

6.1.2　分离模式的空间解析

采用上述式(6.1)~式(6.3)分别计算 44 个街道单元的"就业—居住偏离度指数"(Z)、"居住独立指数"(Rs)和"就业独立指数"(Es),并将结果映射在空间上(图 6.2~图 6.5),可以看出:

就业—居住偏离度指数主要呈现内高外低的"十字轴＋圈层"形态特征:得分最高的街道在老城区呈十字轴向分布,在下关区部分街道则呈散点分布,说明老城区对流动人口而言就业功能明显强于居住功能;老城边缘地带与部分郊区流动人口职住功能相对均衡;得分最低的街道分布于南北两翼郊区以及东南部郊区,说明这些区域对流动人口而言居住功能更强。

居住独立指数主要呈现由中心向外围递增的斑驳分布趋势:得分最高的街道在南北两翼郊区和老城边缘地带均有分布,包括雨花台区的三个街道、下关区的建宁路和小市街道以及建邺区的滨湖街道,说明这些街道对流动人口而言有更多的住房机会。

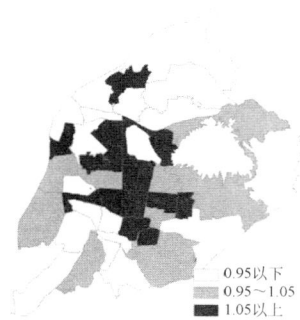

图 6.2 就业—居住偏离度指数

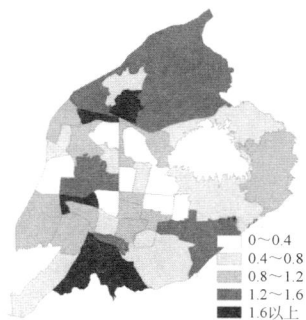

0~0.4
0.4~0.8
0.8~1.2
1.2~1.6
1.6以上

图 6.3 居住独立指数空间分布

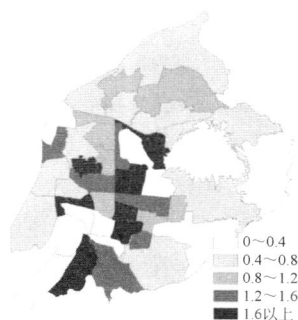

0~0.4
0.4~0.8
0.8~1.2
1.2~1.6
1.6以上

图 6.4 就业独立指数空间分布

* 资料来源:笔者自绘。

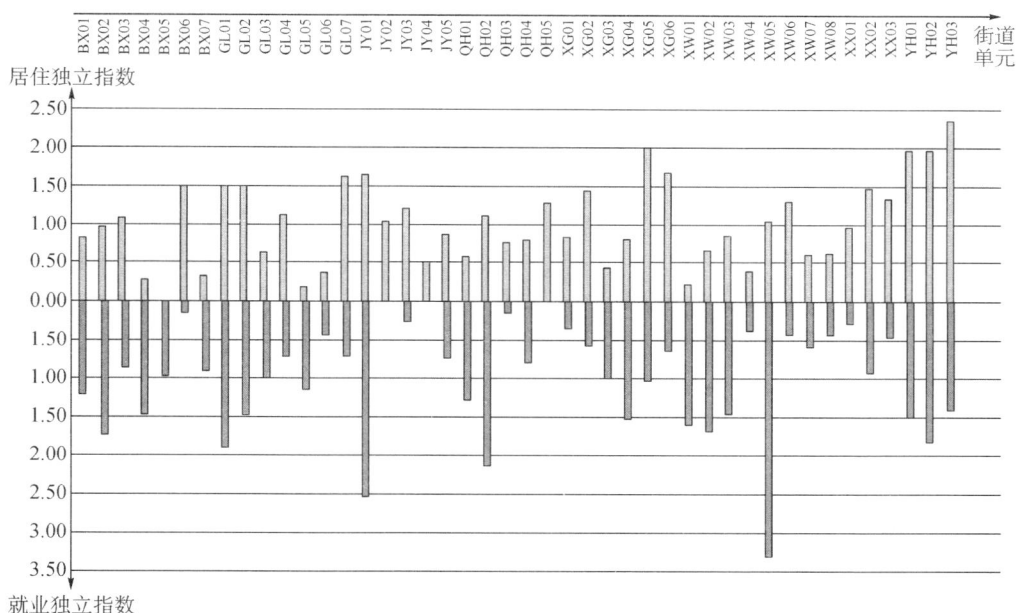

图 6.5 各街道单元的居住和就业独立指数

* 资料来源:笔者自绘。

就业独立指数主要呈现由中心向外围递减的"圈层＋弱放射"形态特征:得分最高的街道在老城中心区集聚分布,在老城边缘地带和郊区零散分布,包括锁金村街道、新街口街道、梅园新村街道、宁海路街道、洪武路街道、夫子庙街道、滨湖街道和赛虹桥街道,表明适合流动人口的就业岗位除了部分呈散点分布外,更多地位于城市中心区。

将南京市主城区流动人口职住空间分离程度划分为"低、中、高"三个等级,进而抽象和综合,发现其空间分布总体上呈现"圈层＋扇形"的形态特征(图 6.6~图 6.8)。在此基础上,对其职住空间分离模式进一步划分(表 6.2,图 6.6),分析得出:

(1)低度分离区:包括 13 个街道(占 29.55%),主要分布于东西部郊区,在老城区呈散点分布。因为位于郊区的这类区域大多缺乏交通及各项配套设施,就业辐射范围小,流动人口聚集度较低,少量聚集度高的街道(如幕府山街道)也以二产为主导,主要由企业统一

149

安排集体宿舍,故而职住分离程度较低。

(2)中度分离区Ⅰ型:包括 10 个街道(占 22.73%),集中分布在老城区及其边缘地带。因为老城区能为流动人口提供充足的就业机会,足以吸纳附近居住的流动人口。而就业者倾向于分散居住的原因则可能有以下几方面:一是老城区内同流动人口综合需求相匹配的房源供给相对有限,同时其便利的交通条件也在客观上为职住分离提供了可能;二是老城区的就业者以商业服务业为主,相较于建筑业、制造业等其他行业更倾向于自主解决居住问题,因此会在权衡了多方因素后分散流向郊区地带主动择居,造成职住空间的分离。

(3)中度分离区Ⅱ型:包括 12 个街道(占 27.27%),呈半环状态围绕在老城区边缘地带,并在北部郊区集中分布。因为这类区域内普遍分布着城中村和老旧小区等,拥有房源充足、成本低廉、交通方便、管理松懈等综合优势,因此成为大量流动人口的择居首选;而该类区域所能提供的就业机会相对不足,导致大量居住于此的流动人口流向其他街道寻求就业机会。

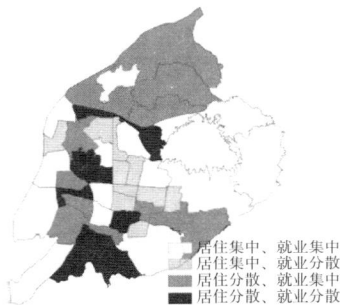

图 6.6　职住空间分离模式分布图　图 6.7　职住空间分离程度分布图　图 6.8　职住空间分离结构模式图

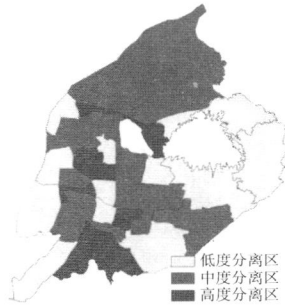

＊资料来源:笔者自绘。

表 6.2　流动人口职住分离的空间分布及其特征

分离模式	分布情况	分布特征
低度分离区	分布在紫金山周边、建邺区西南部以及江东街道、阅江楼街道、红花街道、湖南路街道、朝天宫街道、双塘街道	在东西部郊区集中分布,在老城区零散分布
中度分离区Ⅰ型	分布在玄武湖西侧以及幕府山街道、热河南路街道、中央门街道、五老村街道、洪武路街道、瑞金路街道、秦虹街道	在老城区及其边缘地带集中分布
中度分离区Ⅱ型	分布在栖霞区北部、下关区北部以及红山街道、挹江门街道、凤凰街道、南苑街道、中华门街道、大光路街道、光华路街道	在老城边缘地带呈半环状分布,并在北部郊区集中分布
高度分离区	分布在雨花台区的 3 个街道以及锁金村街道、建宁路街道、宁海路街道、华侨路街道、滨湖街道、夫子庙街道	在老城区及其边缘地带呈散点分布,在南部郊区集中分布

＊资料来源:笔者整理。

(4)高度分离区:包括 9 个街道(占 20.45%),在老城区及其边缘地带呈散点分布,在南部郊区集中分布。对于老城区及其边缘的部分街道来说,便利的交通条件、流动人口的职业类型以及较高的收入水平,均在某种程度上提高了职住分离度;对于南部郊区来说,轨道交通也一定程度上确保了穿越主城的通勤联系不会因为距离而减弱,为普遍化的职住分离提供了可能。

6.2 南京市流动人口职住空间的网络关联解析

6.2.1 网络关联度测度分级

21世纪以来,学者们开始以网络联系的视角研究世界城市的等级结构和布局,传统的等级静态分析被逐渐取代,城市网络理论随之产生。作为节点层的城市和作为线图层的城市间关系即形成了城市间的网络关系,并决定了不同城市的地位。赵渺希、唐子来(2010)以地域间企业分支机构数据为基础,借鉴 Taylor 的数学模型[①],描述分析了长三角区域15个地区之间的联系程度[②]。

将城市网络理论应用于南京市流动人口"居住—就业"的空间关联分析,如果某个流动人口的居住和就业位于两个不同的街道,那么即可认定上述两个空间单元之间存在着网络关联,其关联程度取决于在两个街道间职住通勤的流动人口的规模和比重;同理,也可测知某一街道同其他所有街道的网络关联度及其总值,并据此划定街道单元间网络关联的不同节点和层级。研究方法和步骤如图 6.9 所示:

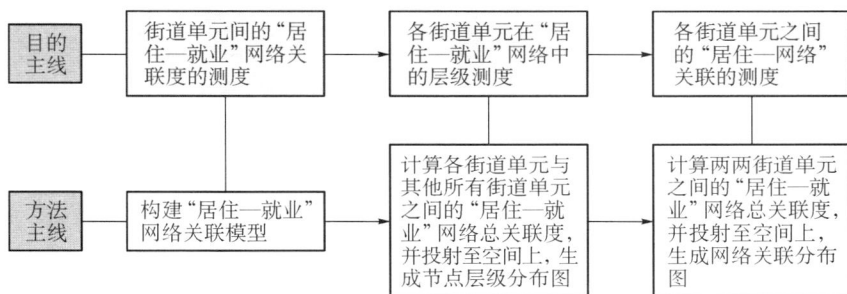

图 6.9 流动人口"居住—就业"网络关联研究技术路线图

*资料来源:笔者自绘。

(1)定义 $F_{a,b}$ 为居住于 a 街道,就业于 b 街道的流动人口(带有向量性的通勤流)比重,$F_{a,b}$ 则为相反向量的比重。如果不考虑方向性特征的话,以 $V_{a,b}$ 来表征 a,b 两街道单元之间的网络关联值,然后进行标准化处理,得到该对街道单元之间的网络关联度($N_{a,b}$)。最后,将一个街道单元与其他 43 个街道单元之间的网络关联度相加,可以得到该街道单元的总体网络关联度(N_a)。基本测度公式如表 6.3 所示。

① Taylor P J, Catalano G, Walker D R F. Measurement of the World City Network [J]. Urban Studies,2002
(39):2367 - 2377.

② 赵渺希,唐子来. 基于网络关联的长三角区域腹地划分[J]. 经济地理,2010,3(3):371 - 376.

表6.3 流动人口"居住—就业"网络关联模型基本测度公式

测度内容	测度公式	备注
街道单元 a 与 b 之间职住通勤的流动人口比重（$F_{a,b}$，$F_{b,a}$）	$F_{a,b} = \dfrac{T_{a,b}}{T_a}$； $F_{b,a} = \dfrac{T_{b,a}}{T_b}$　　式(6.4)	$T_{a,b}$ 为居住于 a 街道，就业于 b 街道的流动人口（带有向量性的通勤流）规模，$T_{b,a}$ 则为相反向量的规模，T_a 和 T_b 分别为居住于 a 街道和 b 街道的流动人口总人数
街道单元 a 与 b 之间的网络关联值（$V_{a,b}$）	$V_{a,b} = F_{a,b} + F_{b,a}$　　式(6.5)	以 $V_{a,b}$ 来表征 a，b 两街道单元之间的网络关联值
街道单元 a 与 b 之间的网络关联度（$N_{a,b}$ 或 $N_{b,a}$）	$N_{a,b}$（或 $N_{b,a}$）$= \dfrac{V_{a,b}（或 V_{b,a}）}{V_{max}} \times 100$　式(6.6)	将网络关联值（$V_{a,b}$）进行标准化处理，得到 a，b 两街道单元之间的网络关联度，其中 V_{max} 是所有街道单元之间的最大网络关联值
街道单元 a 与其他街道的总关联度（N_a）	$N_a = \sum_{j=1}^{n} N_{aj}$　　（$a \neq j$）式(6.7)	将该街道单元与其他 43 个街道单元之间的网络关联度相加，可以得到该街道单元的总体网络关联度（N_a），$N_{a,j}$ 表示街道 a 与街道 j 的关联度

＊资料来源：笔者整理。

（2）根据"居住—就业"网络关联模型中的式(6.7)，计算各街道单元在"居住—就业"网络中与其他单元的总关联度，采用 SPSS 软件将 44 个街道单元聚类分级，并投射至空间上，生成南京市流动人口"居住—就业"网络关联度节点层级分布图，以分析其节点分级特征。

（3）根据"居住—就业"网络关联模型中的式(6.6)，计算各街道单元两两之间的"居住—就业"网络关联度，提出小于 2‰、2‰～7‰、7‰～32‰、32‰～15％ 的关联流量，划分为 4 种等级的联系强度，并投射至空间上，生成南京市流动人口"居住—就业"空间网络关联分布图，以分析其关联特征。

上述步骤的主要目的是为了客观地描述本次研究的 44 个街道单元之间流动人口"居住—就业"的网络联系，分析街道之间相互作用的强弱，并从网络的角度对街道的节点进行层级划分。

6.2.2　网络关联度空间解析

1）网络关联度节点层级分析

按照式(6.7)，分别计算 44 个街道单元的流动人口"居住—就业"网络总关联度，并采用统计软件 SPSS 进行聚类分级（Hierarchial Cluster Ward's 聚类法），结果如表 6.4 所示：

表6.4 流动人口"居住—就业"网络关联度及层级分布

层级	区域
一级	夫子庙街道(212.54)、宁南街道(221.83)、赛虹桥街道(208.36)、洪武路街道(177.46)、滨湖街道(192.40)
二级	宁海路街道(135.36)、华侨路街道(119.82)、锁金村街道(122.83)、光华路街道(113.08)、朝天宫街道(117.92)、热河南路街道(116.09)、建宁路街道(137.30)、小市街道(129.42)、迈皋桥街道(139.64)、雨花新村街道(149.26)
三级	五老村街道(84.64)、大光路街道(71.76)、瑞金路街道(88.25)、新街口街道(87.27)、梅园新村街道(88.05)、玄武门街道(100.44)、红山街道(83.76)、湖南路街道(93.91)、挹江门街道(79.25)、中央门街道(68.39)、江东街道(63.47)、凤凰街道(104.73)、宝塔桥街道(94.53)、幕府山街道(65.10)、秦虹街道(63.72)、中华门街道(61.54)、马群街道(73.46)、燕子矶街道(61.81)、南苑街道(73.90)、兴隆街道(66.43)
四级	月牙湖街道(14.29)、南湖街道(50.00)、沙洲街道(23.68)、双塘街道(42.66)、红花街道(53.08)、后宰门街道(44.27)、孝陵卫街道(51.65)、玄武湖街道(42.05)、阅江楼街道(56.78)

＊资料来源：笔者根据南京市流动人口抽样数据(2009)自制。

根据街道的节点层级绘制成图,分析其空间分布状况(图 6.10),进而抽象和综合分析(图 6.11),可以看出,南京市主城区流动人口"居住—就业"网络关联度层级分布呈现"十字轴+扇形"的形态,形成"多核多片"的分布特征。

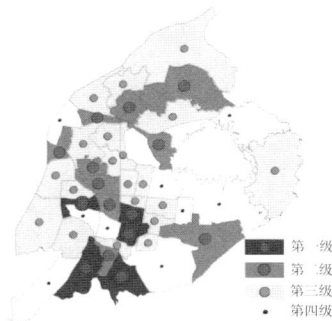

图 6.10 "居住—就业"网络关联度层级分布图　　图 6.11 "居住—就业"网络关联度层级抽象图

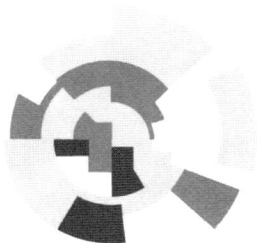

＊资料来源:笔者自绘。

(1) 夫子庙街道、洪武路街道、宁南街道、赛虹桥街道、滨湖街道为一级区域,处于"居住—就业"网络层级的最顶端,主要集中于老城南地区和雨花台区。其中,洪武路街道属于职住空间中度分离区Ⅰ型,其余四个街道均属于职住空间高度分离区。

(2) 10 个二级节点主要分布在老城区北部、西北部城郊结合地带以及东南部郊区。老城区包括宁海路、华侨路和朝天宫街道。热河南路、建宁路、小市、迈皋桥、锁金村联动形成明显空间集聚带,合围于老城区的西北部。其中宁海路街道、华侨路街道、锁金村街道、建宁路街道、雨花新村街道都属于职住空间高度分离区;光华路街道、小市街道、迈皋桥街道属于职住空间中度分离区Ⅱ型;热河南路街道属于职住空间中度分离区Ⅰ型;朝天宫街道属于职住空间低度分离区。

可以说,便捷的交通联系、充足的房源供给和特定的就业类型,在一定程度上确保了上述区域节点层级的突出性。

2) 网络关联流量分析

按照式(6.6)分别计算各个街道单元之间的流动人口"居住—就业"网络关联度(值),发现 85%的街道网络关联度(值)几乎为零,将前 15%的网络关联流量强度提出,划分为小于 2‰、2‰~7‰、7‰~32‰、32‰~15% 4 种关联程度等级,绘制出相应的街道单元之间"居住—就业"关联流量数据分布图(图 6.12)。

属于小于 2‰的值最大的关联对为宁南—赛虹桥、宁南—雨花新村,这些强关联对均发生在城南郊区雨花台区之间,区域内向性明显。

属于 2‰~7‰的值位于第二层级的关联对为华侨路—凤凰、滨湖—南苑、热河南路—建宁路、夫子庙—滨湖、光华路—滨湖,其中前三个较强联系对发生在鼓楼区、下关区、建邺区各区域内部,后两个跨区域关联均发生于滨湖与城南其他街道之间,体现了明显的区域内向性及空间指向性。

属于 7‰~32‰的值位于第三层级的关联对为宁海路—湖南路、宁海路—华侨路、江东—凤凰、赛虹桥—雨花新村、夫子庙—中华门、迈皋桥—燕子矶等 13 对同区域街道,以及迈皋桥—赛虹桥、中央门—马群、孝陵卫—朝天宫等 10 对跨区域街道,跨区域联系对所涉及的街道零散分布于老城边缘。

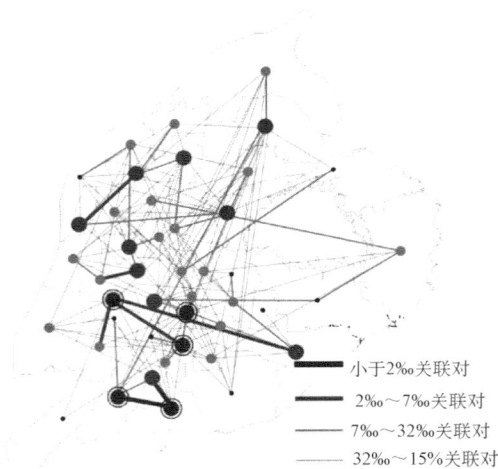

小于2‰关联对
2‰~7‰关联对
7‰~32‰关联对
32‰~15‰关联对

图 6.12 "居住—就业"网络关联流量($N_{a,b}$值)分布图
＊资料来源:笔者自绘。

可以看出,流动人口"居住—就业"网络分布相对均质,无明显空间集聚,并呈现出"同区域多关联,跨区域少关联"的关联特征。

6.3 南京市流动人口职住空间的错位特征解析

6.3.1 错位指数测度分级

1960 年代以来,美国开始对空间错位理论进行研究,从"居住—就业"空间关系的角度揭示了弱势群体在城市空间重构过程中的生存状况,认为在就业岗位郊区化和住房歧视的影响下,美国大都市区内出现了黑人劳动力相对过剩的状况,反映出城市重构与居民职住空间之间的关系及其对弱势群体的影响。近年来,我国各大城市也已出现了不同程度的职住分离现象,尽管不存在种族差异问题,但这一趋势依然对不同居民产生了不同程度的影响,尤其是可能加剧和固化低收入群体、下岗员工和流动人口等群体的弱势地位。目前,国内部分学者也通过对不同社会经济属性和住房类型的居民在通勤行为方面的差异分析,主要针对北京、广州等特大城市展开了实证研究(周素红等,2006;柴彦威,2002)。

本节将在现有国内外研究的基础上,借助空间错位指数(SMI)分析模型[①],基于本次抽样调查数据,针对流动人口这一特殊群体的"居住—就业"空间错位状况进行研究。

(1)以本次研究范围的 44 个街道单元为测度对象,分别计算出各街道单元的空间错位指数。其计算方法如下:

---

① 徐涛,宋金平,等.北京居住与就业的空间错位研究[J].地理科学,2009(04):174-180.

$$SMI_i = \frac{1}{2P_i}\left|\left(\frac{e_i}{E_r}\right)P_r - P_i\right| \qquad 式(6.8)$$

式中：SMI_i——街道单元 i 区域的空间错位指数；

P_i——在区域 i 居住的流动人口数量；

P_r——在主城居住的流动人口总数量；

e_i——在区域 i 就业的流动人口数量；

E_r——在主城就业的流动人口总数量。

（2）以本次调研范围的 8 个行政区域为测度对象，分别计算出各行政区域的空间错位指数。其计算方法如下：

$$SMI_j = \frac{1}{2P_j}\sum_{i=1}^{n}\left|\left(\frac{e_{ji}}{E_j}\right)P_j - P_{ij}\right| \qquad 式(6.9)$$

式中：SMI_j——行政区域 j 的空间错位指数；

P_{ij}——居住在行政区域 j 中街道单元 i 的流动人口数量；

P_j——居住在行政区域 j 中的流动人口总数；

e_{ji}——就业在行政区域 j 中街道单元 i 的流动人口数量；

E_j——就业在行政区域 j 中的流动人口总数；

n——行政区域 j 中街道单元的数量。

6.3.2 错位特征空间解析

本节拟根据空间错位指数分析模型，研究南京市流动人口的职住空间错位指数及其空间分布特征：依照式(6.7)计算各街道单元的空间错位指数（SMI_i），并采用统计软件 SPSS 将其结果聚类分级（Hierarchial Cluster Ward's 聚类法），结果如表 6.5 所示；依照式(6.8)计算出各行政区域的空间错位指数（SMI_j）并进行分级，结果如表 6.6 所示。在此基础上，按照不同层级投射至空间上，以分析其空间分布特征（图 6.13，图 6.14）。

表 6.5　流动人口职住空间错位指数及其层级分布（街道单元）

层级	区域
一级	锁金村街道(0.426)
二级	新街口街道(0.162)；梅园新村街道(0.127)；夫子庙街道(0.140)
三级	洪武路街道(0.098)；瑞金路街道(0.083)；月牙湖街道(0.100)；光华路街道(0.083)；马群街道(0.085)；宝塔桥街道(0.072)；热河南路街道(0.087)；建宁路街道(0.087)；小市街道(0.087)；雨花新村街道(0.084)；南湖街道(0.079)；南苑街道(0.076)；秦虹街道(0.082)；中华门街道(0.098)；玄武门街道(0.074)；红山街道(0.071)；中央门街道(0.103)；凤凰街道(0.076)
四级	朝天宫街道(0.063)；五老村街道(0.049)；燕子矶街道(0.059)；阅江楼街道(0.036)；幕府山街道(0.063)；沙洲街道(0.035)；双塘街道(0.045)；宁海路街道(0.057)；湖南路街道(0.043)；挹江门街道(0.031)
五级	大光路街道(0.014)；迈皋桥街道(0.022)；宁南街道(0.018)；赛虹桥街道(0.023)；滨湖街道(0.005)；兴隆街道(0.005)；红花街道(0.005)；后宰门街道(0.005)；孝陵卫街道(0.005)；玄武湖街道(0.011)；华侨路街道(0.005)；江东街道(0.011)

＊资料来源：笔者根据南京市流动人口抽样数据(2009)自制。

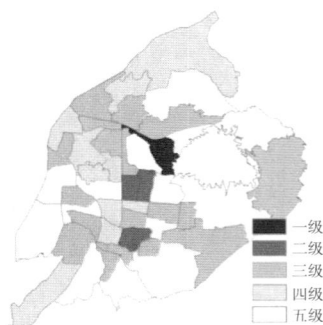

图6.13 空间错位指数分布图(街道单元)　图6.14 空间错位指数分布图(行政区域)

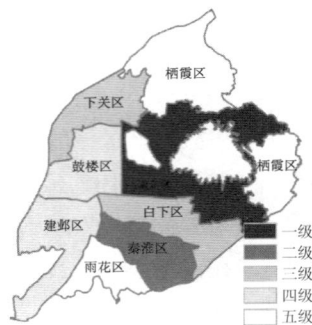

*资料来源:笔者自绘。

表6.6 流动人口职住空间错位指数及其层级分布(行政区域)

行政区域	玄武区	秦淮区	下关区	白下区	建邺区	鼓楼区	栖霞区	雨花台区
SMI_i	0.084	0.076	0.057	0.055	0.044	0.036	0.024	0.017
层级	一级	二级	三级	三级	四级	四级	五级	五级

*资料来源:笔者根据南京市流动人口抽样数据(2009)自制。

1) 错位特征(街道单元)

南京市主城区各街道单元空间错位指数可聚为5个层级,其中锁金村街道处于错位指数最高的一级,并明显高于其他级别街道;其次是3个二级街道——新街口街道、梅园新村街道、夫子庙街道。比较各个层级SMI_i值的大小,发现二级以下层级之间的空间错位指数差异不再出现明显的跌落现象。

分析空间分布特征可以发现,南京市主城区流动人口职住空间错位指数分布呈现双核统领下的扇形放射形态特征。错位指数较高的街道单元在老城北部形成了由新街口、梅园新村和锁金村围合的集聚区域,在老城南部形成了以夫子庙街道为中心的集聚区域,错位指数更次一级区域则由老城区呈扇形向东南、东北、西南、西北四个方向的郊区延伸。

2) 错位特征(行政区域)

南京市主城区各行政区域空间错位指数同样可分为5个层级,其中玄武区和秦淮区分别处于错位指数最高的一级和二级,并明显高于其他6个区域。其次是两个三级区域——下关区和白下区,两个四级区域——鼓楼区和建邺区;栖霞区和雨花台区的错位指数最低。

分析空间分布特征可以发现,南京市主城区流动人口职住空间错位指数整体上呈现出"东高西低、内高外低"的分布特征。其中以主城东部玄武区和秦淮区为最高区域,而西部鼓楼区和建邺区则相对较低。相对于内部区域来讲,职住空间错位指数最低区域又呈现出一定程度的边缘性,以主城南、北、东部边缘地带的栖霞区和雨花台区为最低层级。

可以看出,职住空间错位指数较高的区域主要分布在老城区及其边缘,究其原因主要有三方面:一是商业服务业最为发达、最为集聚的老城区域为流动人口提供了以商业服务业为主的大量就业机会;二是大批从事商业服务业的流动人口相较于其他行业来说更倾向于自主择居,往往会出于房源、成本或行政管理等方面的综合考虑,而不得不离开就业地到城郊地带择居;三是相对便捷的交通条件,也为该地区流动人口实现职住分离和日常通勤提供了保障和可能。

6.4　南京市流动人口职住空间的通勤关系解析

在职住空间均衡的研究中,通勤是衔接职住关系的关键桥梁,居住空间与就业空间的布局合理性在很大程度上是通过人口的日常通勤表现出来的。职住空间的不均衡会增加通勤距离,造成通勤成本以及通勤时间的浪费。本节基于"流动人口个体"的角度,通过通勤距离、通勤类型、通勤频率等方面的分析,对流动人口的职住空间分离问题进行研究。

6.4.1　通勤距离

通勤距离是指居住地到就业地的空间距离,本研究将流动人口居住街道中心到就业街道中心的直线距离作为通勤距离进行统计,以 D 表示。基于公共交通工具的平均速度,当通勤时间为 30 分钟时,平均通勤的空间距离5 km。因此,本研究以通勤空间距离 5 km 为半径,对流动人口通勤距离进行分类。

本次抽样调查数据显示,职住不在同一街道的流动人口中,每日单程通勤距离基本上不超过 20 km。其中单程通勤距离在 0～5 km 之间的占 66.32%;单程通勤距离在 5～10 km 之间的占 22.45%;单程通勤距离在 10～15 km 和 15～20 km 之间的分别占8.77%和2.46%(图 6.15)。

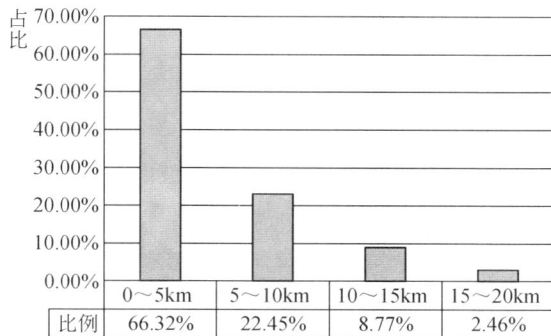

	0～5km	5～10km	10～15km	15～20km
比例	66.32%	22.45%	8.77%	2.46%

图 6.15　职住不在同一街道的流动人口通勤距离统计图
＊资料来源:笔者自绘。

以各个街道单元的居住个体为测度依据,形成不同通勤距离的流动人口比例分布图(图 6.16),可以看出,不同通勤距离的调研人群的空间分布差异较大。

(1) 老城区及其南部(鼓楼区、白下区和秦淮区的大部分街道)的流动人口通勤距离最短,在 0~5 km 之间的占 50%以上。

（2）老城北部边缘地带（下关区、玄武区）以及东南郊区（建邺区）个别街道的流动人口通勤距离相对较短,在5~10 km 之间的占 20%以上,其中鼓楼区挹江门街道、建邺区兴隆街道和沙洲街道通勤距离在5~10 km 之间的流动人口占 50%以上。

（3）北部和东部郊区（栖霞区、宝塔桥街道和玄武湖街道）以及老城南部少数街道（新街口、朝天宫、洪武路、中华门街道）的流动人口通勤距离相对较长,在 15~20 km 之间的占 20%以上,其中新街口街道占 75%以上,玄武湖街道占 50%以上。

（4）主城南北两翼（赛虹桥街道和燕子矶街道）流动人口通勤距离最长,在 15~20 km 之间的占 5%以上,其中赛虹桥街道占 20%以上。

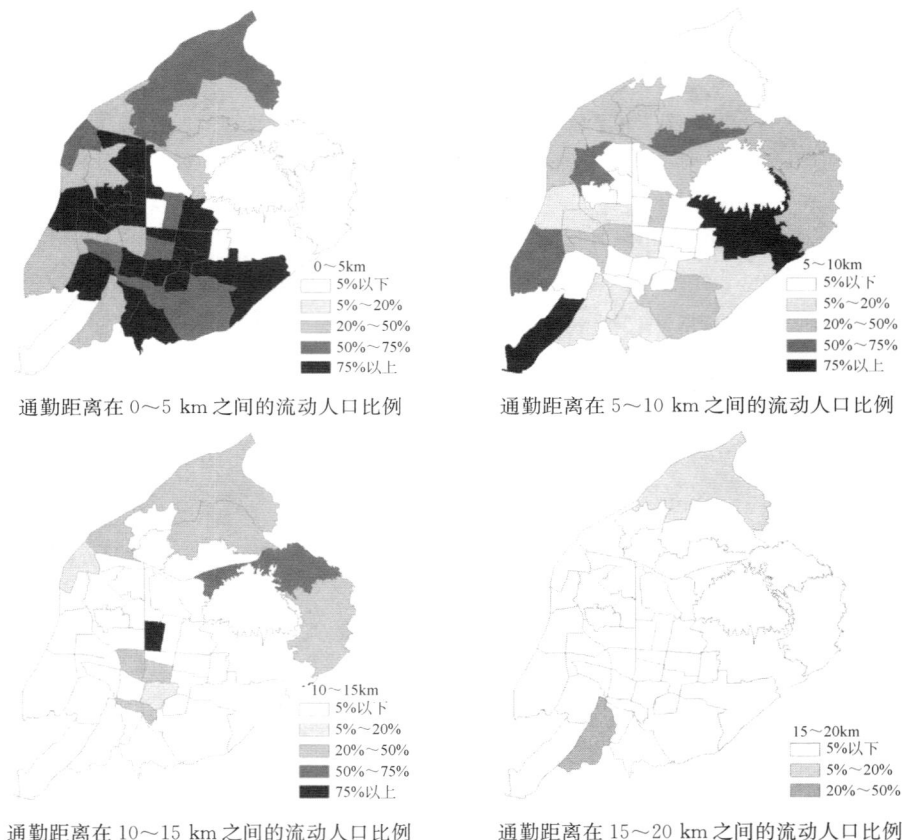

通勤距离在 0~5 km 之间的流动人口比例   通勤距离在 5~10 km 之间的流动人口比例

通勤距离在 10~15 km 之间的流动人口比例   通勤距离在 15~20 km 之间的流动人口比例

图 6.16　不同通勤距离的流动人口比例分布图

*资料来源:笔者自绘。

6.4.2　通勤类型

本研究根据居住地与就业地是否在同一个行政区域,将通勤划分为两种类型:区内通勤和跨区通勤。本次抽样调查数据显示,职住不在同一街道的流动人口中,居住地点与就业地点位于同一个行政区域的占 50.17%,即进行区内通勤;居住地点与就业地点处于不同行政区域的占 49.83％,需要跨区通勤(表 6.7)。若将区内通勤视为较好实现居住与就业均衡关系的话,从该分布比例可以看出,南京市流动人口职住空间关系在一定程度上处于失衡状态。

表 6.7　流动人口居住地点与就业地点分布情况

居住	白下区	鼓楼区	建邺区	秦淮区	下关区	玄武区	栖霞区	雨花台区
白下区	7.37％			2.11％		2.46％	1.05％	
鼓楼区	2.81％	8.77％			0.70％	0.70％	0.35％	
建邺区	1.40％		3.16％	2.81％				1.40％
秦淮区	3.86％	0.35％		4.21％			1.05％	0.35％
下关区	1.40％	5.26％	0.35％	0.35％	9.82％	3.51％	0.35％	
玄武区	1.75％	0.70％	0.35％	1.75％		4.91％		
栖霞区	1.40％	0.70％		1.40％	0.35％	4.91％	3.86％	
雨花台区	1.05％		0.70％				2.11％	8.07％

＊资料来源:笔者根据南京市流动人口抽样数据(2009)自制。

进一步以各行政区域为中心,专门计算跨区通勤的流动人口比例,可以划分为 5 个层级:0.3％以下、0.3％～1％、1％～3％、3％～5％、5％以上,其空间分布如图 6.17 所示,结合表 6.7 可以看出:

(1) 白下区—秦淮区、鼓楼区—下关区之间,跨区通勤流动人口比例最高,分别占 5.97％和 5.96％。

① 这两对跨区通勤都发生在相邻区域之间,说明流动人口基于对通勤时间和通勤成本的考虑都倾向于选择就近的居住机会。

② 在白下区居住、秦淮区就业的流动人口占 2.11％,在白下区就业、秦淮区居住的流动人口占 3.86％,两个方向的通勤比例都较高,说明这两个区域都拥有较多适合流动人口的房源供给和就业机会。相比较而言,秦淮区位于主城南部,拥有大量的经济适用房和老旧小区等,居住用地和居住机会较就业更为充足,因此是流动人口聚居的首选区域之一;而白下区适合流动人口的就业岗位(以商业服务业为代表)相比于居住机会则更为充足些。

③ 在鼓楼区居住、下关区就业的流动人口占 0.70％,在鼓楼区就业、下关区居住的流动人口占 5.26％。鼓楼区位于老城北部,拥有较为发达的消费市场、经济活力和就业机会,却相对缺乏同流动人口综合需求相匹配的房源供给;而毗邻老城的下关区恰好拥有一定规模的老旧小区和城中村,可依凭较为充足的廉价房源,吸引大批鼓楼区就业者来此就近择居。

(2) 白下区—玄武区、下关区—玄武区、栖霞区—玄武区之间,跨区通勤流动人口比例较高,在 3％～5％之间。

① 这三对跨区通勤都围绕玄武区展开,且通勤关联主要分布在周边临近区域及东部、北部郊区。

② 在白下区居住、玄武区就业的流动人口占 2.46％,在白下区就业、玄武区居住的流动人口占 1.75％。这是因为两个区域都有较多适合流动人口的就业岗位和居住机会,同时老城区便利的交通联系为两者之间的频繁通勤提供了客观条件。

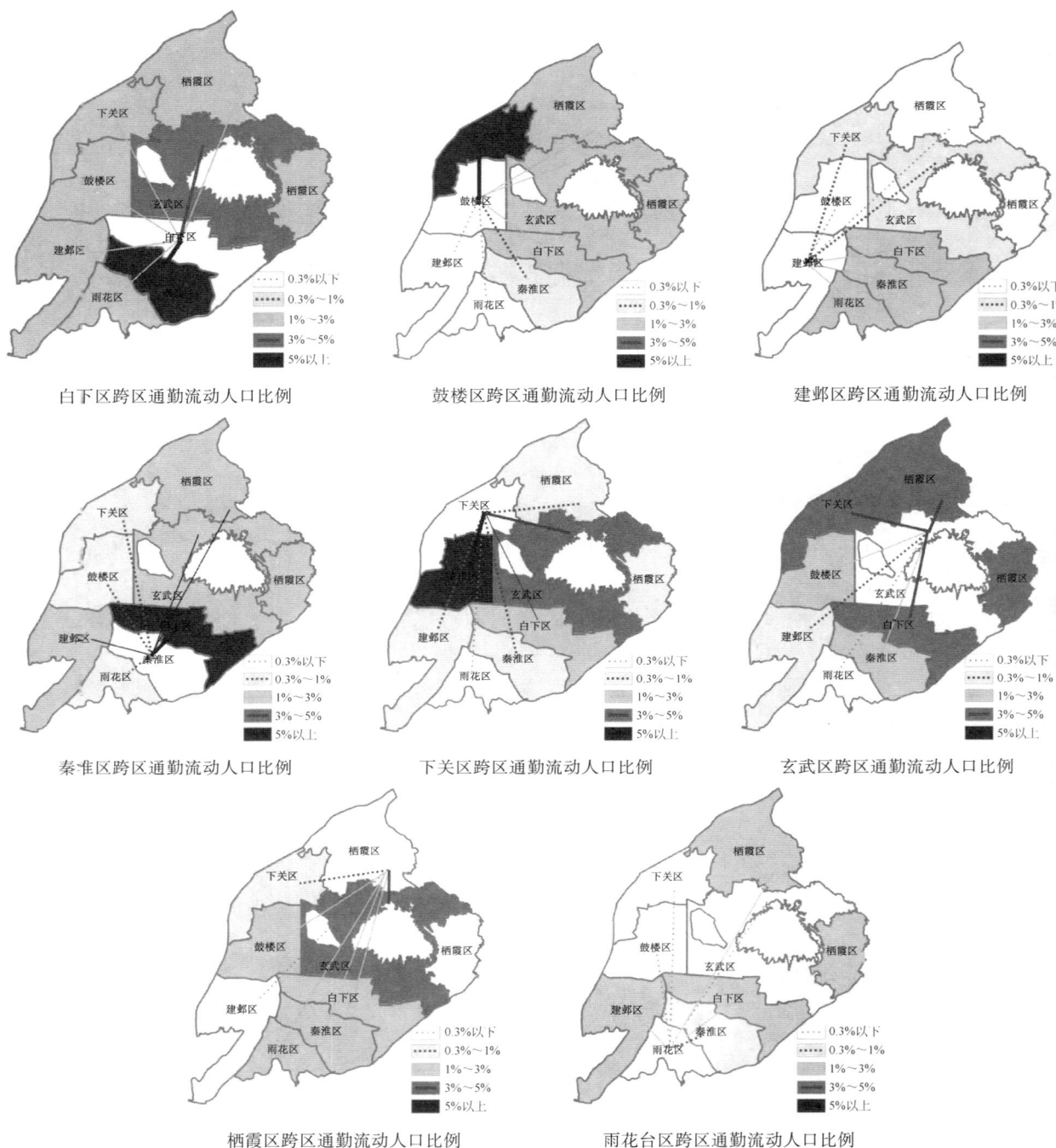

白下区跨区通勤流动人口比例

鼓楼区跨区通勤流动人口比例

建邺区跨区通勤流动人口比例

秦淮区跨区通勤流动人口比例

下关区跨区通勤流动人口比例

玄武区跨区通勤流动人口比例

栖霞区跨区通勤流动人口比例

雨花台区跨区通勤流动人口比例

图 6.17　跨区通勤流动人口比例分布图

＊资料来源：笔者自绘。

③ 在下关区居住、玄武区就业的流动人口占 3.51％,在栖霞区居住、玄武区就业的流动人口占 4.91％,与之相反的是,居住在玄武区、去下关区或栖霞区就业的流动人口所占的比例几乎为零。究其原因有以下几个方面：一是玄武区部分街道位于老城核心区,同各级

商业中心和消费人群联系紧密，经济结构也较为稳定，对于流动人口而言往往意味着更多的就业机会；二是在此就业的流动人口多采用主动择居方式（如租房），在老城区高昂的租房成本和有限的房源供给压力之下，迫不得已流向城郊地带（栖霞区、下关区）择居，造成职住空间的实际分离；三是栖霞区和下关区位于老城边缘地带，由于老旧小区、城中村等廉价房源的集中分布，而依凭房源、成本、管理等方面的综合优势，成为附近就业的流动人口的择居首选。

（3）建邺区—鼓楼区、建邺区—栖霞区、雨花台区—下关区、雨花台区—玄武区、雨花台区—鼓楼区之间，跨区通勤流动人口比例最低，在 0.3% 以下。

这些区域普遍距离较远，流动人口有限的经济收入水平难以承担日常的长距离通勤成本，因此这些区域之间流动人口的职住关联并不密切。

6.4.3　通勤频率

本研究采用 2009 年项目组对南京市主城区流动人口的抽样调查数据，对 44 个街道单元之间各方向职住通勤频率进行计算。假设在 x 街道居住、去 y 街道就业或在 y 街道居住、去 x 街道就业的流动人口样本数量（即相同起讫点且同方向通勤）为 A_i，该街道的职住通勤样本总量为 B_i，则该方向通勤频率 C_i 的计算公式如下：

$$C_i = \frac{A_i}{B_i} \qquad \text{式}(6.10)$$

将各通勤关联街道划分为 3 类：通勤频率较高 $C_i > 10\%$、通勤频率一般 $5\% < C_i \leq 10\%$、通勤频率较低 $C_i \leq 5\%$。

6.4.4　通勤图解

在前文对流动人口职住空间分离模式、网络关联、错位特征研究的基础上，围绕 4 种分离模式的类型，从中遴选 $4 \times 4 = 16$ 个典型街道展开"居住—就业"关联的图解分析（表 6.8），包括街道区位特征、居住机会、就业机会、职住通勤概述和通勤图示等信息。研究范围以该街道为核心，覆盖与该街道发生职住通勤关联的其他街道。

表 6.8　流动人口职住通勤图解图例

通勤频率			通勤距离	通勤流向	
通勤频率较低 $C_i \leq 5\%$	通频频率一般 $5\% < C_i \leq 10\%$	通频概率较高 $C_i > 10\%$		在本街道居住，去 x 街道就业	在 y 街道居住，来本街道就业
				x 街道	y 街道
- - - - -	——	━━		▭	▦

* 资料来源：笔者整理。

表 6.9 典型街道的遴选

分离模式	典型街道选择	网络关联层级	错位指数层级	分离模式	典型街道选择	网络关联层级	错位指数层级
低度分离区	朝天宫街道	二级	四级	中度分离区 I 型	洪武路街道	一级	三级
	马群街道	三级	三级		新街口街道	三级	二级
	江东街道	三级	五级		中央门街道	三级	三级
	红花街道	四级	五级		五老村街道	三级	四级
中度分离区 II 型	迈皋桥街道	二级	五级	度分离区	滨湖街道	一级	二级
	凤凰街道	三级	三级		赛虹桥街道	一级	五级
	燕子矶街道	三级	四级		锁金村街道	二级	一级
	大光路街道	三级	五级		建宁路街道	二级	三级

＊资料来源:笔者整理。

1) 低度分离区(表 6.10)

表 6.10 流动人口职住低度分离区通勤图解

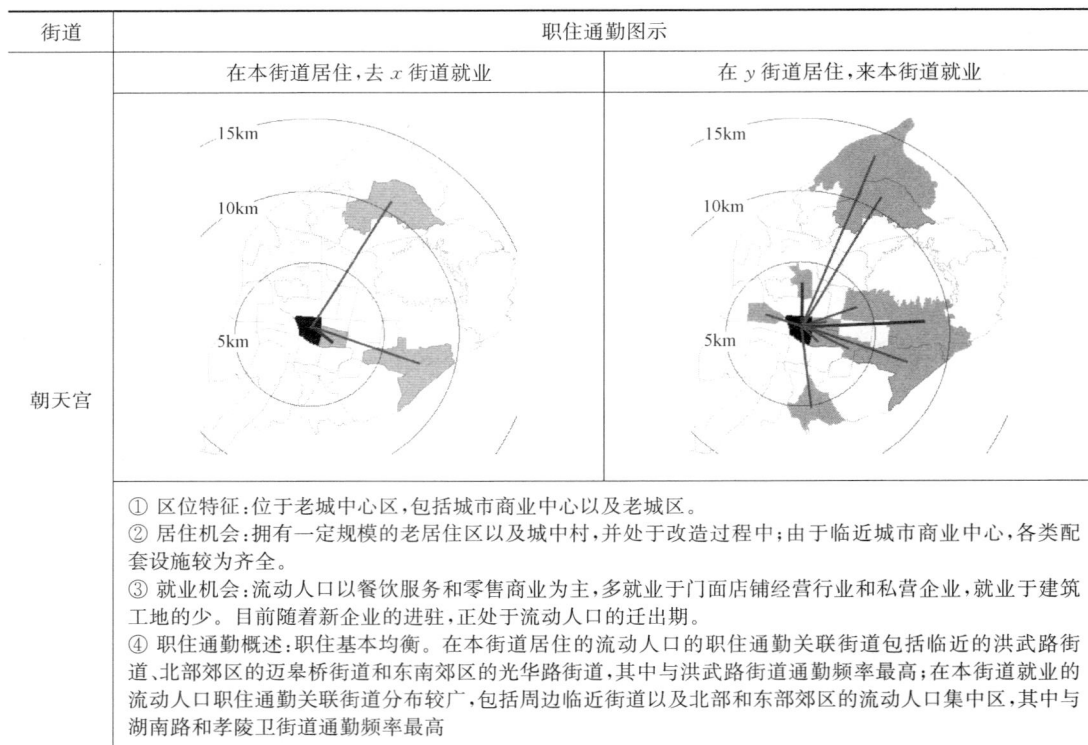

街道	职住通勤图示	
	在本街道居住,去 x 街道就业	在 y 街道居住,来本街道就业
朝天宫		
	① 区位特征:位于老城中心区,包括城市商业中心以及老城区。 ② 居住机会:拥有一定规模的老居住区以及城中村,并处于改造过程中;由于临近城市商业中心,各类配套设施较为齐全。 ③ 就业机会:流动人口以餐饮服务和零售商业为主,多就业于门面店铺经营行业和私营企业,就业于建筑工地的少。目前随着新企业的进驻,正处于流动人口的迁出期。 ④ 职住通勤概述:职住基本均衡。在本街道居住的流动人口的职住通勤关联街道包括临近的洪武路街道、北部郊区的迈皋桥街道和东南郊区的光华路街道,其中与洪武路街道通勤频率最高;在本街道就业的流动人口职住通勤关联街道分布较广,包括周边临近街道以及北部和东部郊区的流动人口集中区,其中与湖南路和孝陵卫街道通勤频率最高	

街道	职住通勤图示	
	在本街道居住,去 x 街道就业	在 y 街道居住,来本街道就业
马群		

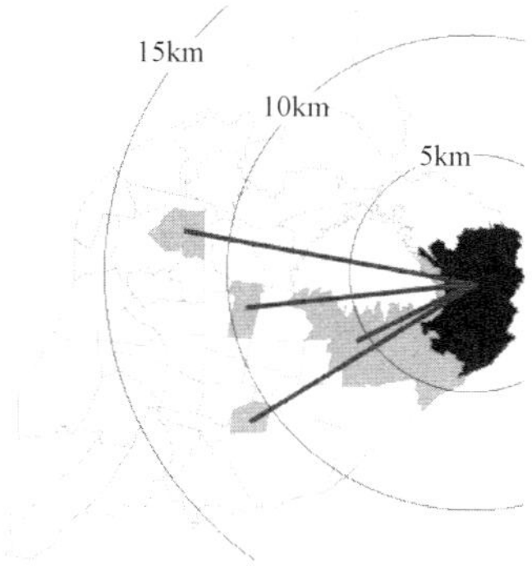

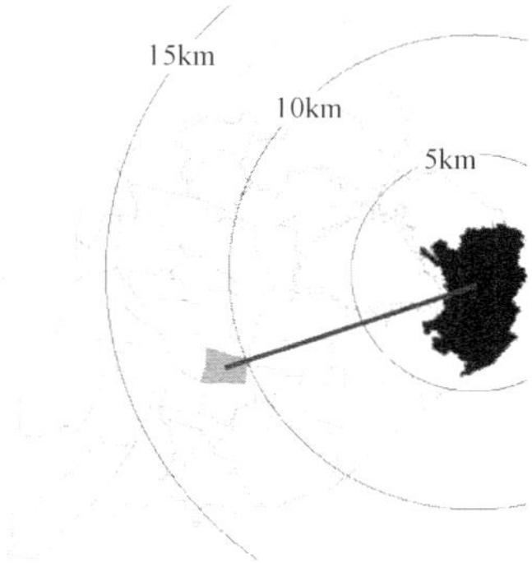

① 区位特征:位于东部城郊结合部,是南京城东重要的高新技术企业投资发展的集中区。
② 居住机会:拥有一些民宅、低租金老旧小区以及拆迁安置房、企业集体宿舍;配套设施一般。
③ 就业机会:集中了多家大型企业,包括物流产业基地和药企等,未来将发展科技服务业。
④ 职住通勤概述:职住较为均衡。在本街道居住的流动人口职住通勤关联街道分布较为分散,以老城区和相邻街道为主,包括中央门街道、梅园新村街道、秦虹街道和孝陵卫街道;在本街道就业的流动人口职住通勤关联街道较少,主要为洪武路街道

街道	职住通勤图示	
	在本街道居住,去 x 街道就业	在 y 街道居住,来本街道就业
江东		

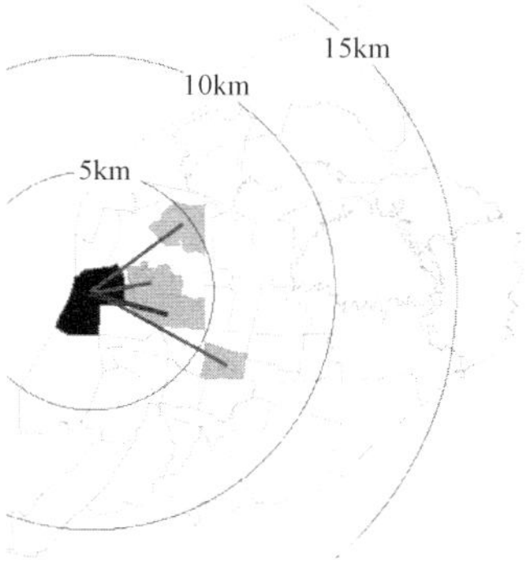

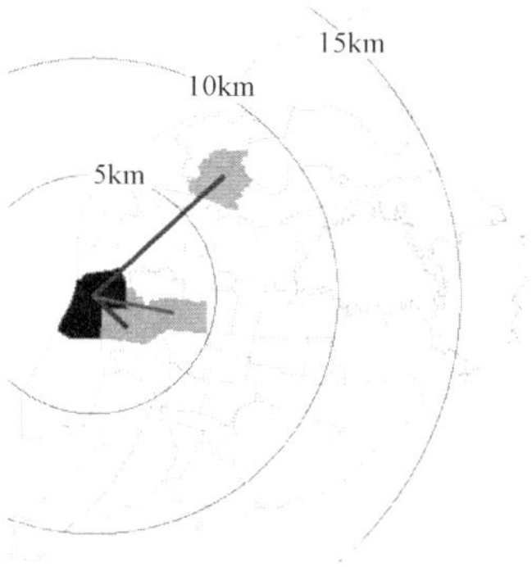

① 区位特征:位于西部郊区,发展极不平衡,包括已开发的河西新城商业中心和未开发的郊区。
② 居住机会:拥有一定数量的民宅和城中村;北部新城区配套设施齐全,而南部相对落后。
③ 就业机会:北部新城区主要提供商业服务业,郊区民宅和城中村成为废旧物品回收加工业的空间载体,同时存在大量大型建筑工地。
④ 职住通勤概述:职住基本均衡且通勤关联街道分布紧凑。在本街道居住的流动人口职住通勤关联街道分布在老城区,包括洪武路街道、华侨路、宁海路和中央门街道;在本街道就业的流动人口职住通勤关联街道为相邻的凤凰街道、华侨路街道以及北部小市街道

163

街道	职住通勤图示	
	在本街道居住,去 x 街道就业	在 y 街道居住,来本街道就业
红花		
	① 区位特征:位于东南部郊区,西侧靠近秦虹街道,东侧毗邻江宁区,功能定位为居住和现代产业混合区。 ② 居住机会:城市居住用地充足,拥有一定数量的老旧小区以及企业集体宿舍;配套设施不完善。 ③ 就业机会:流动人口的就业地有大明路汽车街和秦淮科技创业基地,包括运输业、生产制造业等;另有大型家居和装饰城等商业设施,以及几处规模较大的建筑工地。 ④ 职住通勤概述:职住基本均衡。在本街道居住的流动人口职住通勤关联街道分布较为紧凑,集中在老城区,包括夫子庙街道、五老村街道和湖南路街道;在本街道就业的流动人口职住通勤关联街道分布相对分散,包括临近的大光路街道和北部郊区的迈皋桥和燕子矶街道		

* 资料来源:笔者整理。

2) 中度分离区 I 型(表 6.11)

表 6.11 流动人口职住中度分离区 I 型通勤图解

街道	职住通勤图示	
	在本街道居住,去 x 街道就业	在 y 街道居住,来本街道就业
洪武路		
	① 区位特征:位于老城区南部,靠近新街口和夫子庙,区位交通条件优越,经济结构较为稳定。 ② 居住机会:拥有部分老旧小区,属于老城区内流动人口聚集度较高的区域;配套设施齐全。 ③ 就业机会:流动人口以商业服务业为主,包括小商贩、零售业、餐饮业等。 ④ 职住通勤概述:就业机会多于居住机会,职住通勤关联街道分布广泛。在本街道居住的流动人口职住通勤关联街道主要分布在周边临近区域以及东部和北部城乡结合部,其中与夫子庙街道通勤频率最高;在本街道就业的流动人口职住通勤关联街道主要分布在周边邻近区域和郊区地带,其中与热河南路街道、朝天宫街道、瑞金路街道、秦虹街道和夫子庙街道通勤频率最高		

街道	职住通勤图示	
	在本街道居住,去 x 街道就业	在 y 街道居住,来本街道就业
新街口		

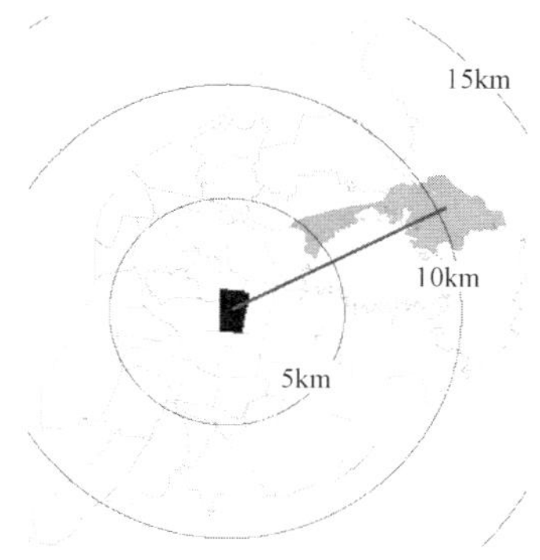

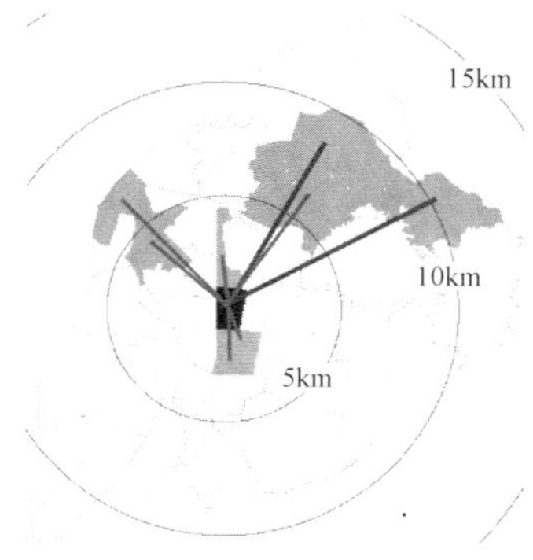

① 区位特征:位于老城中心区,是南京等级最高、最为繁华的商业地段,结构较为稳定。
② 居住机会:拥有少量小规模的城中村,流动人口以散居为主,各项配套设施齐全。
③ 就业机会:文教和企事业单位较多,流动人口以从事商业为主,就业集中于沿街门面店、农贸市场和少量建筑工地等,其中多为个体工商户。
④ 职住通勤概述:就业机会多于居住机会。在本街道居住的流动人口职住通勤关联街道较少,主要为玄武湖街道;在本街道就业的流动人口职住通勤关联街道分布较广,主要分布在周边临近街道及东北部城乡结合部,其中与迈皋桥和玄武湖街道通勤频率最高

中央门	在本街道居住,去 x 街道就业	在 y 街道居住,来本街道就业

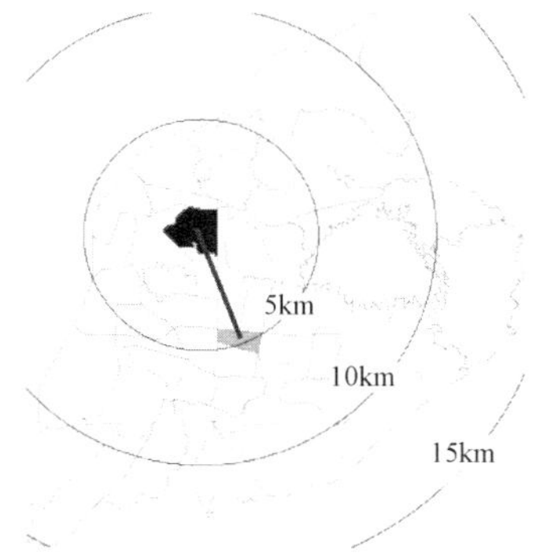

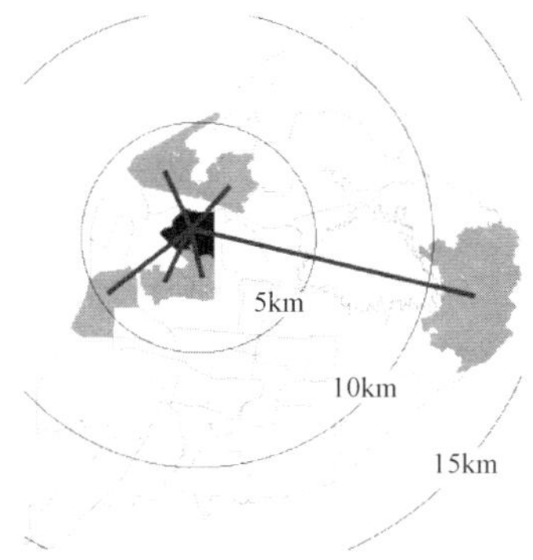

① 区位特征:位于老城区北部,经济较为发达,结构较为稳定。
② 居住机会:拥有一定数量的老旧小区,同时部分商业服务业人员就业地兼居住用途;各项配套设施齐全。
③ 就业机会:大量政府机关、企事业单位、科研机构和高等院校,流动人口以餐饮和酒店服务业为主,包括小商贩和私营业主,建筑工地几乎没有。
④ 职住通勤概述:就业机会多于居住机会。在本街道居住的流动人口职住通勤关联街道较少,主要为五老村街道;在本街道就业的流动人口职住通勤关联街道分布广泛,主要为相邻的街道和东部郊区,包括江东街道、华侨路街道、湖南路街道、宝塔桥街道、小市街道和马群街道

续表

街道	职住通勤图示	
	在本街道居住,去 x 街道就业	在 y 街道居住,来本街道就业
五老村	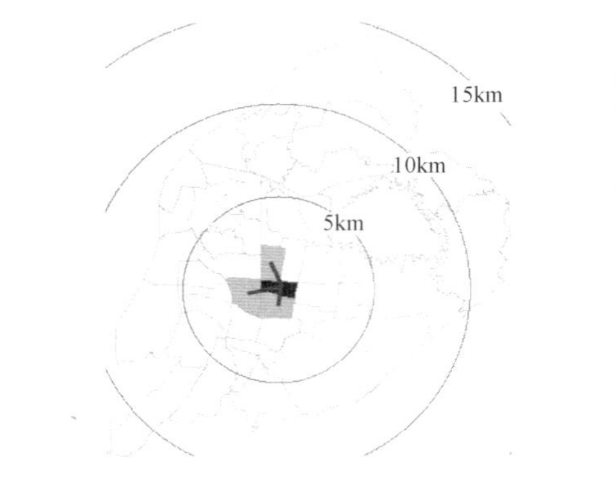	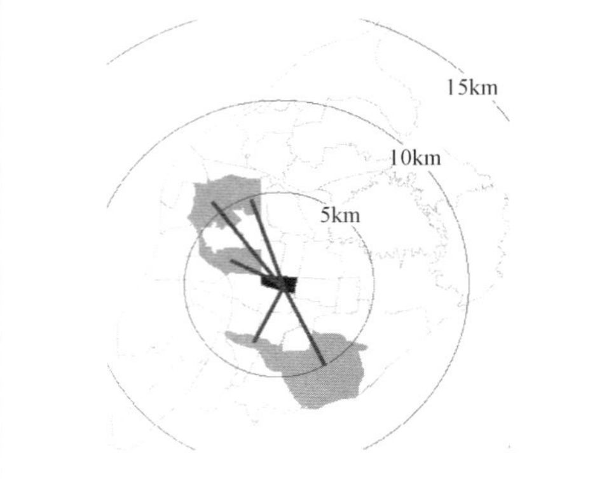

① 区位特征:位于老城中心,传统商业商贸中心,交通出行便利。
② 居住机会:流动人口聚集度较高,拥有部分老旧小区;配套设施完善。
③ 就业机会:流动人口以商业服务业为主,就业集中于商场、沿街门面店等,其中个体工商户较多。
④ 职住通勤概述:就业机会多于居住机会。在本街道居住的流动人口职住通勤关联街道分布紧凑,主要为相邻街道(就业岗位充足),包括新街口街道、朝天宫街道和洪武路街道;在本街道就业的流动人口职住通勤关联街道分布相对分散,以房源充足的老城边缘地带和郊区为主,包括中央门街道、挹江门街道、华侨路街道、中华门街道和红花街道

* 资料来源:笔者整理。

3)中度分离区Ⅱ型(表6.12)

表6.12 流动人口职住中度分离区Ⅱ型通勤图解

街道	职住通勤图示	
	在本街道居住,去 x 街道就业	在 y 街道居住,来本街道就业
迈皋桥	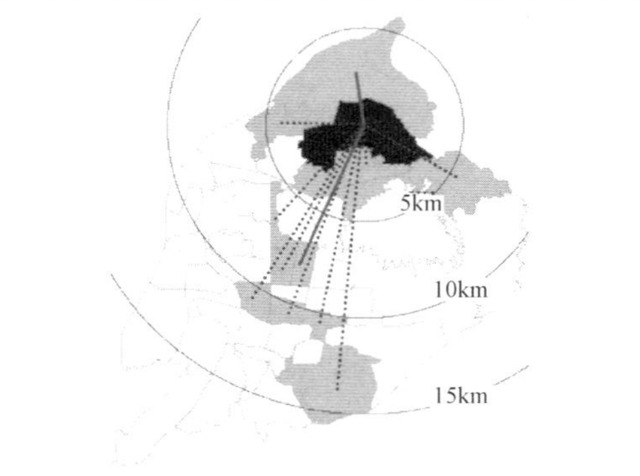	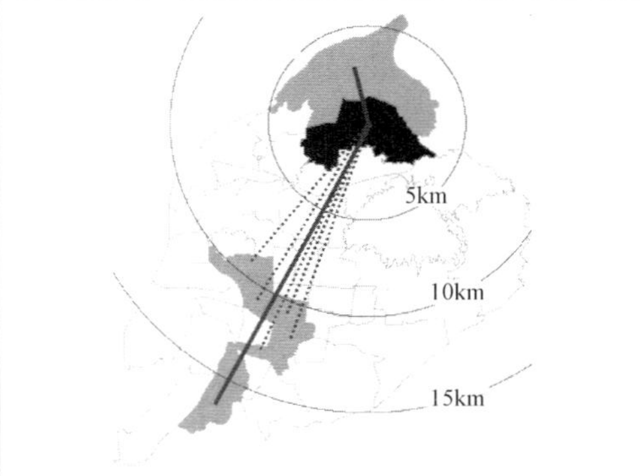

① 区位特征:位于主城北部新城区,未来规划定位为次级城市中心。
② 居住机会:拥有几个规模较大的流动人口聚居区,以民宅为主;配套设施较为齐全。
③ 就业机会:结合地铁站点的新兴商业中心提供了大量就业机会,流动人口以商业服务业为主,同时有少量建筑工地。
④ 职住通勤概述:居住机会多于就业机会,职住通勤关联街道沿地铁线广泛分布。在本街道居住的流动人口职住通勤关联街道在老城区和郊区均有分布,其中与相邻的燕子矶街道和老城区的梅园新村街道通勤频率最高;在本街道就业的流动人口职住通勤关联街道分布在南北两翼郊区,其中与燕子矶街道和赛虹桥街道通勤频率最高

续表

街道	职住通勤图示	

	在本街道居住,去 x 街道就业	在 y 街道居住,来本街道就业
凤凰		

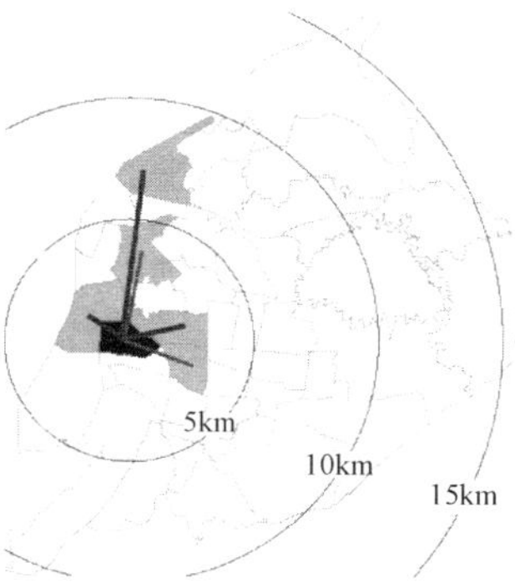

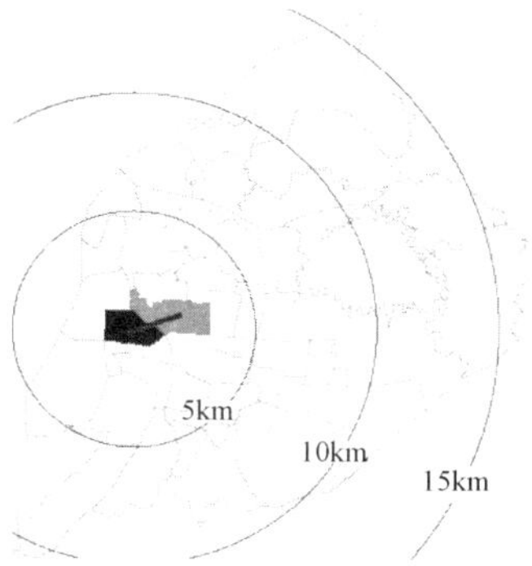

① 区位特征:位于主城西部,毗邻老城区,包括河西新城商业中心。
② 居住机会:目前大规模中高档小区已基本建成,成为部分中高阶层流动人口的居住选择;配套设施齐全。
③ 就业机会:中高等院校和企事业单位较多,流动人口以从事商业服务业为主,主要分布在沿街店铺和农贸市场等,其中个体工商户较多。
④ 职住通勤概述:居住机会多于就业机会。在本街道居住的流动人口职住通勤关联街道主要分布在周边区域和北部郊区,其中与江东街道、华侨路街道和宝塔桥街道的通勤频率最高;在本街道就业的流动人口职住通勤关联街道主要为相邻的华侨路街道

	在本街道居住,去 x 街道就业	在 y 街道居住,来本街道就业
燕子矶		

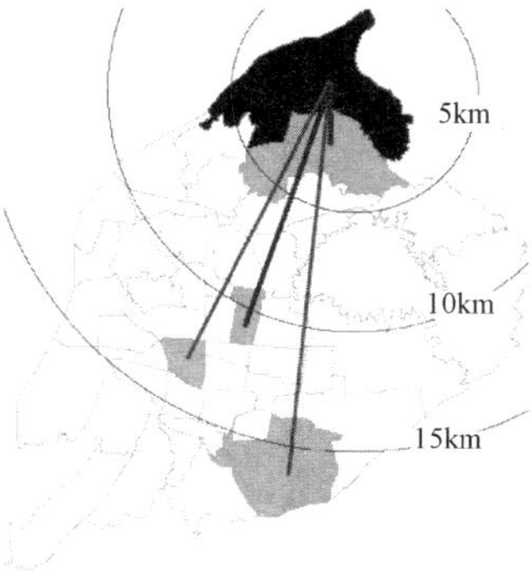

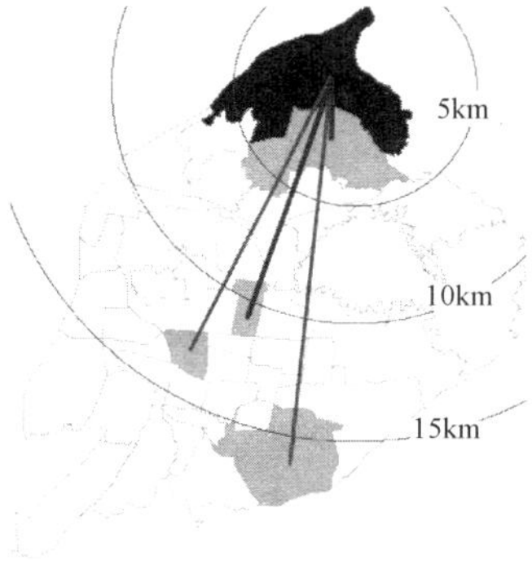

① 区位特征:位于主城北翼郊区,临近迈皋桥新城区,功能定位为居住与工业混合区。
② 居住机会:拥有的大量民宅、低房租老旧小区和拆迁安置房,已成为部分流动人口的聚居区域,另有部分工厂企业所提供的集体宿舍;配套设施一般。
③ 就业机会:传统的工业企业集中区,大量化工厂已逐渐搬迁,但在规模较大的新港开发区周边仍存在部分化工厂、轮胎厂等,同时还有不少建筑工地。
④ 职住通勤概述:居住机会多于就业机会。在本街道居住的流动人口职住通勤关联街道分布较广,包括迈皋桥街道、梅园新村街道、朝天宫街道和红花街道,其中与迈皋桥街道和梅园新村街道通勤频率最高;在本街道就业的流动人口职住通勤关联街道包括迈皋桥街道、建宁路街道和赛虹桥街道,其中与迈皋桥街道通勤频率最高

街道	职住通勤图示	
	在本街道居住,去 x 街道就业	在 y 街道居住,来本街道就业
大光路		

① 区位特征:位于老城区东南部,东临月牙湖和光华路街道,南至外秦淮河,功能定位以居住和旅游休闲为主。
② 居住机会:在原有的一定规模的老旧小区之外,又建成一定数量的中高档小区,吸引了不同阶层的流动人口前来居住,各项配套设施较为齐全。
③ 就业机会:集中了多家大型企事业单位,适合流动人口的就业机会较少,主要为商业服务业,包括菜场商贩、装潢、零散商业以及少量建筑工地。
④ 职住通勤概述:居住机会多于就业机会。在本街道居住的流动人口职住通勤关联街道分布紧凑,主要分布在相邻街道,包括朝天宫街道、洪武路街道、夫子庙街道、秦虹街道和红花街道,其中与洪武路街道的通勤频率最高;在本街道就业的流动人口职住通勤关联街道分布相对分散,主要分布在相邻街道和北部郊区,包括夫子庙街道、光华路街道、宝塔桥街道和迈皋桥街道,其中与夫子庙、光华路和宝塔桥街道通勤频率最高

* 资料来源:笔者整理。

4) 高度分离区(表6.13)

表 6.13 流动人口职住高度分离区通勤图解

街道	职住通勤图示	
	在本街道居住,去 x 街道就业	在 y 街道居住,来本街道就业
滨湖		

① 区位特征:位于新城区,靠近新城商业中心,为新的城市居住组团。
② 居住机会:城中村已逐渐被中高档居住小区所替代,是部分中高阶层流动人口青睐的居住地;各项配套设施较为齐全。
③ 就业机会:主要为商业服务业,发展较为稳定,存在部分建筑工地。
④ 职住通勤概述:职住分离程度高。在本街道居住的流动人口职住通勤关联街道分布在周边以及东南部区域,其中与夫子庙街道和光华路街道的通勤频率最高,因为该东西向交通较为便利;在本街道就业的流动人口职住通勤关联街道分布在周边区域以及北部红山街道,其中与临近的南苑和沙洲街道通勤频率最高

街道	职住通勤图示	
	在本街道居住,去 x 街道就业	在 y 街道居住,来本街道就业
赛虹桥		

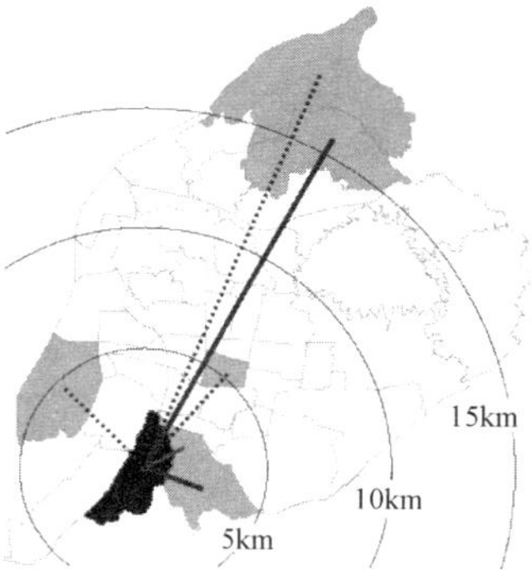

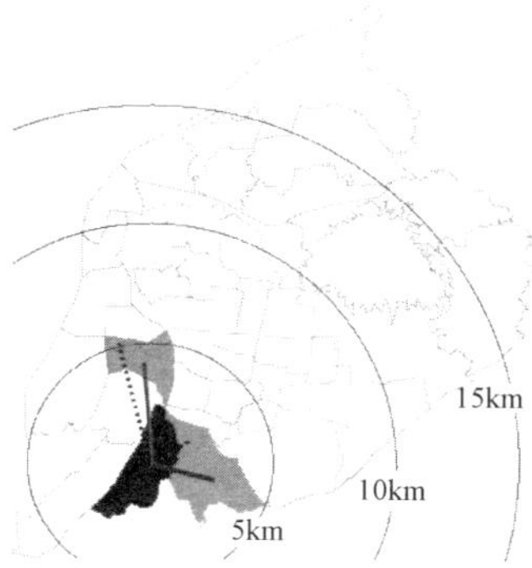

① 区位特征:位于南部郊区,在地铁站点的影响下,商业中心已初具规模。

② 居住机会:拥有大量的流动人口聚居区(民宅、老旧小区);但配套设施不完善。

③ 就业机会:拥有不少工厂企业、建材市场和部分建筑工地,建筑和装修工人占流动人口的60%左右;另外民工市场有较多无业人员。

④ 职住通勤概述:职住分离程度高。在本街道居住的流动人口职住通勤关联街道分布广泛,主要呈带状沿地铁线分布,其中与迈皋桥街道和宁南街道的通勤频率最高;在本街道就业的流动人口职住通勤关联街道分布较为紧凑,主要分布在周边相邻区域,其中与宁南街道的通勤频率最高

	在本街道居住,去 x 街道就业	在 y 街道居住,来本街道就业
锁金村		

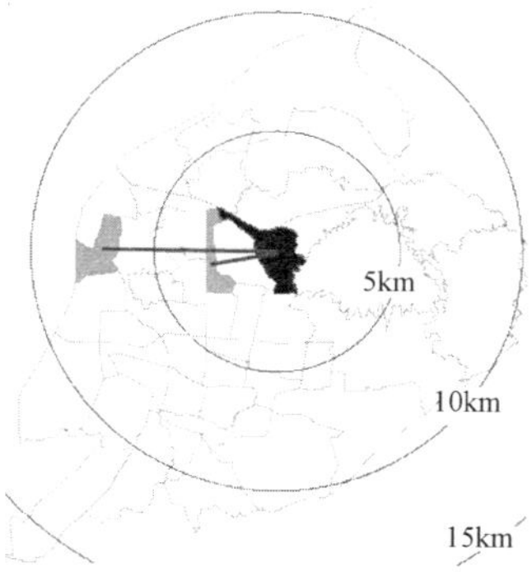

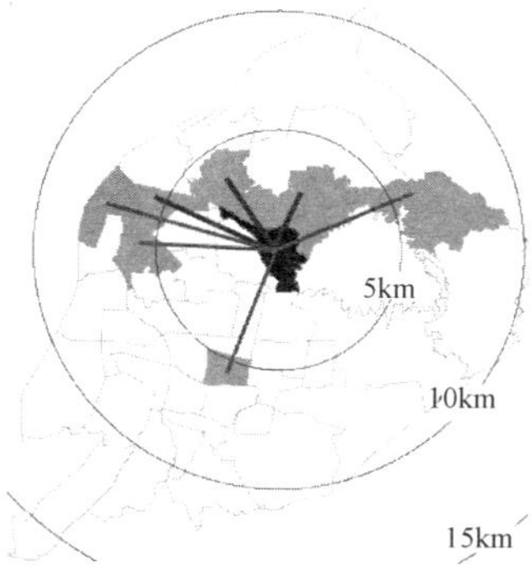

① 区位特征:位于主城东北部,毗邻老城区,地处玄武湖和紫金山之间。

② 居住机会:旧城改造提高了小区的环境质量,而适合流动人口的房源有限;配套设施一般。

③ 就业机会:主要为商业服务业(火车站周边)和生产制造业(南京规模最大的汽配市场),建筑工地较少。

④ 职住通勤概述:职住分离程度高。在本街道居住的流动人口职住通勤关联街道较少,主要为热河南路街道和相邻的玄武门街道;本街道就业的流动人口职住通勤关联街道分布广泛,主要包括北部老城边缘地带,其中与建宁路街道、小市街道和红山街道的通勤频率最高

街道	职住通勤图示	
	在本街道居住,去 x 街道就业	在 y 街道居住,来本街道就业
建宁路		

① 区位特征:毗邻老城区,传统的商业集贸中心,但总体商圈定位不高。

② 居住机会:拥有一些老旧小区和一定规模的城中村,后者已成为流动人口的聚居区域;配套设施较为齐全。

③ 就业机会:主要集中在沿街的商贸市场、路边流动摊贩和汽车站周边的服务业,没有规模较大的建筑工地或是工厂企业。

④ 职住通勤概述:职住分离程度高,适合流动人口的房源供给和商业服务业就业岗位都较充足。在本街道居住的流动人口职住通勤关联街道主要分布在相邻的近郊区域,包括热河南路街道、幕府山街道、小市街道、迈皋桥街道和锁金村街道,其中与小市街道的通勤频率最高;在本街道就业的流动人口职住通勤关联街道同样分布在相邻的街道,包括热河南路街道、阅江楼街道、幕府山街道和小市街道

* 资料来源:笔者整理。

6.5 南京市流动人口职住空间关联性的影响因素解析

流动人口就业空间和居住空间共同作为目前城市空间解析的典型样本与关键路径,两者空间分布的关联性也就反映出城市居住和就业空间组织的变化,是城市经济社会发展、制度转型和空间重构的结果,更是从宏观到微观、从环境到个体等多重因素交互制衡的产物。

6.5.1 房源供给——产业用地

随着快速城市化背景下城市空间的不断拓展和第二产业的不断外迁,适配房源的供给和产业用地布局的调整带来了流动人口职住空间关系的明显变化。相关资料和研究表明,流动人口房源供给已呈现出多元化趋向,"租赁房屋"作为房源供给的主导方式,所占比重持续上升,2009 年达到 67.0%,"集体宿舍"和"工地现场"作为房源供给的另外两种次要方式,则分别达到 9.5% 和 13.7%。

1)租赁房屋

"租赁房屋"作为流动人口房源供给的主导方式,面临着广泛的房源租赁市场的影响。

目前,南京市的出租房源以商品化的私有住房为主,随着老城区的更新改造,大量老旧小区和城中村的拆迁,与流动人口经济承受范围相匹配的老城区房源与日俱减,有限的廉价出租房源迫使流动人口选择其他区域的住房;另一方面,农村城市化进程的加快使郊区房源(包括经济适用房、村民私宅、自建房、老旧小区等)拥有了分布集中、可成片出租以及租金、管理、交通等方面的综合优势,成为流动人口的租房首选,这在一定程度上推动了流动人口租居空间向郊区集中(图6.18)。

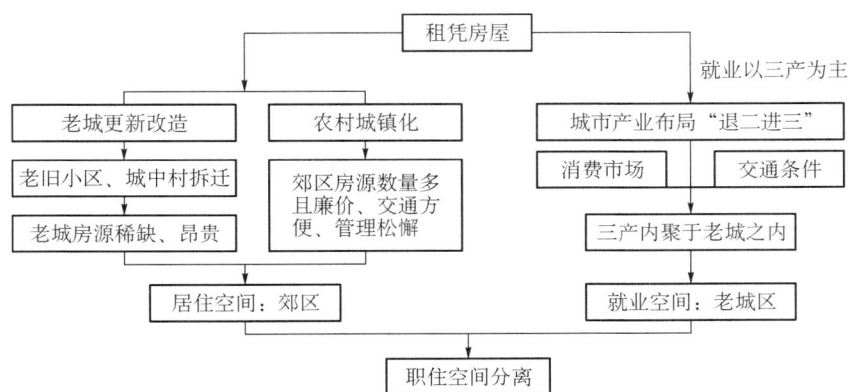

图 6.18　流动人口职住空间关联性的影响因素(房源供给:租赁房屋)
＊资料来源:笔者自绘。

对于选择"租赁房屋"的流动人口来说,第三产业(如餐饮业、服务业、小商品经营和拾旧等)和非正规企业(如个体和私营企业)是其就业结构的绝对主体。由于同各级商业中心、消费市场的高度相关性,以及对交通区位条件的需求,大量从事商业服务业等第三产业的流动人口内聚于老城区之内(部分集聚于新区和经济开发区周边),包括老城南片区以夫子庙、洪武路街道为代表的传统商业服务业以及以新街口、湖南路街道为代表的现代综合商业中心。这类居住空间郊区化和就业空间中心化的错位现象,在某种程度上造成了流动人口职住空间的分离。

2) 集体宿舍

"集体宿舍"作为流动人口房源供给的次要方式,其房源供给往往更多地受到企业或政府资金投入、规划设计等因素的客观影响,并需要通过土地供应、房屋建设等相关政策加以保障和调控。企业或政府统建宿舍一般都依托于各类开发区或者企业生产区空间布局,多位于城郊结合部或郊区城镇(图6.19)。

对于选择"集体宿舍"的流动人口来说,主要就业于大中型的国有企业、三资企业、民营企业或是集体企业,第二产业(如运输业、制造业)是其就业结构的绝对主体。在城市产业布局"退二进三"的政策引导下,以第二产业为主导的各类企业和就业市场大量集聚于用地条件宽裕和对外交通便捷的郊区,各类经济开发区也由此成为吸纳流动人口流向劳动密集型制造业的重点区域,如靠近南京新港经济技术开发区的燕子矶街道。正是这种二产郊区化的发展态势,导致大量从事制造业等行业的流动人口流向郊区就业,与此同时,根据企业统筹规划和结合生产空间而集中布局的居住空间,决定了其职住空间的一体化特征。

171

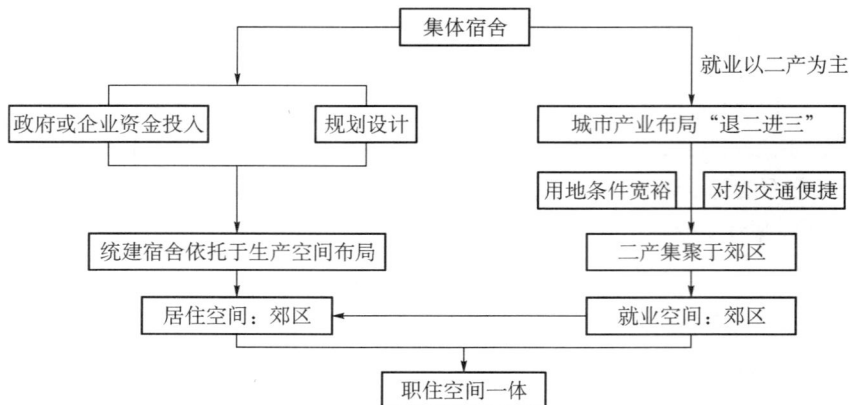

图 6.19　流动人口职住空间关联性的影响因素（房源供给：集体宿舍）
* 资料来源：笔者自绘。

3）工地现场

"工地现场"是与施工现场相结合的临时搭建板房或现场暂时寄居方式。此类流动人口的房源供给一般不成问题，但是分布同集体宿舍相比，却有很大的流动性与随机性，并随着施工项目的变换而流移于各个工地之间（图 6.20）。

选择"工地现场"的流动人口主要为第二产业的建筑业工人，他们受雇于国有企业和集体企业，或是农民自发牵头组织的施工队，其就业空间基本上取决于建筑工地的分布状况。目前南京市老城区开发建设活动相对萧条，而老城外围比较频密，导致该类流动人口的就业空间随着城市扩张而呈现出逐渐外扩之趋势。与"集体宿舍"相同的是，其居住空间往往依托于就业空间布局，两者基本叠合，呈现出职住一体化的主导特征。

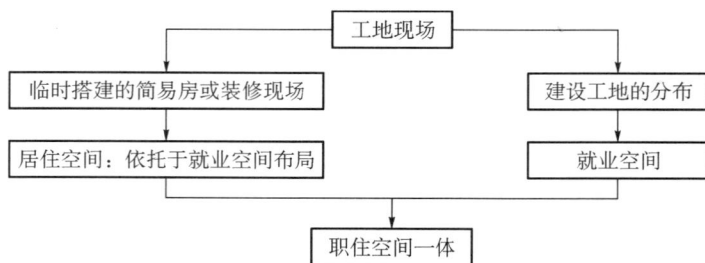

图 6.20　流动人口职住空间关联性的影响因素（房源供给：工地现场）
* 资料来源：笔者自绘。

6.5.2　就业方向——择居方式

随着城市产业结构的调整，流动人口的就业结构经历了以第二产业为主到以第三产业为主的转变过程，其中商业服务业、生产运输业和建筑业成为吸纳流动人口就业的三大主流方向。不同就业方向的流动人口，在空间生产和消费过程中有着不同的需求导向，对于居住方式和空间的选择也存在明显的差异，这势必会对流动人口职住空间关系的变化带来一定的影响。

1）商业服务业从业人员

流向商业服务业（如餐饮业、服务业、小商品经营和拾旧等）的流动人口，出于对消费人群、就业市场、交通出行等因素的考虑，其就业空间倾向于老城区，或者部分集聚于老城外围的新区以及经济开发区周边。这类流动人口相较于其他行业更倾向于通过主动择居来自主解决居住问题，并出现了两类情况（图6.21）：

一方面，出于对房源分布、房租价格、通勤成本和行政管理等因素的综合考虑，他们往往会流向房源相对充足且廉价的老城外围地带，采取以郊区为主、老城区为辅的择居策略，造成了职住空间的分离。

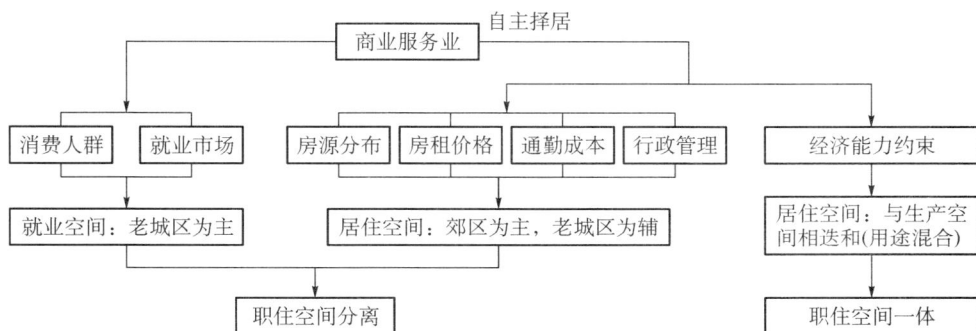

图6.21 流动人口职住空间关联性的影响因素（就业方向：商业服务业）

* 资料来源：笔者自绘。

另一方面，大批以自主经营为主的个体工商户、私人老板和雇工等，鉴于自身低下的经济能力，往往会充分挖潜空间，因陋就简，打破居住空间的传统功能，让有限的空间承载更多的功能与需求，从而呈现出生产与生活空间相迭和、居住与工作功能相混合的特征。本次抽样调查表明，南京市流动人口中住房用途的混合率达到了16.76%，故可以说这类流动人口的职住空间完全叠合，不存在职住分离现象。

2）生产运输业从业人员

流向生产运输业的流动人口就业空间多聚集于郊区和经济开发区，一方面契合了企业和工厂等对于用地条件、交通辐射、资源流通和发展空间的刚性需求，另一方面也实现了流动人口与劳动密集型就业市场的耦合。这类流动人口以被动择居为主，其居住空间布局取决于住房提供者（如企业和政府）。根据抽样调查数据的分析表明，生产运输业从业人员的居住空间分布有着明显的郊区指向，这同各类企业的郊区化倾向以及其提供的配套宿舍区位有着直接关系，故这类流动人口的职住空间关联紧密，很少存在职住分离现象（图6.22）。

3）建筑业从业人员

流向建筑业的流动人口就业空间分布具有一定的随机性和临时性，与建筑工地的分布密切相关，而且随着城市扩张，其居住和就业空间总体呈现出逐渐向外围扩散的趋势。这类流动人口主要通过被动择居方式暂居于临时搭建的工棚板房或是装修现场，故居住地与就业地基本一致，较少出现职住分离现象。

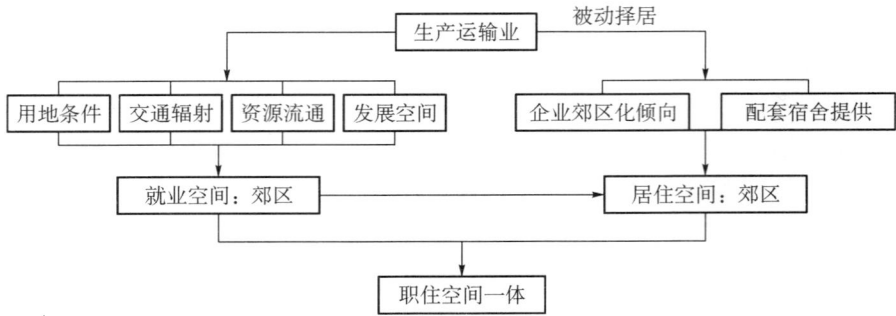

图 6.22　流动人口职住空间关联性的影响因素（就业方向：生产运输业）

*资料来源：笔者自绘。

6.5.3　就业地点——居住成本

流动人口对于居住地的选择通常是各种因素综合权衡的结果。鉴于务工营利是农民进城的首要目的,因此经济因素(对居住成本和通勤成本的权衡考虑)往往会在个体择居行为中发挥重要作用;而在经济约束下,不同区域的居住成本差别便成为了影响流动人口职住空间关系的直接驱动力。

1）老城区

老城区是流动人口就业机会较高的区域,以第三产业岗位为主,包括小商贩、餐饮服务、酒店服务、保安和家政等。然而随着老城区更新改造的加快以及大量老旧小区、城中村的拆迁,适合流动人口的居住机会大大减少,少数市民闲置出租的房源价格昂贵,有限的房源和高昂的成本直接迫使大量的流动人口流向郊区。在此背景下,老城区强大的就业吸引力和薄弱的居住容纳力导致了大批流动人口"就业—居住"的钟摆式通勤格局,也无疑增加了其通勤成本和时间成本。流动人口在经济效益最大化的倾向下,形成了选择郊区廉价集中房源和承担通勤成本两者之间的博弈。

对于收入较高的流动人口来说,在有能力支付额外通勤费用的条件下,往往会流向老城边缘或者郊区地带,寻求更为廉价的住房,从而造成职住分离;而对于收入较低的流动人口来说,因经济状况的约束,难以承担日常性的长距通勤费用,其往往会选择在少量未改造的棚户区或者职住功能混合的门市就近居住,其结果往往是居住空间与就业空间的重合,职住分离程度也相对有限(图 6.23)。

2）新城区

新城区主要包括两种类型:一种是以居住功能为主导的新城区(如河西地区),在此就业的流动人口多从事较为低端的商业服务业(如废品收购加工人员、小商贩、环卫工人等)。鉴于经济能力低下和节省居住开支的考虑,他们往往选择周围居住成本较低的棚户区,或者采取生活和生产空间相迭和的租房方式,即除了满足生产经营所需的就业面积外(如拾旧户囤积废旧物品的空间、商铺的货物储存空间和餐馆的加工空间),还要为居住预留必要的空间,这就形成了职住空间的一体化。

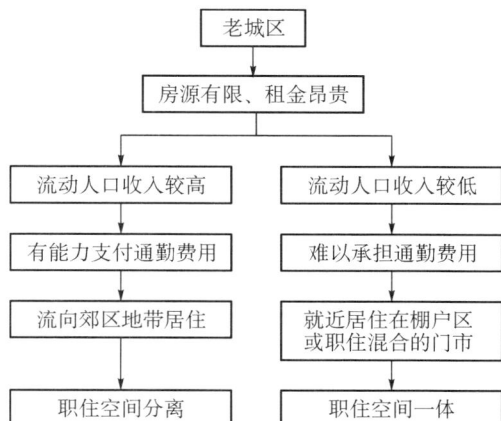

图 6.23 流动人口职住空间关联性的影响因素(就业地点:老城区)
＊资料来源:笔者自绘。

　　另一种是居住与就业功能相混合的新城区(如迈皋桥街道),快速发展的新兴商业中心不但能提供大量以商业服务业为主的就业机会,还能同时提供包括房价适中的新楼盘、老旧小区、民宅等在内的多类房源,就业机会和居住机会兼备且配套设施完善,为该地区流动人口保持较低的职住分离水平提供了可能和条件。

　　随着地铁、城际高铁等交通基础设施的修建,处于交通站点辐射之下的新城区一般都会拥有较为优越的交通可达性,在通勤时间成本得到大幅压缩的情况下,一部分具有可观经济收入的流动人口出于对住房质量、子女教育、医疗设施、公共配套设施和配偶工作地等综合因素的考虑,往往会选择职住分离(图 6.24)。

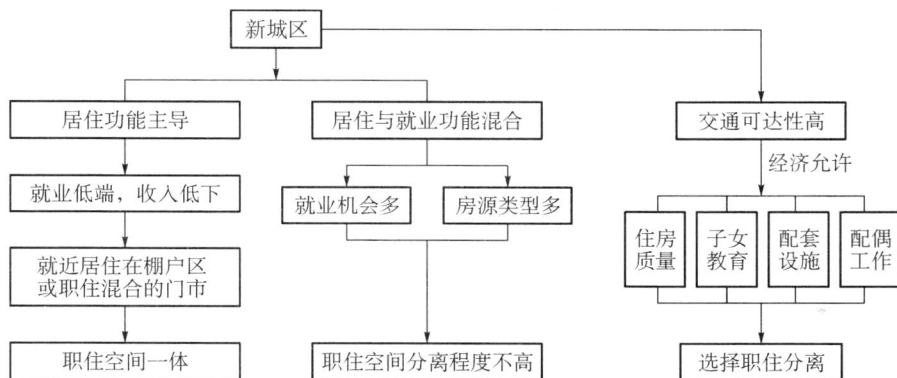

图 6.24 流动人口职住空间关联性的影响因素(就业地点:新城区)
＊资料来源:笔者自绘。

3) 郊区

　　郊区主要提供产业型和服务型的就业岗位,前者包括各类工业园区、现代工业企业以及一些传统工业等,后者则包括为外围居住服务的社区级商业服务业;与此同时,郊区的居住类型也是多种多样,包括集体宿舍、未开发的民宅、经济适用房和老旧小区等,其中与流动人口相匹配的房源也相对充足。无论是居住在集体宿舍的制造业人员还是自行解决租旁问题的服务业人员,均可在可承载的居住成本内选择,避免明显的职住分离现象。

5.6 本章小结

本章首先从数量和结构两个层面对南京市主城区流动人口职住空间分离进行了量化研究,在此基础上对其职住空间分离模式进行了划分和空间解析。然后通过"居住—就业"网络关联模型的建构,分析 44 个街道单元之间相互作用的强弱,并从网络的角度对街道的节点进行层级划分。其次借助于空间错位指数分析模型,分街道单元和行政区域两个层面针对流动人口的"居住—就业"空间错位状况进行研究。再次从通勤距离、通勤类型、通勤频率和典型街道的通勤图示等方面具体分析了流动人口职住空间的通勤关系。最后,全面揭示了影响流动人口职住空间关联性的多重因素。主要结论包括:

(1)流动人口职住空间分离模式:通过测量平衡度和自足性的方式,对流动人口职住空间的分离模式进行了划分和空间解析,可以发现:

空间分布总体上呈现"圈层+扇形"的形态特征,其中:①职住空间低度分离区在东西部郊区集中分布,在老城区零散分布;②职住空间中度分离区Ⅰ型集中分布在老城区及其边缘地带;③职住空间中度分离区Ⅱ型在老城边缘地带呈半环状分布,并在北部郊区集中分布;④职住空间高度分离区在老城区及其边缘地带呈散点分布,在南部郊区集中分布。

(2)流动人口职住空间网络关联:通过"居住—就业"网络关联模型的建构,描述了 44 个街道单元之间流动人口"居住—就业"的网络联系,并从网络角度对街道的节点进行层级划分,可以发现:

在就业网络的节点分级上,南京市流动人口空间分布总体上呈现"十字轴+扇形"的形态,形成"多核多片"的分布特征。便捷的交通联系、充足的房源供给和特定的就业类型,在一定程度上确保了区域节点层级的突出性。

在就业空间的网络关联上,南京市流动人口"居住—就业"网络分布总体上相对均质,无明显空间集聚,并呈现出"同区域多关联、跨区域少关联"的关联特征。

(3)流动人口职住空间错位特征:借助于空间错位指数分析模型,针对流动人口的"居住—就业"空间错位状况进行研究,可以发现:

在街道单元层面,南京市主城区流动人口职住空间错位指数分布呈现双核统领下的扇形放射形态特征。

在行政区域层面,南京市主城区流动人口职住空间错位指数呈现"东高西低、内高外低"的分布特征。

职住空间错位指数较高的区域主要分布在老城区及其边缘,其原因可能包括就业机会、择居方式、交通区位条件等方面。

(4)流动人口职住空间关联性的影响因素:流动人口职住空间既是城市经济社会发展、制度转型和空间重构的结果,更是从宏观到微观、从环境到个体多重因素互动制衡的产物。其中影响因素包括:房源供给——产业用地;就业方向——择居方式;就业地点——居住成本等。

7 南京市流动人口就业空间—城市空间的关联性解析

在第3章"流动人口就业空间的集聚性解析"基础上,本章将围绕着"流动人口—城市人口"之间的"局部—整体"关系,从总体和分职业两方面比较和解析"流动人口"这一特殊群体的就业空间同城市总体空间(以城市社会空间和城市就业空间为代表)的关联,研究分析框架如图7.1所示。主要依序探讨两大问题:

① 流动人口就业空间与城市社会空间有何关联?
② 流动人口就业空间与城市就业空间有何关联?

其中,前者将以流动人口就业空间集聚区①作为其就业空间的衡量指标,将城市社会空间主因子、城市社会区作为城市社会空间的衡量指标,分析两者之间的关联性;后者将以就业空间集聚区、就业空间网络、就业空间中心作为流动人口和城市就业空间的衡量指标,分析两者之间的关联性,以求更宏观和更深入地把握南京市流动人口的就业空间特征。

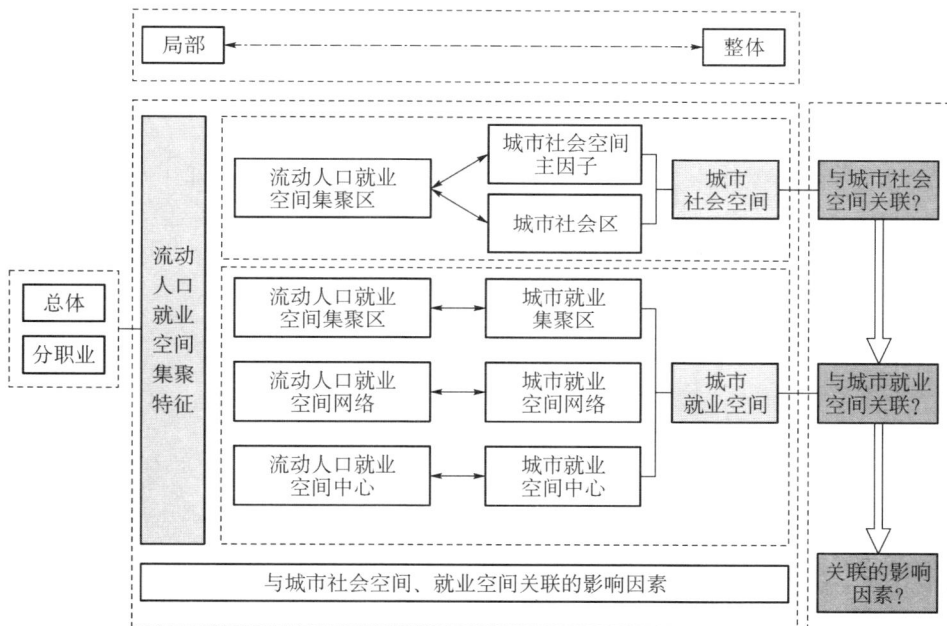

图7.1 南京市流动人口就业空间与城市空间的关联性解析框架

*资料来源:笔者自绘。

---

① 本章中所提及的流动人口就业空间的集聚区均只是高、中度两类就业集聚区,而不包括低度就业集聚区。

7.1 与城市社会空间的关联分析

7.1.1 与城市社会空间的关联分析方法

流动人口大量进入城市就业并在一定区域集聚,已初步形成新的社会空间;同时随着城市的发展,城市内部的常住人口也在不断地发生着社会分层和空间分异现象。在此背景下,面向流动人口就业空间与城市常住人口社会空间的互动关联展开研究,有助于理解和剖析流动人口就业空间与城市空间的相互关联,更深层次地分析流动人口就业空间的集聚特征。

借鉴相关研究方法,将流动人口的就业空间集聚区作为其就业空间的衡量指标;同时借助于因子生态学的分析方法生成城市社会空间的主因子和城市社会区,以此作为城市社会空间的衡量指标;然后以两者的关联分析作为切入点,从总体和分职业两个角度揭示流动人口就业空间与城市社会空间的互动关联。具体分析方法如下(图 7.2):

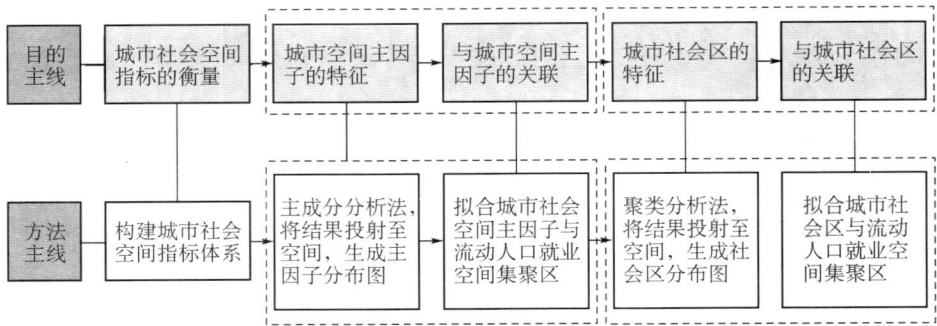

图 7.2 流动人口就业空间与城市社会空间关联研究技术路线图

*资料来源:笔者自绘。

1)城市社会空间指标体系建构

借鉴目前国内外相关量化研究成果,综合数据可得性以及人口普查的分类内容,确立城市社会空间指标因子体系。数据主要采自南京市第六次人口普查的分街道汇总资料,在对"六普"数据进行初步分析的基础上提取出人口规模、性别比例、家庭规模、年龄构成、婚姻结构、文化结构、职业结构、行业结构、住房结构及质量、少数民族状况、人口的流动性、失业人口状况、城市化水平等变量特征,确定与社会空间分析相关的指标体系,形成 13×69 的数据矩阵(表 7.1)。

表 7.1　南京市社会空间研究变量统计表

变量特征	变量名称		
一、人口规模	1. 总人口(人)	2. 人口密度(人/km²)	3. 平均每户人数(人/户)
二、性别比例	4. 总人口男女性别比	5. 家庭户男女性别比	6. 集体户男女性别比
三、家庭构成	7. 一人户比重(%)	8. 二人户比重(%)	
	9. 三人户比重(%)	10. 四人以上户比重(%)	
	11. 一代户比重(%)	12. 二代户比重(%)	13. 三代以上户比重(%)
四、年龄构成	14. 0～14 岁人口的比重(%)	15. 65 岁及以上人口的比重(%)	16. 抚养比(%)
五、婚姻结构	17. 15 岁及 15 岁以上未婚人口比重※(%)	18. 15 岁及 15 岁以上有配偶人口比重※(%)	
	19. 15 岁及 15 岁以上丧偶人口比重※(%)	20. 15 岁及 15 岁以上离婚人口比重※(%)	
六、文化结构	21. 文盲人口占 15 岁及以上人口比例(%)	22. 小学文化程度者比重(%)	
	23. 初中文化程度者比重(%)	24. 高中文化程度者比重(%)	
	25. 大专以上文化程度者比重(%)		
七、职业结构	26. 国家机关、党群组织、企业、事业单位负责人比重※(%)	27. 专业技术人员比重※(%)	
	28. 办事人员和有关人员比重※(%)	29. 商业服务业人员比重※(%)	
	30. 农、林、牧、渔、水利业生产人员比重※(%)	31. 生产、运输设备操作人员比重※(%)	
八、行业结构	32. 采掘业人口比重※(%)	33. 电力、煤气及水的生产和供应人口比重※(%)	
	34. 房地产业人口比重※(%)	35. 公共管理和社会组织、国际组织人口比重※(%)	
	36. 建筑业人口比重※(%)	37. 交通运输、仓储和邮政业人口比重※(%)	
	38. 教育业人口比重※(%)	39. 金融业人口比重※(%)	
	40. 居民服务和其他服务业人口比重※(%)	41. 科学研究、技术服务和地质勘查业人口比重※(%)	
	42. 农林牧渔业从业人口比重※(%)	43. 批发和零售业从业人口比重※(%)	
	44. 水利、环境和公共设施管理业从业人口比重※(%)	45. 卫生、社会保障和社会福利业人口比重※(%)	
	46. 文化、体育和娱乐业人口比重※(%)	47. 信息传输、计算机服务和软件业人口比重※(%)	
	48. 制造业人口比重※(%)	49. 住宿和餐饮业人口比重※(%)	
	50. 租赁和商务服务业人口比重※(%)		
九、住房结构及质量	51. 家庭户平均每户住房间数(间/户)	52. 家庭户人均住房面积(m²/人)	
	53. 无厨房住户占家庭户的比重※(%)	54. 无洗澡设施住户占家庭户的比重※(%)	
	55. 无厕所住户占家庭户的比重※(%)	56. 自建房住户占家庭户的比重※(%)	
	57. 购买房住户占家庭户的比重※(%)	58. 租用房住户占家庭户的比重※(%)	
十、少数民族状况	59. 民族混合户户数占家庭户的比重(%)	60. 少数民族人口占总人口的比重(%)	
十一、人口的流动性	61. 居住本街道,户口在本街道人口占总人口的比重(%)	62. 居住本街道,户口在外乡镇、街道,离开户口登记地半年以上的人口占总人口比重(%)	
	63. 居住本街道、户口待定人口占总人口的比重(%)	64. 居住本街道,现在在国外工作学习、暂无户口人口占总人口的比重(%)	
	65. 外出半年以上人口占户籍人口的比重(%)	66. 省内外来人口占外来人口的比重(%)	
	67. 省外外来人口占外来人口的比重(%)		
十二、失业人口状况	68. 16 岁及 16 岁以上人口失业率※(%)		
十三、城市化水平	69. 非农业户口人数占总人口的比重(%)		

　＊说明:表中"※"表示取自南京市"六普"统计的长表数据,其余则取自"六普"统计的短表数据。

　＊＊资料来源:笔者自制。

2）与城市社会空间主因子的关联分析

运用 SPSS 统计分析软件对南京市 2010 年第六次人口普查的反映社会空间结构的变量数据矩阵进行处理，用主成分（Principal Components）方法提取主因子。根据各因子在各街道的得分分析各统计单元情况，并将其投射至空间上，分析其分布状况。

将城市社会空间主因子与流动人口的就业集聚区进行拟合、匹配、比较，并统计各主因子分布区内流动人口总体和分职业的就业集聚区的数量及比例，解释并分析其互动关联。

3）与城市社会区的关联分析

根据各社会空间主因子在各统计单元的得分，采用系统聚类法（Hierarchical Cluster）对各统计单元进行聚类分析，据此将南京市主城区划分为多类社会区，并将其投射至空间上，分析其分布状况。

将城市各类社会区与流动人口的就业集聚区进行拟合、匹配、比较，并统计各类社会区内流动人口总体和分职业的就业集聚区的数量及比例，解释并分析其互动关联。

7.1.2　与城市社会空间主因子的关联分析

1）城市社会空间主因子的分析

运用 SPSS 统计分析软件，选择因子分析方法，对 34×69 的数据矩阵进行处理。生成因子特征值的碎石图（图 7.3）。从图中可见，主因子 6 处是一个明显的拐点，因此选取特征值大于 5 的前 5 个主因子分析南京市社会区分异状况，累计方差占原变量总方差的66.618%。根据 69 个变量在 5 个主因子的荷载值矩阵，选取主因子的 23 个主要荷载变量。在对载荷变量进行综合分析的基础上，将主因子分别命名为住房状况主因子、人口流动状况主因子、文化状况主因子、婚姻和年龄状况主因子和职业状况主因子（表 7.2）。

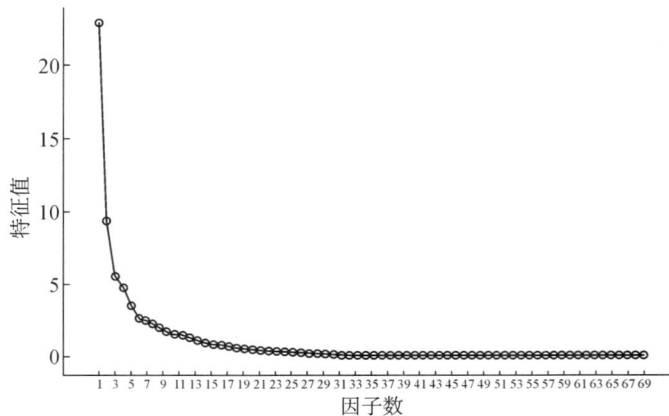

图 7.3　因子特征值碎石图

根据各因子得分，总结南京市社会空间主因子特征及其分布状况，如表 7.3 所示。

表 7.2 主因子变量结构表

变量名称	住房状况	人口流动状况	文化状况	婚姻和年龄状况	职业状况
平均每户人数	0.915	0.068	0.201	−0.045	0.156
一人户比重	−0.909	−0.034	−0.182	−0.104	−0.018
三人户比重	0.895	−0.026	0.173	0.073	−0.052
一代户比重	−0.892	0.212	−0.216	0.074	0.158
二代户比重	0.877	0.136	0.187	0.024	0.024
购买房住户占家庭户的比重	0.832	0.159	0.126	−0.047	0.030
租用房住户占家庭户的比重	−0.817	−0.237	−0.156	0.143	−0.001
无洗澡设施住户占家庭户的比重	−0.792	−0.308	0.009	0.225	−0.085
四人以上户比重	0.791	0.076	0.149	−0.123	0.295
三代以上户比重	0.775	0.289	0.224	−0.204	0.325
无厕所住户占家庭户的比重	−0.742	−0.173	−0.065	0.177	−0.077
无厨房住户占家庭户的比重	−0.728	−0.301	0.119	0.247	−0.026
65 岁及以上人口的比重	0.064	0.898	−0.186	−0.009	0.054
居住本街道、户口在本街道人口占总人口的比重	0.336	0.785	0.150	−0.297	0.035
居住本街道,户口在外乡镇、街道,离开户口登记地半年以上的人口占总人口比重	−0.342	−0.785	−0.166	0.297	−0.034
抚养比	0.136	0.733	−0.059	0.503	0.028
高中文化程度者比重	−0.139	0.283	−0.739	0.152	−0.003
15 岁及 15 岁以上丧偶人口比重	−0.266	0.469	−0.719	−0.082	0.012
15 岁及 15 岁以上有配偶人口比重	−0.158	−0.115	−0.156	0.912	0.064
15 岁及 15 岁以上未婚人口比重	0.177	−0.023	0.310	−0.862	−0.093
0~14 岁人口的比重	0.113	−0.246	0.174	0.797	−0.044
交通运输、仓储和邮政业人口比重	−0.179	0.003	−0.403	0.014	−0.784
金融业人口比重	0.329	0.403	0.100	−0.069	0.755

*资料来源:笔者根据南京市流动人口抽样数据(2009)自制。

2) 与南京市社会空间主因子的关联分析

将南京市社会空间结构主因子与流动人口总体和分职业的就业集聚区进行拟合,并统计各主因子分布区内流动人口总体和分职业的就业集聚区的数量及比例,结果如表 7.4~表 7.6 所示。可以看出,南京市流动人口总体和分职业的就业集聚区与南京市社会空间主因子存在的相关关系如下:

(1) 流动人口(总体)

① 从住房状况因子来看,因子低值区(−1~−2)中,流动人口就业集聚区的比例为80%,说明在家庭规模小且结构简单、租房住户多、住房条件差的区域中,流动人口的就业集聚区分布较多;因子高值区(1~2)中,流动人口就业集聚区的比例为66.67%,说明在家庭规模大且结构复杂、购房住户多、住房条件好的区域,流动人口就业集聚区分布同样较多。

表 7.3　南京市社会空间结构主因子特征及分布状况表

主因子	方差贡献率（%）	分值特征	因子得分	街道个数	所占比例（%）	分布状况	分布图
住房状况	33.153	高分：家庭规模大、结构复杂，购房住户多，住房条件好	≥2	1	2.27	宁南街道	
			1～2	3	6.82	秦虹、南苑、江东街道，分布于老城西侧及南侧外围地区	
			0～1	19	43.18	以城市中心区为中心呈扇形发散分布	
		低分：家庭规模小、结构简单，租房住户多，住房条件差	−1～0	14	31.82	零星散布于老城内及主城东部边缘区	
			−1～−2	5	11.36	主要分布于主城南部边缘及主城北部的迈皋桥、红山街道	
			≤−2	2	4.55	阅江楼街道、中华门街道	图 7.4　住房状况因子分布图
人口流动状况	13.424	高分：人口老龄化程度高，本地人口多	≥2	0	0	—	
			1～2	8	18.18	主要零散分布于老城内部	
			0～1	17	38.64	集中分布于老城及主城西北、北部边缘区域	
		低分：人口老龄化程度低，外来人口多	−1～0	13	29.55	集中分布于老城东部、北部外围地区	
			−1～−2	5	11.36	主要分布于主城南部和东部边缘区域	
			≤−2	1	2.27	宁南街道	图 7.5　人口流动状况因子分布图
文化状况	7.973	高分：中等教育人口比重小	≥2	1	2.27	孝陵卫街道	
			1～2	8	18.18	老城中北部地区及主城西部边缘区	
			0～1	12	27.27	主要集中于主城中北部地区及主城南部边缘地区	
		低分：中等教育人口比重大	−1～0	16	36.36	主要集中于老城南部、主城北部及东部、东南部边缘区	
			−1～−2	7	15.91	主要分布于老城南部及五老村、宝塔桥街道	
			≤−2	0	0	—	图 7.6　文化状况因子分布图

续表

主因子	方差贡献率（%）	分值特征	因子得分	街道个数	所占比例（%）	分布状况	分布图
婚姻和年龄状况	6.944	高分：已婚人士多，儿童比重较大	≥2	0	0	—	
			1～2	4	9.09	江东、兴隆、沙洲、雨花新村街道	
			0～1	20	45.45	主要分布于老城外围的主城北部、南部区域	
		低分：未婚人口多，儿童比重小	−1～0	13	29.55	城市中心区、老城南部、主城北部边缘区均有分布	
			−1～−2	5	11.36	梅园新村、湖南路、华侨路、建宁路街道	
			≤−2	2	4.55	锁金村、孝陵卫街道	图7.7 婚姻和年龄状况因子分布图
职业状况	5.124	高分：金融业人口比重较大	≥2	0	0	—	
			1～2	6	13.61	集中分布于主城中南部区域	
			0～1	21	47.73	以城市中心区为中心呈扇形发散分布	
		低分：交通运输、仓储和邮政业人口比重较大	−1～0	10	22.73	大分散、小集中，分布于老城西北部与主城东部边缘区	
			−1～−2	4	9.09	燕子矶、阅江楼、热河南路、江东街道，集中分布于主城西北部边缘区	
			≤−2	3	6.82	宝塔桥、建宁路、幕府山街道，集中分布于主城西北部边缘区	图7.8 职业状况因子分布图

*资料来源：笔者根据南京市流动人口抽样数据(2009)自制。

据此可以认为,住房状况因子对流动人口就业集聚区的分布有一定的影响,流动人口内部就业集聚区伴随城市住房状况因子的分异呈现出一定程度的分化;反之,流动人口就业集聚区在住房状况上的分化也一定程度上加剧了城市住房状况因子的分异。

② 从人口流动状况因子来看,因子低值区(−1～−2)中流动人口就业集聚区的比例为60%,说明在人口老龄化程度较低、外来人口较多的区域,流动人口的就业集聚区分布较多。

据此可以认为,人口流动状况因子对流动人口就业集聚区的分布有一定的影响,流动人口易于在外来人口较多的区域形成就业空间集聚区;反之,流动人口就业空间在此类区域的集聚也加剧了城市人口流动状况因子的分异。

③ 从文化状况因子来看,因子较低值区(0～−1)中外来务工就业集聚区比例为75%,说明在中等教育人口比重较大的区域,流动人口的就业集聚区分布较多。

表 7.4　流动人口就业集聚区与南京市社会空间因子的分布拟合表（总体）

社会空间主因子			流动人口就业集聚区	分布拟合		
主因子	因子得分	个数	个数	拟合比例（%）	拟合状况	拟合图
住房状况	≥2	1	0	0	无分布	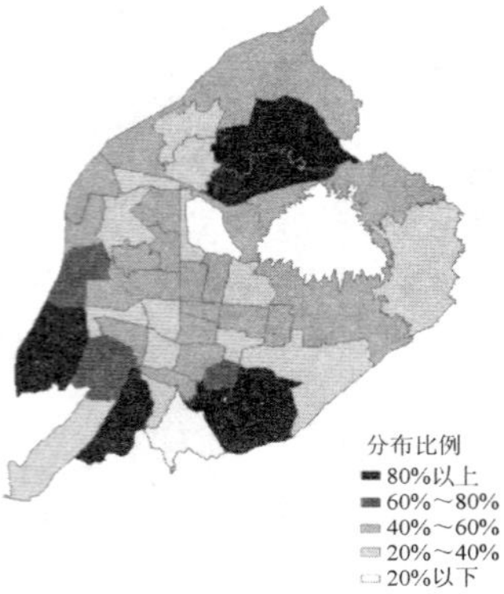
	1～2	3	2	66.67	比例较大,分布于老城西侧、南侧外围	
	0～1	19	9	47.37	比例适中	
	−1～0	14	5	35.71	比例适中	
	−1～−2	5	4	80	比例大,分布于主城南部、北部边缘	
	≤−2	2	1	50	比例适中	图 7.9　住房状况因子分布拟合图（总体）
人口流动状况	≥2	0	0	—	—	
	1～2	8	3	37.5	比例适中	
	0～1	17	8	47.06	比例适中	
	−1～0	13	7	53.87	比例适中	
	−1～−2	5	3	60	比例较大,分布于主城南部、东部边缘	
	≤−2	1	0	0	无分布	图 7.10　人口流动状况因子分布拟合图（总体）
文化状况	≥2	1	0	0	无分布	
	1～2	8	3	37.5	比例适中	
	0～1	12	3	25	比例适中	
	−1～0	16	11	68.75	比例较大,分布于主城东部、东南部、北部边缘	
	−1～−2	7	4	57.14	比例适中	
	≤−2	0	0	—	—	图 7.11　文化状况因子分布拟合图（总体）

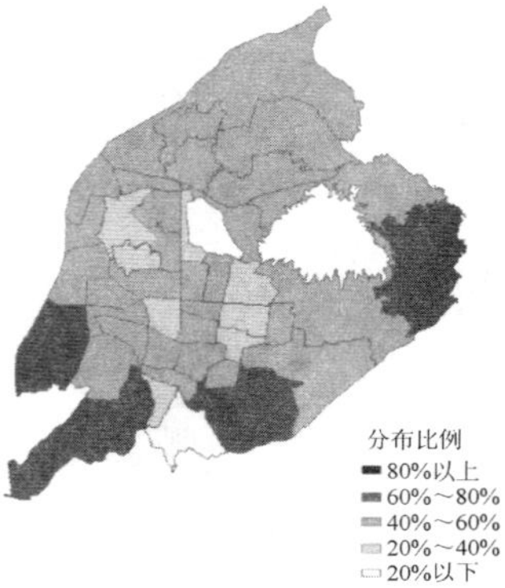

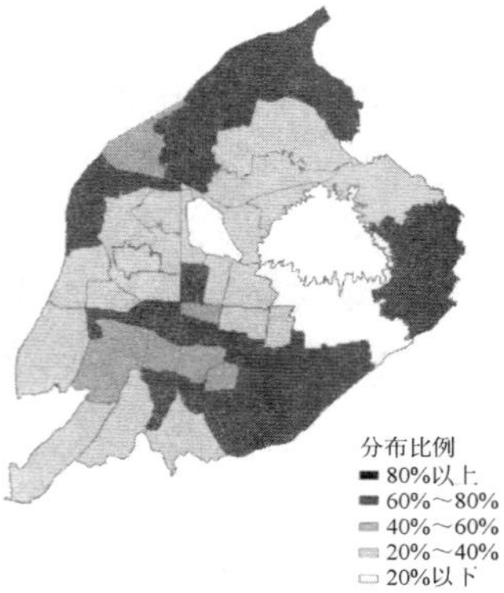

社会空间主因子			流动人口就业集聚区	分布拟合			
主因子	因子得分	个数	个数	拟合比例（%）	拟合状况	拟合图	
婚姻和年龄状况	≥2	0	0	—		图 7.12 婚姻和年龄状况因子分布拟合图（总体）	
	1～2	4	2	50	比例适中		
	0～1	20	11	55	比例适中		
	−1～0	13	7	53.85	比例适中		
	−1～−2	5	1	20	比例适中		
	≤−2	2	0	0	无分布		
职业状况	≥2	0	0	—	—	图 7.13 职业状况因子分布拟合图（总体）	
	1～2	6	5	83.33	比例大,分布于主城中南部		
	0～1	21	9	42.86	比例适中		
	−1～0	10	1	10	比例小		
	−1～−2	4	4	100	全部,分布于主城西北、北部边缘		
	≤−2	3	2	66.67	比例较大,分布于主城西北部		

* 说明:拟合比例＝流动人口高、中度就业集聚区个数/相应各得分因子的街道个数。

** 资料来源:笔者根据南京市流动人口抽样数据(2009)自制。

据此可以认为,文化状况因子对流动人口就业集聚区的分布有一定的影响,流动人口易于在中等教育人口比重较大的区域形成就业空间集聚区;反之,基于流动人口自身教育程度状况可判断,流动人口就业空间在此类区域的集聚也加剧了城市文化状况因子的分异。

④ 从婚姻和年龄状况因子来看,因子各值区中流动人口就业集聚区的比例基本适中,且较为均质。

据此可以认为,婚姻和年龄状况因子与流动人口就业集聚区的关联性较为分散,拥有较弱的整体关联度。

⑤ 从职业状况因子来看,低值区(−1～−2)中,流动人口就业集聚区的比例为 100%,极低值区(≤−2)中,流动人口就业集聚区的比例为 66.67%,说明在交通运输、仓储和邮政业人口比重较大的区域,流动人口的就业集聚区分布较多;高值区(1～2)中,流动人口就业集聚区的比

列为 83.33%,说明在金融业人口比重较大的区域,流动人口的就业集聚区分布同样较多。

据此可以认为,职业状况因子对流动人口就业集聚区有一定的影响,流动人口内部就业集聚区伴随城市职业状况因子的分异呈现出一定程度的分化;反之,流动人口就业集聚区在职业状况上的分化也一定程度上加剧了城市职业状况因子的分异。

从以上分析可以看出,南京市流动人口总体的就业集聚区与南京市住房状况因子、人口流动状况因子、文化状况因子、职业状况因子有较强的关联性。其中,住房状况因子、职业状况因子与流动人口就业集聚区呈"双向加强"关联,其具体表现为:城市住房状况因子、职业状况因子内部的分异导致了流动人口总体的就业集聚区的分化,这种分化又在一定程度上反向加强了城市住房状况因子、城市职业状况因子的分异。人口流动状况因子、文化状况因子与流动人口总体的就业集聚区呈较强的"正相关"关联,其具体表现为:流动人口易于在外来人口较多、中等教育人口比重较大的区域形成就业空间集聚区,而流动人口就业空间在此类区域的集聚在一定程度上也加剧了城市人口流动状况因子、分化状况因子的分异。

(2)流动人口(商业服务业人员)

① 从住房状况因子来看,低值区(-1~-2)中,商业服务业流动人口就业集聚区的比例为 60%,说明在家庭规模小且结构简单、租房住户多、住房条件差的区域中,商业服务业流动人口的就业集聚区分布较多。

据此可以认为,住房状况因子对流动人口就业集聚区的分布有一定的影响,商业服务业流动人口易于在租房住户多、住房条件差的区域形成就业集聚区;反之,商业服务业流动人口就业空间在此类区域的集聚也加剧了城市住房状况因子的分异。

② 从人口流动状况因子来看,因子各值区中,商业服务业流动人口就业集聚区的比例基本适中,且较为均质。

据此可以认为,人口流动状况因子与商业服务业流动人口就业集聚区的关联性较为分散,拥有较弱的整体关联度。

③ 从文化状况因子来看,因子各值区中商业服务业流动人口就业集聚区的比例基本适中,且较为均质。

据此可以认为,文化状况因子与商业服务业流动人口就业集聚区的关联性较为分散,拥有较弱的整体关联度。

④ 从婚姻和年龄状况因子来看,因子各值区中商业服务业流动人口就业集聚区的比例基本适中,且较为均质。

据此可以认为,婚姻和年龄状况因子与商业服务业流动人口就业集聚区的关联性较为分散,拥有较弱的整体关联度。

⑤ 从职业状况因子来看,因子高值区(1~2)中,商业服务业流动人口就业集聚区的比例为 83.33%,说明在金融业人口比重较大的区域中,流动人口的就业集聚区分布较多。

据此可以认为,职业状况因子对商业服务业流动人口就业集聚区有一定的影响,商业服务业流动人口易于在金融业人口比重较大的区域形成就业集聚区;反之,商业服务业流动人口就业空间在此类区域的集聚也加剧了城市住房状况因子的分异。

从以上分析可以看出,南京市商业服务业流动人口的就业集聚区与南京市住房状况因子、职业状况因子呈较强的"正相关"关联。其具体表现为:商业服务业流动人口易于在租房住户多、住房条件差、金融业人口比重较大的区域形成就业空间集聚区,而商业服务业流动人口就业空间在此类区域的集聚在一定程度上也加剧了城市住房状况因子、职业状况因子的分异。

表 7.5 流动人口就业集聚区与南京市社会空间因子的分布拟合表(商业服务业人员)

社会空间主因子			流动人口就业集聚区	分布拟合		
主因子	因子得分	个数	个数	拟合比例(%)	拟合状况	拟合图
住房状况	≥2	1	0	0	无分布	
	1~2	3	1	33.33	比例适中	
	0~1	19	9	47.37	比例适中	
	−1~0	14	4	28.57	比例适中	
	−1~−2	5	3	60	比例较大,分布于主城南部、北部边缘	
	≤−2	2	1	50	比例适中	图 7.14 住房状况因子分布拟合图(商业服务业人员)
人口流动状况	≥2	0	0	—	—	
	1~2	8	4	50	比例适中	
	0~1	17	7	41.18	比例适中	
	−1~0	13	5	38.46	比例适中	
	−1~−2	5	2	40	比例适中	
	≤−2	1	0	0	无分布	图 7.15 人口流动状况因子分布拟合图(商业服务业人员)
文化状况	≥2	1	0	0	无分布	
	1~2	8	3	37.5	比例适中	
	0~1	12	3	25	比例适中	
	−1~0	16	8	50	比例适中	
	−1~−2	7	4	57.14	比例适中	
	≤−2	0	0	—	—	图 7.16 文化状况因子分布拟合图(商业服务业人员)

187

社会空间主因子			流动人口就业集聚区	分布拟合			
主因子	因子得分	个数	个数	拟合比例（%）	拟合状况	拟合图	
婚姻和年龄状况	≥2	0	0	—	—		
	1~2	4	0	0	无分布		
	0~1	20	10	50	比例适中		
	−1~0	13	7	53.85	比例适中		
	−1~−2	5	1	20	比例适中		
	≤−2	2	0		无分布	图7.17 婚姻和年龄状况因子分布拟合图（商业服务业人员）	
职业状况	≥2	0	0	—	—		
	1~2	6	5	83.33	比例大，分布于主城中南部		
	0~1	21	8	38.10	比例适中		
	−1~0	10	2	20	比例适中		
	−1~−2	4	2	50	比例适中		
	≤−2	3	1	33.33	比例适中	图7.18 职业状况因子分布拟合图（商业服务业人员）	

* 说明：拟合比例＝商业服务业流动人口高、中度就业集聚区个数/相应各得分因子的街道个数。

** 资料来源：笔者根据南京市流动人口抽样数据（2009）自制。

相对而言，商业服务业流动人口就业空间的集聚与城市社会空间主因子的关联性较小，其受城市社会空间主因子的影响较小，对城市社会空间主因子分异的推动作用也较小。

（3）流动人口（生产运输设备操作业人员）

① 从住房状况因子来看，因子极高值区（≥2）中，生产运输设备操作业流动人口就业集聚区的比例为100%，此类区域仅为宁南街道；因子低值区（−1~−2）中，生产运输设备操作业流动人口就业集聚区的比例为60%，说明在家庭规模小且结构简单、租房住户多、住房条件差的区域中，生产运输设备操作业流动人口的就业集聚区分布较多。

据此可以认为，住房状况因子对生产运输设备操作业流动人口就业集聚区的分布有一定的影响，除个例外，生产运输设备操作业流动人口易于在租房住户多、住房条件差的区域形成就业集聚区；反之，生产运输设备操作业流动人口就业空间在此类区域的集聚也加剧了城市住房状况因子的分异。

② 从人口流动状况因子来看，因子极低值区（≤−2）中，生产运输设备操作业流动人口

就业集聚区的比例为100%;较低值区(0～−1)中,生产运输设备操作业流动人口就业集聚区的比例为61.54%,说明在人口老龄化程度较低、外来人口较多的区域,生产运输设备操作业流动人口的就业集聚区分布较多。

据此可以认为,人口流动状况因子对生产运输设备操作业流动人口就业集聚区的分布有一定的影响,生产运输设备操作业流动人口易于在外来人口较多的区域形成就业空间集聚区;反之,流动人口就业空间在此类区域的集聚也加剧了城市人口流动状况因子的分异。

③ 从文化状况因子来看,因子各值区中生产运输设备操作业流动人口就业集聚区的比例基本适中,且较为均质。

据此可以认为,文化状况因子与生产运输设备操作业流动人口就业集聚区分布的关联性较为分散,拥有较弱的整体关联度。

④ 从婚姻和年龄状况因子来看,因子各值区中生产运输设备操作业流动人口就业集聚区的比例基本适中,且较为均质。

据此可以认为,婚姻和年龄状况因子与生产运输设备操作业流动人口就业集聚区分布的关联性较为分散,拥有较弱的整体关联度。

⑤ 从职业状况因子来看,因子极低值区(≤−2)中,生产运输设备操作业流动人口就业集聚区的比例为100%;低值区(−1～−2)中,生产运输设备操作业流动人口就业集聚区的比例为75%,说明在交通运输、仓储和邮政业人口比重较大的区域,生产运输设备操作业流动人口的就业集聚区分布较多;因子高值区(1～2)中,生产运输设备操作业流动人口就业集聚区的比例为83.33%,说明在金融业人口比重较大的区域,生产运输设备操作业流动人口的就业集聚区分布同样较多。

据此可以认为,职业状况因子对生产运输设备操作业流动人口就业集聚区的分布有一定的影响,生产运输设备操作业流动人口内部就业集聚区伴随城市职业状况因子的分异呈现出一定程度的分化;反之,生产运输设备操作业流动人口就业集聚区在职业状况上的分化也一定程度上加剧了城市职业状况因子的分异。

从以上分析可以看出,南京市生产运输设备操作业流动人口的就业集聚区与南京市住房状况因子、人口流动状况因子、职业状况因子有较强的关联性。其中,住房状况因子、人口流动状况因子与生产运输设备操作业流动人口总体就业集聚区呈较强的"正相关"关联,其具体表现为:生产运输设备操作业流动人口易于在租房住户多、住房条件差、外来人口较多的区域形成就业空间集聚区,而生产运输设备操作业流动人口就业空间在此类区域的集聚在一定程度上也加剧了城市人口住房状况因子、人口流动状况因子的分异。职业状况因子与生产运输设备操作业流动人口就业集聚区呈"双向加强"关联,其具体表现为:职业状况因子内部的分异导致了生产运输设备操作业流动人口就业集聚区的分化,这种分化又在一定程度上反向加强了职业状况因子的分异。

相对而言,生产运输设备操作业流动人口就业空间的集聚与城市社会空间主因子的关联性较大,其受城市社会空间主因子的影响较大,对城市社会空间主因子分异的推动作用也较大。

表 7.6 流动人口就业集聚区与南京市社会空间因子的分布拟合表（生产运输设备操作业人员）

社会空间主因子			流动人口就业集聚区	分布拟合		
主因子	因子得分	个数	个数	拟合比例（%）	拟合状况	拟合图
住房状况	≥2	1	1	100	全部,宁南街道	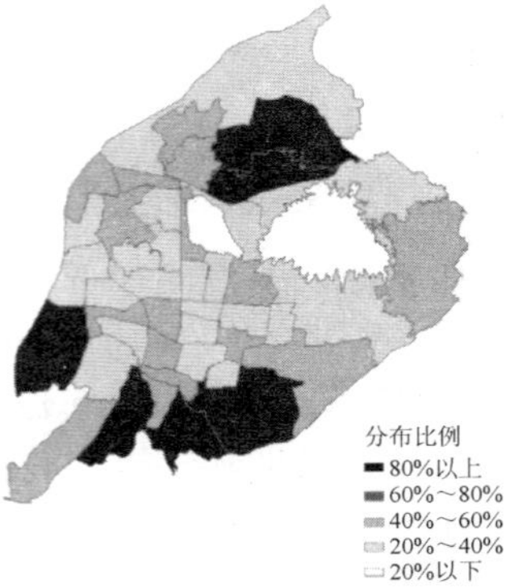
	1～2	3	1	33.33	比例适中	
	0～1	19	6	31.58	比例适中	
	−1～0	14	7	50	比例适中	
	−1～−2	5	4	80	比例大,分布于主城北部边缘	
	≤−2	2	1	50	比例适中	图 7.19 住房状况因子分布拟合图（生产运输设备操作业人员）
人口流动状况	≥2	0	0	—	—	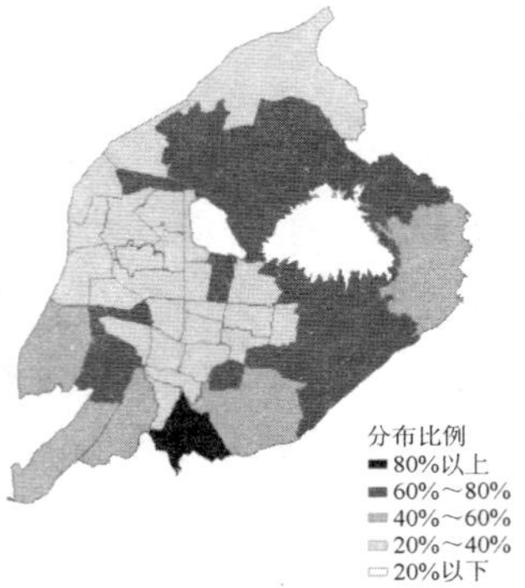
	1～2	8	3	37.5	比例适中	
	0～1	17	6	35.29	比例适中	
	−1～0	13	8	61.54	比例较大,分布于主城东部、北部外围区	
	−1～2	5	2	40	比例适中	
	≤−2	1	1	100	全部,宁南街道	图 7.20 人口流动状况因子分布拟合图(生产运输设备操作业人员)
文化状况	≥2	1	0	0	无分布	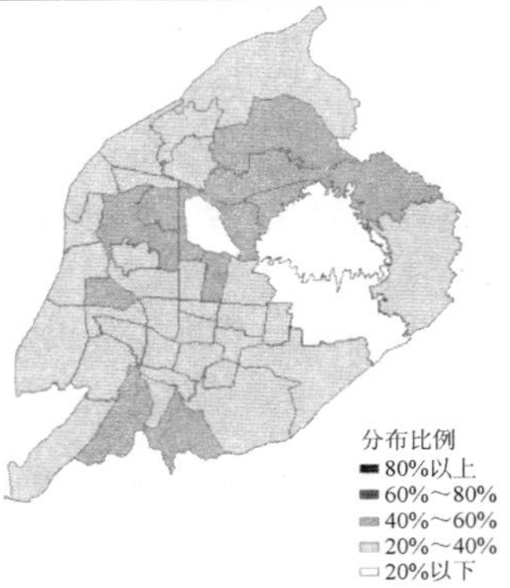
	1～2	8	3	37.5	比例适中	
	0～1	12	5	41.67	比例适中	
	−1～0	16	10	32.5	比例适中	
	−1～−2	7	2	28.57	比例适中	
	≤−2	0	0	—	—	图 7.21 文化状况因子分布拟合图（生产运输设备操作业人员）

续表

社会空间主因子			流动人口就业集聚区	分布拟合		
主因子	因子得分	个数	个数	拟合比例（%）	拟合状况	拟合图
婚姻和年龄状况	≥2	0	0	—	—	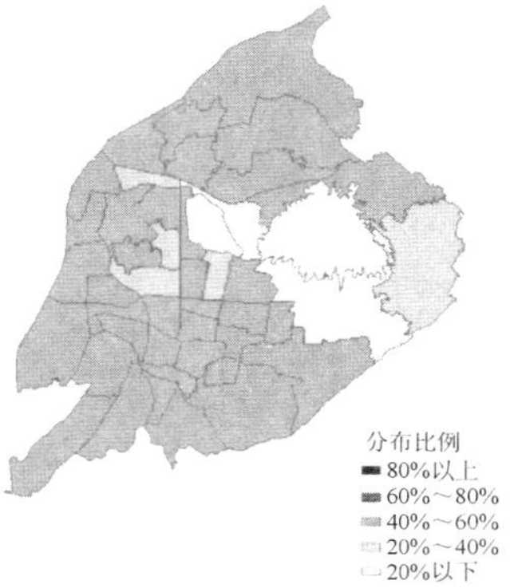 图7.22 婚姻和年龄状况因子分布拟合图(生产运输设备操作业人员)
	1~2	4	2	50	比例适中	
	0~1	20	11	55	比例适中	
	−1~0	13	6	53.85	比例适中	
	−1~−2	5	1	20	比例适中	
	≤−2	2	0	0	无分布	
职业状况	≥2	0	0	—	—	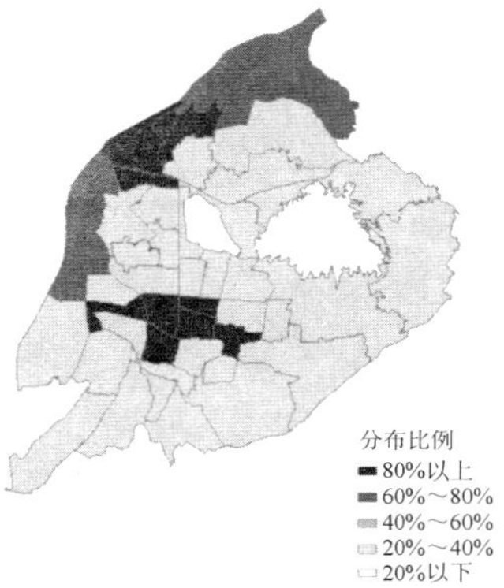 图7.23 职业状况因子分布拟合图(生产运输设备操作业人员)
	1~2	6	5	83.33	比例大,分布于主城中南部	
	0~1	21	7	33.33	比例适中	
	−1~0	10	2	20	比例适中	
	−1~−2	4	3	75	比例较大,分布于主城西北部、北部边缘	
	≤−2	3	3	100	全部,分布于主城西北部边缘	

* 说明:拟合比例=生产运输设备操作业流动人口高、中度就业集聚区个数/相应各得分因子的街道个数。

* * 资料来源:笔者根据南京市流动人口抽样数据(2009)自制。

（4）对比分析

对比分析南京市流动人口总体和分职业就业集聚区与城市社会空间主因子的关联,其共性和差异如表7.7所示。

表 7.7　流动人口与城市社会空间主因子关联的共性和差异（总体和分职业）

		总体	商业服务业人员	生产运输设备操作业人员
共性	关联因子	三者均与南京市住房状况因子、职业状况因子有相关关联		
	关联类型	共性特征较少		
	关联强度			
差异	关联因子	① 住房状况因子 ② 人口流动状况因子 ③ 文化状况因子 ④ 职业状况因子	① 住房状况因子 ② 职业状况因子	① 住房状况因子 ② 人口流动状况因子 ③ 职业状况因子
	关联类型	与②、③为正相关关联,与①、④为双向加强相关关联	正相关关联	与①、②为正相关关联,与③为双向加强相关关联
	关联强度	较大	较小	较大

＊资料来源:笔者自制。

7.1.3　与城市社会区的关联分析

1）城市社会区的分析

根据上述五个社会主因子的因子得分,利用 SPSS 软件,对各街道进行聚类分析,选用社会研究中较常使用的 Ward Method 聚类法和 Euclidean Distance 测度方法。通过聚类将南京市主城区划分为四类社会区,并投射至空间上,生成社会区分布图。综合考虑特征判别表的数值和主因子的荷载变量情况,将社会区命名为:① 中等教育水平的从事金融业的社会区;② 高等教育水平,本地人口社会区;③ 住房条件较差的外来人口社会区;④ 中等教育水平的从事交通、运输、仓储和邮政业的社会区。各类社会区分布状况及特征如表 7.8 所示。

表 7.8　城市社会区特征及分布状况表

社会区类别	街道数	住房状况	人口流动状况	文化状况	婚姻和年龄状况	职业状况	分布状况	分布图
1类	11	0.476 9	−0.028 8	−0.980 3	0.178 5	0.919 4	集中分布于主城中南部	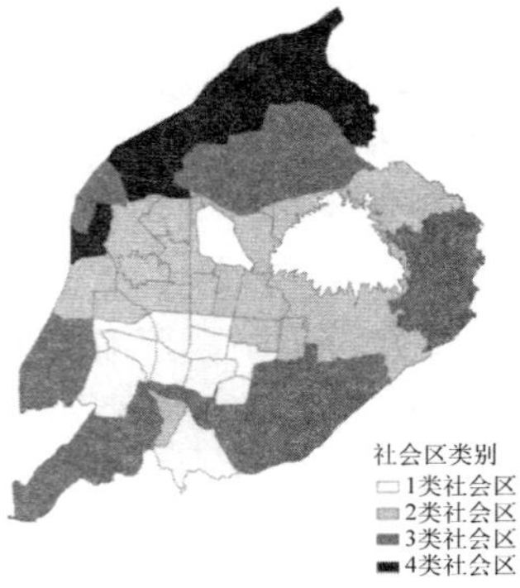
2类	17	0.425 2	0.589 8	0.784 0	−0.241 8	−0.035 9	集中分布于主城中北部	
3类	11	−1.183	−0.893	0.095	0.158	0.050 6	集中分布于主城南部边缘区及老城北部外围	
4类	5	0.108 9	0.022 9	−0.717 9	0.082 3	−2.012 0	集中分布于主城北部边缘区	

社会区类别
□ 1类社会区
▨ 2类社会区
▦ 3类社会区
■ 4类社会区

图 7.24　城市社会区特征分布图

＊资料来源:笔者根据南京市流动人口抽样数据(2009)自制。

2）与南京市社会区的关联分析

将南京市各类社会区与流动人口总体和分职业的就业集聚区进行拟合,并统计各社会区内流动人口总体和分职业的就业集聚区数量及比例,结果如表 7.9～表 7.11 所示。从中可以看出,南京市流动人口总体和分职业的就业集聚区与南京市整体的社会区存在的相关关系如下:

（1）流动人口（总体）

① 在 1 类社会区中,流动人口就业集聚区的比例为 63.64%,说明在中等教育水平的从事金融业人口的社会区中,流动人口的就业集聚区分布较多。

据此可以认为,中等教育水平的从事金融业人口的社会区对流动人口的就业空间集聚具有较强吸引力,流动人口易于在此类社会区中形成就业空间集聚区。

② 在 2 类社会区中,流动人口就业集聚区的比例为 17.65%,说明在高等教育水平的本地人口的社会区中,流动人口的就业集聚区分布较少。

据此可以认为,高等教育水平的本地人口的社会区对流动人口的就业空间具有较明显的排斥力,不易于流动人口就业空间的集聚。

③ 在 3 类社会区中,流动人口就业集聚区的比例为 63.64%,说明在住房条件较差的外来人口的社会区中,流动人口的就业集聚区分布较多。

据此可以认为,住房条件较差的外来人口的社会区对流动人口的就业空间集聚具有较强吸引力,流动人口易于在此类社会区中形成就业空间集聚区。

④ 在 4 类社会区中,流动人口就业集聚区的比例为 80.00%,说明在中等教育水平的从事交通、运输、仓储和邮政业的社会区中,流动人口的就业集聚区分布较多。

表 7.9　流动人口就业集聚区与南京市社会区的分布拟合表（总体）

社会区			流动人口就业集聚区	分布拟合		
类别	类型	个数	个数	拟合比例（%）	拟合状况	拟合图
1	中等教育水平的从事金融业的社会区	11	7	63.64	比例较大,分布于主城中南部地区	
2	高等教育水平的本地人口社会区	17	3	17.65	比例较小,分布于主城中北部地区	
3	住房条件较差的外来人口社会区	11	7	63.64	比例较大,分布于主城南部边缘区及老城北部外围地区	分布比例 ■80%以上 ■60%～80% ◪40%～60% ▨20%～40% □20%以下
4	中等教育水平的从事交通、运输、仓储和邮政业的社会区	5	4	80.00	比例大,分布于主城北部边缘	图 7.25　流动人口就业集聚区与南京社会区的分布拟合图（总体）

* 说明:拟合比例＝流动人口高、中度就业集聚区个数/相应社会区的街道个数。

** 资料来源:笔者根据南京市流动人口抽样数据（2009）自制。

据此可以认为,中等教育水平的从事交通、运输、仓储和邮政业的社会区对流动人口的就业空间集聚具有较强吸引力,流动人口易于在此类社会区中形成就业空间集聚区。

从以上分析可以看出,南京市流动人口总体的就业集聚区与城市4种类型的社会区均具有较强的关联性。其具体表现为:1类、3类、4类社会区对流动人口就业空间集聚有较强的"吸引力",流动人口易于在此类社会区形成就业空间集聚区,而2类社会区对流动人口就业空间集聚有较强的"排斥力";反之,这种吸引力与排斥力使得流动人口的就业空间在特定区域集聚,进一步加剧了城市社会区的分异。

(2)流动人口(商业服务业人员)

① 在1类社会区中,商业服务业流动人口就业集聚区的比例为63.64%,说明在中等教育水平的从事金融业人口的社会区中,商业服务业流动人口的就业集聚区分布较多。

据此可以认为,中等教育水平的从事金融业人口的社会区对商业服务业流动人口的就业空间集聚具有较强吸引力,商业服务业流动人口易于在此类社会区中形成就业空间集聚区。

② 在2、3、4类社会区中,商业服务业流动人口就业集聚区的比例比例基本适中,且较为均质。

据此可以认为,此三类社会区与商业服务业流动人口就业集聚区分布的关联性较为分散,拥有较弱的整体关联度。

从以上分析可以看出,南京市商业服务业流动人口的就业集聚区与城市1类社会区具有较强的关联性。其具体表现为:1类社会区对商业服务业流动人口就业空间集聚有较强的"吸引力",商业服务业流动人口易于在此类社会区形成就业空间集聚区,这种集聚又在一定程度上反向加强了城市社会区的分异。

相对而言,商业服务业流动人口就业空间的集聚与城市社会区的关联性较小,其受城市社会区的影响较小,对城市社会区分异的推动作用也较小。

表7.10 流动人口就业集聚区与南京市社会区的分布拟合表(商业服务业人员)

社会区			流动人口就业集聚区	分布拟合		
类别	类型	个数	个数	拟合比例(%)	拟合状况	拟合图
1	中等教育水平的从事金融业人口的社会区	11	7	63.64	比例较大,分布于主城中南部	
2	高等教育水平的本地人口社会区	17	4	23.53	比例适中	
3	住房条件较差的外来人口社会区	11	5	45.45	比例适中	
4	中等教育水平的从事交通、运输、仓储和邮政业人口社会区	5	2	40	比例适中	

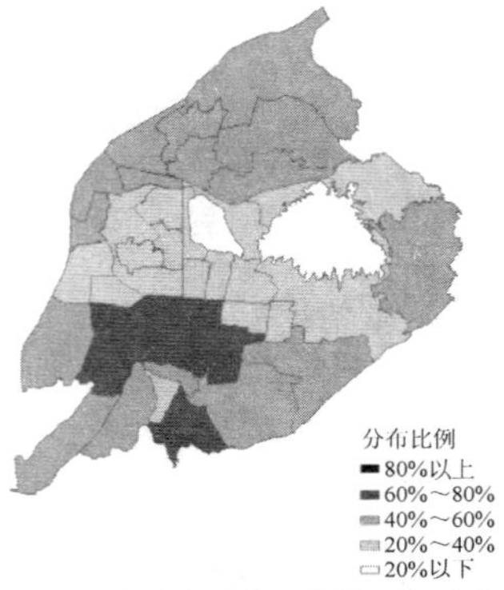

图7.26 流动人口就业集聚区与南京市社会区的分布拟合图(商业服务业人员)

分布比例
■80%以上
■60%~80%
■40%~60%
□20%~40%
□20%以下

* 说明:商业服务业流动人口高、中度就业集聚区个数/相应社会区的街道个数。
* * 资料来源:笔者根据南京市流动人口抽样数据(2009)自制。

（3）流动人口（生产运输设备操作业人员）

① 在 1 类社会区中,生产运输设备操作业流动人口就业集聚区的比例基本适中,且较为均质。

据此可以认为,此类社会区与生产运输设备操作业流动人口就业集聚区分布的关联性较为分散,拥有较弱的整体关联度。

② 在 2 类社会区中,生产运输设备操作业流动人口就业集聚区的比例为 17.65%,说明在高等教育水平的本地人口的社会区中,生产运输设备操作业流动人口的就业集聚区分布较少。

据此可以认为,高等教育水平的本地人口的社会区对生产运输设备操作业流动人口的就业空间具有较明显的排斥力,不易于流动人口就业空间的集聚。

③ 在 3 类社会区中,生产运输设备操作业流动人口就业集聚区的比例为 63.64%,说明在住房条件较差的外来人口的社会区中,生产运输设备操作业流动人口的就业集聚区分布较多。

据此可以认为,住房条件较差的外来人口的社会区对生产运输设备操作业流动人口的就业空间集聚具有较强吸引力,生产运输设备操作业流动人口易于在此类社会区中形成就业空间集聚区。

④ 在 4 类社会区中,生产运输设备操作业流动人口就业集聚区的比例为 80%,说明在中等教育水平的从事交通、运输、仓储和邮政业的社会区中,生产运输设备操作业流动人口的就业集聚区分布较多。

表 7.11　流动人口就业集聚区与南京市社会区的分布拟合表(生产运输设备操作业人员)

社会区			流动人口就业集聚区	分布拟合		
类别	类型	个数	个数	拟合比例（%）	拟合状况	拟合图
1	中等教育水平的从事金融业人口的社会区	11	6	54.54	比例适中	
2	高等教育水平的本地人口社会区	17	3	17.65	比例较小,分布于主城中北部地区	
3	住房条件较差的外来人口社会区	11	7	63.64	比例较大,分布于主城南部边缘区及老城外围北部地区	
4	中等教育水平的从事交通、运输、仓储和邮政业人口社会区	5	4	80	比例较大,分布于主城北部边缘	

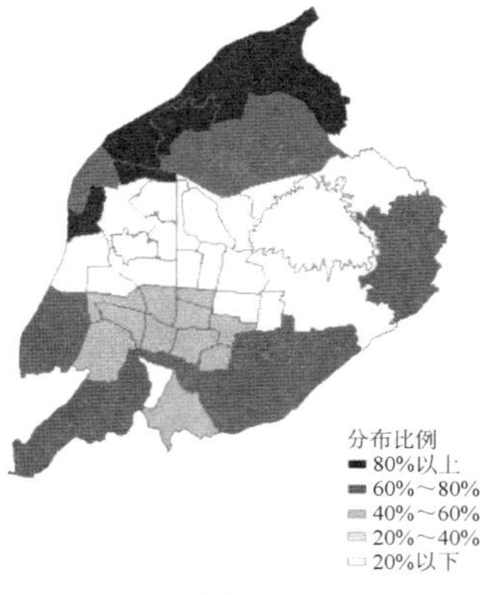

图 7.27　流动人口就业集聚区与南京市社会区的分布拟合图（生产运输设备操作业人员）

＊说明:拟合比例＝生产运输设备操作业流动人口高、中度就业集聚区个数/相应社会区的街道个数。
＊＊资料来源:笔者根据南京市流动人口抽样数据(2009)自制。

据此可以认为,中等教育水平的从事交通、运输、仓储和邮政业的社会区对生产运输设备操作业流动人口的就业空间集聚具有较强吸引力,生产运输设备操作业流动人口易于在此类社会区中形成就业空间集聚区。

从以上分析可以看出,南京市生产运输设备操作业流动人口的就业集聚区与城市2类、3类、4类社会区均具有较强的关联性。其具体表现为:3类、4类社会区对生产运输设备操作业流动人口就业空间集聚有较强的"吸引力",生产运输设备操作业流动人口易于在此类社会区形成就业空间集聚区,而2类社会区对生产运输设备操作业流动人口就业空间集聚有较强的"排斥力";反之,这种吸引力与排斥力使得生产运输设备操作业流动人口的就业空间在特定区域集聚,进一步加剧了城市社会区的分异。

相对而言,生产运输设备操作业流动人口就业空间的集聚与城市社会区的关联性较大,其受城市社会区的影响较大,对城市社会区分异的推动作用也较大。

（4）对比分析

对比分析南京市流动人口总体和分职业就业集聚区与城市社会空间主因子区的关联,其共性和差异如表7.12所示。

表7.12　流动人口与城市社会区关联的共性和差异（总体和分职业）

		总体	商业服务业人员	生产运输设备操作业人员
共性	关联因子			
	关联类型		共性特征较少	
	关联强度			
差异	关联区	① 1类社会区 ② 2类社会区 ③ 3类社会区 ④ 4类社会区	① 1类社会区	① 2类社会区 ② 3类社会区 ③ 4类社会区
	关联类型	与①、③、④的关联表现为吸引力,与②的关联表现为排斥力	吸引力	与①的关联表现为排斥力,与②、③的关联表现为吸引力
	关联强度	较大	较小	较大

* 资料来源:笔者自制。

7.2　与城市就业空间的关联分析

7.2.1　与城市就业空间的关联分析方法

流动人口在职业选择上表现出明显的就业集聚化现象,即仅限于某个或某几个职业的集中聚拢就业趋势,同时由于规模经济的存在,经济活动主体为获得规模经济就在某一区位上进行大规模的生产,而引起生产活动的劳动力要素的集中[①],因此流动人口职业与城市可提供岗位的匹配程度、城市就业空间分布共同影响着流动人口的就业空间分布,而众多流动人口个体的迁移、选择汇聚成的就业集聚区域也对城市的产业布局、劳动力资源的再

① 冯云廷.城市聚集经济[M].沈阳:东北财经大学出版社,2001.

196

配置产生重要影响。在此背景下,面向流动人口就业空间与城市整体就业空间的互动关联展开研究,有助于更深层次的分析流动人口就业空间与城市空间的相互关联,把握流动人口就业空间的集聚特征,为城市产业布局优化提供理论支撑。

借鉴相关研究方法,将就业空间集聚区、就业空间网络、就业空间中心作为流动人口和城市整体就业空间的衡量指标;然后以两者的关联分析作为切入点,从总体和分职业两个角度,揭示流动人口人就业空间与城市就业空间的互动关联。具体分析方法如下(图7.28):

图7.28 流动人口就业空间集聚与城市就业空间关联研究技术路线图

* 资料来源:笔者自绘。

1) 城市就业人口的数据采集和指标计算模型

我国历次人口普查中的分职业、行业数据均是基于居住地调查的统计口径,但随着中国城市单位制度的解体和住房市场的开放,各大城市职住分离的现象已较为明显和普遍。因此,不同行业从业者的居住区位并不能准确反映和直接替代城市的就业空间分布。鉴于居住地调查统计口径的不准确性,本研究将基于以下方法,对城市就业人口数据进行采集和弥补:

就业人口数据来源于南京市统计局,采用2008年第二次经济普查年鉴的就业人口数据,从统计数据中分别提取出服务业就业人口数、制造业就业人口数、总就业人口数(服务业人口数与制造业人口数之和)。用地性质数据来源于南京市规划局,采用2007年最新一轮南京市总体规划修编时测绘的用地现状图;用地性质按照国家城市用地分类标准分为10大类,46中类[①],本研究分别统计出研究范围内的公共设施用地面积、工业用地面积。在ArcGIS中导入面状的土地使用斑块,运用Analysis命令将面状的土地使用与研究单元进行空间重叠(Overlay),即可采集到各个研究单元的各类用地面积[②]。

就业人口数据由如下公式获得:

$$NE_i = \sum_{j=1}^m \frac{AL_{ij}}{Z_j} \cdot NL_j \cdot K_j \qquad 式(7.1)$$

式中:NE_i——第i个统计单元的就业人口;

AL_{ij}——第i个统计单元第j类就业用地的面积;

Z_j——南京市区第j类就业用地的总面积;

① 现行《城市用地分类与规划建设用地标准》(GB 50137—2011)自2012年1月1日起实施,市域内城乡用地共分为2大类、8中类、17小类;城市建设用地共分为8大类、35中类、44小类。但本研究仍土地利用现状图绘制时的《城市用地分类与规划建设用地标准》(GBJ 137—90)为准,以保持研究和统计口径上的一致。

② 王波,甄峰.南京市区就业空间布局研究[J].人文地理,2011(4):58-65.

NL_j——南京市区第 j 类行业的总就业人数；

K_j——同类就业用地在不同街区的修正指数[①]，视用地性质、用地强度、吸引力情况而定。

就业人口密度的公式为：

$$DE_i = \frac{NE_i}{A_i} \qquad 式(7.2)$$

式中：DE_i——第 i 个统计单元的就业人口密度；

NE_i——第 i 个统计单元的就业人口；

A_i——第 i 个统计单元的面积。

根据公式可计算出各统计单元的城市总体就业人口密度、服务业就业人口密度、制造业就业人口密度。

该城市就业人口的分类是基于用地性质数据来修正匹配研究单元的分行业的就业人口数据，虽不能与流动人口就业人口中分职业的就业人口数据一一对应，但能够大体反映出城市整体就业空间与其相应的就业格局。因此，基于"局部—整体"和"总体—分职业"的双线对比分析思路，在本节的分析中将"流动人口总体、商业服务业流动人口、生产运输设备操作业流动人口"分别对应于"城市总体就业人口、城市服务业就业人口、城市制造业人口"，以便展开更为深入的关联比对分析。

2) 与城市就业空间集聚区的关联分析

依照第 3 章就业空间集聚分区的方法，对城市总体、服务业、制造业的就业空间的集聚分区进行测度，并统计各类集聚区的数量及比例，分析其分布状况。然后将城市各类就业空间集聚区与流动人口的高、中度就业空间集聚区进行拟合、匹配、比较，并统计城市总体和分行业的各类就业集聚区内流动人口总体和分职业的高、中度就业集聚区数量及比例，解释并分析其互动关联。

3) 与城市就业空间网络的关联分析

在第 3 章针对流动人口的就业空间进行网络分析时，将研究分为了两个层次：① 在总体和分职业中，各统计单元在就业网络中的层级；② 在总体和分职业中，各统计单元之间的就业网络的关联流量。鉴于后者主要为对流动人口就业空间内部自身的网络关系的探讨，因此在本节中，仅针对各统计单元在就业网络中的层级（即就业网络节点分级）衡量指标进行分析。

依照第 3 章就业空间的网络分析方法，对南京市总体和分行业的就业网络节点进行分级，分析其网络关联特征。然后将城市整体的就业空间的高层级网络节点与流动人口的就业空间的高层级网络节点一一对应进行拟合、比较，分析其相互互动关系。

4) 与城市就业空间中心的关联分析

依照第 3 章就业空间的中心识别方法，对南京市总体和分行业的就业空间中心进行识别，分析其就业中心特征。然后将城市整体的就业空间中心与流动人口的就业空间中心一一对应，进行拟合、比较，分析其相互互动关系。

---

① 贾雁飞,甄峰.小城市人口与就业分布特征及空间关系研究——以泗洪县城为例[J].现代城市研究,2008(11):54-62.

7.2.2　与城市就业集聚区的关联分析

1）城市就业集聚区的分析

根据就业集聚区的测度公式，对南京市总体和分行业的就业集聚区进行分类，并绘制成图。其特征和分布状况如表 7.13 所示。

表 7.13　南京市总体和分行业的就业集聚区特征和分布状况表

行业类型	集聚区类型		个数（个）		分布比例（%）	分布状况	分布图
南京市总体就业集聚区	高度就业集聚区		10		22.73	集中分布于城市中心区区域及主城南部边缘	
	中度就业集聚区	I类	1	10	22.73	围合主城东、南及北侧，成环分布	
		II类	9				
	低度就业集聚区		24		54.55	填充老城其余地区和主城西北侧	图 7.29　南京市总体就业集聚区分布图
南京市服务业就业集聚区	高度就业集聚区		9		20.45	集中分布于城市中心区区域	
	中度就业集聚区	I类	2	7	15.91	零散分布于主城南侧及东侧边缘	
		II类	5				
	低度就业集聚区		28		63.64	环主城边缘区分布，主要分布于主城北部边缘区	图 7.30　南京市服务业就业集聚区分布图
南京市制造业就业集聚区	高度就业集聚区		11		25	大分散、小集中，主要分布于主城北部及南部边缘区	
	中度就业集聚区	I类	2	3	6.82	分布于制造业高度就业集聚区附近，包括马群、瑞金路、中华门街道	
		II类	1				
	低度就业集聚区		30		68.18	集中分布于主城中部大面积范围区域	图 7.31　南京市制造业就业集聚区分布图

＊资料来源：笔者根据南京市流动人口抽样数据（2009）自制。

2)与南京市就业空间集聚区的关联分析

将南京市总体和分行业的各类就业集聚区与流动人口总体和分职业的高、中度就业集聚区进行拟合,统计南京市总体和分行业的各类就业集聚区内流动人口总体和分职业高、中度就业集聚区的数量,并计算其占南京市各类就业集聚区的比例,结果如表7.14~表7.16所示。可以看出,南京市流动人口总体和分职业的就业集聚区与南京市各类就业集聚区存在如下相关关系:

(1)流动人口(总体)

①从南京市总体就业集聚区看,各级就业集聚区中流动人口就业集聚区的分布较为均匀,并没有明显在某一级就业集聚区中集聚的现象。

据此可以认为,南京市总体就业集聚区与流动人口就业集聚区的关联性较为分散,拥有较弱的整体关联度。

②从南京市服务业就业集聚区区看,中度就业集聚区中流动人口就业集聚区的分布较少,但整体来看,服务业高、中度就业集聚区中流动人口就业集聚区分布比例为31.25%,比例较为适中。

据此可以认为,南京市服务业就业集聚区与流动人口就业集聚区的关联性较为分散,拥有较弱的整体关联度。

③从南京市制造业就业集聚区看,高度就业集聚区中流动人口的就业集聚区的比例为72.72%,说明在南京市制造业就业人口集聚的高值区域,流动人口的就业集聚区分布较多。

据此可以认为,南京市制造业就业集聚区与流动人口就业集聚区的关联性较大,亦即城市制造业就业集聚区对流动人口就业有较强的吸引力,流动人口易于在此类区域形成就业空间集聚区,从而呈现出较高的契合度。

从以上分析可以看出,南京市流动人口总体的就业集聚区与城市制造业就业集聚区具有较强的关联性。具体表现为:城市制造业就业空间的集聚对流动人口就业空间集聚具有较强的"吸引力",两者的就业集聚空间契合度较高,城市制造业就业空间的集聚在一定程度上推动了流动人口就业空间的集聚。

(2)流动人口(商业服务业人员)

在南京市总体和分行业的各级就业区中,商业服务业流动人口就业集聚区的分布均较为均匀①,并没有明显在某一行业、某一级别就业区中集聚的现象。

可以看出,南京市商业服务业流动人口就业集聚区与城市总体和分行业就业空间集聚区的关联性较小。

(3)流动人口(生产运输设备操作业人员)

①从南京市总体就业集聚区看,高度就业集聚区中生产运输设备操作业流动人口就业集聚区的比例为20%,说明在南京市总体就业人口集聚程度极高的区域,生产运输设备操作业流动人口的就业集聚区分布较少;中度就业集聚区中生产运输设备操作业流动人员就业集聚区的比例为70%,说明在南京市总体就业人口集聚程度较高的区域,集聚分布了较多流动人口就业集聚区。

---

① 仅从南京市服务业就业集聚区看,中度就业集聚区中流动人口就业集聚区的分布较少,但整体来看,服务业高、中度就业集聚区中流动人口就业集聚区分布比例为31.25%,比例较为适中。

表 7.14　流动人口就业集聚区与南京市就业集聚区的分布拟合表(总体)

城市就业集聚区			流动人口就业集聚区	分布拟合			
行业类型	集聚区类型	个数(个)	个数(个)	拟合个数(个)	拟合比例(%)	拟合状况	拟合图
南京市总体就业集聚区	高度就业集聚区	10	10	4	40	比例适中	
	中度就业集聚区	10	11	5	50	比例适中	
	低度就业集聚区	24	23	12	50	比例适中	图 7.32　南京市总体就业集聚区分布拟合图(总体)
南京市服务业就业集聚区	高度就业集聚区	9	11	4	44.44	比例适中	
	中度就业集聚区	7	7	1	14.29	比例较少	
	低度就业集聚区	28	26	15	53.57	比例适中	图 7.33　南京市服务业就业集聚区分布拟合图(总体)
南京市制造业就业集聚区	高度就业集聚区	11	10	8	72.72	比例较大,分布于主城南、北边缘区域	
	中度就业集聚区	3	10	1	33.33	比例适中	
	低度就业集聚区	30	24	12	40	比例适中	图 7.34　南京市制造业就业集聚区分布拟合图(总体)

＊说明:拟合个数＝城市各类就业集聚区内相应的流动人口高、中度就业集聚区的街道个数。

　　　　拟合比例＝拟合个数/相应城市就业集聚区的街道个数。

＊＊资料来源:笔者根据南京市流动人口抽样数据(2009)自制。

表 7.15 流动人口就业集聚区与南京市就业集聚区的分布拟合表（商业服务业人员）

城市就业集聚区		流动人口就业集聚区	分布拟合			
行业类型	集聚区类型	个数（个）	个数（个）	拟合个数（个）	拟合比例（%）	拟合状况	拟合图
南京市总体就业集聚区	高度就业集聚区	10	10	4	40	比例适中	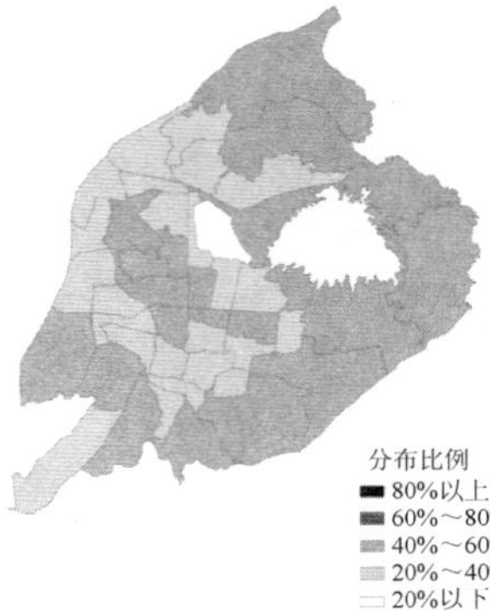
	中度就业集聚区	10	11	5	50	比例适中	
	低度就业集聚区	24	23	9	37.5	比例适中	
南京市服务业就业集聚区	高度就业集聚区	9	11	4	44.44	比例适中	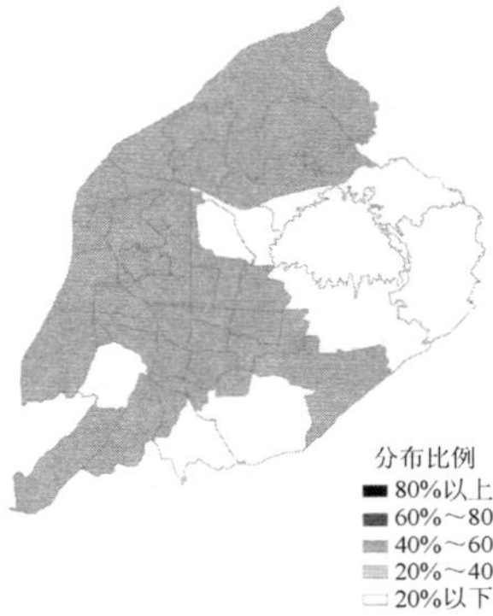
	中度就业集聚区	7	7	1	14.29	比例较少	
	低度就业集聚区	28	26	13	46.43	比例适中	
南京市制造业就业集聚区	高度就业集聚区	11	10	6	54.55	比例适中	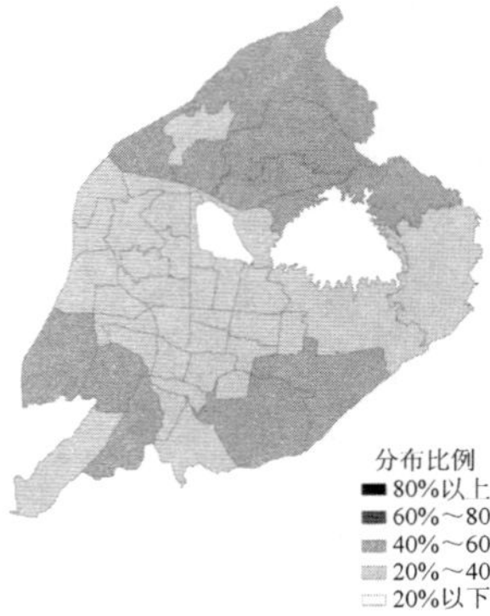
	中度就业集聚区	3	10	1	33.33	比例适中	
	低度就业集聚区	30	24	11	36.67	比例适中	

图 7.35 南京市总体就业集聚区分布拟合图（商业服务业人员）

图 7.36 南京市服务业就业集聚区分布拟合图（商业服务业人员）

图 7.37 南京市制造业就业集聚区分布拟合图（商业服务业人员）

* 说明：拟合个数＝城市各类就业集聚区内相应的流动人口高、中度就业集聚区的街道个数。
　　　拟合比例＝拟合个数/相应城市就业集聚区的街道个数。
＊＊资料来源：笔者根据南京市流动人口抽样数据（2009）自制。

表 7.16　流动人口就业集聚区与南京市就业集聚区的分布拟合表(生产运输设备操作业人员)

城市就业集聚区			流动人口就业集聚区	分布拟合			
行业类型	集聚区类型	个数(个)	个数(个)	拟合个数(个)	拟合比例(%)	拟合状况	拟合图
南京市总体就业集聚区	高度就业集聚区	10	10	2	20	比例较小	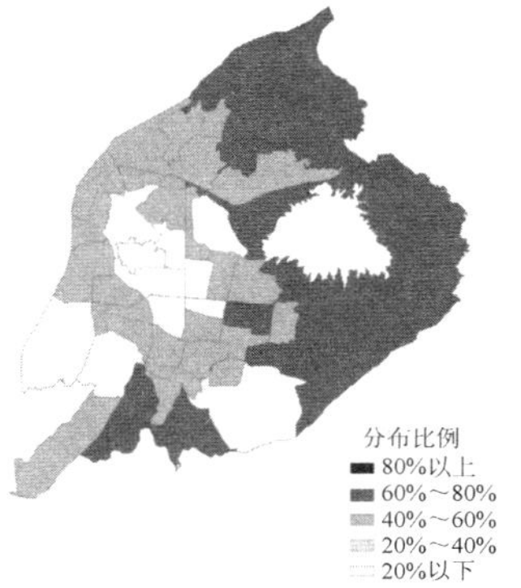
	中度就业集聚区	10	11	7	70	比例较大	
	低度就业集聚区	24	23	11	45.83	比例适中	

图 7.38　南京市总体就业集聚区分布拟合图
(生产运输设备操作业人员)

城市就业集聚区			流动人口就业集聚区	分布拟合			
南京市服务业就业集聚区	高度就业集聚区	9	11	3	30	比例适中	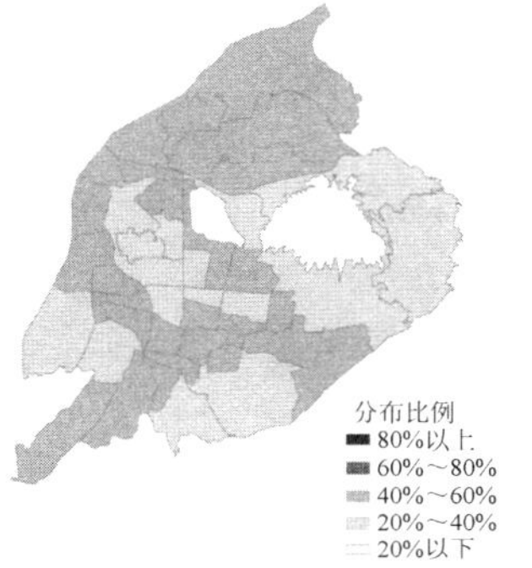
	中度就业集聚区	7	7	2	28.57	比例适中	
	低度就业集聚区	28	26	15	53.57	比例适中	

图 7.39　南京市服务业就业集聚区分布拟合图
(生产运输设备操作业人员)

城市就业集聚区			流动人口就业集聚区	分布拟合			
南京市制造业就业集聚区	高度就业集聚区	11	10	9	81.82	比例较大,分布于主城南、北边缘区域	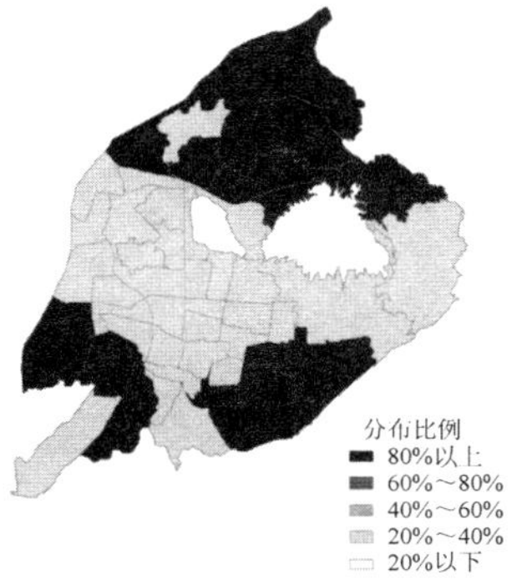
	中度就业集聚区	3	10	1	33.33	比例适中	
	低度就业集聚区	30	24	10	33.33	比例适中	

图 7.40　南京市制造业就业集聚区分布拟合图
(生产运输设备操作业人员)

* 说明:拟合个数＝城市各类就业集聚区内相应的流动人口高、中度就业集聚区的街道个数。
　　　拟合比例＝拟合个数/相应城市就业集聚区的街道个数。
* * 资料来源:笔者根据南京市流动人口抽样数据(2009)自制。

据此可以认为,南京市总体就业集聚区与生产运输设备操作业流动人口就业集聚区的关联性较大,城市总体就业集聚区对生产运输设备操作业流动人口就业空间集聚呈现出"排斥力"和"吸引力"共同作用的双重特性,两者存在较为明显的错位。

② 从南京市服务业就业集聚区看,各级就业集聚区中流动人口就业集聚区的分布较为均匀,并没有明显在某一级就业集聚区中集聚的现象。

据此可以认为,南京市服务业就业集聚区与生产运输设备操作业流动人口就业集聚区的关联性较为分散,拥有较弱的整体关联度。

③ 从南京市制造业就业集聚区看,高度就业集聚区中生产运输设备操作业流动人口就业集聚区的比例为81.82%,说明在南京市制造业就业人口集聚的高值区域,生产运输设备操作业流动人口的就业集聚区分布较多。

据此可以认为,南京市制造业就业集聚区与生产运输设备操作业流动人口就业集聚区的关联性较大,城市制造业就业集聚区对生产运输设备操作业流动人口有较强的吸引力,生产运输设备操作业流动人口易于在此类区域形成就业空间集聚区,两者契合度较高。

从以上分析可以看出,南京市生产运输设备操作业流动人口的就业集聚区与城市总体、制造业就业空间集聚区均具有较强的关联性。具体表现为:城市总体就业空间的集聚对南京市生产运输设备操作业流动人口就业空间集聚呈现出"排斥力"和"吸引力"共同作用的的双重特性,两者存在较明显的错位分布;城市制造业就业空间的集聚对生产运输设备操作业流动人口就业空间集聚有较强的"吸引力",在一定程度上推动了生产运输设备操作业流动人口在此类区域的就业空间集聚,两者契合度较高。

(4) 对比分析

对比分析南京市流动人口总体和分职业就业集聚区与城市就业集聚区的关联,其共性和差异如表7.17所示。

表7.17 流动人口与城市就业集聚区关联的共性和差异(总体和分职业)

项目		总体	商业服务业人员	生产运输设备操作业人员
共性	关联因子			
	关联类型	共性特征较少		
	关联强度			
差异	关联区	南京市制造业就业集聚区	无	① 南京市总体就业集聚区 ② 南京市制造业就业集聚区
	关联类型	吸引力	无	与①的关联表现为"排斥力"+"吸引力"的共同作用,与③的关联表现为吸引力
	关联强度	一般	较小	较大

* 资料来源:笔者自制。

7.2.3　与城市就业网络的关联分析

1) 城市就业空间网络分析

依照第3章就业空间的网络分析方法,对城市总体、服务业、制造业的就业网络节点进行分级(表7.18～表7.20),并绘制成图,其节点层级和空间分布状况如表7.21所示。

表 7.18　南京市总体的就业网络节点分级

层级	区域
A+	红花街道(435.64)、华侨路街道(430.34)
A	新街口街道(247.70)
A−	南苑街道(221.36)、燕子矶街道(216.69)、迈皋桥街道(191.56)
B+	五老村街道(159.05)、朝天宫街道(141.67)、湖南路街道(123.11)、玄武湖街道(119.29)
B	光华路街道(89.16)、兴隆街道(87.48)、赛虹桥街道(81.74)、马群街道(80.07)、挹江门街道(78.39)、瑞金路街道(67.86)
B−	孝陵卫街道(56.70)、红山街道(53.91)、小市街道(50.99)、宁海路街道(46.34)、宝塔桥街道(43.97)、中华门街道(43.63)、锁金村街道(33.58)、宁南街道(32.73)、中央门街道(27.26)、沙洲街道(26.20)
C	热河南路街道(19.49)、洪武路街道(16.54)、玄武门街道(15.01)、梅园新村街道(13.12)、夫子庙街道(11.26)、阅江楼街道(10.97)、后宰门街道(10.57)、月牙湖街道(8.70)、江东街道(8.65)、大光路街道(7.95)、幕府山街道(7.50)、凤凰街道(7.48)、雨花新村街道(7.45)、建宁路街道(6.82)、滨湖街道(4.68)、双塘街道(2.55)、秦虹街道(1.35)、南湖街道(0.70)

*资料来源:笔者根据南京市流动人口抽样数据(2009)自制。

表 7.19　南京市服务业的就业网络节点分级

层级	区域
A+	华侨路街道(17.78)
A	新街口街道(10.23)
A−	五老村街道(6.57)
B+	朝天宫街道(5.80)
B	湖南路街道(5.09)
B−	挹江门街道(2.03)、兴隆街道(1.91)、孝陵卫街道(1.76)、锁金村街道(1.38)、瑞金路街道(1.37)、南苑(1.28)、宁南街道(1.22)、玄武湖街道(1.08)
C	马群街道(0.81)、中央门街道(0.79)、红花街道(0.74)、雨花新村街道(0.68)、洪武路街道(0.67)、梅园新村街道(0.54)、光华路街道(0.40)、夫子庙街道(0.40)、玄武门街道(0.37)、月牙湖街道(0.36)、后宰门街道(0.34)、建宁路街道(0.28)、江东街道(0.28)、凤凰街道(0.23)、阅江楼街道(0.23)、沙洲街道(0.15)、滨湖街道(0.14)、中华门街道(0.10)、雨花新村街道(0.09)、热河南路街道(0.09)、燕子矶街道(0.09)、迈皋桥街道(0.08)、大光路街道(0.03)、秦虹街道(0.03)、小市街道(0.03)、南湖街道(0.02)、宝塔桥街道(0.02)、幕府山街道(0.01)、红山街道(0.01)、双塘街道(0.01)

*资料来源:笔者根据南京市流动人口抽样数据(2009)自制。

205

表 7.20　南京市制造业的就业网络节点分级

层级	区域
A+	红花街道(69.17)
A	燕子矶街道(28.90)
A−	迈皋桥街道(25.10)、南苑街道(24.81)
B+	玄武湖街道(11.43)、光华路街道(9.78)
B	赛虹桥街道(7.93)、马群街道(7.34)、红山街道(6.55)、小市街道(6.12)、宝塔桥街道(5.26)、中华门街道(4.99)、兴隆街道(4.89)
B−	瑞金路街道(4.11)、挹江门街道(3.44)、沙洲街道(2.69)、热河南路街道(2.07)、孝陵卫街道(1.65)
C	中央门街道(0.95)、幕府山街道(0.86)、大光路街道(0.85)、玄武门街道(0.73)、阅江楼街道(0.65)、雨花新村街道(0.62)、宁南街道(0.38)、后宰门街道(0.29)、双塘街道(0.28)、江东街道(0.24)、凤凰街道(0.22)、夫子庙街道(0.19)、滨湖街道(0.16)、朝天宫街道(0.14)、秦虹街道(0.06)、洪武路街道(0.03)、新街口街道(0.02)、南湖街道(0.01)、梅园新村街道(0.01)、华侨路街道(0.01)、锁金村街道(0.01)、湖南路街道(0.01)、建宁路街道(0)、月牙湖街道(0)、宁海路街道(0)、五老村街道(0)

* 资料来源：笔者根据南京市流动人口抽样数据(2009)自制。

2）与南京市就业空间网络的关联分析

将南京市总体和分行业的就业网络高层级节点与流动人口总体和分职业的就业网络高层级节点一一对应，进行拟合、比较，结果如表 7.22～表 7.24 所示。可以看出，南京市流动人口总体和分职业的就业网络节点层级与南京市相应就业网络层级存在如下相关关系：

（1）流动人口（总体）

南京市总体的高层级就业网络节点为 7 个，分布于主城北部边缘、主城中部，主城南部边缘；南京市流动人口总体的高层级网络节点为 12 个，分布于主城中南部、北部。在数量上，南京市总体的高层级就业网络节点数量相对较少，而流动人口总体的则数量较多；在分布上，迈皋桥、华侨路街道为两者共同的高层级就业网络节点，其他节点则相邻错位分布。

可以看出，南京市流动人口总体与南京市总体的就业网络节点在主城范围内形成了"相邻错位、间杂分布"的特征，从另一侧面反映出流动人口与城市就业空间之间"吸引—排斥"关系。即一方面，由于城市就业空间对流动人口空间上的吸引，使其主要就业网络节点紧邻城市就业网络节点分布；另一方面，由于城市对流动人口空间上的排斥，使其不能真正融入城市主体的就业空间，导致两者在空间上的错位分布。

（2）流动人口（商业服务业人员）

南京市服务业的高层级就业网络节点为 3 个，集中分布于南京主城中部；南京市商业服务业流动人口高层级网络节点为 4 个，集中分布于老城南部。在数量上，两者的高层级就业网络节点均较少，首位度均较高；在分布上，两者无共同的高层级就业网络节点，其他节点则相邻错位分布。

可以看出，南京市商业服务业流动人口与南京市服务业的就业网络节点在主城中部和南部范围内，形成了"相邻错位、集中分布"的特征，同样反映出商业服务业流动人口与城市服务业就业空间之间的"吸引—排斥"关系。

表 7.21 南京市总体和分行业的就业网络层级和分布状况表

行业类型	节点级别	数量	分布区域	特征	分布图
南京市总体就业网络层级	A+	2	红花街道、华侨路街道	高层级就业网络节点数量相对较多,节点首位度低; 分布于主城北部边缘区、中部、南部边缘区	 图 7.41 南京市总体就业网络层级分布图
	A	1	新街口街道		
	A−	3	南苑街道、燕子矶街道、迈皋桥街道		
南京市服务业就业网络层级	A+	1	华侨路街道	高层级就业网络节点数量少,节点首位度高; 集中于主城中心分布	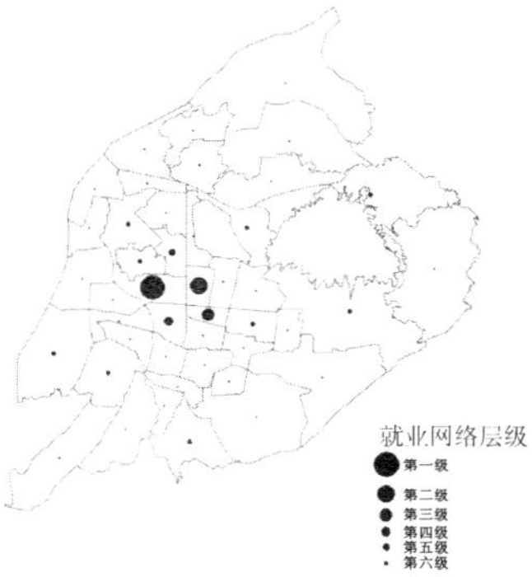 图 7.42 南京市服务业就业网络层级分布图
	A	1	新街口街道		
	A−	1	五老村街道		
南京市制造业就业网络层级	A+	1	红花街道	高层级就业网络节点数量较少,节点首位度较高; 分散于主城北部、南部边缘地区	 图 7.43 南京市制造业就业网络层级分布图
	A	1	燕子矶街道		
	A−	2	迈皋桥街道、南苑街道		

* 说明:此表中仅列出就业空间网络节点分级中较高的三级,即前文所指的高层级网络节点。

* * 资料来源:笔者根据南京市流动人口抽样数据(2009)自制。

表 7.22　流动人口就业高层级网络节点与南京市就业高层级网络节点拟合表(总体/总体)

项目	南京市总体就业空间	南京市流动人口就业空间	分布拟合图
高层级网络节点数量	6	12	
高层级网络节点分布	主城北部边缘区、中部、南部边缘区	主城中南部、北部	● 外来工高层级网络节点 ● 城市高层级网络节点 ◎ 共同高层级网络节点 图 7.44　流动人口就业高层级网络节点与南京市就业高层级网络节点分布拟合图(总体/总体)

*资料来源:笔者根据南京市流动人口抽样数据(2009)自制。

表 7.23　流动人口就业高层级网络节点与南京市就业高层级网络节点拟合表(商业服务业人员/服务业)

项目	南京市服务业就业空间	南京市商业服务业流动人口就业空间	分布拟合图
高层级网络节点数量	3	4	
高层级网络节点分布	主城中部	老城南部	● 外来工高层级网络节点 ● 城市高层级网络节点 ◎ 共同高层级网络节点 图 7.45　流动人口就业高层级网络节点与南京市就业高层级网络节点分布拟合图(商业服务业人员/服务业)

*资料来源:笔者根据南京市流动人口抽样数据(2009)自制。

(3)流动人口(生产运输设备操作业人员)

南京市制造业的高层级就业网络节点为4个,分散于南京主城南部和北部边缘区;南京市生产运输设备操作业流动人口的高层级网络节点为6个,零散分布于主城北部、南部。在数量上,两者的高层级就业网络节点均较少,首位度均较高;在分布上,两者无共同的高层级就业网络节点,其他节点则相邻错位分布。

据此可以认为,南京市生产运输设备操作业流动人口与南京市制造业就业空间的就业网络节点在主城南部、北部边缘区域范围内形成"相邻错位、分散分布"的特征,同样反映出生产运输设备操作业流动人口与城市制造业就业空间之间的"吸引—排斥"关系。

表 7.24　流动人口就业高层级网络节点与南京市就业高层级网络节点拟合表（生产运输设备操作业人员/制造业）

项目	南京市制造业就业空间	南京市生产运输设备操作业流动人口就业空间	分布拟合图
高层级网络节点数量	4	6	
高层级网络节点分布	北部、南部边缘地区	零散分布	图 7.46　流动人口就业高层级网络节点与南京市就业高层级网络节点分布拟合图（生产运输设备操作业人员/制造业）

* 资料来源：笔者根据南京市流动人口抽样数据（2009）自制。

（4）对比分析

对比分析南京市流动人口总体和分职业就业空间网络与城市相应的就业空间网络的关联，其共性和差异如表 7.17 所示。

表 7.25　流动人口与城市就业空间网络关联的共性和差异（总体和分职业）

项目		总体	商业服务业人员	生产运输设备操作业人员
共性	数量拟合	无共性特征		
	分布拟合	均为相邻错位分布		
	关联类型	均为"吸引——排斥"关系		
差异	数量拟合	相异	均较少，节点首位度较高	均较少，节点首位度较高
	分布拟合	有共同高层级节点主城范围，间杂分布	无共同高层级节点主城中、南部，集中分布	无共同高层级节点主城北、南边缘地区，分散分布
	关联类型	—	—	—

* 资料来源：笔者自制。

7.2.4　与城市就业中心的关联分析

1）城市就业空间中心识别

依照第 3 章就业空间的中心识别方法，对城市总体、服务业、制造业的就业空间中心进行识别。

（1）识别高值点

运用全局空间自相关分析方法判别南京市总体和分行业是否存在就业高值点（表 7.26，图 7.47～图 7.49）；在此基础上，进一步用局部空间自相关分析确定高值点（图 7.50，图 7.51，

表 7.27,表 7.28)。判定南京市总体和服务业的就业高值点为新街口街道,而制造业则无就业高值点。

表 7.26　南京市就业全局 Moran 指数和 P-value 值统计表(总体和分行业)

参数	总体	服务业	制造业
全局 Moran 指数	0.110 7	0.203 2	0.067 8
P-value 值	0.048 0	0.018 0	0.090 0

＊资料来源:笔者自制。

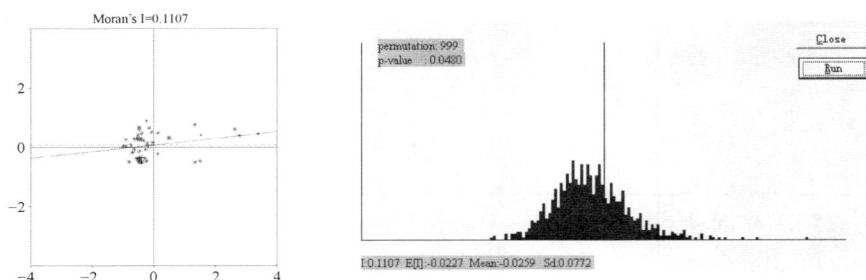

图 7.47　南京市就业全局 Moran 指数散点图和随机检验图(总体)

＊资料来源:笔者应用 Geoda 软件绘制。

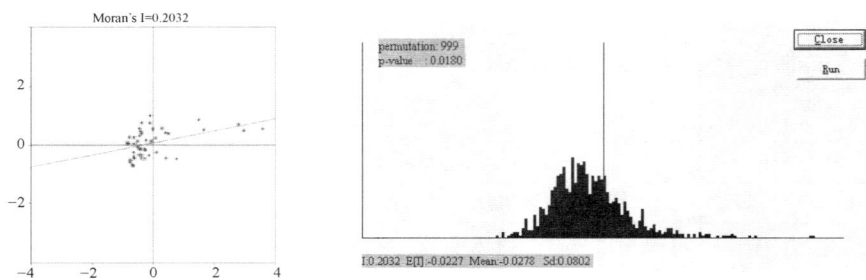

图 7.48　南京市就业全局 Moran 指数散点图和随机检验图(服务业)

＊资料来源:笔者应用 Geoda 软件绘制。

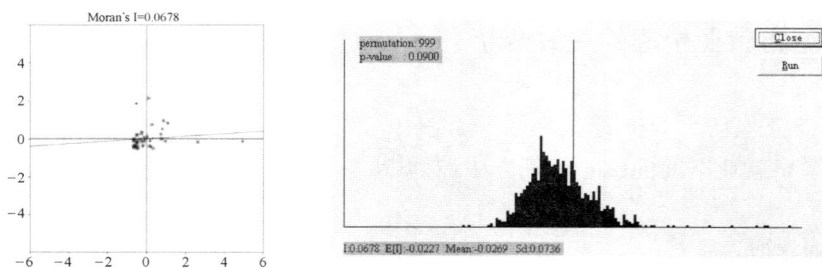

图 7.49　南京市就业全局 Moran 指数散点图和随机检验图(制造业)

＊资料来源:笔者应用 Geoda 软件绘制。

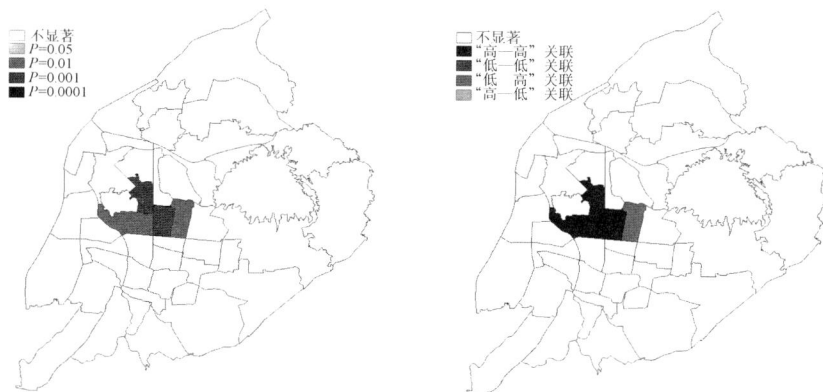

图 7.50　南京市就业局部 **Moran** 随机检验图和空间关联类型(总体)

* 资料来源:笔者应用 Geoda 软件绘制。

表 7.27　南京市就业空间"高—高"关联单元 **LISA** 值和 **P-value** 值(总体)

街道名称	LISA 值	P-value 值
新街口街道	1.581 4	0.001 0
华侨路街道	1.541 1	0.004 0
湖南路街道	1.002 7	0.001 0

* 资料来源:笔者根据南京市流动人口抽样数据(2009)自制。

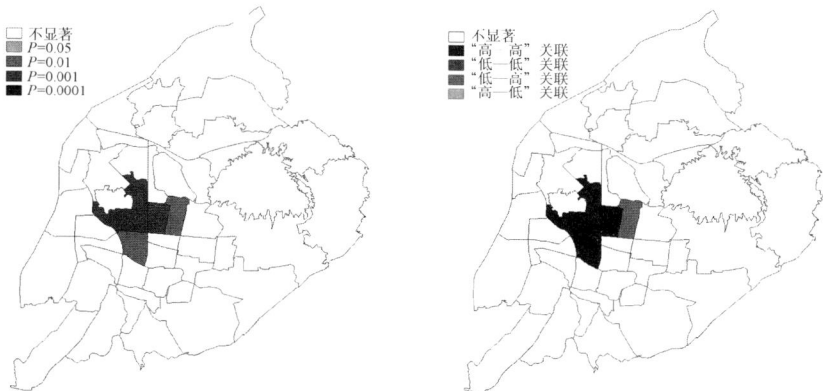

图 **7.51**　南京市就业局部 **Moran** 随机检验图和空间关联类型(服务业)

* 资料来源:笔者应用 Geoda 软件绘制。

表 7.28　南京市就业空间"高—高"关联单元 **LISA** 值和 **P-value** 值(服务业)

街道名称	LISA 值	P-value 值
新街口街道	1.959 5	0.001 0
华侨路街道	1.950 3	0.001 0
湖南路街道	1.262 8	0.001 0
朝天宫街道	0.843 2	0.006 0

* 资料来源:笔者根据南京市流动人口抽样数据(2009)自制。

（2）中心检验与再识别

在确定高值点的基础上，用单中心模型分别对南京市总体和服务业的就业人口分布进行模拟并检验，结果高值点通过检验（表 7.29，表 7.30），可确认新街口街道为南京市总体和服务业的就业中心。

表 7.29　南京市就业空间单中心模型回归结果（总体）

模型类型	模型的线性表达式	a	b	c	d	测定系数 R^2	F 值	Sig
Clark 模型	$\ln Y(r)=\ln a+br$	4 464.891	−0.123			0.132	6.403	0.015
Smeed 模型	$\ln Y(r)=\ln a+b\ln r$	5 978.949	−0.620			0.183	9.391	0.004
Newling 模型	$\ln Y(r)=\ln a+br+cr^2$	8 569.803	−0.435	0.029		0.200	5.131	0.010
Cubic 模型	$Y(r)=a+br+cr^2+dr^3$	12 059.570	−4 326.077	632.286	−30.127	0.349	7.144	0.001

＊资料来源：笔者自制。

表 7.30　南京市就业空间单中心模型回归结果（服务业）

模型类型	模型的线性表达式	a	b	c	d	测定系数 R^2	F 值	Sig
Clark 模型	$\ln Y(r)=\ln a+br$	8.490	−0.197			0.249	13.895	0.001
Smeed 模型	$\ln Y(r)=\ln a+b\ln r$	8.857	−0.923			0.297	17.748	0.000
Newling 模型	$\ln Y(r)=\ln a+br+cr^2$	9.172	−0.524	0.030		0.303	8.913	0.001
Cubic 模型	$Y(r)=a+br+cr^2+dr^3$	11 975.307	−4 198.367	560.758	−24.903	0.441	10.537	0.000

＊资料来源：笔者自制。

对南京市总体和服务业就业单中心模型的回归残差进行全局空间自相关分析[①]，判断在残差中是否存在着正的空间自相关（表 7.31，图 7.52，图 7.53）。可以看出，南京市总体就业单中心模型回归残差的全局 Moran 指数 I 为负数，服务业就业单中心模型回归残差的全局 Moran 指数 I 为正，但结果均不显著，中心识别过程结束。

表 7.31　南京市单中心残差的全局 Moran 指数和 P-value 值统计表（总体和分职业）

参数	总体	服务业
全局 Moran 指数	−0.069 0	0.041 1
P-value 值	0.311 0	0.204 0

＊资料来源：笔者根据南京市流动人口抽样数据（2009）自制。

（3）就业空间中心识别结果

最终识别南京市总体和服务业的就业中心为新街口街道，形成了单中心主导的就业空间结构（图 7.54，图 7.55）；识别制造业为无中心的就业空间结构[②]。

---

　　① 几个模型中 R^2 值最大的是 Cubic 模型，但其参数较多；相比较而言，Newling 模型最为合理，因此选取 Newling 模型作为最优模型，计算模型的回归残差。

　　② 此中心识别结果同生产运输设备操作业流动人口的就业空间中心识别一样，都受研究范围的限制。

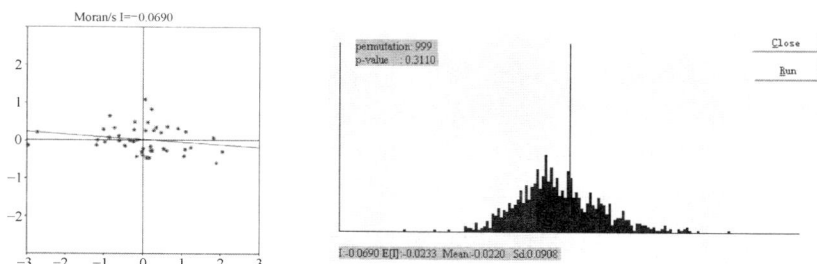

图 7.52 南京市就业单模型回归残差的全局 Moran 指数散点图和随机检验图(总体)

* 资料来源:笔者应用 Geoda 软件绘制。

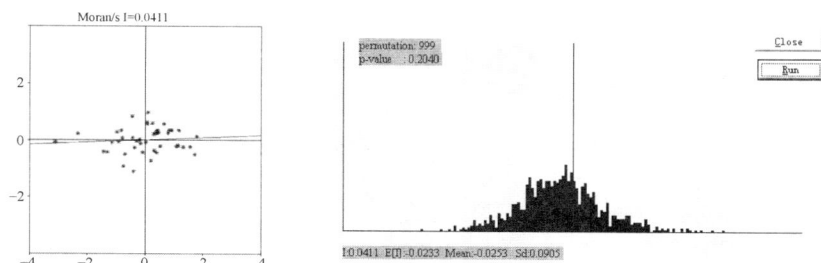

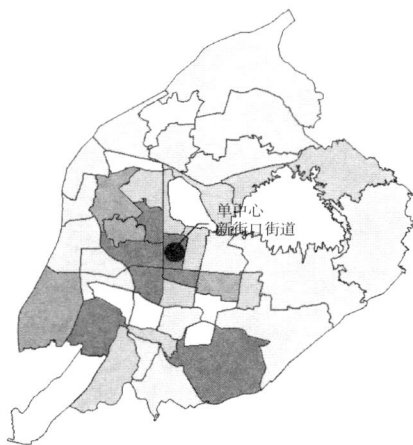

图 7.53 南京市就业单模型回归残差的全局 Moran 指数散点图和随机检验图(服务业)

* 资料来源:笔者应用 Geoda 软件绘制。

图 7.54 南京市就业空间结构(总体)	图 7.55 南京市就业空间结构(服务业)

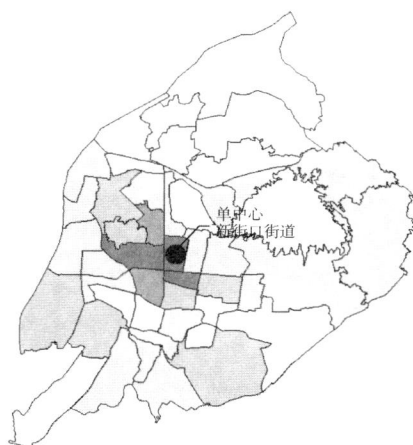

* 资料来源:笔者自绘。

2)与南京市就业空间中心的关联分析

将南京市总体和分行业的就业空间中心与流动人口总体和分职业的就业空间中心一一对应,进行拟合、比较,结果如表 7.32~表 7.34 所示。可以看出,南京市流动人口总体和分职业的就业空间中心与南京市相应的就业空间中心存在如下相关关系:

(1)流动人口(总体)

南京市总体的就业中心为一个,位于主城中部新街口街道,为单中心主导的就业空间结构；南京市流动人口总体的就业中心为两个，就业主中心位于主城中南部的洪武路街道，就业副中心位于主城西北部边缘的宝塔桥街道，为一主一次的多中心主导的就业空间结构。两者就业中心数量、分布、就业空间结构均有显著差异。同时流动人口就业主中心位于新街口街道南侧，受新街口街道辐射影响较大，而流动人口就业次中心宝塔桥街道位于主城西北部边缘，受其辐射影响有限。

可以看出，南京市流动人口总体与南京市总体的就业空间形成了两套相异的结构体系，从侧面反映出流动人口与城市就业空间之间的"吸引—排斥"关系。即一方面，由于城市就业空间对流动人口空间上的吸引，使其形成与城市就业中心相邻的主中心洪武路街道；另一方面，由于城市就业空间对流动人口空间上的排斥，使其不能真正融入城市主体的就业空间，导致流动人口主中心与城市主中心在空间上的错位分布，同时又在主城西北部边缘形成流动人口的就业次中心。反之，这种"吸引—排斥"关系又一定程度上影响了城市就业空间，加剧了城市就业空间的分异。

表7.32　流动人口就业空间中心与南京市就业空间中心拟合表（总体/总体）

就业空间类型	南京市总体就业空间	南京市流动人口就业空间	分布拟合图
就业中心	新街口街道	主中心：洪武路街道 次中心：宝塔桥街道	
就业空间结构	单中心	多中心	

图7.56　流动人口就业空间中心与南京市就业空间中心分布拟合图（总体/总体）

*资料来源：笔者自制。

（2）流动人口（商业服务业人员）

南京市服务业与商业服务业流动人口的就业空间同为单中心主导的就业空间结构，但前者就业中心为城市高端服务业集聚的新街口街道，后者就业中心为城市中、低端服务业集聚的洪武路街道，然洪武路街道位于新街口街道南侧，一定程度上受到新街口街道辐射影响。

可以看出，南京市商业服务业流动人口与城市服务业的就业空间形成了相错位的结构体系，从侧面反映出商业服务业流动人口与城市服务业就业空间之间的"吸引—排斥"关系。即一方面，由于城市服务业就业空间对商业服务业流动人口空间上的吸引，使其形成与城市服务业就业中心相邻的中心洪武路街道；另一方面，由于城市服务业就业空间对商业服务业流动人口空间上的排斥，使其不能真正融入城市主体的服务业就业空间，导致商业服务业流动人口的就业中心较城市服务业就业中心南移，形成空间上的错位分布。反之，这种"吸引—排斥"关系又一定程度上影响了城市服务业就业空间，加剧了城市高、低端服务业间的分异，即"作用—反作用"关联。

表 7.33 流动人口就业空间中心与南京市就业空间中心拟合表(商业服务业人员/服务业)

就业空间类型	南京市服务业 就业空间	商业服务业 流动人口就业空间	分布拟合图
就业中心	新街口街道	洪武路街道	
就业空间结构	单中心	单中心	图 7.57 流动人口就业空间中心与 南京市就业空间中心分布拟合图 (商业服务业人员/服务业)

* 资料来源:笔者自制。

(3) 流动人口(生产运输设备操作业人员)

南京市制造业与南京市生产运输设备操作业流动人口的就业空间同为无中心结构。

可以看出,南京市生产运输设备操作业流动人口与城市制造业的就业空间形成了相契合的结构体系,从侧面反映出生产运输设备操作业流动人口与城市制造业就业空间之间的"吸引"关系。即两者在主城范围内均无就业中心。反之,这种"吸引"关系又一定程度上影响了城市制造业就业空间,加剧了城市第二产业与第三产业的空间分异。

表 7.34 流动人口就业空间中心与南京市就业空间中心拟合表(生产运输设备操作业人员/制造业)

项目	南京市制造业就业空间	生产运输设备操作业流动人口就业空间
就业中心	无	无
就业空间结构	无中心就业结构	无中心就业结构

* 资料来源:笔者自制。

(4) 对比分析

对比分析南京市流动人口总体和分职业就业空间中心与城市相应的就业空间中心的关联,其共性和差异如表 7.35 所示。

表 7.35 流动人口与城市就业空间中心关联的共性和差异(总体和分职业)

	项目	总体	商业服务业人员	生产运输设备操作业人员
共性	中心数量拟合		无共性特征	
	中心分布拟合			
	结构拟合			
	关联类型		—	
差异	中心数量拟合	相异	同为一个中心	同为无中心
	中心分布拟合	相异	相异	同为无中心
	结构拟合	相异	相错位	相契合
	关联类型	"吸引—排斥"关系	"吸引—排斥"关系	"吸引"关系

* 资料来源:笔者自制。

7.3　本章小结

在第 3 章对流动人口自身就业空间集聚特征分析的基础上,本章借鉴国内外相关研究方法,基于总体和分职业的角度,从社会空间的主因子、社会区和就业空间的集聚区、网络、中心等方面入手,系统拟合、比较和分析流动人口就业空间同城市总体空间(以城市社会空间和城市就业空间为代表)的关联,以求更宏观和更深入地把握南京市流动人口的就业空间特征。主要结论包括:

(1) 与城市社会空间的关联分析:将流动人口就业空间集聚区作为其就业空间的衡量指标,将城市社会空间主因子、城市社会区作为城市社会空间的衡量指标,分析两者之间的关联性,可以发现:

① 与城市社会空间主因子的关联分析

南京市流动人口总体与南京市住房状况因子、人口流动状况因子、文化状况因子、职业状况因子有较强的关联性。其中,住房状况因子、职业状况因子与其呈"双向加强"关联,人口流动状况因子、文化状况因子与其呈较强的"正相关"关联。

商业服务业流动人口与南京市住房状况因子、职业状况因子呈较强的"正相关"关联。相对而言,其与城市社会空间主因子的关联性较小。

生产运输设备操作业流动人口与南京市住房状况因子、人口流动状况因子、职业状况因子有较强的关联性。其中,住房状况因子、人口流动状况因子与其呈较强的"正相关"关联;职业状况因子与其呈"双向加强"关联。相对而言,其与城市社会空间主因子的关联性较大。

② 与城市社会区的关联分析

南京市流动人口总体与南京市 4 种类型的社会区均具有较强的关联性。其具体表现为:1 类、3 类、4 类社会区对其有较强的"吸引力",流动人口易于在此类社会区形成就业空间集聚区,而 2 类社会区对其有较强的"排斥力";反之,这种吸引力与排斥力使得流动人口的就业空间在特定区域集聚,进一步加剧了城市社会区的分异。

商业服务业流动人口与南京市 1 类社会区具有较强的关联性。其具体表现为:1 类社会区对其有较强的"吸引力",商业服务业流动人口易于在此类社会区形成就业空间集聚区,这种集聚又在一定程度上反向加强了城市社会区的分异。相对而言,其与城市社会区的关联性较小。

生产运输设备操作业流动人口与南京市 2 类、3 类、4 类社会区均具有较强的关联性。其具体表现为:3 类、4 类社会区对其有较强的"吸引力",生产运输设备操作业流动人口易于在此类社会区形成就业空间集聚区,而 2 类社会区对其有较强的"排斥力";反之,这种吸引力与排斥力使得生产运输设备操作业流动人口的就业空间在特定区域集聚,进一步加剧了城市社会区的分异。相对而言,其与城市社会区的关联性较大。

(2) 与城市就业空间的关联分析:以就业空间集聚区、就业空间网络、就业空间中心作为流动人口和城市就业空间的衡量指标,分析两者之间的关联性,可以发现:

① 与城市就业空间集聚区的关联分析

南京市流动人口总体与南京市制造业就业集聚区具有较强的关联性。具体表现为：城市制造业就业空间的集聚对其有较强的"吸引力"，两者就业集聚空间契合度较高。

商业服务业流动人口与南京市总体和分行业就业空间集聚的关联性较小。

生产运输设备操作业流动人口与南京市总体、制造业就业空间集聚区具有较强的关联性。具体表现为：城市总体就业空间的集聚对其呈现出"排斥力"和"吸引力"共同作用的双重特性，两者存在较明显的错位分布；城市制造业就业空间的集聚对其有较强的"吸引力"，在一定程度上推动了其在此类区域的就业空间集聚，两者契合度较高。

② 与城市就业空间网络的关联分析

南京市流动人口总体与南京市总体的高层级就业网络节点在主城范围内形成了"相邻错位、间杂分布"的特征，反映出流动人口与城市就业空间之间的"吸引—排斥"关系。即一方面，由于城市就业空间对流动人口空间上的吸引，使其主要就业网络节点紧邻城市就业网络节点分布；另一方面，由于城市对流动人口空间上的排斥，使其不能真正融入城市主体的就业空间，导致两者在空间上的错位分布。

商业服务业流动人口与南京市服务业的高层级就业网络节点在主城中部和南部范围内形成了"相邻错位、集中分布"的特征，反映出商业服务业流动人口与城市服务业就业空间之间的"吸引—排斥"关系。

生产运输设备操作业流动人口与南京市制造业的高层级就业网络节点在主城南部、北部边缘区域范围内形成"相邻错位、分散分布"的特征，反映出生产运输设备操作业流动人口与城市制造业就业空间之间的"吸引—排斥"关系。

③ 与城市就业空间中心的关联分析

南京市流动人口总体与南京市总体的就业空间形成了两套相异的结构体系，从侧面反映出其与城市就业空间之间的"吸引—排斥"关系。即一方面，由于城市就业空间对其的吸引，使其形成与城市就业中心相邻的主中心洪武路街道；另一方面，由于城市就业空间对其的排斥，使其不能真正融入城市主体的就业空间，导致其主中心与城市主中心在空间上的错位分布，同时又在主城西北部边缘形成流动人口的就业次中心。反之，这种"吸引—排斥"关系又一定程度上影响了城市就业空间，加剧了城市就业空间的分异。

商业服务业流动人口与南京市服务业的就业空间形成了相错位的结构体系，从侧面反映出其与城市服务业就业空间之间"吸引—排斥"关系。即一方面，由于城市服务业就业空间对其的吸引，使其形成与城市服务业就业中心相邻的中心洪武路街道；另一方面由于城市服务业就业空间对其的排斥，使其不能真正融入城市主体的服务业就业空间，导致其就业中心较城市服务业就业中心南移，形成空间上的错位分布。反之，这种"吸引—排斥"关系又一定程度上影响了城市服务业就业空间，加剧了城市高、低端服务业间的分异。

生产运输设备操作业流动人口与南京市制造业的就业空间形成了相契合的结构体系，从侧面反映出其与城市制造业就业空间之间"吸引"关系。即两者在主城范围内均无就业中心。反之，这种"吸引"关系又一定程度上影响了城市制造业就业空间，加剧了城市第二产业与第三产业的空间分异。

主要参考文献

中文学术专著

[1] 柴彦威,刘志林,李峥嵘,等. 中国城市的时空间结构[M]. 北京:北京大学出版社,2002.

[2] [美]戴维·波普诺. 社会学[M]. 10版. 李强,等,译. 北京:中国人民大学出版社,1999.

[3] 丁成日. 城市空间规划——理论、方法与实践[M]. 北京:高等教育出版社,2007.

[4] [德]约翰·冯·杜能. 孤立国同农业和国民经济的关系[M]. 吴衡康,译. 北京:商务印书馆,1986.

[5] 费孝通. 乡土中国 & 生育制度[M]. 北京:北京大学出版社,1998.

[6] 冯健. 转型期中国城市内部空间重构[M]. 北京:科学出版社,2005.

[7] 韩明谟,等. 中国社会与现代化[M]. 北京:中国社会出版社,1998.

[8] 胡兆量. 中国区域发展导论[M]. 北京:北京大学出版社,1999.

[9] 黄怡. 城市社会分层与居住隔离[M]. 上海:同济大学出版社,2006.

[10] 贾德裕,朱兴农,郗同福. 现代化进程中的中国农民[M]. 南京:南京大学出版社,1998.

[11] 康少邦,张宁,等. 城市社会学[M]. 杭州:浙江人民出版社,1986.

[12] 黎熙元. 现代社区概论[M]. 广州:中山大学出版社,2001.

[13] 李沛良. 社会研究的统计应用[M]. 北京:社会科学文献出版社,2002.

[14] 李旭旦. 人文地理论丛[M]. 北京:科学出版社,1986.

[15] 陆学艺. 社会学[M]. 北京:知识出版社,1996.

[16] [美]R·E·帕克,E·N·伯吉斯,R·D·麦肯齐. 城市社会学[M]. 宋峻岭,吴建华,王登斌,译. 北京:华夏出版社,1987.

[17] 潘泽泉. 社会、主体性与秩序:农民工研究的空间转向[M]. 北京:社会科学文献出版社,2007.

[18] [以]裘德·马特拉斯. 人口社会学导论[M]. 方时壮,汪年郴,译. 广州:中山大学出版社,1988.

[19] 覃成林,金学良,冯天才,等. 区域经济空间组织原理[M]. 武汉:湖北教育出版社,1996.

[20] 田青松. 农民进城就业政策变迁——兼论农民工劳动力市场地位[M]. 北京:首都经济贸易大学出版社,2010.

[21] 王兴中. 中国城市社会空间结构研究[M]. 北京:科学出版社,2000.

[22] 王章辉,黄柯可. 欧美农村劳动力的转移与城市化[M]. 北京:社会科学文献出版社,1999.

[23] [德]阿尔弗雷德·韦伯. 工业区位论[M]. 李刚剑,等,译. 北京:商务印书馆,1997.

[24] 吴维平. 上海流动人口居住空间分布与都市空间发展:转型与重构——中国城市发展

多维透视[M]. 南京:东南大学出版社,2007.

[25] 吴晓,魏羽力. 城市规划社会学[M]. 南京:东南大学出版社,2010.

[26] 吴晓. 我国大城市流动人口居住空间解析——面向农民工的实证研究[M]. 南京:东南大学出版社,2010.

[27] 吴增基,吴鹏森,苏振芳. 现代社会调查方法[M]. 第二版. 上海:上海人民出版社,2003.

[28] 许学强,周一星,宁越敏. 城市地理学[M]. 北京:高等教育出版社,1998.

[29] 周晓虹. 传统与变迁:江浙农民的社会心理及其近代以来的嬗变[M]. 北京:三联书店,1998.

中文学位论文

[1] 白冰冰. 上海市非正规就业的发展及其城市空间形态研究[D]. 上海:华东师范大学,2004.

[2] 黄潇仪. 南京市流动人口职住空间的关联性初探——以南京主城区为例[D]. 南京:东南大学建筑学院,2013.

[3] 雷敏. 大城市流动人口居住问题研究[D]. 南京:南京师范大学社会发展学院,2007.

[4] 李霞. 城市通勤交通与居住就业空间分布关系——模型与方法研究[D]. 北京:北京交通大学,2010.

[5] 罗仁朝. 上海市流动人口聚居空间分异与整合研究[D]. 上海:同济大学建筑与城规学院,2009.

[6] 么贵芬. 北京市居民职住分离的时空对比研究[D]. 北京:首都师范大学,2011.

[7] 全玉婷. 社区休闲体育设施可达性与城市居民参与度关系研究[D]. 广州:暨南大学,2011.

[8] 宋杰洁. 上海市就业——居住关系与城市通勤的关联研究[D]. 上海:华东师范大学,2010.

[9] 王慧. 外来务工人员就业空间的集聚性解析——以南京主城区为实证[D]. 南京:东南大学建筑学院,2013.

[10] 王玮. 基于GIS支持的北京市就业空间结构研究[D]. 北京:中国地质大学,2009.

[11] 王侠. 大城市低收入居住空间发展研究——以南京市为例[D]. 南京:东南大学建筑学院,2004.

[12] 魏星. 上海产业集聚及劳动力空间分布变动研究[D]. 上海:复旦大学,2005.

[13] 肖卉. 基于空间可达性分析的松滋市金融布局优化研究[D]. 武汉:华中师范大学,2011.

[14] 徐卜融. 分异与分离:基于"居住—就业"视角的南京流动人口空间解析[D]. 南京:东南大学,2010.

[15] 许菲菲. 基于通勤视角的北京城市职住空间均衡性研究[D]. 北京:首都经济贸易大学,2010.

[16] 张玺. 基于出行方式的城市交通可达性研究[D]. 成都:西南交通大学,2008.

[17] 张彧. 流动人口城市住居——住区共生与同化[D]. 南京:东南大学建筑系,1999.

[18] 郑浩. 土地利用视角下的大城市流动人口就业可达性研究——以南京主城区为实证[D]. 南京:东南大学,2014.

[19] 周文娜. 上海市郊区县外来人口社会空间结构及其演化的研究[D]. 上海:同济大学,2006.

中文期刊论文

[1] 曹广忠,刘涛. 北京市制造业就业分布重心变动研究[J]. 城市发展研究,2007(6):8-14.

[2] 柴彦威,张艳,刘志林. 职住分离的空间差异性及其影响因素研究[J]. 地理学报,2011(2):157-166.

[3] 程丽辉,王兴中. 西安市社会收入空间的研究[J]. 地理科学,2004(2):115-121.

[4] 邓羽,蔡建明,杨振山,等. 北京城区交通时间可达性测度及其空间特征分析[J]. 地理学报,2012(2):169-178.

[5] 冯健,周一星,程茂吉. 南京市流动人口研究[J]. 城市规划,2001(1):16-22.

[6] 冯健. 杭州城市形态和土地利用结构的时空演化[J]. 地理学报,2003(3):343-353.

[7] 付磊,唐子来. 上海市外来人口社会空间结构演化的特征与趋势[J]. 城市规划汇刊,2008(1):69-76.

[8] 谷一桢,郑思齐,曹洋. 北京市就业中心的识别:实证方法及应用[J]. 城市发展研究,2009(9):118-124.

[9] 顾翠红,魏清泉. 上海市职住分离情况定量分析[J]. 规划师,2008(6):57-62.

[10] 郭永昌. 大城市边缘外来人口的空间集聚与重构:以上海市闵行区为例[J]. 地域研究与开发,2006(5):32-6.

[11] 何流,黄春晓. 城市女性就业的空间分布——以南京为例[J]. 经济地理,2008,28(1):105-109.

[12] 胡兆量. 迁移八律与中国人口迁移[J]. 云南地理环境研究,1994(6):45-52.

[13] 贾雁飞,甄峰. 小城市人口与就业分布特征及空间关系研究——以泗洪县城为例[J]. 现代城市研究,2008(11):54-62.

[14] 蒋丽,吴缚龙. 广州市就业次中心和多中心城市研究[J]. 城市规划学刊,2009(3):75-81.

[15] 林耿,王炼军. 阶层化背景下的就业空间——以常住人口与流动人口为例[J]. 地理研究,2010(6):1070-1082.

[16] 刘玉. 中国流动人口的时空特征及其发展态势[J]. 中国人口与资源与环境,2008(1):139-144.

[17] 刘志林,张艳,柴彦威. 中国大城市职住分离现象及其特征——以北京市为例[J]. 城市发展研究,2009(9):110-117.

[18] 吕斌,张纯,陈天鸣. 城市低收入人口的就业可达性变化研究——以北京为例[J]. 城市规划,2013(1):56-63.

[19] 罗仁朝,王德. 基于聚集指数测度的上海市流动人口分布特征分析[J]. 城市规划汇刊,

2008(4):81 - 86.

[20] 孟晓晨,吴静,沈凡卜. 职住平衡的研究回顾及观点综述[J]. 城市发展研究,2009(6):23 - 35.

[21] 秦波,王新峰. 探索识别中心的新方法——以上海生产性服务业空间分布为例[J]. 城市发展研究,2010(6):43 - 48.

[22] 沈青,张岩,张峰. 内城区的区位特征与低收入者的就业可达性[J]. 国际城市规划,2007(2):26 - 35.

[23] 宋金平,王恩儒,张文新,等. 北京住宅郊区化与就业空间错位[J]. 地理学报,2007(4):387 - 396.

[24] 孙斌栋,潘鑫. 城市空间结构对交通出行影响研究的进展——单中心与多中心的论争[J]. 城市问题,2008(1):19 - 28.

[25] 王波,甄峰. 南京市区就业空间布局研究[J]. 人文地理,2011(4):58 - 65.

[26] 王桂新,魏星. 上海从业劳动力空间分布变动分析[J]. 地理学报,2007(2):200 - 210.

[27] 王茂军,宋国庆,许洁. 基于决策树法的北京城市居民通勤距离模式挖掘[J]. 地理研究,2009(6):1516 - 1527.

[28] 王振波,朱传耿,孙峰华. 山东省就业空间模式及机制研究[J]. 中国人口资源与环境,2007(12):131 - 135.

[29] 王振波,朱传耿,于涛方. 中国就业的空间模式及区域划分[J]. 地理学报,2007(2):191 - 199.

[30] 韦亚平,潘聪林. 大城市街区土地利用特征与居民通勤方式研究——以杭州城西为例[J]. 城市规划,2012(3):76 - 84.

[31] 吴启焰. 城市社会空间分异的研究领域及其进展[J]. 城市规划汇刊,1999(3):23 - 26.

[32] 吴文钰,马西亚. 多中心城市人口模型及模拟:以上海为例[J]. 现代城市研究,2006(12):39 - 44.

[33] 吴晓. 大城市进城农民的就业空间结构探析——以南京主城区为实证[J]. 城市规划学刊,2011(6):94 - 103.

[34] 徐涛,宋金平,方琳娜,等. 北京居住与就业的空间错位研究[J]. 地理科学,2009(4),174 - 179.

[35] 许学强,胡花颖,叶嘉安. 广州市社会空间结构的因子生态分析[J]. 地理学报,1989(4):385 - 399.

[36] 杨上广. 大城市社会空间结构演变的动力机制研究[J]. 社会科学,2005(10):65 - 72.

[37] 杨永春,冷炳荣,谭一洺,等. 世界城市网络研究理论与方法及其对城市体系研究的启示[J]. 地理研究,2011(6):1009 - 1019.

[38] 杨育军,宋小冬. 基于 GIS 的可达性评价方法比较[J]. 建筑科学与工程学报,2004(4):27 - 32.

[39] 袁媛,许学强,薛德升. 广州市 1990—2000 年外来人口空间分布、演变和影响因素[J]. 经济地理,2007(2):250 - 255.

[40] 曾海宏,孟晓晨,李贵芬. 深圳市就业空间结构及其演变(2001—2004 年)[J]. 人文地

理,2010(3):34 - 40.

[41] 张京祥,崔功豪,朱喜钢. 大都市空间集散的景观、机制与规律——南京大都市的实证研究[J]. 地理学与国土研究,2002,18(3):48 - 51.

[42] 赵渺希,刘铮. 基于生产性服务业的中国城市网络研究[J]. 城市规划,2012(9):23 - 28.

[43] 赵渺希. 上海市中心城区外来人口社会空间分布研究[J]. 地理信息世界,2006(2):31 - 38.

[44] 赵文琛. 广东省外来劳动力空间分布研究[J]. 中国人口科学,2001(5):52 - 58.

[45] 郑思齐,曹洋. 居住与就业空间关系的决定机理和影响因素——对北京市通勤时间和通勤流量的实证研究[J]. 城市发展研究,2009(6):29 - 35.

[46] 周素红,闫小培. 城市居住—就业空间特征及组织模式——以广州市为例[J]. 地理科学,2005(6):664 - 670.

[47] 周素红,闫小培. 广州城市居住—就业空间及对居民出行的影响[J]. 城市规划,2006(5):13 - 26.

[48] 周素红,闫小培. 广州城市空间结构与交通需求关系[J]. 地理学报,2005(1):131 - 142.

[49] 朱传耿,顾朝林,张伟. 中国城市流动人口的特征分析[J]. 人口学刊,2001(2):3 - 7.

[50] 朱传耿,马荣华,甄峰,等. 中国城市流动人口的空间结构[J]. 人文地理,2002(1):65 - 68.

[51] 朱传耿,王振波,于涛方. 省际边缘区的就业空间结构模式及动力机制[J]. 世界地理研究,2006(9):99 - 106.

[52] 朱宇. 1990 年代上海市人口和就业变化的空间格局和国际对比[J]. 经济地理,2004(6):806 - 811.

外文著作

[1] Ben-Akiva M E, Lerman S R. Discrete Choice Analysis: Theory and Application to Travel Demand [M]. Cambridge, Ma: MIT Press,1985.

[2] Clark, W A V. Human Migration [M]. London: Sage Publications,1986.

[3] Doeringer P, Piore M. Internal Labor Markets and Manpower Analysis [M]. Lexington, MA: D. C. Heath, 1971.

[4] Hall P, Thomas R, Gracey H, et al. The Containment of Urban England [M]. London: Sage Publications,1973.

[5] Hess P, Sorensen A, Parizeau K. Urban Density in the Greater Golden Horseshoe [M]. Toronto: Centre for Urban and Community,2007.

[6] Hutchinson P M. The Effect of Accessibility and Segregation on the Employment of the Urban Poor [J] // G M V Furstenberg, B Harrison, A R Horowitz. Patterns of Racial Discrimination [M]. Lexington, Mass: Lexington Books, 1974.

[7] Jencks C, Mayer S E. Residential Segregation, Job Proximity, and Black Job Opportunities [J] // Inner-City Poverty in the United States [M]. Washington, DC: National Academy Press,1990.

［8］Wilson W J. The Truly Disadvantaged：The Inner City，the Underclass and Public Policy［M］. Chicago：University of Chicago Press，1987.

［9］Bruinsma F，Nijkamp P，Rietveld P. Employment Impacts of Infrastructure Investments［J］// K Peschel. Infrastructure and the Space-Economy［M］. Heridelberg：Springer-Verlag,Berlin Heidelberg,1990.

［10］Thomas R. London's New Towns：A Study of self-contained and Balanced Communities［M］. London：PEP，1969.

外文期刊

［1］Berry B J L. The Emerging Urban Region in America［J］. South African Geographical Journal，1973，55（1）:3－13.

［2］Black D，Henderson V A. Theory of Urban Growth［J］. Journal of Political Economy，1999，107（2）:252－284.

［3］Cao X，Handy S L,Mokhtarian P L. The Influences of the Built Environment and Residential Self-Selection on Pedestrian Behavior：Evidence from Austin，TX［J］. Transportation，2006，33(1):1－20.

［4］Cervero R. Jobs-Housing Balancing and Regional Mobility［J］. Journal of the American Planning Association，1989，55(2)：136－150.

［5］Cervero R. Jobs Housing Balance as Public Policy［J］. Urban Land，1991，50(10)：10－14.

［6］Cervero R. Jobs-housing Balance Revisited：Trends and Impacts in the San Francisco Bay Area［J］. Journal of the American Planning Association，1996，62（4）：492－511.

［7］Ciccone A，Hall R E. Productivity and the Density of Economic Activity［J］. American Economic Review，1996，86(1)：54－70.

［8］Farrington J，FarringtonC. Rural Accessibility，Social Inclusion and Social Justice：Towards Conceptualisation［J］. Journal of Transport Geography，2005，13(1):1－12.

［9］Fujita M，Thisse J F，Zenou Y. On the Endogeneous Formation of Secondary Employment Centers in a City［J］. Journal of Urban Economics，1997，41(3):337－357.

［10］Gabe T M. Establishment Growth in Small Cities and Towns［J］. International Regional Science Review，2004，27(2):164－186.

［11］Giuliano G,Small K A. Subcenters in the Los Angeles Region［J］. Regional Science and Urban Economics，1991，21(2)：163－182.

［12］Giuliano G，Small K A. The Determinants of Growth of Employment Subcenters［J］. Journal of Transport Geography，1999，7(3)：189－201.

［13］Gordon P，Richardson H W，Wong H L. The Distribution of Population and Employment in a Polycentric City：The Case of Los Angeles［J］. Environment and Planning A，1986，18(2)：161－173.

[14] Griffith D A. Modeling Urban Population Density in a Multi-centered City [J]. Journal of Urban Economics, 1981,9 (3):298 – 310.

[15] Hansen W G. How Accessibility Shapes Land Use [J]. Journal of the American Institute of Planners, 1959,25 (3):73 – 76.

[16] Herberle R. The Causes of Rural-urban Migration: A Survey of German Theories [J]. American Journal of Sociology, 1938, 43(6): 932 – 950.

[17] Holzer, H. The Spatial Mismatch Hypothesis: What has the Evidence Shown [J] Urban Studies,1991, 28 (1):105 – 122.

[18] Ihlanfeldt K R, Sjoquist D L. Spatial Mismatch Hypothesis: A Review of Recent Studies and their Implications for Welfare Reform [J]. Housing Policy Debate, 1998, 9(4): 849 – 892.

[19] Kain J F. Housing Segregation, Negro Employment, and Metropolitan Decentralization [J]. The Quarterly Journal of Economics, 1968, 82(2):175 – 197.

[20] Kan K. Residential Mobility with Job Location Uncertainty [J]. Journal of Urban Economics, 2002, 52(3):501 – 523.

[21] Kasarda J D. Urban Industrial Transition and the Underclass [J]. Annals of the American Academy of Political and Social Science, 1989, 50(1):26 – 47.

[22] Krizek K J. Residential Relocation and Changes in Urban Travel: Does Neighborhood-Scale Urban Form Matter [J]. Journal of the American Planning Association, 2003, 69(3): 265 – 281.

[23] Lee E S. A Theory of Migration [J]. Demography,1966, 3(1):47 – 57.

[24] Levine J, Garb Y. Congestion Pricing's Conditional Promise: Promotion of Accessibility or Mobility [J]. Transport Policy, 2002, 9(3):179 – 188.

[25] Levinson D M. Accessibility and the Journey to Work [J]. Journal of Transport Geography, 1998, 6(1):11 – 21.

[26] Lewis W A. Economic Development with Unlimited Supplies of Labor [J]. The Manchester School, 1954, 22(2): 139 – 191.

[27] Ma K R, Banister D. Urban Spatial Change and Excess Commuting [J]. Environment and Planning A, 2007, 39(3): 630 – 646.

[28] Martinez F J, Araya C A. A Note on Trip Benefits in Spatial Interaction Models [J]. Journal of Regional Science, 2000, 40(4): 789 – 796.

[29] McDonald J F. The Identification of Urban Employment Subcenters [J]. Journal of Urban Economics, 1987, 21(2): 242 – 258.

[30] McDonald J F, McMillen D P. Employment Subcenters and Land Values in a Polycentric Urban Area: The Case of Chicago [J]. Environment and Planning A, 1990, 22(12): 1561 – 1574.

[31] McDonald J F, McMillen D P. Employment Subcenters and Subsequent Real Estate Development in Suburban Chicago[J]. Journal of Urban Economics, 2000, 48(1):

135 – 157.

[32] McMillen D P, McDonaldb J F. Suburban Subcenters and Employment Density in Metropolitan Chicago [J]. Journal of Urban Economics, 1998, 43(2): 157 – 180.

[33] Mcmillen D P. Nonparametric Employment Subcenter Identification[J]. Journal of Urban Economics, 2001, 50(3):448 – 473.

[34] Miller H J. Measuring Space-Time Accessibility Benefits within Transportation Networks: Basic Theory and Computational Procedures [J]. Geographical Analysis, 1999, 31(1):1 – 26.

[35] Portes A. The Social Origins of the Cuban Enclave Economy of Miami[J]. Sociological Perspectives, 1987, 30(4):340 – 372.

[36] Ravenstein E G. The Law of Migration [J]. Journal of the Roya Statistical Society, 1885,48(2):167 – 235.

[37] Redfearn C L. Persistence in Urban Form: The Long-run Durability of Employment Centers in Metropolitan Areas [J]. Regional Science and Urban Economics, 2009, 39(2): 224 – 232.

[38] Shen Q. A Spatial Analysis of Job Openings and Access in a US Metropolitan Area [J]. Journal of the American Planning Association, 2000, 67 (1):53 – 68.

[39] Stark O, Taylor J E. Migration Incentives, Migration Types: the Role of Relative Deprivation [J]. The Economic Journal, 1991, 101(408):1163 – 1178.

[40] Slater D W. Decentralization of urban peoples and manufacturing activity in Canada [J]. Canadian Journal of Economics and Political Science, 1961,27(1): 72 – 84.

[41] Straszheim M R. Discrimination and the Spatial Characteristics of the Urban Labor Market for Black Workers [J]. Journal of Urban Economics, 1980, 7(1):119 – 140.

[42] Todaro M P. A Model of Labor Migration and Urban Unemployment in Less Development Countries [J]. America Economic Review, 1969, 59(1):138 – 148.

[43] Thurston L, Yezer A M. Causality in the Suburbanization of Population and Employment [J]. Journal of Urban Economics, 1994, 35(1):105 – 118.

[44] Yang J, Ferreira Jr J. Choices versus Choice Sets: A Commuting Spectrum Method for Representing Job-housing Possibilities [J]. Environment and Planning B: Planning and Design, 2008, 35(2):364 – 378.

附录一

流动人口空间分异(宏观层面)调查问卷表

居住地:_____街道;就业地:_____街道

(一) 社会经济属性

1. **个人基本信息:**性别_____　　年龄_____　　民族_____

2. **您在此居住时间:**□三个月以下　□三个月到半年　□半年到一年　□一年到三年　□三年到五年　□五年以上

   来源地:□江苏其他市　□北京　□天津　□河北　□陕西　□内蒙古　□辽宁　□吉林　□黑龙江　□上海　□浙江　□安徽　□福建　□江西　□山东　□河南　□湖北　□湖南　□广东　□广西　□海南　□重庆　□四川　□贵州　□云南　□西藏　□山西　□甘肃　□青海　□宁夏　□新疆　□港澳台

3. **婚姻状况:**□未婚　□初婚有配偶　□再婚有配偶　□离婚　□丧偶

4. **教育程度:**□没上过学　□小学　□初中　□高中、中专　□大学、大专、高职　□大学以上

5. **您目前的工作单位或经营活动:**□无业　□土地承包者　□机关团体事业单位　□国有及国有控股企业　□集体企业　□个体工商户　□私营企业　□外商、港澳台投资企业　□其他类型单位　□其他

6. **您目前的职业身份:**□管理阶层　□专业技术人员　□办事人员　□商业服务人员　□农林牧渔人员　□生产运输设备操作业人员　□其他

7. **家庭月收入:**□低于 500 元　□500~1 500 元　□1 500~2 500 元　□2 500~5 000 元　□5 000 元以上

(二) 居住空间属性

8. **居住基本信息:**合住人数_____　　总面积_____

9. **居住方式:**□工地现场　□集体宿舍　□宾馆旅店　□亲友家中　□租赁房屋　□其他

10. **您住房的厨房:**□室内自用　□室内公用　□室外自用　□室外共用　□无厨房

11. **您住房的厕所:**□室内自用　□室内公用　□室外自用　□室外共用　□无厕所

12. **您住房的自来水:**□室内自用　□室内公用　□室外自用　□室外共用　□无自来水

13. **您的房屋用途:**□居住兼工作　□纯居住　□纯工作

14. **搬迁意愿及原因:**_____

附录二

课题组成员完成的相关科研成果一览表

成果类型	序号	课题、成果或论文、论著名称	主要完成者	项目来源、发表刊物或出版单位及时间
科研项目	01	我国城市化背景下的流动人口聚居空间研究:演化、特征与整合(50708017)	吴晓(主持人)	国家自然科学基金项目,2008.01—2010.12
	02	"就业—居住"共轭视角下大城市流动人口居住空间模式研究——以苏南地区为实证(51178097)	吴晓(主持人)	国家自然科学基金项目,2012.01—2015.12
	03	我国大城市流动人口居住空间解析:数据评估、特征机理和整合策略(NCET-10-0332)	吴晓(主持人)	教育部"新世纪优秀人才支持计划"资助项目,2011.01—2013.12
	04	南京市流动人口就业空间研究	吴晓(主持人)	江苏省"333高层次人才培养工程"培养对象资助项目,2014.01—2015.12
	05	多维系统下大城市流动人口居住空间模式研究:城市—社区—单元(D类)(2010-JZ-005)	吴晓(主持人)	江苏省"六大人才高峰"资助项目,2011.01—2013.12
	06	演化与保障:大城市低收入居住空间研究(江苏省教育厅苏教师〔2008〕16号)	吴晓(主持人)	江苏省高校"青蓝工程"优秀青年骨干教师资助项目,2008.12—2011.12
	07	江苏省城市化背景下的流动人口聚居形态研究(JS200164)	吴明伟,吴晓(第二负责人)	江苏省建设厅科技计划项目,2002.1—2004.5
	08	城市旧区土地节约利用关键技术研究(2006BAJ14B06)	吴晓(子项负责)	"十一五"国家科技支撑计划重点项目,2006.11—2010.11
	09	南京市六合区"三房"建设规划研究(2008—2012年)	王承慧(主持人)	南京六合区政府,2008—2009年
	10	大城市流动人口就业空间分布及演化研究——以南京市为例(KYLX_0192)	王慧(主持人)	江苏省普通高校研究生科研创新计划(江苏省教育厅)、中央高校基本科研业务费专项资金资助项目,2014.6—2016.6
获奖情况	01	论著《我国大城市流动人口居住空间解析——面向农民工的实证研究》	吴晓,王兴平,王承慧	江苏高等学校第八届哲学社会科学研究优秀成果奖三等奖,2012
	02	论文《社会学渗透下的城市规划泛论——兼论现阶段的中国城市规划》	吴晓,魏羽力	2012年金经昌中国城市规划优秀论文奖佳作奖(金经昌城市规划教育基金、《城市规划学刊》编辑部和中国城市规划学会联合主办),2012
	03	城市中的"农村社区"——流动人口聚居区的现状与整合研究	吴晓	第1届中国城市规划学会青年论文竞赛佳作奖(由中国城市规划学会与《城市规划》杂志联合举办),2001
	04	公共住宅:作为我国进城农民一种安置手段的借鉴与思索	吴晓	第2届中国城市规划学会青年论文竞赛佳作奖,2003
	05	我国进城农民的居住空间探析及其对策研究——以南京市的租赁型外来工为例	吴晓	第4届中国城市规划学会青年论文竞赛佳作奖,2007
	06	论文《大城市进城农民的就业空间结构探析——以南京主城区为实证》	吴晓	第6届中国城市规划学会青年论文竞赛佳作奖,2011

续表

成果类型	序号	课题、成果或论文、论著名称	主要完成者	项目来源、发表刊物或出版单位及时间
获奖情况	07	"边缘社区"探察——我国流动人口聚居区的现状特征透析	吴晓	南京市第6届自然科学优秀学术论文三等奖,2005
	08	江苏省外来工的自发聚居现象考察	吴晓,吴明伟	南京市科协第11届优秀学术论文奖,2005
论著论文	01	我国城市化背景下的流动人口聚居形态研究——以江苏省为例	吴明伟,吴晓等	东南大学出版社,2005
	02	城市规划社会学	吴晓,魏羽力	东南大学出版社,2010
	03	我国大城市流动人口居住空间解析——面向农民工的实证研究	吴晓等	东南大学出版社,2010
	04	我国大城市流动人口就业空间解析——面向农民工的实证研究	吴晓,王慧等	东南大学出版社,2015
	05	城市中的"农村社区"——流动人口聚居区的现状与整合研究	吴晓	城市规划,2001年第25卷第12期
	06	公共住宅:香港和新加坡的政策性差异透视	吴晓	城市规划,2002年第24卷第3期
	07	"边缘社区"探察——我国流动人口聚居区的现状特征透析	吴晓	城市规划,2003年第27卷第7期
	08	美国快速城市化背景下的贫民窟整治初探	吴晓,吴明伟	城市规划,2008年第32卷第2期
	09	我的城市居所在哪里?——农民工居住空间的供给刍议	吴晓	城市规划,2011年第35卷第1期
	10	全面连续、集约高效的社区养老服务设施体系规划思考	王承慧	城市规划,2013年第37卷第10期
	11	大城市商业服务业流动人口的居住中心识别——以南京主城区为例	吴晓,王慧,左为	城市规划,2015年第3期
	12	我国资源型城市社会空间的分异和演化	吴晓,孙静,左为,王慧	城市规划,录用
	13	进城农民居住空间集聚和城市居住空间分异的关联研究	王慧,吴晓,强欢欢	城市规划,录用
	14	物质性手段:作为我国流动人口聚居区一种整合思路的探析	吴晓,吴明伟	城市规划汇刊,2002年第2期
	15	基于"居住—就业"视角的南京市流动人口职住空间分离量化	徐卞融,吴晓	城市规划学刊,2010年第5期
	16	大城市进城农民的就业空间结构探析——以南京主城区为实证	吴晓	城市规划学刊,2011年第6期
	17	南京主城区就业空间布局初探	王慧,吴晓	经济地理,2014年第34卷第6期
	18	流动人口就业空间的集聚性和城市就业空间的关联研究——以南京市主城区为实证	王慧,吴晓,郑浩	人文地理,2014年第29卷第5期
	19	2000年以来吉林省人口空间分布演化特征解析	王慧,吴晓	人口与发展,2013年第2期

成果类型	序号	课题、成果或论文、论著名称	主要完成者	项目来源、发表刊物或出版单位及时间
论著论文	20	南京市人户分离群体的空间特征探析	吴晓，王慧，郑浩	城市发展研究，2014年第3期
	21	2000年以来南京主城区居住空间分异初探	强欢欢，吴晓，王慧	城市发展研究，2014年第1期
	22	立足于求租群体的住房租赁市场探察——以南京为例	吴晓	东南大学学报（哲学社会科学版），2008年第10卷第2期
	23	国内外流动人口聚居区之比较	吴晓，吴明伟	规划师，2003年第19卷第12期
	24	我国城中村现象的现状调查及整合初探	吴晓	规划师，2004年第20卷第5期
	25	现代化浪潮中少数民族聚居区的变迁实考	吴晓，吴珏，王慧等	规划师，2008年第24卷第9期
	26	基于"居住—就业"视角的南京市流动人口空间分异研究	徐卞融，吴晓	规划师，2010年第26卷第7期
	27	从住区规划建设中的误区谈起——兼论可持续发展理念在住区规划中的运用和落实	王承慧	规划师，2001年第4期
	28	大城市主城区居住空间形态特征研究	孙世界，胡明星	规划师，2009年第2期
	29	我国进城农民居住空间的微观探析及其对策研究——以南京市的租居型外来工为例	吴晓	现代城市研究，2010年第6期
	30	保障性住房建设规划机制优化及编制方法初探——以南京六合区"三房"建设规划为例	王承慧等	现代城市研究，2010年第2期
	31	社会学渗透下的城市规划泛论——兼论现阶段的中国城市规划	吴晓，魏羽力	现代城市研究，2011年第7期
	32	基于贫困疏解视角的美国保障性住房政策审视	黄潇仪，吴晓	现代城市研究，2012年第11期
	33	公共住宅——作为我国进城农民一种安置手段的思索	吴晓，王承慧	新建筑，2010年第3期
	34	低收入流动人口城市住宅初探	张彧	新建筑，2001年第2期
	35	城市化进程中失地农民拆迁安置区规划评析——以南京市为例	王承慧，李媚等	华中建筑，2009年第27卷第5期
会议论文	01	我国流动人口聚居区的现状分析与整治建议	吴晓	第三次江苏论坛"城市化与城市现代化"会议论文集，2002
	02	江苏省外来工的自发聚居现象考察——以苏南地区的宁锡苏三市为例	吴晓，吴明伟	中国城市规划学会年会论文集（宣读论文），2004
	03	南京市流动人口居住空间的微观探察	吴晓，谢泉	第五届国际中国规划学会（IACP）年会，2011（宣读论文，"流动人口住房"分论坛主持）
	04	苏南开发区制造业外来务工人员的居住空间类型及特征研究.	高军军，吴晓	中国城市规划学会2010年年会论文集，2010
	05	我国大城市工人新村的空间特征演化解析——以沪宁两地为例	王松杰，吴晓	中国城市规划学会年会论文集（宣读论文），2011

成果类型	序号	课题、成果或论文、论著名称	主要完成者	项目来源、发表刊物或出版单位及时间
会议论文	06	Research on Constructions of Indemnificatory Communities in Nanjing and Optimizing Strategies: Based on Mix Housing Mode	WANG Hui, WU Xiao, Qiang Huanhuan, Liu Xihui	XXV International Union of Architects (UIA) World Congress (宣读论文, South Africa), 2014
	07	美国 Affordable Housing 实践经验及对我国经济适用房开发与设计的启示	王承慧	第三届中国城市住宅研讨会论文集, 2003
学位论文	01	我国城市化背景下的流动人口聚居形态研究——以京、宁、深三市为例	吴晓	博士学位论文, 2002
	02	分异与演化: 中小资源型城市马鞍山社会空间初探	孙静	硕士学位论文, 2009
	03	南京市流动人口居住空间微观解析	谢泉	硕士学位论文, 2009
	04	分异与分离: 基于居住—就业视角的流动人口空间解析——以南京主城区为例	徐卜融	硕士学位论文, 2010
	05	我国制造业外来务工人员的居住空间实证研究——以苏南开发区为例	高军军	硕士学位论文, 2010
	06	城中村改造背景下原村民与外来人口的社会空间分异——兼论深圳、南京城中村改造	徐华林	硕士学位论文, 2010
	07	南京市建筑业外来务工人员的居住空间探析——以房屋工程建筑业和建筑装饰业为例	任帅	硕士学位论文, 2012
	08	外来务工人员就业空间的集聚性解析——以南京主城区为实证	王慧	硕士学位论文, 2013
	09	南京市流动人口职住空间的关联性初探——以南京主城区为例	黄潇仪	硕士学位论文, 2013
	10	演化与特征: 南京老城区高校周边商业空间探析——以东南大学、南京大学、南京师范大学及河海大学老校区为例	滕珊珊	硕士学位论文, 2013
	11	土地利用视角下的大城市流动人口就业可达性研究——以南京主城区为例	郑浩	硕士学位论文, 2014
	12	预期 & 现实: 大城市新就业人员的自发型聚居空间探析——以南京市为例	强欢欢	硕士学位论文, 2014

附录三

图 表 索 引

图

后　记

　　就业和居住,通常代表着流动人口城市生活中强相关的两种常态,也是交互影响城市空间结构和演化规律的内生变量所在。因此,本研究在总体目标上希望能聚焦于进城农民生活图景中至关重要却又长期关注不足的"就业空间",通过南京地区的一手资料和独到视角,探讨城市化背景下城市规划理论与实践的热点领域,建构"流动人口就业空间"的实证研究框架,以期为我国现阶段城市的空间格局调控、产业结构优化和农业人口的健康城市化提供有效的依据和参照。

　　本研究作为多年来基于"流动人口居住空间"研究的一次转型与突破,最早可追溯至我博士研读时期面向"流动人口聚居空间"的审慎选题和调研求索,还有项目组十余年来围绕"流动人口居住空间"而展开的持续性追踪和基础性研究。这一方面离不开导师吴明伟先生在学业和生活上的悉心指导、热忱扶助及其所内化的深刻影响,同时也离不开项目组王承慧老师、巢耀明老师、张彧老师、王兴平老师、郭菂老师等和大批博士生、硕士生多年来的艰辛付出及其所提供的研究基础和技术保障,谨在此致以深切的敬意和谢意,是你们的学术启益、专业态度和团队支持赋予我智慧和力量,使我的学术之路不再孤单,并衷心祝愿恩师健康长寿、青春永驻!

　　自 2000 年起,项目组始终关注国内经济发达地区的特殊群体——流动人口,并紧扣其生活图景中至关重要而又关联互动的两极:最初缘起于社区视野下的"聚居空间研究",而后逐渐向覆盖了从宏观到微观各个层面(城市—社区—单元)的"居住空间研究"拓展,继而以双线共轭的新视角尝试着实现"以就业审视居住、以居住映征和延伸就业"的研究转型,在跨越中积累和形成了本书中关于流动人口"就业空间研究"的阶段性进展和主体成果。在这一艰难而漫长的探究过程中,曾有许多学者和师长同仁在研究方向的遴选、技术路线的应用、学术论文的架构及立论等方面给予高屋建瓴般的权威点拨和专业指引,这里需要特别提及和致谢! 他们是:

　　崔功豪教授(南京大学建筑与规划学院)、姚士谋教授与沈道齐教授(中科院南京地理与湖泊研究所)、王建国教授、仲德崑教授、韩冬青教授、杜顺宝教授、阳建强教授、孔令龙教授、刘博敏教授(东南大学建筑学院)、曹霭秋女士等资深学者,还有陈沧杰总工程师(江苏省城市规划设计研究院)、童本勤副院长(南京市城市规划设计研究院)、朱东风所长(江苏省住房与城乡建设厅)、相秉军总规划师(苏州市规划局)、尤志斌副局长(无锡市规划局)、施梁副院长和赵和生教授(南京工业大学建筑与城市规划学院)等专家同仁。

　　同时由于管理或是统计口径上的问题,以一手资料和基础数据为支撑的实证思路使本研究在一定程度上面临着因数据资料制约而带来的挑战和瓶颈。在此困境中,本项目组有幸得到城市相关职能部门、管理人员以及同仁的无私帮助和热情支持,特此一并表示感谢!他们是:

南京市规划局、南京市建委、南京市统计局、南京市三房办、江宁开发区管委会、雨润集团、主城区内各街道办事处和相关村委会等等。

当然,本书得以告竣且顺利出版,还离不开东南大学出版社的鞭策与协助。由于种种主客观原因,本书不免会有错漏、主观、片面之处,还要敬请学界前辈与同仁不吝赐教。

再次感谢上述老师、专家和同仁们,是你们使我们有信心和勇气在今后的学术征途中"志于道,据于德,游于艺",谢谢!

吴晓

2014 年 6 月于文昌桥